용기를 내어 당신이 생각하는 대로 살아야 합니다.
그렇지 않으면 머지않아 당신은 사는 대로 생각하게 될 것입니다.

– 폴 부르제(프랑스의 시인, 철학자)

Il faut vivre comme on pense,
sans quoi l'on finira par penser comme on a vècu.

–Paul Bourget

터닝포인트는 삶에 긍정적 변화를 일으키는 좋은 책을 만들기 위해 최선을 다합니다.

친절한 DIY 교과서 No 016

DVD 동영상 강의로 쉽게 배우는 친절한

클레이아트 DIY

양영미 지음

터닝포인트

DVD 동영상 강의로 쉽게 배우는
친절한 클레이아트 DIY

2013년 6월 20일 초판 1쇄 인쇄
2017년 1월 10일 초판 3쇄 발행

지은이	양영미
펴낸이	정상석
펴낸 곳	터닝포인트(www.diytp.com)
등록번호	2005. 2. 17 제6–738호
주소	(03993)서울시 마포구 동교로 27길 지남빌딩 308호
대표전화	(02)332–7646
팩스	(02)3142–7646
내용 문의	네이버 행복한취미생활 DIY 카페(http://cafe.naver.com/diytp)
ISBN	978–89–94158–41–9 18630
정가	17,800원

기획 편집	터닝포인트
편집 및 표지디자인	장지윤
작품 사진 촬영	이성우(G1 스튜디오)
과정 사진 촬영	이진수
스타일링	이규엽
동영상 촬영 및 편집	어린이TV
내용 문의	www.diytp.com
원고 집필 문의	diamat@naver.com

(터닝포인트는 삶에 긍정적 변화를 가져오는 좋은 원고를 환영합니다)

머리말

클레이에 관한 2번째 책을 준비하면서 첫 번째 책인 "아름다운 클레이아트"에서 선보이지 못했던 다양한 기법과 디자인을 보여 드리고자 많은 고민을 하고 이번 책을 계획하였습니다.

준비하면서는 빠른 시일 내에 클레이를 사랑하는 많은 독자들께 보여 드릴 수 있으리라 생각했는데 벌써 1년이라는 시간이 훌쩍 지나버렸네요.

그동안 클레이의 무한한 가능성을 많은 분들이 알아가고, 클레이를 이용한 다양한 분야가 개발되면서 교육적 가치뿐만 아니라 작품적 가치와 상품적 가치를 인정받고 있는 것에 자부심을 느끼며 미래의 클레이 아티스트들께 이 책이 조금이나마 도움이 되었으면 하는 마음으로 준비하였습니다.

클레이를 사랑하는 한 사람으로서 앞으로도 새로운 기법과 디자인을 개발하는 것에 노력을 아끼지 않고 클레이를 사랑하는 많은 분들과 나누고 싶습니다.

이번 책이 잘 마무리 될 수 있도록 같이 해주신 터닝포인트 정상석 사장님, 셔터의 달인 이진수 실장님, 그리고 소중한 식구들인 러브클레이 직원들과 전국 러브클레이인들께 감사의 마음을 전합니다.

사랑하는 가족들이 항상 옆을 지켜 주었기에 이 길을 즐거운 마음으로 갈 수 있는 것 같습니다. 사랑과 더불어 항상 감사합니다.

2013년 봄 러브클레이 양영미

Contents

Part 1 클레이아트 기본기 다지기

Part 2 DVD 동영상 강의로 따라 만드는 클레이아트 첫 작품

01

02

03

04

05

06

Part 3

클레이아트 집 꾸미기

인테리어 생활소품 DIY

07

08

09

10

11

12

13

Contents

Part 4

클레이아트
생활소품 DIY

Part 5

선물하고 싶은
클레이아트 DIY

19

20

21

22

23

24

25

Part 6

클레이로 만드는

유아용품, 장난감 DIY

26

27

28

29

30

친절한 클레이아트 DIY

DVD 동영상 강의 200% 활용하기

DVD 동영상 강의 사용 방법

이 책의 부록 DVD에는 클레이를 누구나 쉽고, 재미있게 시작할 수 있도록 생생한 저자 직강 동영상 강의가 담겨있습니다. 클레이아트의 기본 개념과 클레이로 작품을 만들기 위해 기본적으로 꼭 알아야할 24가지 클레이 기본 기법, 7가지 클레이 실전 작품 만들기 과정을 과외 선생님에게 일대일로 특별한 지도를 받는 것처럼 쉽고 재미있게 배울 수 있습니다.

친절한 클레이아트 DIY DVD 메인 페이지

이곳에서 원하는 메뉴를 선택해 필요한 동영상 강의를 선택하여 볼 수 있어요.

1 클레이아트 소개

2 클레이 기본 기법 1

3 클레이 기본 기법 2

4 클레이 실전 작품 만들기

클레이아트 소개

1 클레이아트 소개
클레이아트에 대한 소개와 클레이아트로 어떤 것들을 할 수 있는지 알려드려요.

2 클레이의 종류
클레이아트 작품에 사용되는 클레이에는 어떤 종류가 있는지 알아볼까요?

3 클레이아트 기본 도구
예쁘고 귀여운 클레이아트 작품을 만들기 위해 어떤 것들이 필요한지 알아봅니다.

4 클레이 색 만들기
5가지 색의 클레이로 원하는 색을 마음껏 만들어내는 방법을 배워요.

클레이 기본 기법 1

클레이 작품 제작에 가장 기본이 되는 클레이 기본 기법 13가지를 배워봅니다. 컨디셔닝 기법에서 작은 물방울 모양 기법까지 클레이아트의 기본기를 배워봅니다. 필요할 때 원하는 기법을 선택해서 자세하게 배울 수 있어요.

클레이 실전 작품 만들기

기본 기법 캐릭터 인형, 이어폰 장식 만들기, 핫슈 커버 만들기, 볼펜 리폼하기, 소녀 펜꽂이 만들기, 전화기 메모판 만들기, 변기와 뚫어뻥 압정 보관함 등 기본 기법 강좌에서 배웠던 클레이의 기본기를 응용하여 실전 작품을 직접 만들어 보세요. 7개 작품의 모든 제작 과정을 친절한 동영상 강의로 배워보아요.

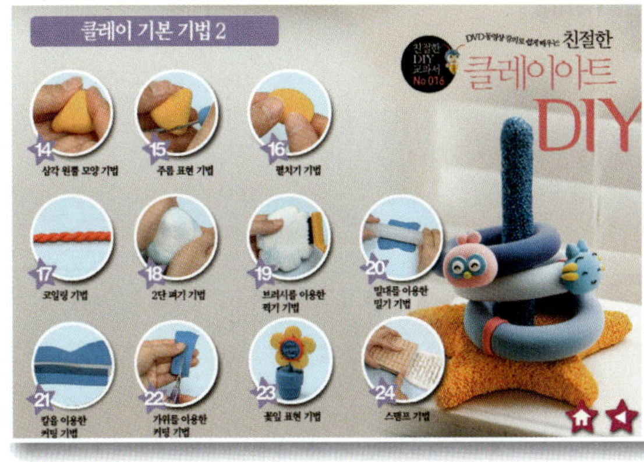

클레이 기본 기법 2

삼각 원뿔 모양 기법, 주름 표현 기법, 펼치기 기법, 스템프 기법 등 앞에서 배운 기본 기법 외의 클레이 기본 기법 11가지를 추가로 필요한 소개합니다.

TV에서 부록 DVD 사용하는 방법

컴퓨터에서는 마우스를 이용하지만 TV에서는 리모컨을 이용해 메뉴를 선택할 수 있습니다. 부록 DVD를 TV용 DVD플레이어에 넣으면 왼쪽과 같은 창이 나타납니다. 리모컨의 방향 단추를 눌러 ENTER(또는 확인) 버튼을 누르면 서브 메뉴로 이동합니다.

① 메뉴에서 동영상 선택 : ←→↑↓로 원하는 영상을 선택하고 ENTER(또는 확인 버튼)를 누름
② 동영상을 보다가 메뉴로 이동하려면 : 메뉴 버튼을 누름
③ 서브 메뉴에서 메인 메뉴로 가려면 : 서브 메뉴의 ← 버튼을 선택한 후 ENTER(또는 확인)
④ DVD 실행 종료 : STOP 버튼을 누름

DVD 사용 시 주의사항

1. PC에 DVD 플레이어가 설치되어 있지 않으면 부록으로 제공되는 DVD가 작동하지 않을 수도 있습니다. PC에서 DVD 플레이어가 정상적으로 실행되지 않을 경우에는 컴퓨터에 DVD 플레이어 소프트웨어가 설치되어 있는지 확인합니다. 만약 DVD 플레이어가 설치되어 있지 않다면 컴퓨터 구입 시 제공되는 설치 CD나 DVD로 PC용 DVD 플레이어를 설치해 주세요.

2. TV에서 사용하는 DVD 플레이어의 기종에 따라 DVD가 정상적으로 작동하지 않을 수 있습니다.

3. DVD 플레이어 프로그램으로도 DVD를 전혀 읽지 못하거나, 부록 DVD를 사용하는 데 있어 문제가 있을 경우에는 '행복한 취미생활 DIY 카페(http://cafe.naver.com/diytp)'로 문의 주시면 해결 방법을 알려드립니다.

친절한 클레이아트 DIY 200% 활용하기

❶ **만들 클레이 작품** : 이번 섹션에서 만들 클레이 작품의 완성 사진입니다.

❷ **DVD 동영상 강의** : 부록으로 제공되는 DVD에는 클레이아트 기본 기법과 실전 작품 만들기 강의가 담겨있습니다. 부록 DVD는 컴퓨터의 DVD 플레이어를 이용해서 볼 수도 있고, TV에 연결된 DVD 플레이어를 통해서도 볼 수 있습니다.

❸ **준비물** : 작품을 만들 때 필요한 준비물을 한눈에 보기 쉽게 알 수 있도록 소개합니다.

❹ **예상 재료비** : 독자들의 편의를 위해 개별 작품을 만드는데 필요한 비용을 도구를 제외한 기본 재료들을 기준으로 계산해 보았어요. 작품을 만들기 전에 참고하세요.

- 예상 제작 시간 : 해당 작품을 만들 때 필요한 예상 시간이에요. 완성한 클레이 작품을 굳히는데 필요한 시간은 제외했어요. 만드는 사람의 실력에 따라 시간은 각각 다르겠지만 작품을 만들기 전에 참고하세요.
- 난이도 : 작품의 난이도를 별의 개수로 표시했습니다. ★ 하나에서 별 다섯 개 ★★★★★까지 별의 개수가 많을수록 난이도가 높아집니다.
- 완제품 예상가 : 클레이로 완성한 작품을 판매할 경우에 받을 수 있는 가격을 예상해보았어요. 똑같은 작품이라도 어떻게 만드는가에 따라 작품의 가치는 다르겠지요. 내가 만든 작품의 가치가 얼마나 될까요? 내 작품을 더 가치 있게 만들어보세요.

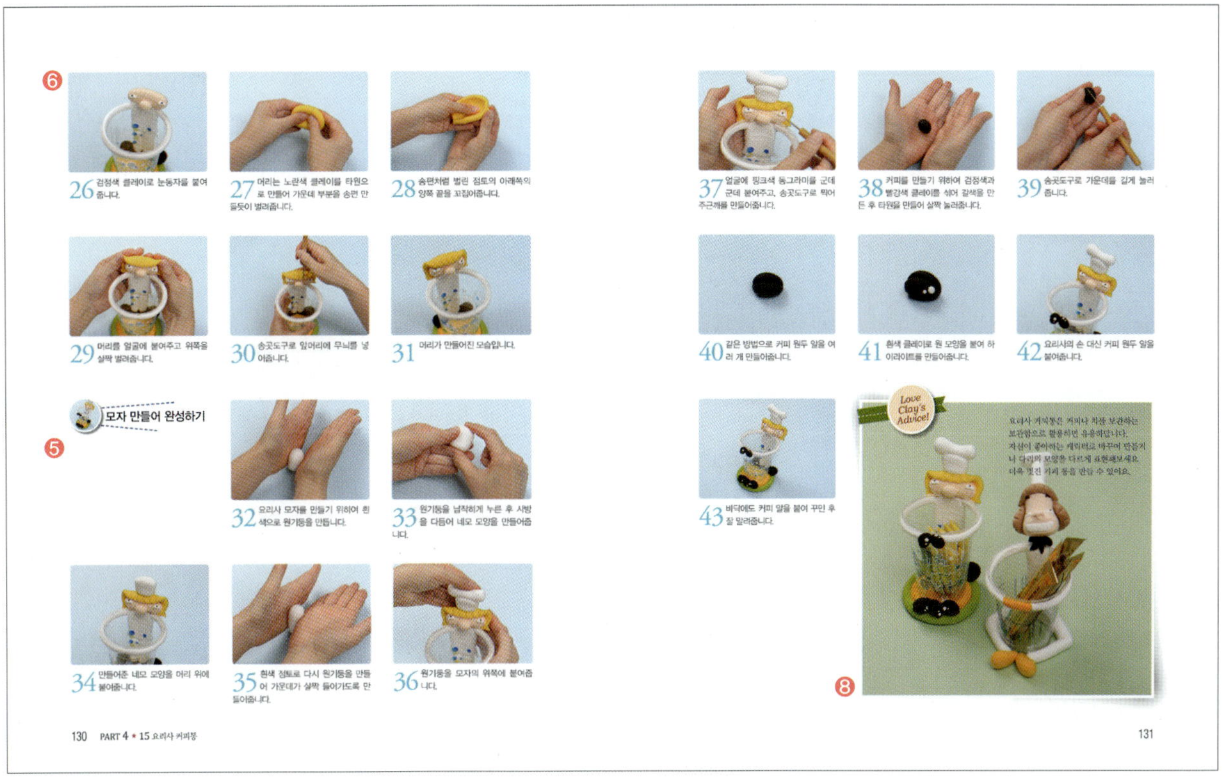

❺ **제작 단계 살펴보기** : 현재 작품의 제작 과정에서 어떤 단계를 진행하고 있는지 보여줍니다.

❻ **친절한 제작 과정 따라하기** : 작품의 자세한 제작 과정을 단계별 사진으로 친절하게 소개합니다.

❼ **Love Clay's tip** : 작품 제작 과정에서 참고할 내용과 주의사항, 작가만의 노하우를 소개합니다.

❽ **Love Clay's advice** : 해당 섹션에서 완성한 작품을 응용하여 만들 수 있는 다양한 작품의 활용 방법을 소개합니다. 나만의 클레이 작품을 창작해보세요.

인터넷을 통한 지속적인 서비스 제공

이 책과 관련하여 궁금한 내용은 터닝포인트의 홈페이지(www.diytp.com)이나 네이버의 행복한 취미생활 DIY(http://cafe.naver.com/diytp)로 문의주시면 최선을 다해 답변해드리겠습니다.

내가 만든 작품 자랑하기

터닝포인트의 "행복한 취미생활 DIY(http://cafe.naver.com/diytp)" 카페의 게시판에 책을 보고 만든 작품이나 제작 과정의 에피소드, 또는 나만의 창작품 등을 올려주세요. 다른 독자 분들과 함께 정보도 공유하고 우수 회원을 뽑아 시상도 한답니다.

PART 1

클레이아트 기본기 다지기

01 클레이로 어떤 작품을 만들 수 있나요?

클레이를 알고 있는 분들 중 대부분은 클레이는 아이들의 교육을 위한 재료라고 생각합니다. 처음 클레이가 소개될 당시에는 아이들의 조형 교육을 위한 좋은 소재로서 소개가 되었기 때문입니다. 그러나 현재 클레이는 어린이 조형 교육의 범위를 뛰어넘어 다양한 작품을 제작하는 말 그대로 클레이아트의 소재로 폭넓게 활용되고 있습니다.

과거보다 더욱 폭넓게 활용되고 있는 클레이아트는 클레이 캐릭터 모델링 분야(클레이를 이용하여 다양한 캐릭터 모형 제작), 클레이 케이크 디자인 분야(클레이를 이용하여 모형 케익 제작), 클레이 돌 디자인 분야(클레이를 이용하여 구체관절 인형을 만드는 만드는 전문 인형 디자인 과정), 클레이 모형 주택 디자인 분야(주택 축소 모형 제작), 클레이 전시 디오라마 디자인 분야(다양한 주제의 전시 디오라마 제작), 클레이 홈데코 분야(인테리어 소품 및 홈데코 작품 제작) 등으로 좀 더 세분화 되고 다양화 되고 있습니다. 앞으로도 클레이를 이용한 새로운 분야들이 계속 개척될 것으로 기대됩니다.

클레이 돌

합성수지점토를 이용하여 정밀 인형을 제작하는 클레이돌 분야

합성수지점토를 이용하여 전시, 관상용 모형 케익을 제작하는 클레이 케익 분야

인테리어 및 실생활에 사용할 수 있는 생활 소품을 제작하는 클레이 홈데코 분야

조형의 기초에서부터 창작 작품 제작까지 어린이 조형 교육을 체계적으로 교육하는 어린이 교육 분야

다양한 캐릭터 디자인을 정밀하게 묘사하여 입체적으로 (3D) 제작하는 클레이 캐릭터 디자인 분야

캐릭터의 정밀 묘사 및 다양한 표정, 캐릭터적인 묘사를 창의적으로 제작하는 클레이 캐릭터 피규어 분야

02 클레이의 종류

이 책에서 소개하는 작품 제작에 사용한 클레이는 2차 소성(열을 가하거나 2차적인 방법을 가하여 굳히는 방법)을 거치지 않고 공기 중에 경화되는 합성수지 점토 계열의 클레이입니다. 끊임없이 새로운 합성수지점토가 개발되고 있으므로 관련 재료의 특징이나 사용 방법을 잘 숙지하면 더욱 좋은 작품을 만들 수 있습니다. 클레이는 원재료에 따라 사용하는 방법이 조금씩 다릅니다. 각각의 제품의 특성에 따른 주의사항을 살펴보도록 하겠습니다.

합성수지점토의 종류

칼라클레이(무독성 칼라클레이) – 공기 중에 건조(air dry)

칼라클레이는 5색(흰색, 검정, 노랑, 파랑, 빨강)을 자유롭게 혼합하여 다양한 색상을 표현할 수 있습니다. 또한 클레이가 손에 묻지 않아 조형 작업을 청결하게 진행할 수 있으며 점성이 뛰어나 2차 본드 작업을 하지 않아도 쉽게 형태를 완성할 수 있습니다. 또한 공기 중에 건조되므로 2차 소성 작업을 하지 않아도 됩니다. 단, 공기 중에 노출되면 일정 시간 경과 후 건조되기 때문에 다소 빠른 시간 내에 작업해야 주름을 방지할 수 있습니다. 면을 깨끗하게 표현하거나 다양한 캐릭터를 표현하기 적합한 클레이입니다.

볼클레이(폼클레이) – 공기 중에 건조(air dry)

볼클레이는 작은 스티로폼 입자에 점성을 가미하여 클레이처럼 효과를 주도록 만든 제품입니다. 볼클레이는 칼라클레이로는 표현하기 적절하지 않았던 부분을 쉽고 효과적으로 표현할 수 있는 것이 큰 특징입니다. 디오라마를 제작하거나 사이즈가 큰 캐릭터 인형을 표현할 때 가장 적절하게 사용할 수 있습니다. 또한 반제품에 볼클레이를 붙여 완성품을 제작할 수 있는 클레이입니다.

콜티클레이(콜크클레이) – 공기 중에 건조(air dry)

콜티클레이는 천연소재인 나무껍질을 이용하여 제작한 제품입니다. 나무의 질감을 가지고 있어서 작품의 표면을 다양하게 표현할 수 있는 것이 특징입니다. 특히 엔틱한 느낌이나 내추럴한 느낌을 더욱 효과적으로 표현할 수 있어 클레이 작품의 화려한 느낌에 고급스러움을 더할 수 있는 제품입니다. 자연 친화적인 수업이나 클레이 홈데코 프로그램에 적합한 클레이입니다.

아이싱클레이(크림클레이) – 공기 중에 건조(air dry)

아이싱클레이는 생크림과 같은 효과를 줄 수 있는 제품입니다. 클레이 케이크를 디자인하거나 먹음직스러운 머핀 모형을 제작할 때 효과적으로 사용할 수 있는 제품입니다. 클레이아티스트들은 디오라마 제작 시 바닥, 벽을 표현할 때 사용하기도 합니다.

오븐에 굽는 점토 : 폴리머클레이

피모(fimo), 스컬피(sculpy), 비바(viva) - 오븐으로 굽기(use oven)

합성수지점토 이외에 2차 소성을 거쳐 점토의 성질이 변하는 점토 또한 전 세계적으로 다양하게 판매되고 있습니다. 그 중 대표적인 폴리머클레이는 오븐에 구워 내면 플라스틱처럼 단단하게 굳어 바로 상품으로 디자인할 수 있는 클레이입니다. 폴리모클레이는 피모(fimo), 스컬피(sculpy), 비바(viva)등 전세계적으로 10여 개의 브랜드에서 제조하고 있습니다. 기존 색상을 섞어 다른 색상을 만들어 낼 수도 있는 폴리머클레이는 처음에는 점토 재질 상태인데 작품을 만든 후 오븐에 구워내면 딱딱한 성질로 변화되기 때문에 많은 아티스트들이 폴리머클레이 소재로 작품을 제작하고 있습니다. 많이 응용되고 있는 분야는 쥬얼리, 액세서리 분야, 피규어(Figure) 제작 분야입니다. 폴리머클레이로 작업을 할 때는 반드시 전용 오븐을 사용하여야 하며 각 제조사에서 정한 소성 온도와 시간을 지켜주는 것이 가장 중요합니다.

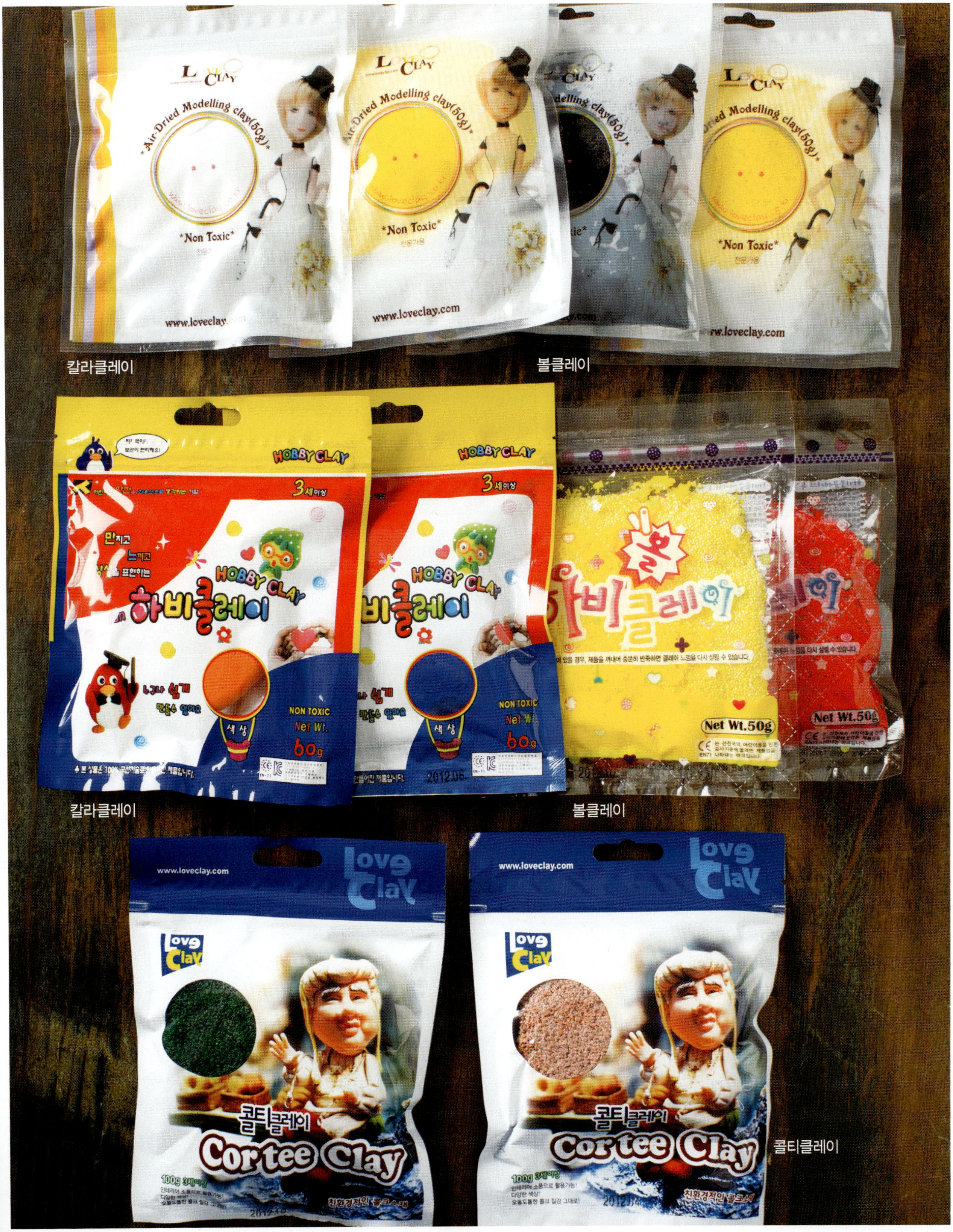

칼라클레이

볼클레이

칼라클레이

볼클레이

콜티클레이

DVD 클레이아트 기본 도구 동영상 강의 참고

03 클레이아트에 필요한 준비물 I

클레이를 이용하여 작품을 제작할 때 필요한 도구는 어떤 것들이 있는지 알아보겠습니다. 처음 시작하는 입문자를 위한 기본 도구의 구성과, 아이들을 위한 클레이 도구를 어떻게 준비하면 되는지, 전문가를 위한 클레이 도구는 어떤 것들이 있는지 알아봅니다.

클레이 입문자를 위한 기본 도구

클레이를 처음 시작할 경우 다음과 같은 기본 도구들을 준비하면 누구나 쉽게 클레이를 시작할 수 있습니다.

- 오조도구 : 클레이 제작을 도와주는 다양한 기능을 제공하는 기본 도구입니다.
- 클레이 크림 : 클레이를 얇게 밀거나 끈적이지 않도록 하기 위하여 사용하는 크림입니다.
- 물티슈 : 클레이 작업을 하는 손의 청결을 위하여 사용하거나 이물질이 묻었을 때 닦아내기 위해 사용하는 티슈입니다.
- 클레이패드 : 클레이로 작품을 제작하고 난 후 건조시킬 때 사용하는 패드입니다.
- 순간접착제 또는 공작용 수성접착제 : 클레이로 작품을 제작한 후 빠른 시간 안에 접착시킬 때 사용하는 접착제입니다. 말 그대로 순간접착제는 순간적으로 접착되는 접착제이므로 사용할 때 주의를 요합니다.
- 클레이 전용 칼 : 클레이를 잘라야 할 때 편리하게 사용할 수 있는 클레이 전용 칼입니다.
- 밀대 : 클레이를 얇게 밀 때 사용하는 도구입니다.
- 가위 : 클레이를 커팅할 때 사용하는 가위는 끝이 뾰족하고 가윗날이 얇은 것을 사용하는 것이 좋습니다.
- 니퍼 : 철사를 자를 때 사용하는 도구입니다.
- 철사 : 인형의 얼굴과 몸을 연결할 때 주로 사용하고(뼈대로도 사용 합니다.)
- 클레이 보관 통 : 작업 중에 클레이가 건조되는 것을 방지하기 위하여 사용하는 케이스입니다.(클레이 보관 통이 없다면 클레이를 사용하고 난 후의 빈 봉투를 사용해도 됩니다. 동영상 강의 참고)

아이들이 사용하는 도구

플라스틱 재질과 끝이 뾰족하지 않은 도구들을 사용하는 것이 좋아요.

- 가위 : 어린이들이 사용하는 가위는 끝이 뾰족하지 않고 안전한 가위를 사용하도록 합니다.
- 공작용 수성 접착제(오공본드) : 순간접착제는 잘못 사용하면 아이들에게 위험하므로 아이들의 안전을 위하여 무독성 오공본드를 사용합니다. 접착 시간이 다소 걸리지만 잘못 붙여도 수정이 가능하고 손에 묻어도 쉽게 닦아낼 수 있어 어린이들이 사용하기에 좋은 접착제입니다.

전문가를 위한 클레이 도구

클레이 작품에 좀 더 정밀한 표현을 하기 위하여 사용하는 도구입니다. 전문가를 위한 도구를 이용하면 좀 더 섬세한 클레이 작품을 만들 수 있습니다.

- 도트도구 : 도트도구를 사이즈별로 준비하여 다양한 질감을 표현할 때 사용합니다.
- 전문가용 가위 : 절삭력이 뛰어나고 끝이 날카로운 가위를 사용하면 더욱 정교하게 작품을 만들 수 있습니다.
- 14종 헤라 : 다양한 가능을 가지고 있어 꽃을 제작하거나 인형을 제작할 때 사용하는 전문도구입니다.
- 파스텔 : 클레이 위에 색을 입히거나 톤을 조절할 때 사용합니다.
- 클레이 마감재 : 클레이 작품을 건조한 후 무광의 마감제를 발라주면 작품을 보호해줍니다.
- 물감 : 작품에 색의 깊이를 표현하고자 할 때 물감을 이용합니다.
- 찍기 틀 : 다양한 형태의 모양을 찍어낼 때 사용합니다.

클레이 전용칼 4종
클레이 크림
Clay Cream
loveclay
순간접착제
공작용 수성접착제
무독이
오조도구
클레이패드
밀대
전문가용 가위
14종 해라
도트도구
기본 가위
어린이용 가위
구름빵
by 토디앙
Clean 80매
니퍼
물티슈
철사

04 클레이아트에 필요한 준비물 II

클레이아트를 더욱 빛내기 위해 작품 제작에 활용할 수 있는 다양한 부재료에는 어떤 것들이 있는지 알아볼까요?

- **붓** : 물감을 이용하여 채색할 때 사용합니다.
- **반짝이 가루** : 반짝이는 작품에 반짝이는 효과를 줄 때 사용하는 가루입니다.
- **룰러** : 클레이를 커팅할 때 사용합니다.(클레이 케이크를 제작할 때 유용)
- **지그재그 룰러** : 클레이를 지그재그 모양으로 커팅할 때 사용합니다.(클레이 케이크를 제작할 때 유용)
- **다양한 용도의 목자재** : 목재로 만들어진 다양한 부자재를 이용하면 클레이와 더불어 다양한 작품으로 제작할 수 있습니다. 이 밖에도 자신만의 특별한 디자인을 위한 시계나 플라스틱으로 된 화분 등의 다양한 소품들도 클레이와 조합하여 작품을 만들 수도 있습니다. 또한, 소품에 사용하는 철재류, 집게, 메모꽂이 용도의 철재 등 다양한 부자재를 활용하면 클레이 작품을 더욱 다양하게 만들 수 있습니다.

이 외에도 클레이 작품에 붙여 다양한 느낌을 연출할 수 있는 넵킨, 클레이에 붙여 장식할 수 있는 숫자, 영문 등의 목재로 된 글자, 클레이 디자인의 형태를 다양하게 표현할 수 있는 클레이로 만든 다양한 문양의 커팅 클레이, 클레이 작품에 다양한 문양의 스탬프를 찍어 작품을 더 고급스럽게 표현할 있는 스탬프, 하이라이트나 눈썹 등을 표현할 때 사용하는 펜 등을 사용하면 클레이 작품을 한층 더 다양하게 창작할 수 있습니다.

목재로 만들어진 다양한 용도의 부자재들

붓
물감
반짝이 가루
레이스 찍기 틀
하트 찍기 틀
파스텔
사각 찍기 틀
지그재그 룰러
룰러
PRISMACOLOR
NUPASTEL®
Firm pastel color sticks. Cleaner, stronger than ordinary pastels.
36
JO SONJA'S
ARTISTS' COLOURS
MATTE FLUID ACRYLIC
HWAHONG

DVD 클레이 기본 기법 I,II, 기본 기법 캐릭터 인형 동영상 강의 참고

05 캐릭터 인형을 만들며 배우는 클레이 기본 기법

클레이아트의 가장 기본이 되는 기본 기법들을 잘 익혀두면 어떤 작품이라도 쉽고 즐겁게 작품을 만들 수 있습니다. 책에 소개한 기법들을 튼튼이 잘 연습해두면 어떤 모양이라도 원하는 대로 표현할 수 있어요.

준비물

- 클레이 : ○ ● ● ● ●
- 도구: 송곳도구, 브러시, 밀대, 칼 ,가위, 스탬프, 잉크

1 컨디셔닝 기법

컨디셔닝은 클레이를 처음 개봉한 후 클레이를 유연하게 만들기 위한 작업으로 클레이를 양손으로 잡고 늘였다 붙였다를 반복합니다. 이 작업을 통하여 클레이에 남아 있는 공기를 빼고 조형 작업에 적합한 클레이로 만들어줍니다.

DVD 클레이 기본 기법1 ❶컨디셔닝 기법 동영상 강의 참고

클레이를 양손으로 잡고 늘였다 붙였다를 반복합니다.

2 색 혼합 기법

클레이는 원하는 색을 섞어 물감처럼 필요한 어떤 색이든 만들어낼 수 있습니다. 그러므로 클레이의 여러 가지 색을 적절한 비율로 섞어주면 다양한 색상을 표현할 수 있습니다. 다양한 색상 혼합은 32쪽의 클레이 색상환을 참조하기 바랍니다.

DVD 클레이 기본 기법1 ❷색 혼합 기법 동영상 강의 참고

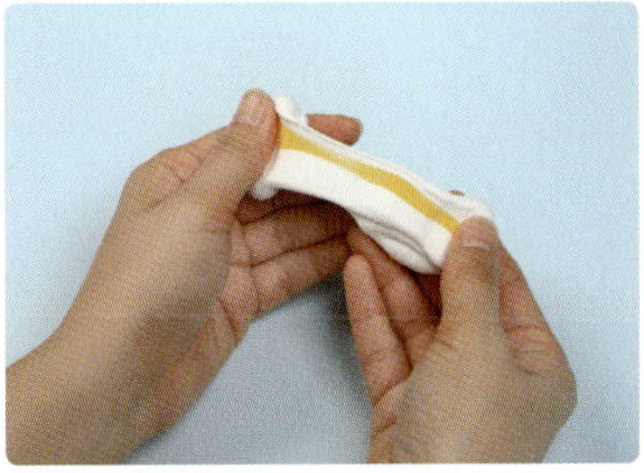

원하는 색을 준비하여 양손으로 잡고 늘였다 붙였다를 반복하면서 원하는 색을 섞어줍니다. 색을 섞을 때는 작은 양부터 섞어주는 것이 좋습니다. 처음부터 많은 양을 섞어 불필요한 색의 클레이가 남지 않도록 합니다.

3 원 기법

클레이아트의 가장 기초가 되는 기법이 바로 원 기법입니다. 모든 형태는 대부분 원 모양에서부터 시작됩니다.

DVD 클레이 기본 기법1 ❸원 기법 동영상 강의 참고

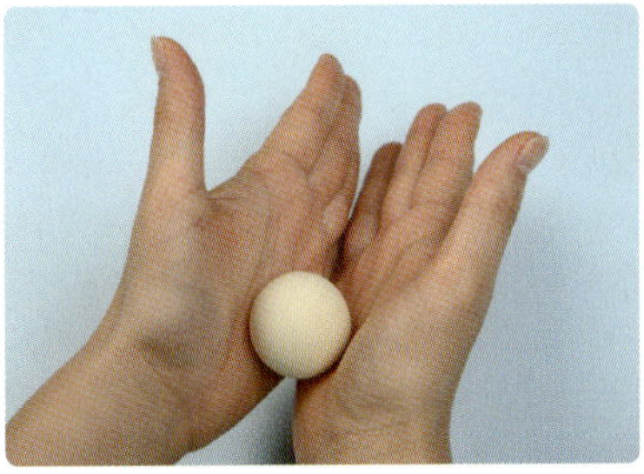

1 양 손바닥을 쫙 편 상태에서 클레이를 손바닥 가운데 부분에 놓고 굴려줍니다.

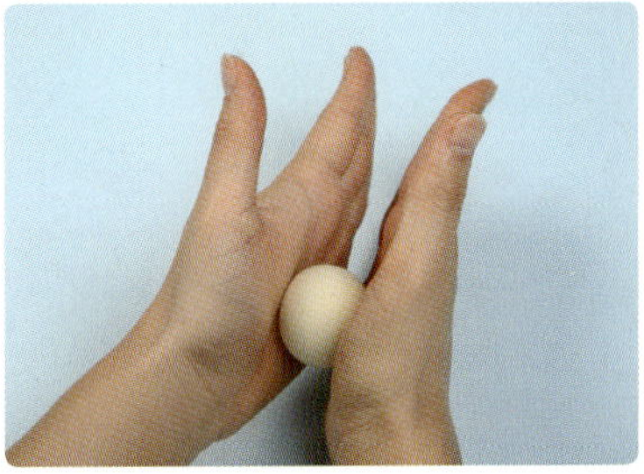

2 가운데로 굴려준 클레이가 팽이 모양이 되면 손바닥의 가장자리로 굴려 원 모양을 다듬어줍니다

3 원 모양을 완성하였습니다.

4 타원 기법

타원 기법은 주로 양 옆으로 넓은 얼굴 모양이나 사람이나 동물의 몸을 표현할 때 사용합니다.

DVD 클레이 기본 기법1
❹타원 기법 동영상 강의 참고

완성된 원 모양을 손바닥에 놓고 양 손바닥을 앞뒤로 살짝 굴려 양쪽으로 넓은 타원 모양을 만들어줍니다.

5 구멍 표현 기법

눈을 표현하거나 작은 구멍을 만들 때 사용하는 기법입니다. 송곳도구를 이용하여 눈을 붙이고자 하는 자리에 미리 구멍을 만들어 놓습니다. 이러한 방법을 통해 눈이 살짝 안으로 감겨 들어가는 표현을 할 수 있어 눈동자를 더욱 입체적으로 표현합니다.

DVD 클레이 기본 기법1 ❺구멍 표현 기법 동영상 강의 참고

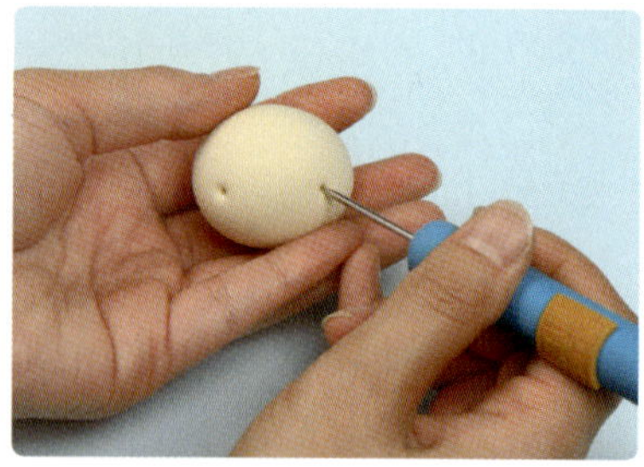

송곳도구를 이용해 원하는 곳에 구멍을 뚫어줍니다.

6 미세 원 모양 기법

도트 모양을 만들거나 아주 작은 눈을 만들 때 사용하는 기법입니다.

DVD 클레이 기본 기법1
❻미세 원 모양 기법 동영상 강의 참고

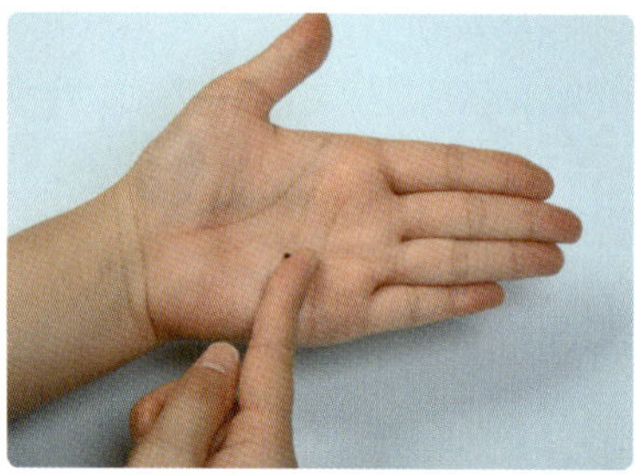

1 소량의 클레이를 손바닥에 놓고 다른 쪽 검지를 이용하여 원 모양을 만들어줍니다.

2 만들어진 미세 원 모양을 뚫어 놓은 구멍에 올리듯이 살짝만 붙여줍니다.

7 실 기법

실이 뽑혀 나오듯이 얇은 선을 표현하는 기법입니다. 손으로 표현하기 어려울 경우 자를 이용하여 표현할 수도 있습니다.

DVD 클레이 기본 기법1
❼실 기법 동영상 강의 참고

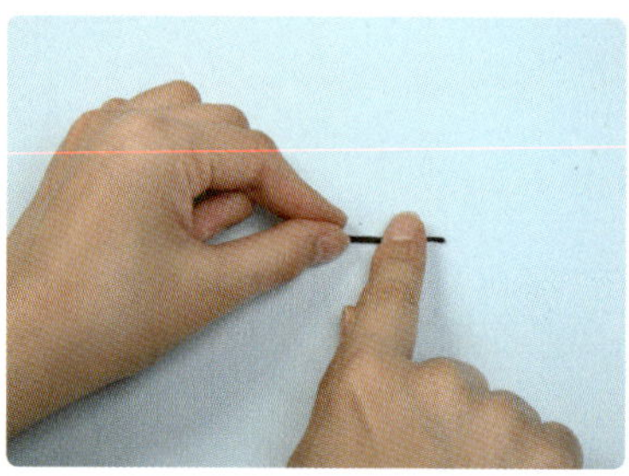

1 클레이의 한쪽을 손으로 잡고 다른 손 검지를 이용하여 굴리듯이 클레이를 밀어줍니다. 이때 단시간에 하는 것이 중요하며 같은 두께로 표현하는 것이 중요합니다. 많은 연습이 필요한 기법입니다.

2 실 기법을 이용하여 웃는 입을 표현한 모습입니다.

8 작은 원기둥 모양 기법

작은 원기둥 모양 기법은 다리나 발, 팔 등을 만들 때 많이 사용되는 기법입니다.

DVD 클레이 기본 기법1
❽작은 원기둥 모양 기법 동영상 강의 참고

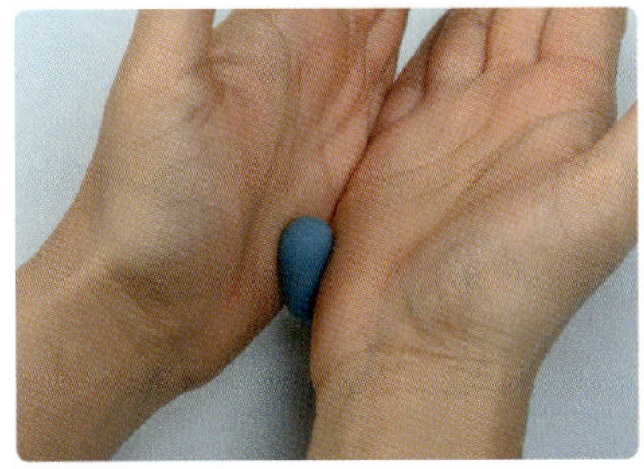

클레이를 손바닥에 놓고 원 모양을 만든 다음 손바닥 아래쪽에 원 모양의 클레이를 넣은 후 양손을 비벼 짧은 원기둥 모양을 만듭니다.

9 작은 원통 모양 기법

다리를 만들거나 바지를 제작할 때 주로 사용하는 기법입니다.

DVD 클레이 기본 기법1
❾작은 원통 기법 동영상 강의 참고

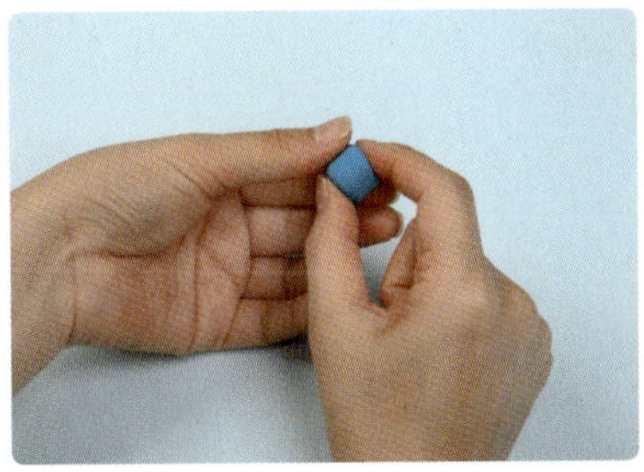

1 원기둥 모양 클레이의 양끝을 손가락을 이용하여 살짝 눌러주면 원통 모양을 만들 수 있습니다.

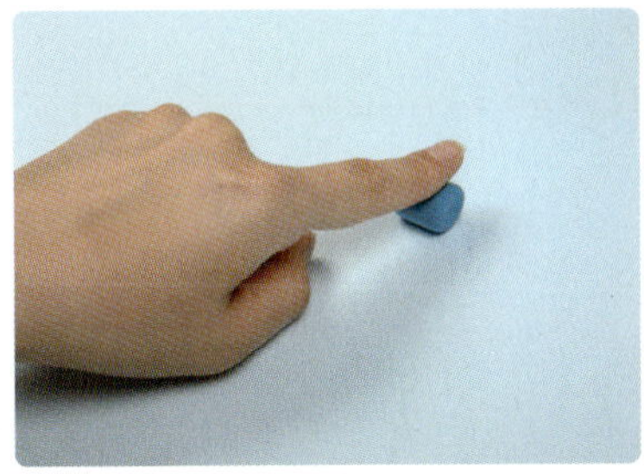

2 원통 모양을 다듬기 위하여 바닥에 내려놓고 검지로 굴려줍니다

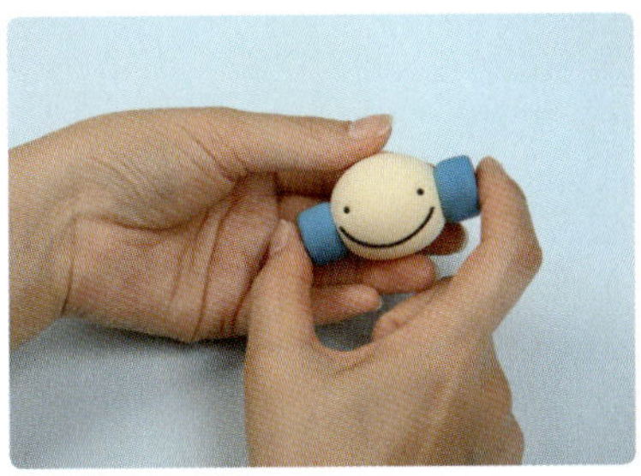

3 만들어 놓은 캐릭터 얼굴 양쪽에 붙여줍니다.

10 미세 물방울 모양 기법

머리카락이나 발톱 등을 만들 때 사용하는 기법입니다.

DVD 클레이 기본 기법1
❿미세 물방울 모양 기법 동영상 강의 참고

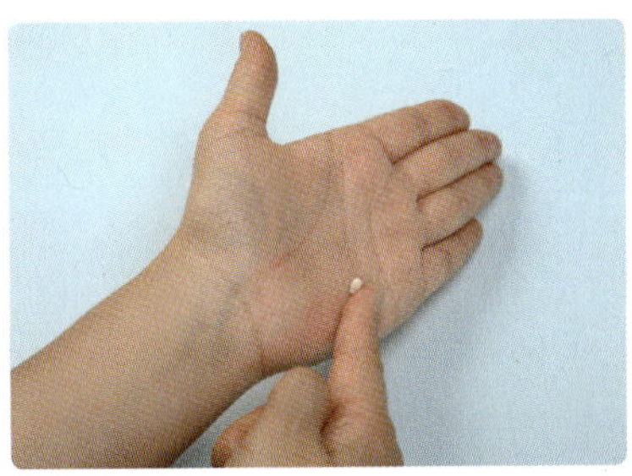

1 한쪽 손바닥을 편 상태에서 다른 손의 검지를 이용하여 원 모양을 만들어준 후 한쪽 끝을 굴려 끝이 뾰족하게 표현해줍니다.

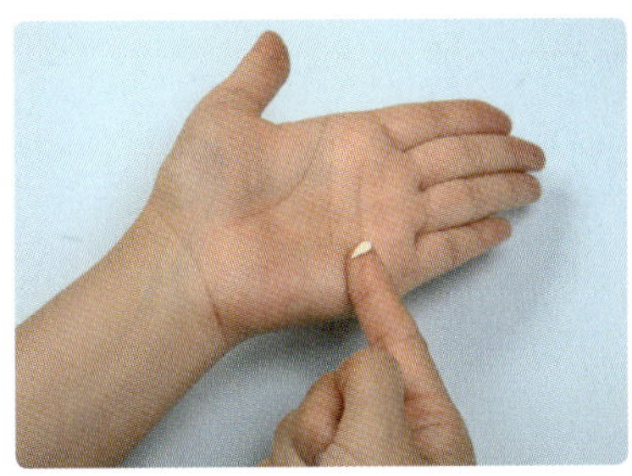

2 미세 물방울 모양을 만든 모습입니다.

3 미세 물방울 모양 기법으로 머리카락을 표현한 모습입니다.

11 물방울 모양 기법

클레이아트에서 많이 사용하는 기법 중에 하나인 물방울 모양 기법은 모자, 몸, 나무 등을 표현할 때 다양하게 사용되는 기법입니다.

DVD 클레이 기본 기법1
⑪물방울 모양 기법 동영상 강의 참고

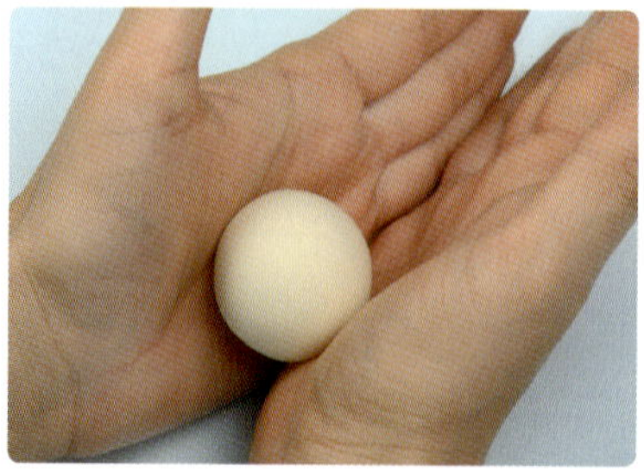

1 클레이를 손바닥에 올려 원 모양을 만듭니다.

2 손바닥 아래 부분을 붙인 상태에서 원 모양 클레이를 양손으로 굴려줍니다.

3 원하는 모양의 물방울 모양이 완성되도록 양쪽 손바닥의 폭을 조절해줍니다.

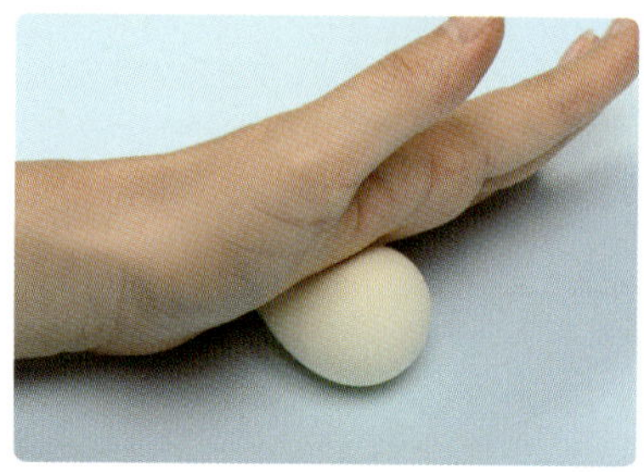

4 손바닥에서 표현이 잘 안 될 경우 사진과 같이 클레이를 바닥에 놓고 한쪽 손을 비스듬히 세운 다음 굴려 주어도 됩니다.

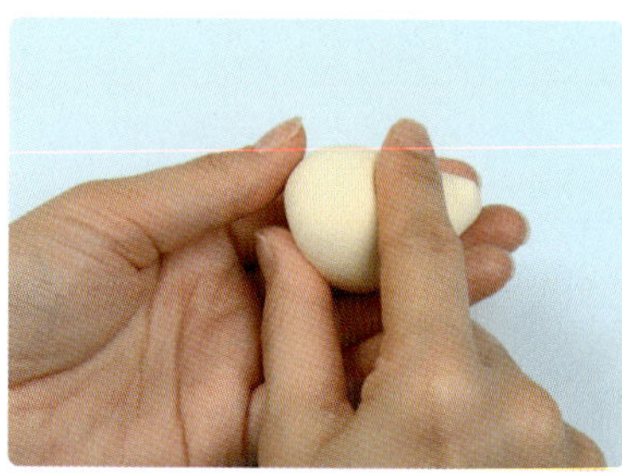

5 물방울 모양이 완성되면 손가락으로 둥근 부분을 살짝 만져주어 캐릭터 인형의 엉덩이 부분을 표현합니다.

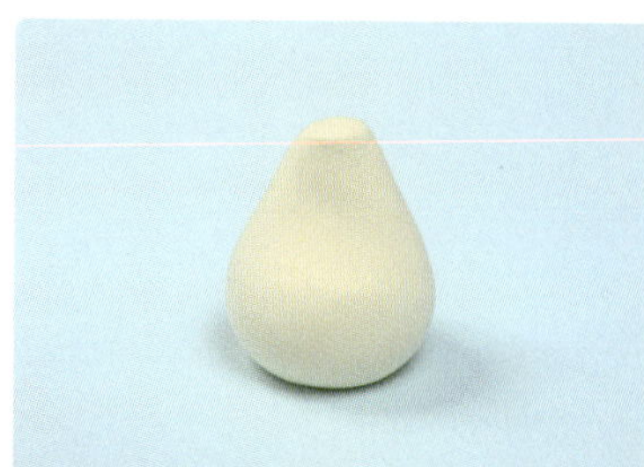

6 물방울 모양을 이용하여 몸의 형태를 만든 모습입니다.

12 끝이 둥근 작은 물방울 모양 기법

끝이 둥근 작은 물방울 모양 기법은 발을 만들거나 항아리를 만들 때 주로 사용하는 기법입니다.

DVD 클레이 기본 기법1
⑫끝이 둥근 작은 물방울 모양 기법 동영상 강의 참고

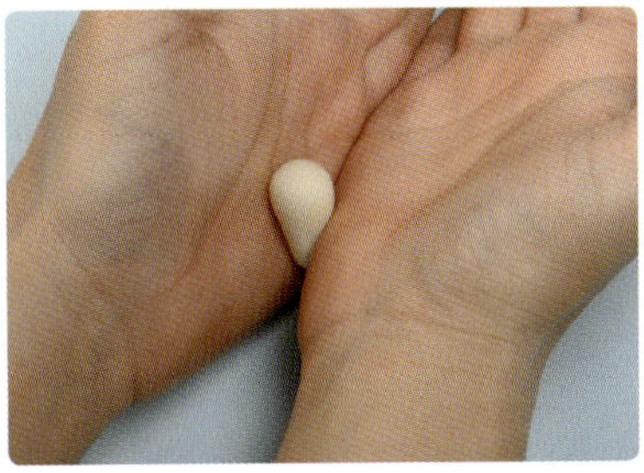

1 원 모양을 만든 다음 손바닥의 아랫부분에 클레이를 놓고 굴려줍니다. 이때 너무 뾰족하지 않도록 힘을 조절하면서 끝 부분을 좁고 둥글게 만듭니다.

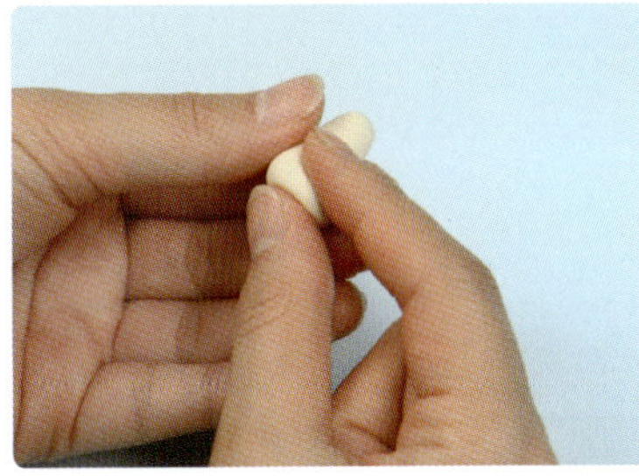

2 발 모양을 만들기 위하여 둥근 부분을 엄지와 검지로 살짝 눌러 잡아줍니다.

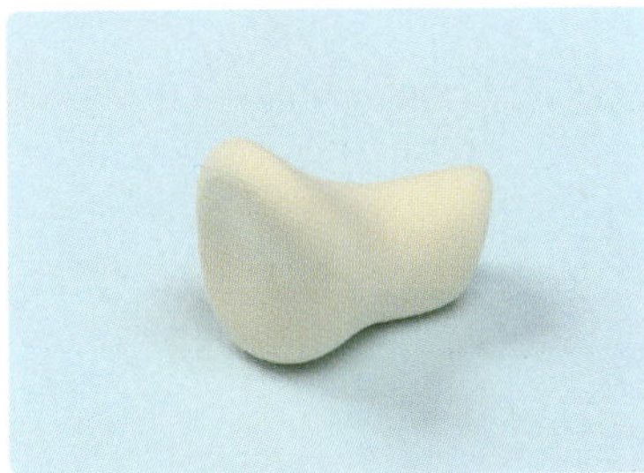

3 끝이 둥근 작은 물방울 모양 기법을 응용하여 완성한 발 모양입니다.

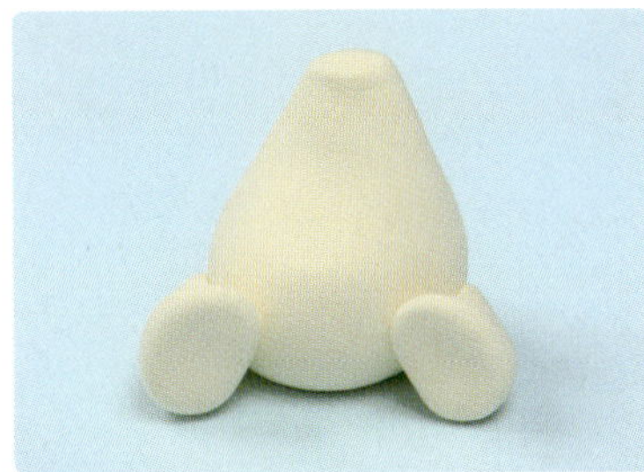

4 만들어 놓은 몸에 양쪽 발을 붙여준 모습입니다.

13 작은 물방울 모양 기법

클레이아트에서 많이 사용하는 기법 중의 하나로 주로 손과 귀, 소품 등을 제작할 때 사용되는 기법입니다.

DVD 클레이 기본 기법1
⑬작은 물방울 모양 기법 동영상 강의 참고

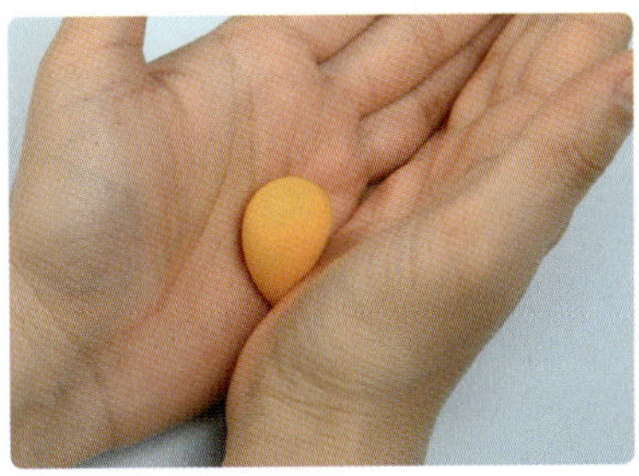

손바닥의 아래 부분을 붙인 상태에서 원 모양 클레이를 굴려 작은 물방울 모양을 만들어줍니다.(큰 물방울 모양부터 차츰 연습하는 것이 좋습니다.)

14 삼각 원뿔 모양 기법

삼각 원뿔 모양 기법은 작은 소품을 표현하거나 나무 등을 표현할 때 주로 사용하는 기법입니다.

DVD 클레이 기본 기법2
⑭삼각 원뿔 모양 기법 동영상 강의 참고

물방울 모양의 클레이를 양손 엄지와 검지를 이용하여 각을 잡아줍니다. 이때 물방울 모양의 아랫부분을 검지를 이용하여 잘 펴주는 것이 중요합니다. 이 기법을 이용할 때는 손가락의 힘을 약간 빼주는 것이 좋습니다.

15 주름 표현 기법

송곳도구를 이용하여 옷의 주름이나 천의 주름을 자연스럽게 표현하는 주름 표현 기법입니다.

DVD 클레이 기본 기법2
⑮주름 표현 기법 동영상 강의 참고

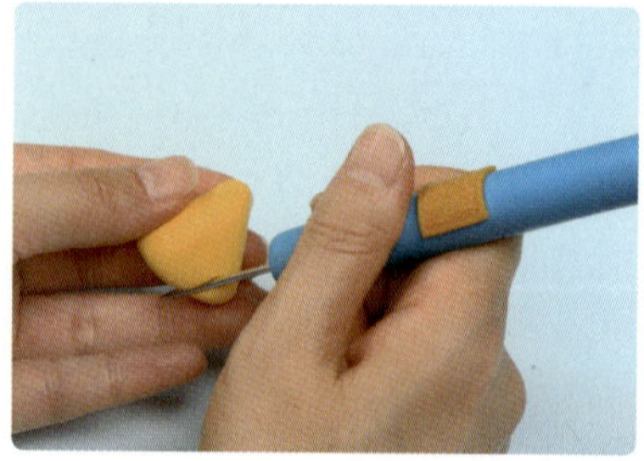

송곳도구를 45도 각도로 눕힌 다음 원하는 곳을 살짝 눌러 주름을 표현합니다.

16 펼치기 기법

작은 양의 클레이를 손가락을 이용하여 넓게 펴주는 기법입니다. 손가락의 지문이 클레이에 남지 않도록 만드는 것이 중요합니다.

DVD 클레이 기본 기법2
⑯펼치기 기법 동영상 강의 참고

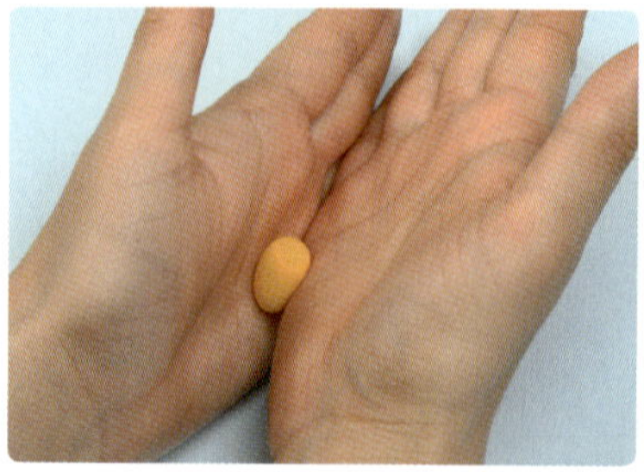

1 클레이를 펼치기 전에 먼저 원하는 모양을 만들어줍니다.

2 양 손가락을 이용하여 클레이를 납작하게 펼쳐줍니다. 이때 손가락 자국이 남지 않도록 꼼꼼하게 펼쳐주세요.

3 가방 위쪽 덮개를 표현하기 위하여 사용하였습니다.

17 코일링 기법

밧줄을 만들거나 사다리를 만들 때 주로 사용하는 코일링 기법입니다.

DVD 클레이 기본 기법2
⑰코일링 기법 동영상 강의 참고

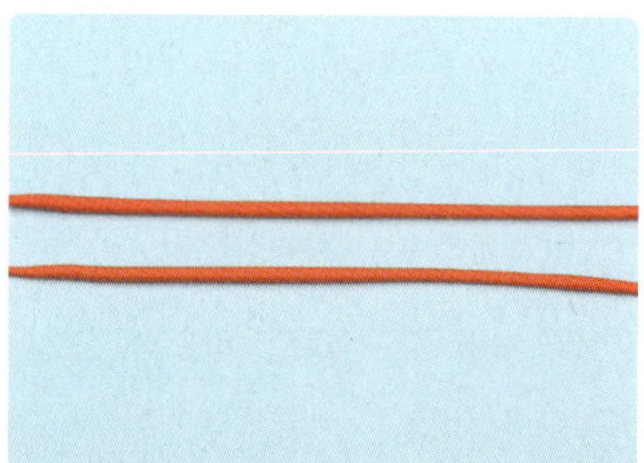

1 클레이를 작은 원 모양으로 만든 후 가는 실 기법을 이용하여 두 줄의 클레이를 만들어 놓습니다.

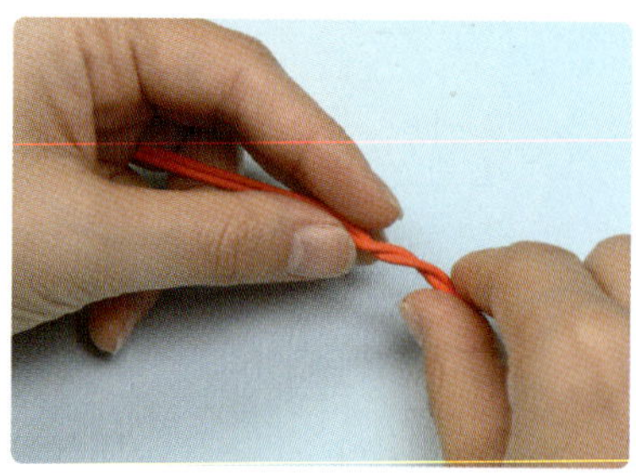

2 한쪽 손은 실 기법으로 만든 두 개의 실 모양의 클레이를 잡고 다른 손으로 클레이를 꼬아줍니다. 이때 너무 힘을 많이 주지 않도록 주의합니다.

3 코일링 기법으로 표현한 모습입니다.

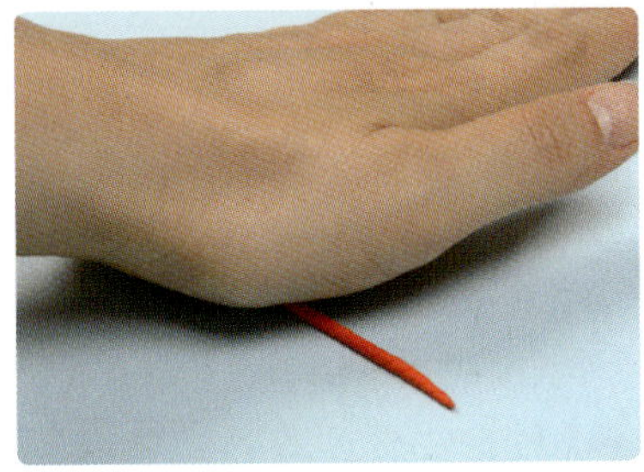

4 손바닥으로 살짝 굴려주어 자연스럽게 다듬어줍니다.

5 코일링 기법으로 가방의 끈을 표현한 모습입니다.

6 가방의 끈 위에 가방을 붙여준 모습입니다.

18 2단 펴기 기법

두 가지 색의 클레이로 자연스러운 두 가지 톤의 색을 표현하는 기법입니다. 아래쪽의 색이 위쪽의 색과 자연스럽게 섞여 고급스런 두 가지 톤의 색을 표현합니다.

DVD 클레이 기본 기법2
⑱2단 펴기 기법 동영상 강의 참고

1 두 가지 색의 클레이를 원 모양으로 준비합니다.

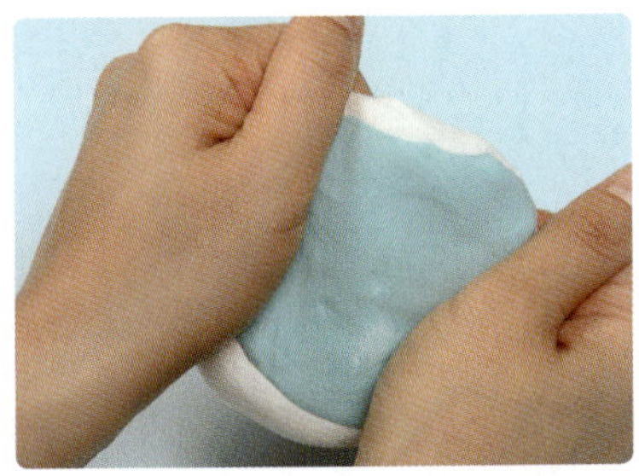

2 원 모양으로 만들어 놓은 클레이를 납작하게 펴준 다음 두 가지 색을 사진과 같이 겹쳐줍니다.

3 사진과 같이 가장자리를 안쪽으로 말아 넣어줍니다. 위에 올려놓았던 클레이 색이 가장자리로 밀려나면서 아래쪽 클레이가 위로 올라와 자연스럽게 두 가지 색을 표현할 수 있습니다.

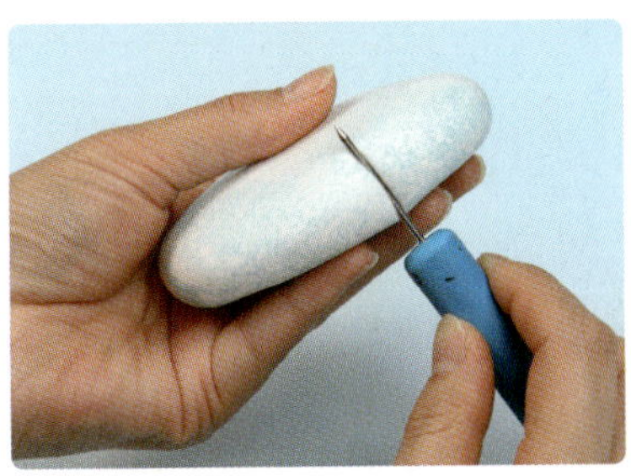

4 구름을 표현하기 위하여 송곳도구를 이용하여 가장자리에 무늬를 찍어줍니다.

5 2단 펴기 기법으로 만들어준 구름의 모습입니다.

19 브러시를 이용한 찍기 기법

브러시를 이용하여 잔디 모양을 표현하거나 구름을 표현할 때 주로 사용하는 기법입니다.

DVD 클레이 기본 기법2
⑲브러시를 이용한 찍기 기법 동영상 강의 참고

1 브러시를 이용하여 표면을 거칠게 찍어줍니다. 이때 일정한 가격을 유지하고 형태를 유지할 수 있도록 힘을 조절하며 찍어줍니다.

2 브러시를 이용한 찍기 기법으로 구름을 만든 모습입니다.

20 밀대를 이용한 밀기 기법

밀대를 이용하여 클레이를 앞뒤로 밀어 넓게 펴주어 옷을 표현하거나 천을 표현할 때 주로 사용하는 기법입니다.

DVD 클레이 기본 기법2
⑳밀대를 이용한 밀기 기법 동영상 강의 참고

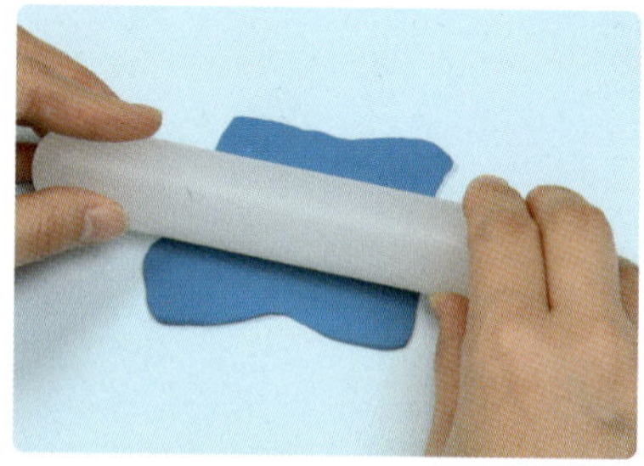

클레이를 바닥에 놓고 손바닥으로 살짝 펼친 다음 밀대를 이용하여 넓게 펼쳐 주는 기법입니다. 이때 두께가 일정하게 표현되도록 주의합니다.

21 칼을 이용한 커팅 기법

일정한 간격을 유지하거나 자른 끝선을 깨끗하게 표현하고자 할 때 사용하는 기법입니다. 칼은 클레이 전용 칼을 이용하는 것이 좋습니다.

DVD 클레이 기본 기법2
㉑칼을 이용한 위한 커팅 기법 동영상 강의 참고

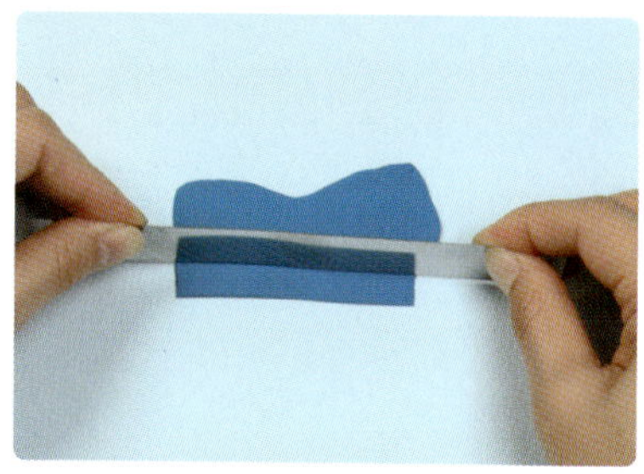

클레이 전용 칼을 이용하여 양 손으로 칼 끝을 잡고 위에서 아래로 누르듯이 커팅하여 줍니다. 슬라이스 하듯 양옆으로 움직이지 않도록 주의합니다.

22 가위를 이용한 커팅 기법

글자를 만들거나 작은 부분을 표현할 때 사용하는 커팅 기법입니다. 절단력이 좋은 가위를 사용하면 절단 부분을 더 깔끔하게 마무리할 수 있어요.

DVD 클레이 기본 기법2
㉒가위를 이용한 커팅 기법 동영상 강의 참고

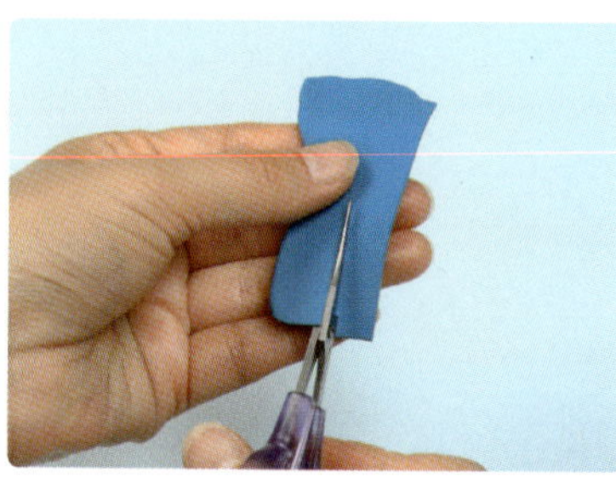

1 한쪽 손으로 넓게 밀어 놓은 클레이를 잡고 가위로 잘라줍니다.

2 위쪽은 칼로 자른 모습이며 아래쪽은 가위를 이용하여 자른 모습입니다.

23 꽃잎 표현 기법

간단한 원 모양에 송곳도구와 같은 간단한 도구를 이용하여 꽃잎을 표현하는 기법입니다.

DVD 클레이 기본 기법2
㉓꽃잎 표현 기법 동영상 강의 참고

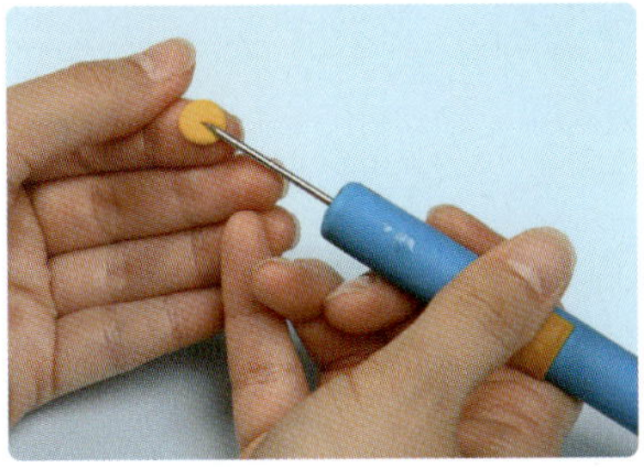

1 원 모양으로 만든 클레이를 납작하게 누른 다음 송곳도구를 이용하여 3/1 지점을 살짝 눌러줍니다.

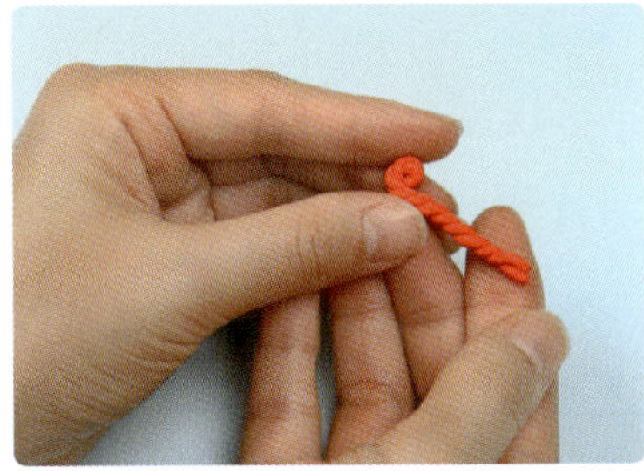

2 코일링 기법으로 밧줄 모양을 만든 다음 동그랗게 말아줍니다.

3 다섯 개의 꽃잎을 붙이고 만들어 놓은 코일링 모양을 가운데에 붙입니다.

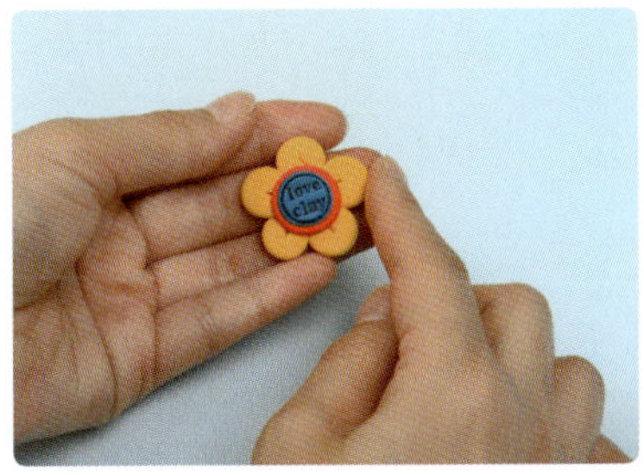

4 원하는 모양의 도장을 찍어 간단한 꽃을 완성합니다.

5 꽃과 화분을 만들어줍니다.

6 만들어 놓은 디자인을 붙여 작품을 완성합니다.

24 스탬프 기법

나만의 이니셜이나 좋아하는 스탬프를 찍어 클레이로 표현할 수 없는 부분을 보완해주면 좀 더 멋진 클레이 작품을 만들 수 있습니다.

DVD 클레이 기본 기법2
㉔스탬프 기법 동영상 강의 참고

본인이 가지고 있는 예쁜 스탬프를 사진과 같이 응용하여 다양하게 장식할 수 있습니다. 이름 도장을 사용해도 독특한 나만의 작품을 만들 수 있습니다.

06 클레이 색상환

클레이 색상환

무독성 칼라수지점토는 물감처럼 기본적인 5색(빨강, 파랑, 노랑, 검정, 흰색)을 섞어 다양한 색을 나타낼 수 있는 것이 특징입니다. 판매 사에 따라 조색이 되어 있는 클레이가 나오기도 하므로 사용하는 용도와 작품에 따라 구매하면 됩니다.

클레이를 조색할 때는 나타내고자 하는 색이 어떠한 색의 혼합으로 구성되어 있는지 먼저 파악하는 것이 중요합니다. 색을 조색할 때 연한 색에 진한 색을 섞어 가면서 원하는 색을 표현하면 클레이의 낭비를 줄일 수 있습니다. 책에서 소개하는 색상환을 참고하여 조색 방법을 충분히 익혀 다양한 작품 제작에 응용하기 바랍니다.

빨강

빨강 8 : 노랑 2 다홍색

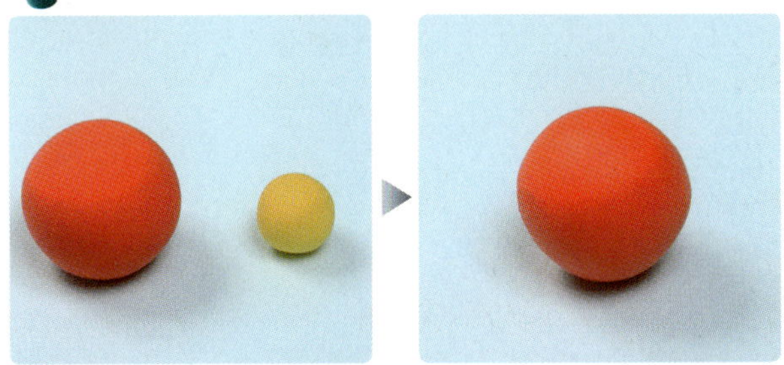

빨강 9 : 파랑 1 자주색

빨강 9 : 검정 1 진밤색

노랑 8 : 빨강 2 진주황색

노랑 9 : 빨강 1 귤색

노랑 8 : 빨강 1.5 : 검정 0.5 황갈색

흰색 9 : 노랑 0.7 : 빨강 0.3 살구색

노랑 6 : 흰색 4 밝은 노랑

노랑 7 : 파랑 3 진연두색

노랑 9.5 : 빨강 0.5 진노랑색

노랑

흰색 9 : 노랑 1 연노랑(미색)

노랑 9 : 파랑 1 연두색

노랑 9.7 : 파랑 0.3 노랑 연두색

노랑 5 : 파랑 5 녹색

파랑 6 : 노랑 3 : 빨강 1 밝은 청록색

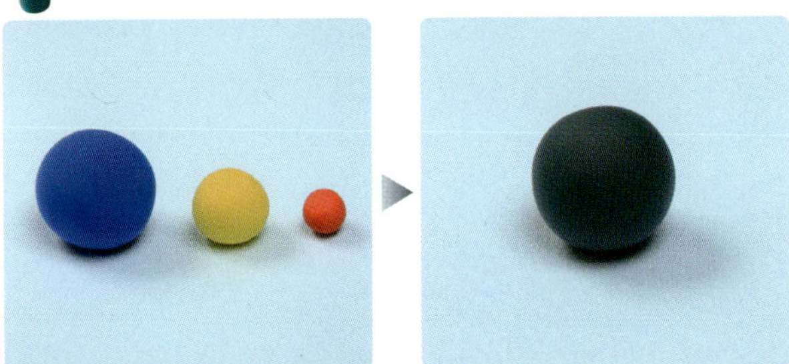

흰색 6 : 파랑 3 : 노랑 1 밝은 바다색

흰색 6 : 노랑 3 : 파랑 1 연한 연두색

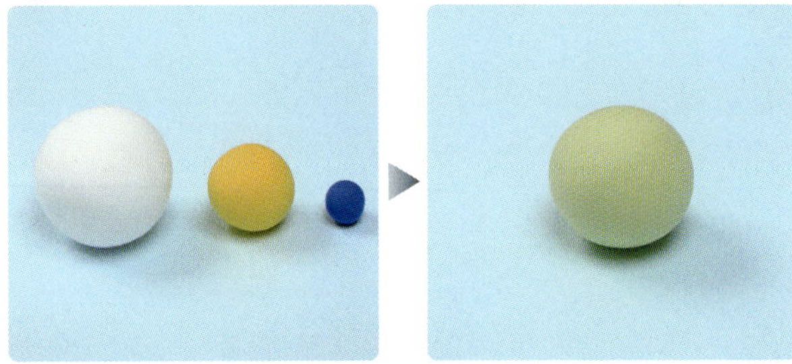

파랑 7 : 노랑 3 청록색

파랑 8 : 노랑 2 바다색

파랑 6 : 노랑 2 : 검정 2 진한 바다색

흰색 9 : 파랑 0.7 : 노랑 0.3 연한 바다색

파랑 5 : 흰색 5 하늘색

파랑 9 : 빨강 1 붉은 파랑색

파랑 5 : 검정 5 진한 남색

파랑색

흰색 9 : 파랑 1 연하늘색

파랑 9 : 검정 1 남색

흰색 9 : 파랑 0.7 : 검정 0.3 연남색

빨강 5 : 파랑 5 보라색

흰색 5 : 파랑 2.5 : 빨강 2.5 밝은 보라색

빨강 7 : 파랑 3 자주색

흰색 9 : 빨강 0.7 : 파랑 0.3 연자주색

빨강 4.5 : 파랑 4.5 : 검정 1 진한 보라색

흰색 9 : 파랑 0.5 : 빨강 0.5 연보라색

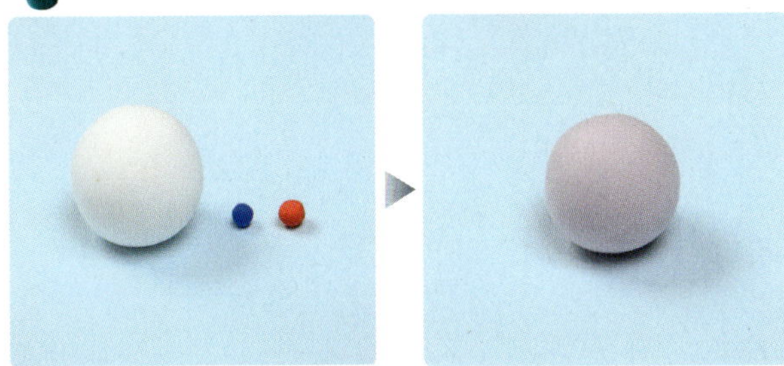

흰색 6 : 빨강 3 : 파랑 1 밝은 자주색

빨강 5 : 파랑 3 : 검정 2 진자주색

흰색 8 : 빨강 2 진분홍색

흰색 9 : 빨강 0.6 : 노랑 0.4 연 다홍색

노랑 6 : 빨강 3 : 검정 1 밝은 밤색

빨강 4 : 검정 4 : 노랑 2 진한 밤색

흰색 9 : 빨강 1 분홍색

흰색 6 : 빨강 3 : 노랑 1 진한 다홍색

빨강 3.3 : 노랑 3.3 : 검정 3.3 밤색

빨강 6 : 노랑 3 : 검정 1 갈색

노랑 9 : 빨강 0.7 : 검정 0.3 황토색

파랑 3.3 : 노랑 3.3 : 검정 3.3 진한 녹색

노랑 6 : 파랑 2 : 빨강 2 카키색

노랑 9 : 파랑 0.7 : 빨강 0.3 연한 카키색

흰색 9 : 검정 1 회색

검정

흰색

PART 2

DVD 동영상 따라 만드는 클레이아트 첫 작품

01 닭, 강아지

음악에 날개를 달아주는 이어폰 장식

닭, 강아지 이어폰 장식 만들기

준비물

- **도구** : 송곳도구
- **클레이** : ○ ● ● ● ●
- **예상 재료비** : 약 500원
- **예상 제작 시간** : 30분(개당)
- **난이도** : ★★
- **완성품 예상가** : 약 1,500원

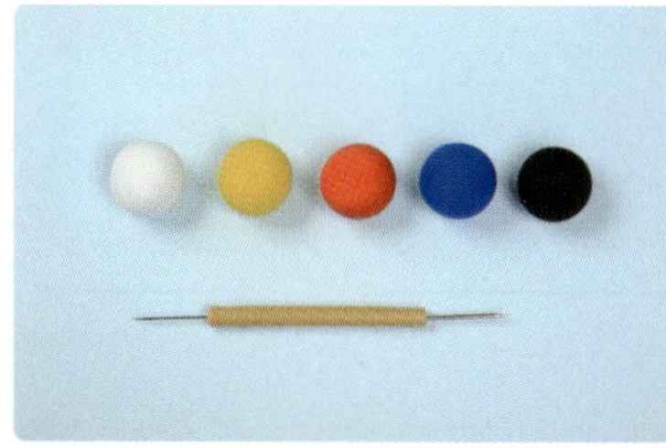

닭 만들기

1 노란색 클레이에 파란색 클레이를 아주 조금(약 9:1) 섞어 연두색을 만들어줍니다.

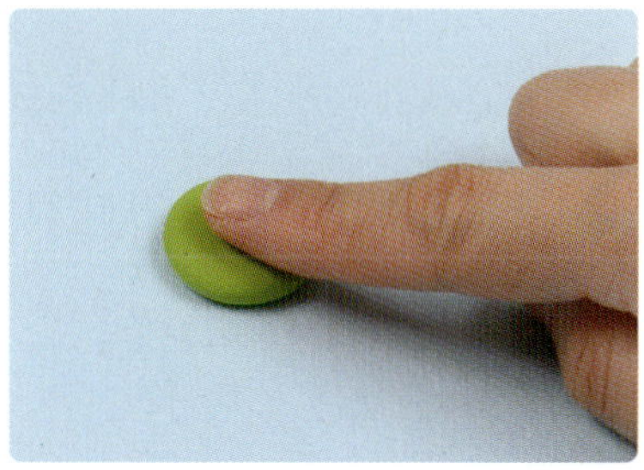

2 작은 동그라미를 만들어 납작하게 눌러줍니다.

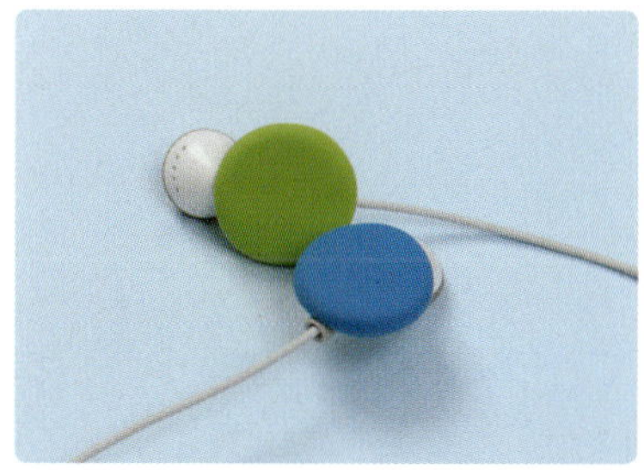

3 이어폰에 붙여줍니다. 양쪽을 각각 연두색과 파란색으로 각기 다르게 만들어봅니다.

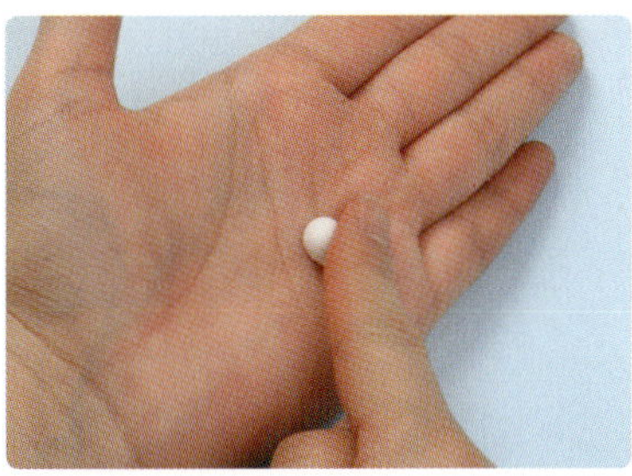

4 흰색 클레이를 물방울 모양으로 만들어줍니다.

⓫물방울 모양 기법 동영상 강의 참고

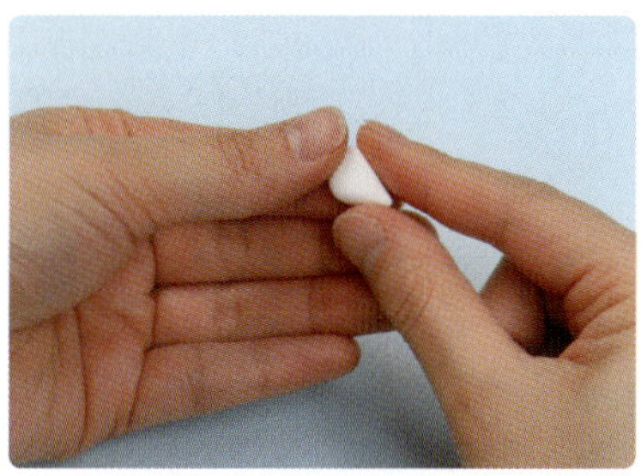

5 손가락을 이용해 한쪽이 긴 삼각형을 만들고 한쪽이 살짝 올라가도록 휘어 닭의 몸통을 만들어줍니다.

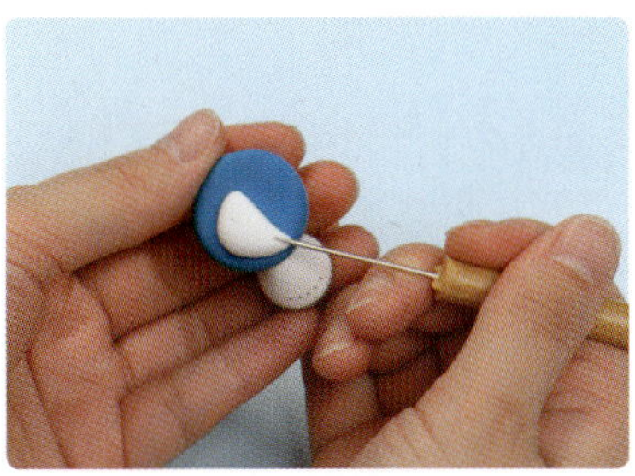

6 이어폰에 붙여놓은 동그라미의 아래쪽에 붙여주고, 송곳도구를 이용해 꼬리 뒷부분에 털을 표현합니다.

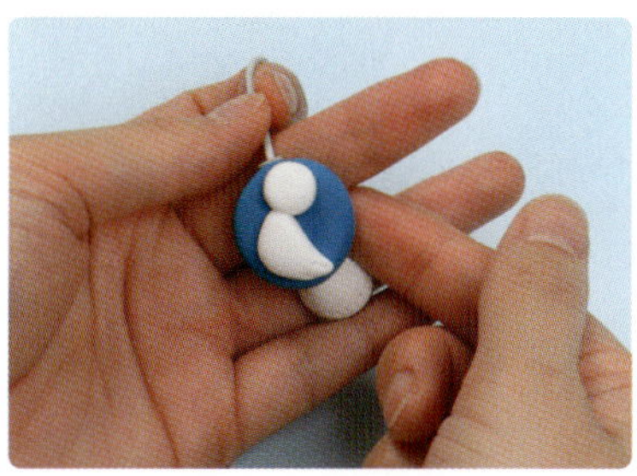

7 흰색으로 작은 동그라미 모양의 닭의 머리를 만들어 미리 만들어 놓은 몸통 앞쪽에 붙여줍니다.

Love Clay's tip

클레이 색 섞는 방법

클레이의 색을 섞을 때는 주가 되는 색에 변화를 주려는 색의 클레이를 조금씩 추가해서 섞어보면서 원하는 색을 만들면 됩니다. 독자의 이해를 돕기 위해 색 배합 비율을 표시했지만 클레이에 따라 조금씩 다를 수 있으니 직접 섞어보면서 원하는 색을 만들어내는 것이 좋아요. 자세한 색 배합 방법은 동영상 강의와 32쪽의 클레이 색상환을 참고하세요.

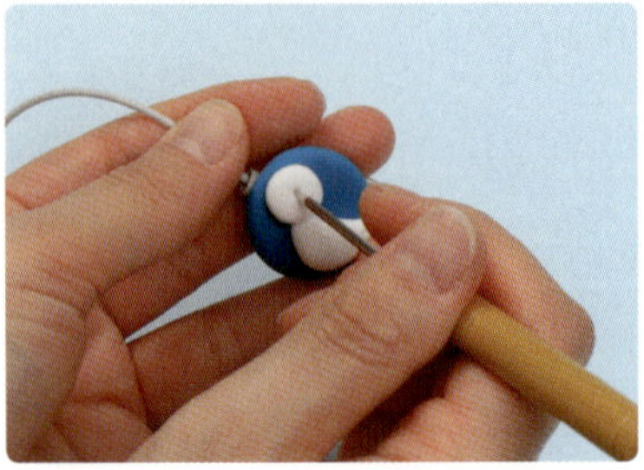

8 닭의 눈을 만들 자리를 송곳도구를 이용해 찍어줍니다.

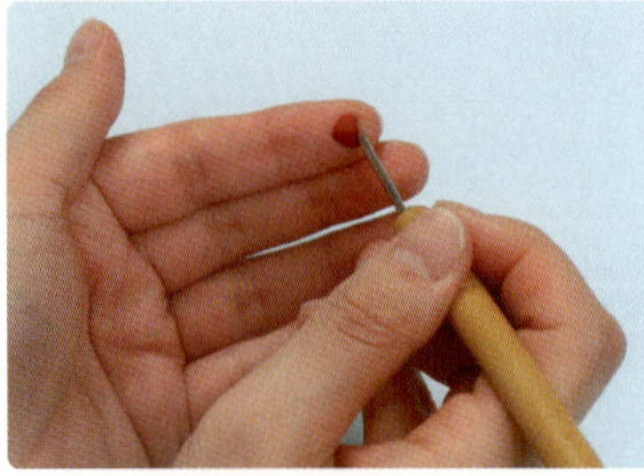

9 미세 물방울을 만들어 둥근 부분을 송곳도구를 이용해 눌러, 작은 하트 모양이 되도록 만들어줍니다.

Love Clay's tip

송곳도구

송곳도구는 클레이 작업 시 가장 많이 사용하는 도구입니다. 끝이 뾰족한 부분을 이용하여 구멍을 만들어주거나 잔주름을 표현하는 등 다양하게 활용할 수 있는 도구입니다. 단 끝이 뾰족해서 다칠 수 있으니 조심해서 다루어야 합니다.

10 닭의 머리 위에 붙여 벼슬을 표현합니다.

11 아주 작은 물방울을 닭 머리 앞에 붙여 부리를 표현합니다.

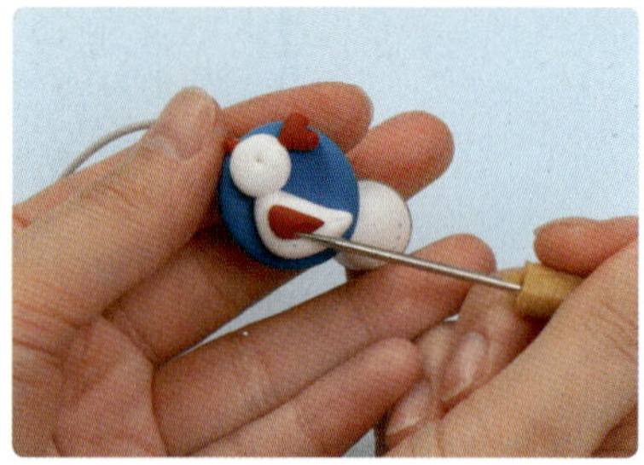

12 몸통과 같은 방법으로 크기를 작게 하여 날개를 만들어줍니다.

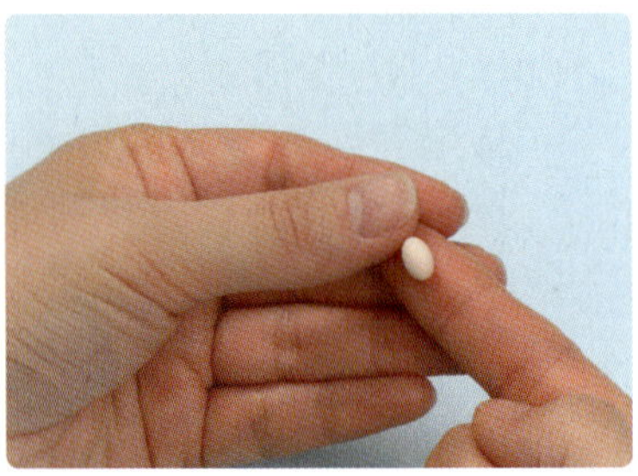

13 달걀을 만들기 위하여 흰색, 노랑, 빨강을 섞어 작은 타원을 만들어줍니다.

14 닭의 몸통 아래 붙여 달걀을 표현합니다. 눈에는 눈동자를 넣어줍니다.

Love Clay's tip

송곳도구에 캡 씌우기

날카로운 송곳도구에 볼클레이를 이용하여 캡을 만들어주세요. 볼클레이를 원기둥 모양으로 만들어 뾰족한 송곳도구에 꽂아주기만 하면 됩니다. 이렇게 해주면 송곳도구에 손을 다치지 않아요.

강아지 만들어 완성하기

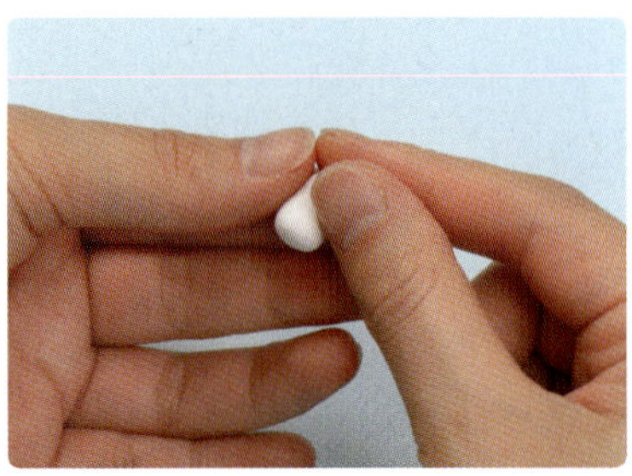

15 흰색 클레이를 타원으로 만들어 가운데 부분을 살짝 눌러줍니다.

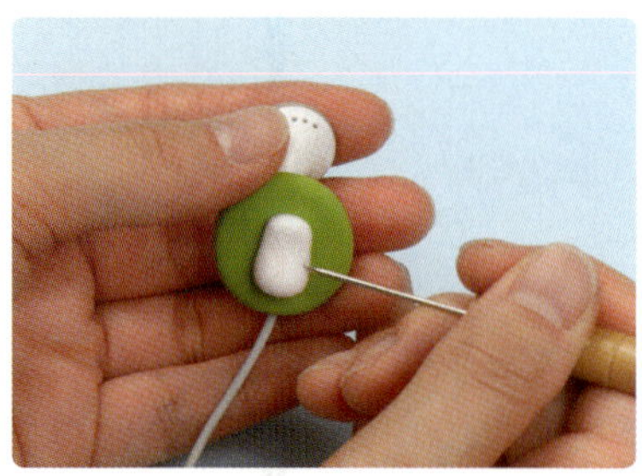

16 얼굴 위쪽에 눈 부분을 송곳도구를 이용하여 찍어줍니다.

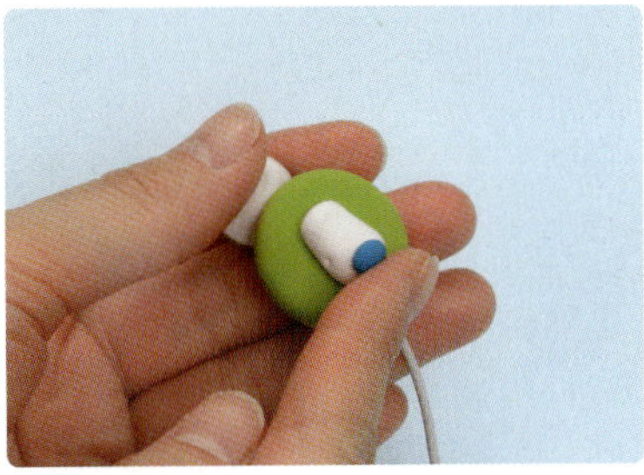

17 파랑과, 노랑을 섞은 후(약 6:4) 작은 타원 모양을 만들어 얼굴 아래쪽에 붙여 코를 만들어줍니다.

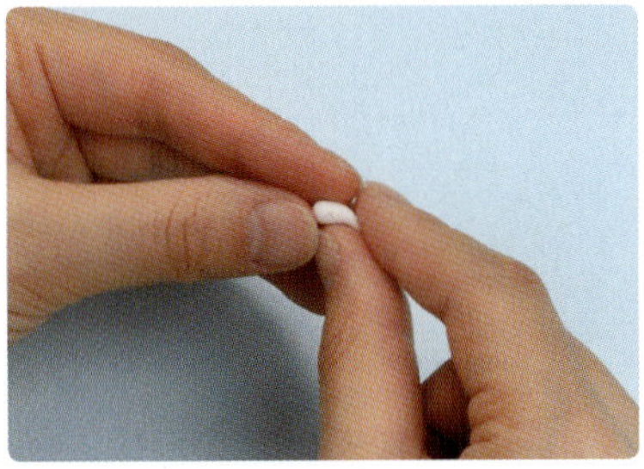

18 작은 물방울을 만들어 살짝 휘어줍니다.(두 개를 만들어줍니다)

19 얼굴의 위쪽에 붙여 귀를 만들어줍니다. 눈에는 눈동자를 넣어줍니다.

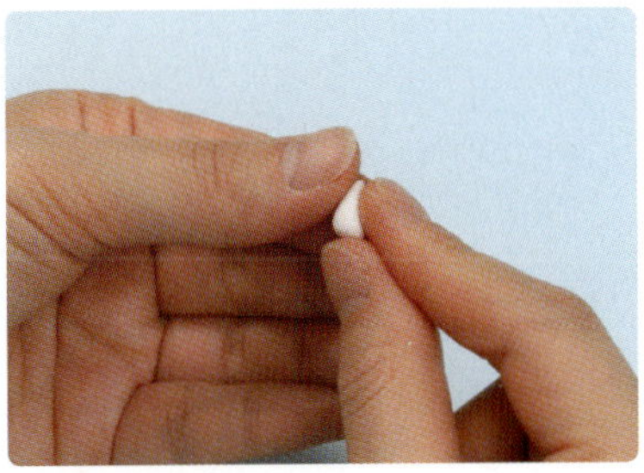

20 양쪽 물방울을 만들어 한쪽을 꺾어주어 몸통을 만들어줍니다.

21 만든 몸통을 얼굴의 아래쪽에 붙여줍니다.

22 잘 말려 이어폰 장식을 완성한 모습입니다.

02

카메라 액세서리 핫슈 커버

여기를 보세요, 하나 둘 셋!

카메라 액세서리 핫슈 커버 만들기

준비물

- 도구 : 송곳도구, 유성펜, 핫슈 커버
- 클레이 : ○ ● ● ● ●
- 볼클레이 : ● ●
- 예상 재료비 : 2,000원
- 예상 제작 시간 : 30분(개당)
- 난이도 : ★★
- 완성품 예상가 : 6,000원

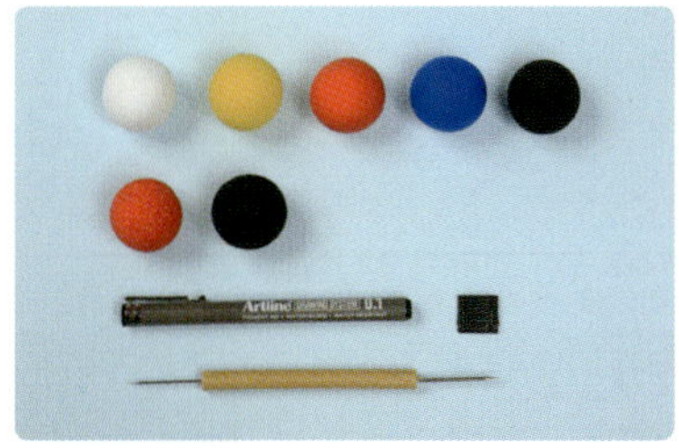

핫슈 커버 씌우고 인형 얼굴 만들기

1 빨강 볼클레이와 검정 볼클레이를 조금씩 섞어줍니다.

2 섞어준 볼클레이를 사각형 모양으로 만들어 핫슈 커버 중앙에 붙여줍니다.

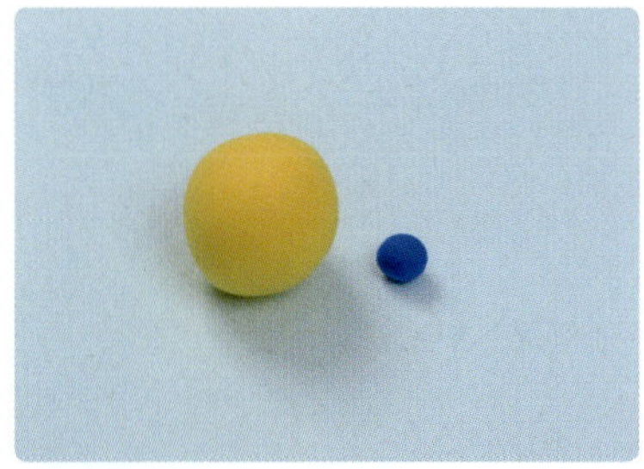

3 두건은 노란색 클레이에 파란색 클레이를 아주 조금 섞어 연두색을 만들어줍니다.

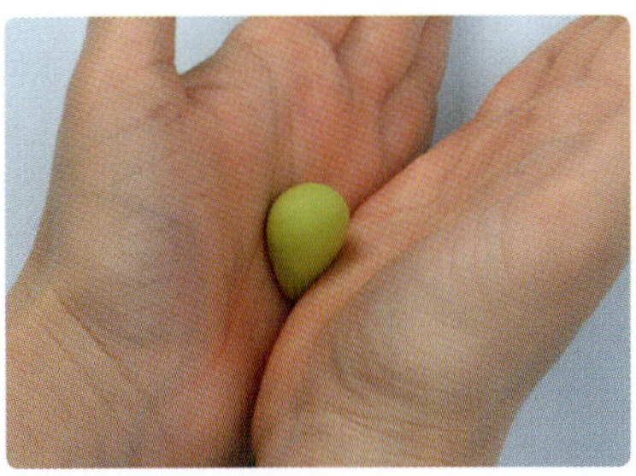

4 연두색 클레이를 V자를 만든 손바닥 사이에 넣고 물방울 모양으로 만들어 줍니다.

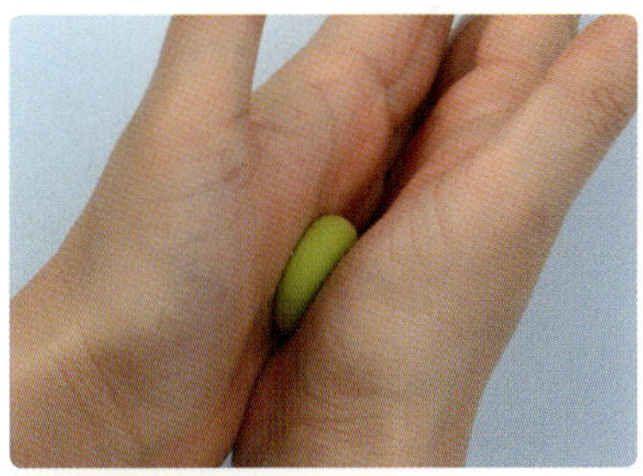

5 물방울 모양의 클레이를 손바닥 사이에 놓고 살짝 납작하게 눌러줍니다.

6 손가락을 이용해 삼각형 모양이 되도록 다듬어줍니다.

7 두건 형태의 도톰한 삼각형을 만들어 줍니다.

8 흰색 클레이에 노란색과 빨간색 클레이를 아주 조금씩 섞어 살구색을 만들어줍니다.

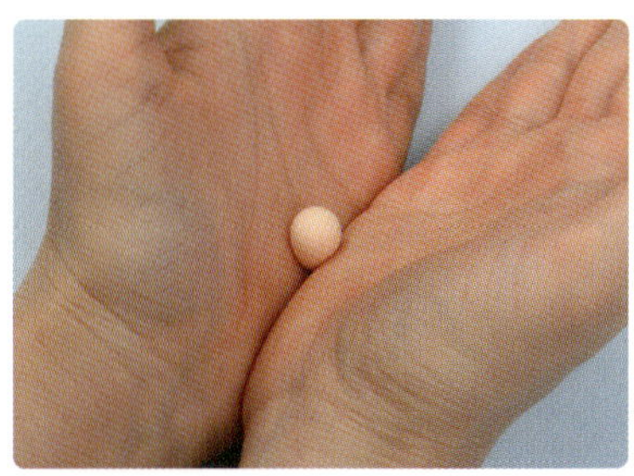

9 살구색 점토를 손바닥 사이에 놓고 물방울 모양을 만들어줍니다.(두건보다 작게)

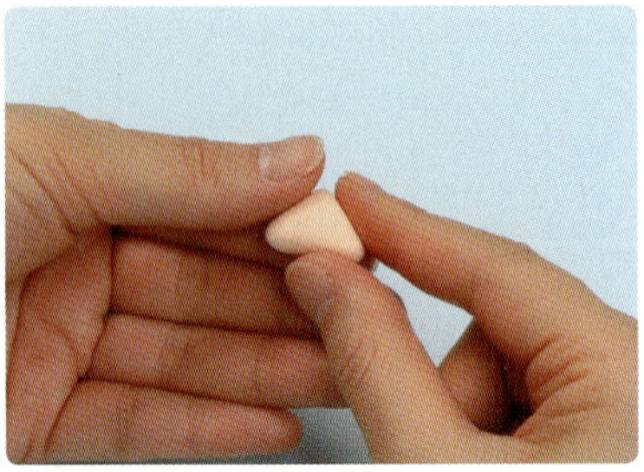

10 두건과 같이 삼각형 모양으로 다듬어줍니다.

11 두건의 아랫선에 맞춰 얼굴을 붙여줍니다.

얼굴 꾸며, 카메라 액세서리 완성하기

12 빨간색 클레이에 검은색 클레이를 조금 넣고 섞어 진갈색을 만들어줍니다.

13 같은 양을 두 개 나눠 동그라미를 만들어줍니다.

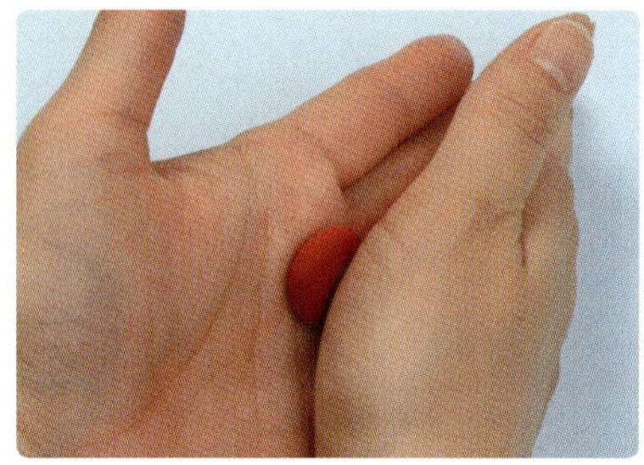

14 동그라미를 손바닥으로 살짝 눌러줍니다.

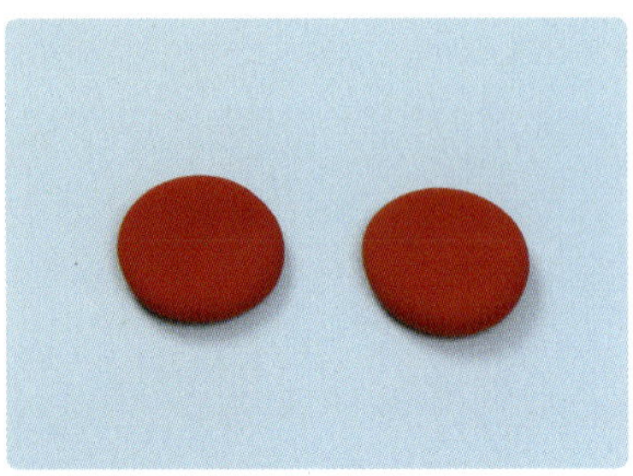

15 두 개 모두 납작하게 눌러줍니다.

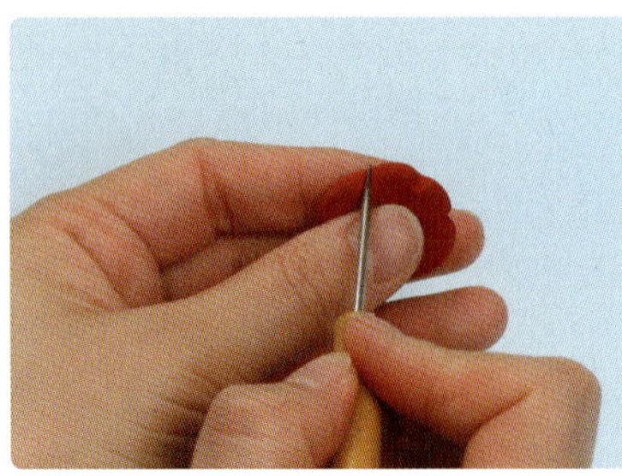

16 송곳도구를 이용해 테두리에 무늬를 넣어줍니다.

17 두건의 위쪽에 붙여 양쪽으로 묶은 머리카락을 완성합니다.

18 두건과 같은 색으로 작은 물방울 두 개를 만들어줍니다.

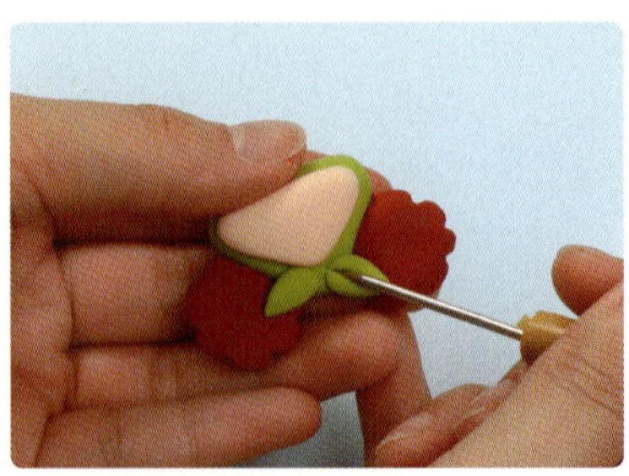

19 얼굴 위쪽에 붙여주고 송곳도구를 이용해 리본 중앙에 무늬를 넣어줍니다.

20 두건의 리본 모양을 완성합니다.

21 머리를 만든 것과 같은 방법으로 조금 작게 만들어 앞머리를 만들어줍니다.

22 눈을 만들어줍니다.

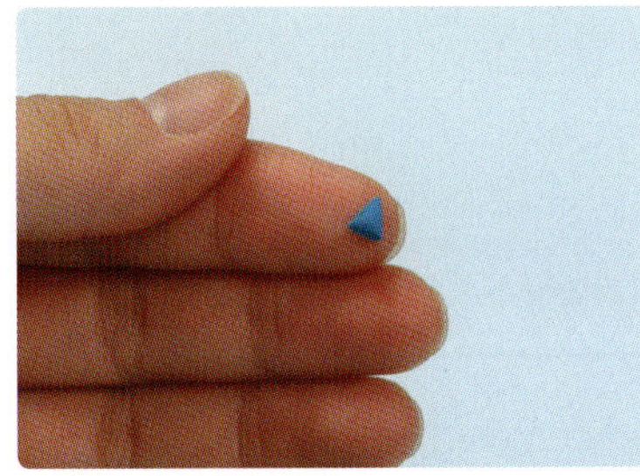

23 파란색 클레이로 아주 작은 삼각형을 만들어줍니다.

24 코 부분에 붙여줍니다. 눈에는 흰색 클레이를 이용하여 작은 원을 만들어 하이라이트를 붙여줍니다.

25 펜을 이용해 눈썹 등을 그려줍니다. 이때 펜은 유성펜을 사용해야 합니다. 작품을 모두 건조한 후에 펜을 사용하는 것도 잊지 마세요.

26 완성한 얼굴을 핫슈 커버에 붙여줍니다.

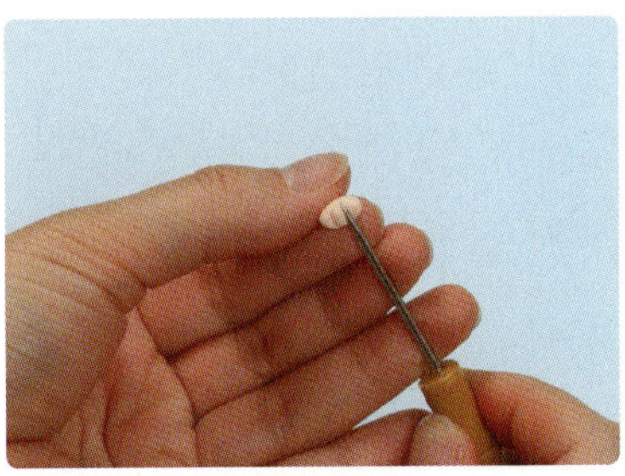

27 살구색을 만든 후 아주 작은 동그라미를 만들고 송곳도구로 손가락 무늬를 넣어줍니다.

28 인형의 얼굴 밑에 붙여 손을 완성합니다.

Love Clay's tip

카메라 액세서리 핫슈 커버 이렇게 활용하세요.

이렇게 만든 카메라 액세서리 핫슈 커버는 카메라에 끼워주면 액세서리로 손색이 없어요. 또한 인물사진을 촬영할 때 사람들에게 핫슈 커버를 보도록 하면 시선을 잡아주어 더욱 멋진 사진을 촬영할 수 있답니다.

세상에 하나 뿐인

03 필기감 좋은 볼펜 리폼하기

필기감 좋은 볼펜 만들기

준비물

- **도구** : 송곳도구, 볼펜심, 도트도구, 가위, 파스텔 가루, 붓, 도장
- **클레이** : ○ ● ● ● ●
- **볼클레이** : ○
- **예상 재료비** : 3,000원
- **예상 제작 시간** : 30분(개당)
- **난이도** : ★★★
- **완성품 예상가** : 9,000원

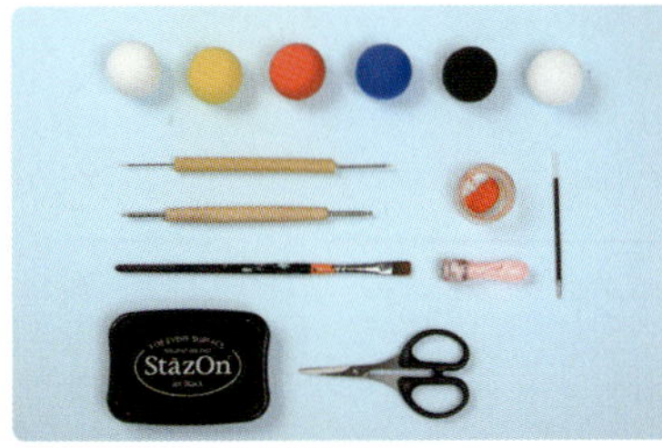

볼펜 감싸기

1 흰색 볼클레이에 파란색 클레이와 노란색 클레이를 조금(약 5:4:1) 섞어줍니다.

2 섞은 클레이로 원 모양을 만든 후 양손으로 길게 만들어 편 뒤에 볼펜심을 감싸줍니다.

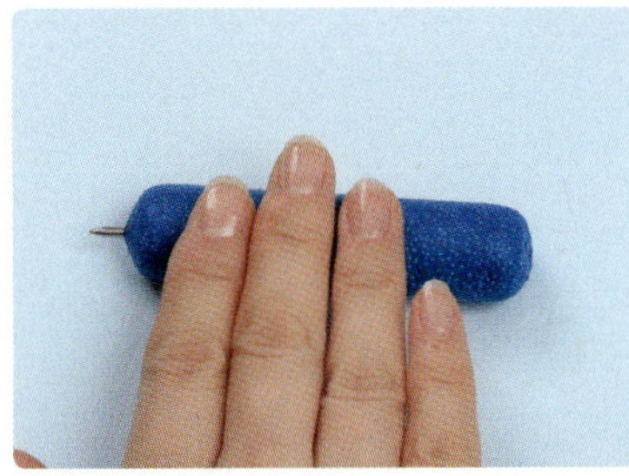

3 볼펜 끝이 보이도록 잘 밀어 원기둥을 만들어줍니다.

4 흰색 클레이에 노란색 클레이를 조금 섞어 연노랑 색을 만듭니다.

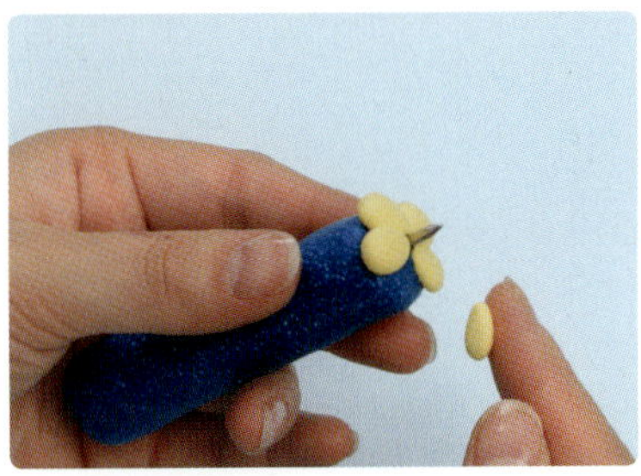

5 섞은 클레이를 작은 물방울을 만들어 볼펜심 쪽에 꽃잎처럼 둘러 붙여줍니다.

6 송곳도구로 볼펜심 쪽의 꽃잎에 무늬를 넣어줍니다.

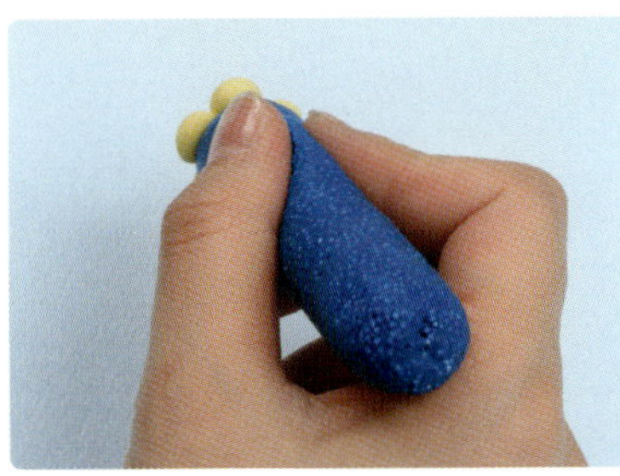

7 볼펜 기둥을 잡기 편한 모양으로 눌러줍니다.

Love Clay's tip

클레이를 섞을 때 클레이에 남아있는 공기는 빼주세요.

클레이를 골고루 잘 섞어 공기를 빼주는 작업을 컨디셔닝이라고 합니다. 컨디셔닝은 클레이를 처음 개봉한 후 유연하게 하기 위한 작업으로 클레이를 양손에 잡고 늘였다 붙였다를 반복합니다. 이 작업을 통해 클레이에 남아 있는 공기를 빼고 조형 작업에 적합한 클레이로 만들어줍니다. 클레이를 섞을 때는 고루고루 섞어주어 클레이에 남아 있는 공기를 빼주어야 좀 더 좋은 작품을 만들 수 있어요.

8 누른 모양 그대로 말려줍니다.

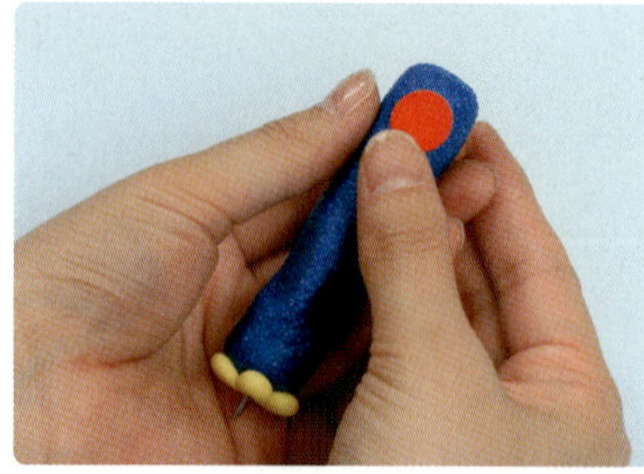

9 볼펜 기둥 위쪽에 빨간색 동그라미를 붙여줍니다.

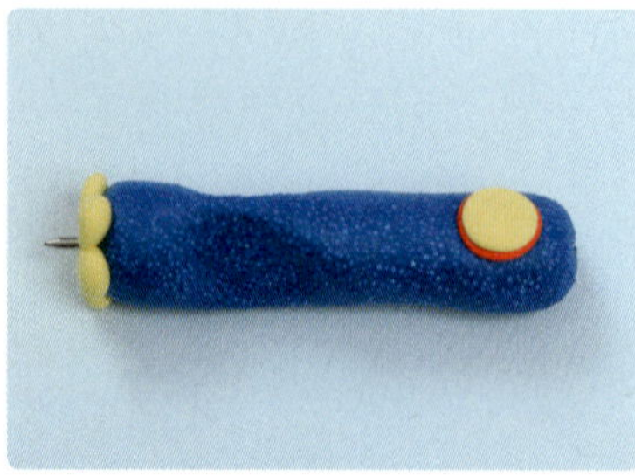

10 그 위에 꽃잎과 같은 색의 클레이를 붙여줍니다.

11 도장을 찍어줍니다. 가지고 있는 다른 예쁜 도장을 찍어도 됩니다.

얼굴 만들어 완성하기

12 흰색에 노란색과 빨간색을 조금씩 섞어 살구색을 만들어줍니다.

13 살구색 클레이를 타원 모양으로 만들어줍니다.

14 빨간색 클레이와 검은색 클레이를 섞어 갈색을 만들어줍니다.

15 갈색 클레이를 얇고 길게 밀어줍니다.

16 길게 민 클레이로 눈과 입, 머리카락을 만들어줍니다.

17 얼굴을 볼펜 기둥 끝에 붙여줍니다.

18 귀 부분에 살구색 동그라미를 붙여줍니다.

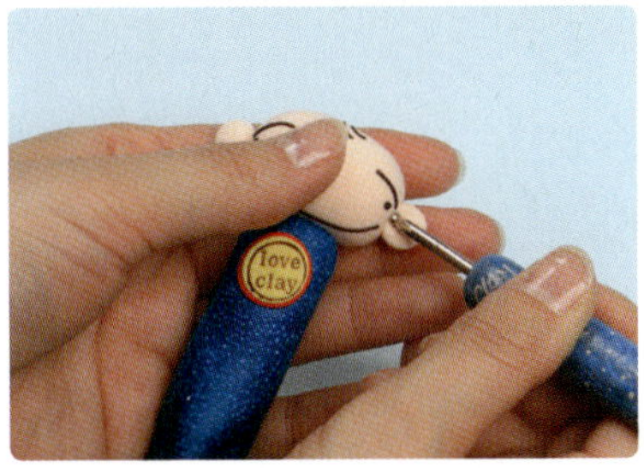

19 붙인 동그라미에 도트도구를 이용해 귓구멍을 찍어줍니다.

20 주황색이나 갈색 파스텔 가루를 붓에 묻혀 코쪽에 살짝 발라줍니다.

21 볼펜을 완성한 모습입니다.

22 완전히 말려 볼펜으로 사용하면 촉감도 좋고 글씨도 예쁘게 잘 써진답니다.

Love Clay's tip

도트도구

도트도구는 눈 모양을 표현하거나 적절한 크기의 구멍을 표현할 때 많이 사용합니다. 다양한 크기의 도트도구를 이용하면 작품을 만들 때 다양한 효과를 좀 더 쉽게 표현할 수 있습니다.

04

함박웃음 가득!

소녀 펜꽂이

05 전화기 메모판

예쁘게 적어봐요! 메모판

소녀 펜꽂이 만들기

준비물

- **도구** : 송곳도구, 도트도구, 칼도구, 잉크, 도장
- **클레이** : ○ ● ● ● ●
- **볼클레이** : ● ●
- **예상 재료비**: 2,000원
- **예상 제작 시간** : 40분
- **난이도** : ★★★
- **완성품 예상가** : 6,000원

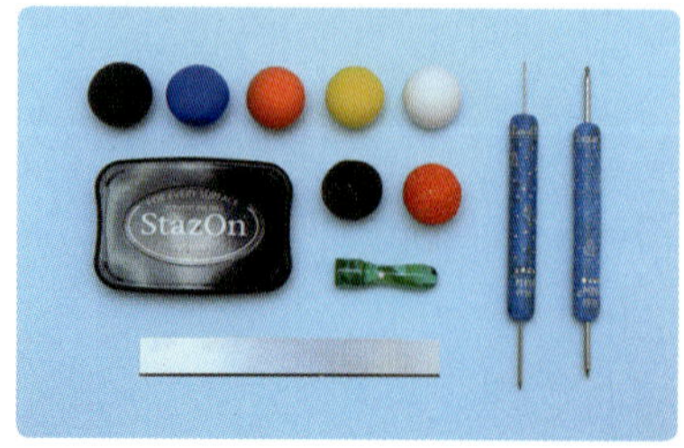

꽃 펜꽂이 만들기

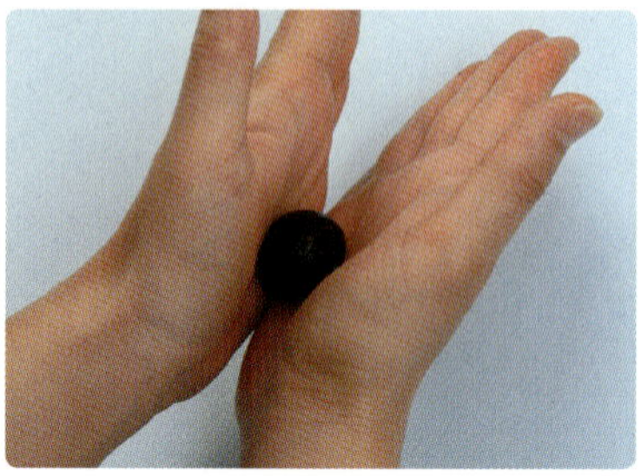

1 검은색 볼클레이를 동그라미 모양으로 만들어줍니다.

2 동그라미의 중앙을 손가락으로 꾹 눌러줍니다.

3 테두리가 더 튀어나온 모양이 되도록 만들어줍니다.

4 흰색 클레이에 노란색 클레이를 아주 조금 섞어 연노랑 색을 만들어줍니다.

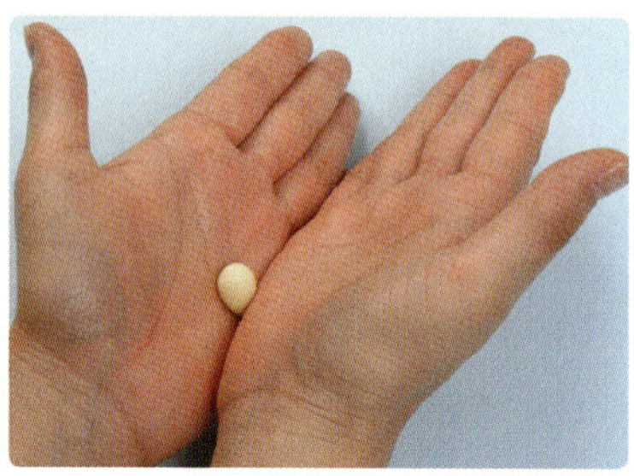

5 연노랑 색 클레이를 조금씩 떼어 물방울 모양으로 만들어줍니다.

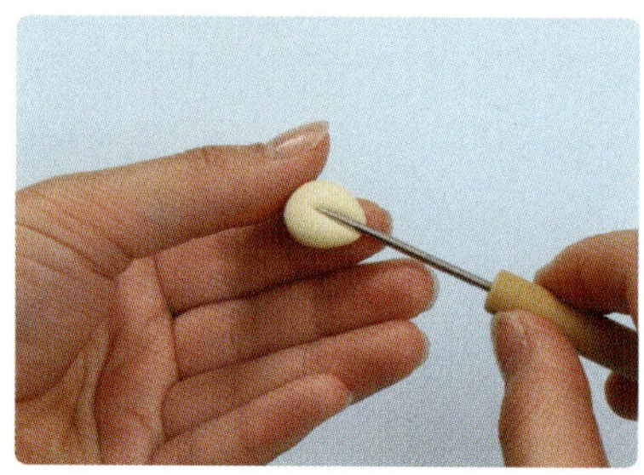

6 물방울의 뾰족한 부분에 송곳도구로 무늬를 넣어줍니다.

7 검은색 볼클레이로 만든 꽃 심에 물방울을 하나씩 붙여줍니다.

8 동그라미의 테두리에 모두 붙여줍니다.

9 펜꽂이의 바닥에 사용할 꽃을 완성합니다.

10 빨간색 볼클레이를 원기둥 모양으로 만들어줍니다.

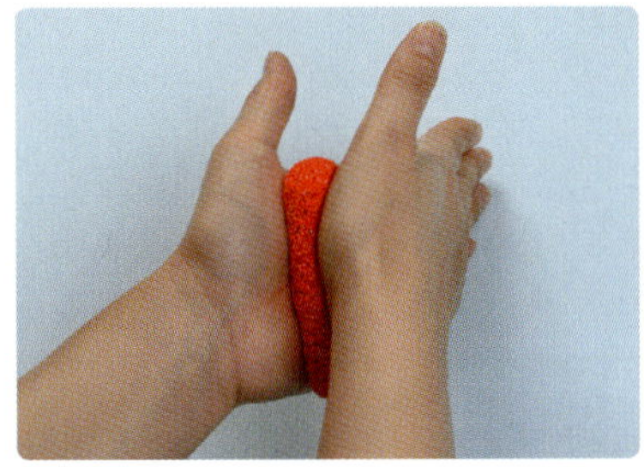

11 원기둥으로 만든 클레이를 납작하게 눌러줍니다.

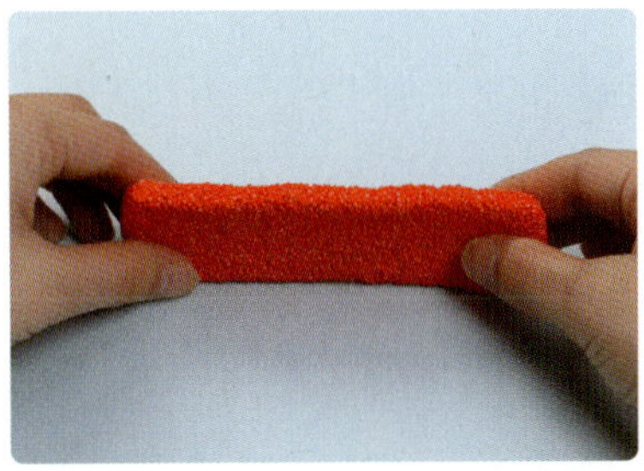

12 사방을 다듬어 각을 잡아주고 직사각형 모양으로 만듭니다.

13 꽃 위에 빨간색 클레이를 둘러주고 끝부분은 가위로 잘라줍니다.

소녀 만들어 완성하기

14 흰색에 노랑과 빨강 클레이를 조금씩 섞어 살구색을 만듭니다.

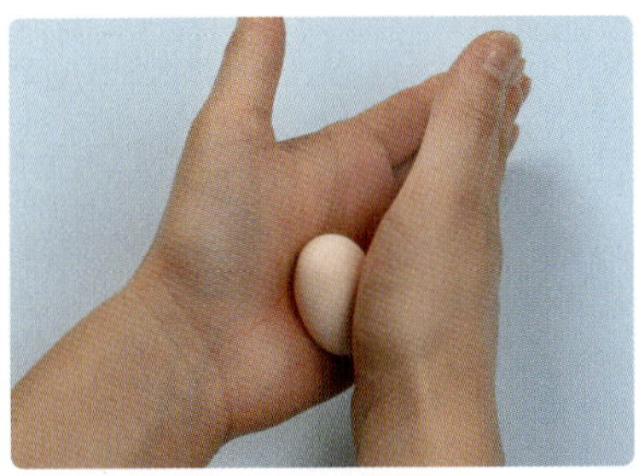

15 살구색 클레이를 타원 모양으로 만들고 살짝 눌러줍니다.

16 작은 동그라미를 만들어 얼굴의 양쪽에 붙여 귀를 만들어줍니다.

17 귀의 앞쪽을 도트도구로 찍어줍니다.

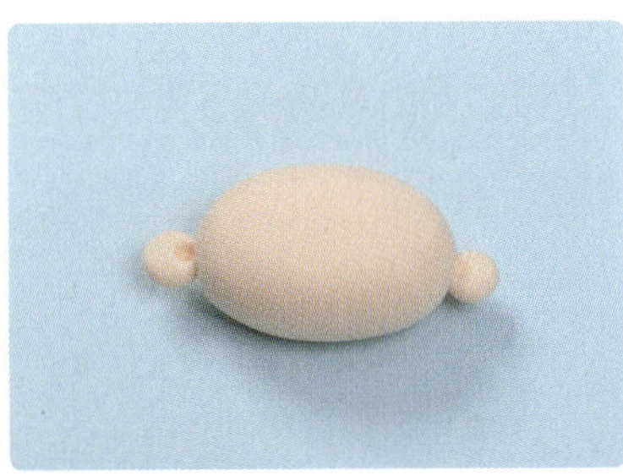

18 얼굴의 기본 모양을 완성해준 모습입니다.

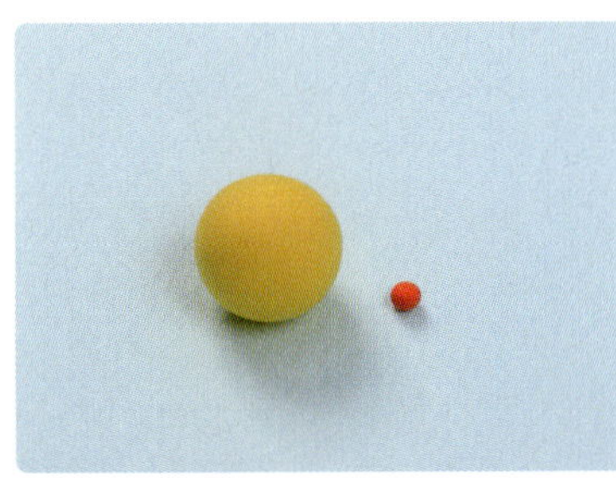

19 노란색에 빨간색 클레이를 아주 조금 섞어 진노랑색을 만듭니다.

20 양쪽 물방울을 두 개 만들어줍니다.

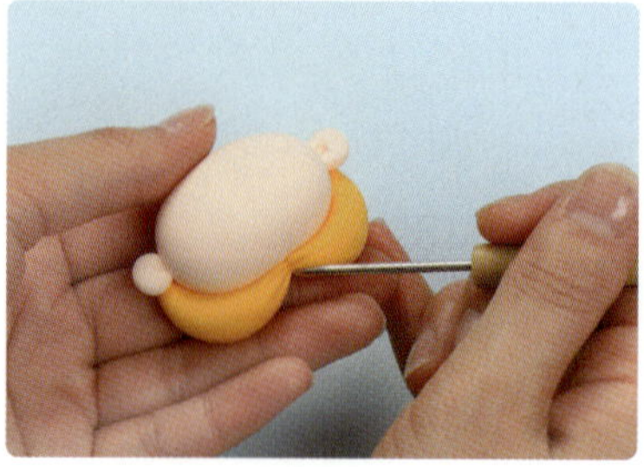

21 얼굴의 위쪽에 나란히 붙여주고, 송곳도구로 가운데 부분에 무늬를 넣어줍니다.

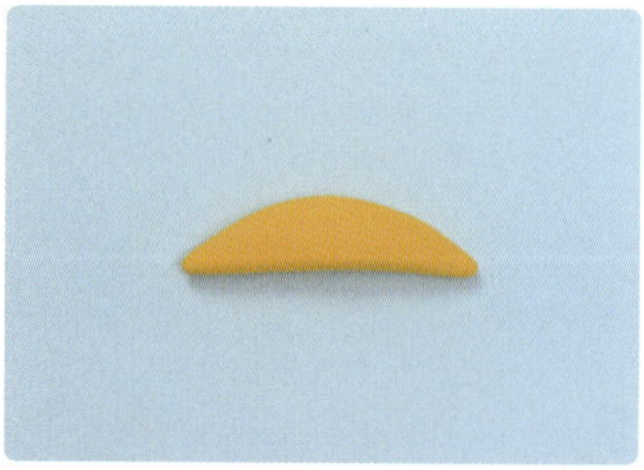

22 양쪽 물방울을 만들어 아래쪽이 평평하도록 만져주고 납작하게 눌러줍니다.

23 얼굴의 앞쪽에 붙여 앞머리를 만들어줍니다.

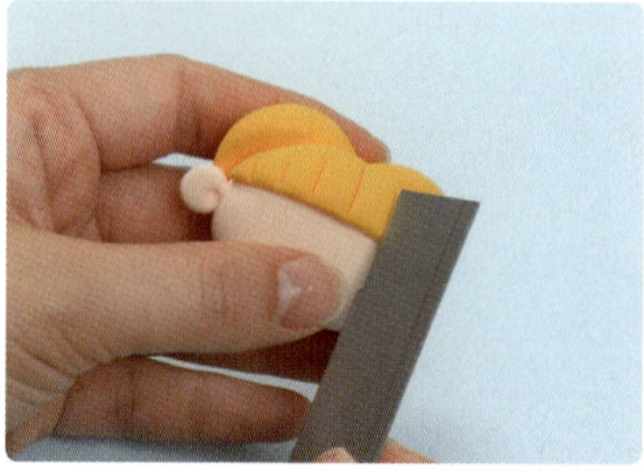

24 칼도구로 머리에 무늬를 넣어줍니다.

25 머리에 무늬를 넣어 앞머리까지 완성한 모습입니다.

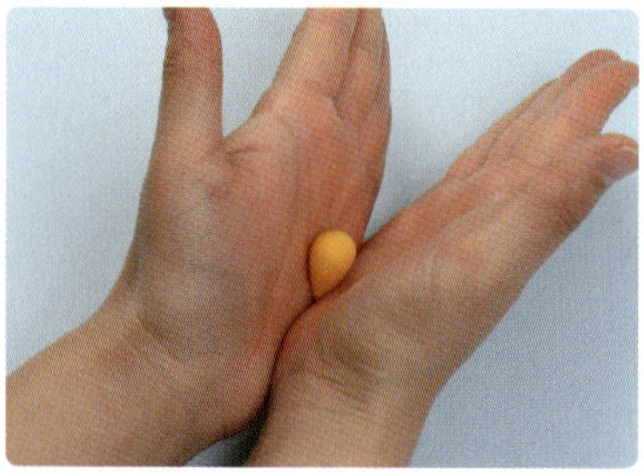

26 진노랑색으로 물방울 모양을 만들어줍니다.

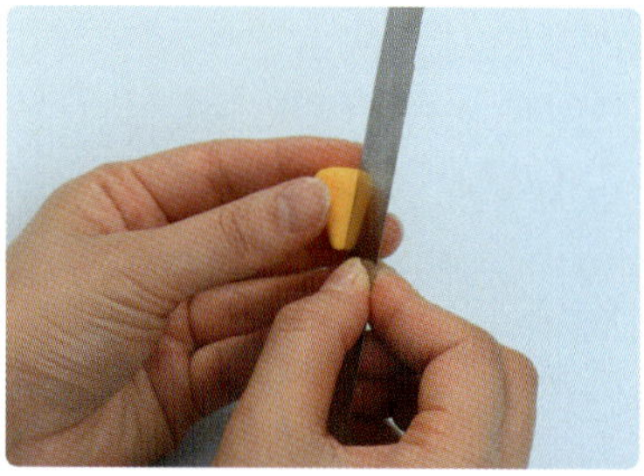

27 칼도구를 이용해 무늬를 넣어줍니다.

28 같은 모양을 두 개 만들어 머리 양쪽에 붙여줍니다.

29 눈과 입을 만들어 얼굴을 완성합니다.

30 미리 만들어놓은 펜꽂이의 앞쪽에 얼굴을 붙여줍니다.

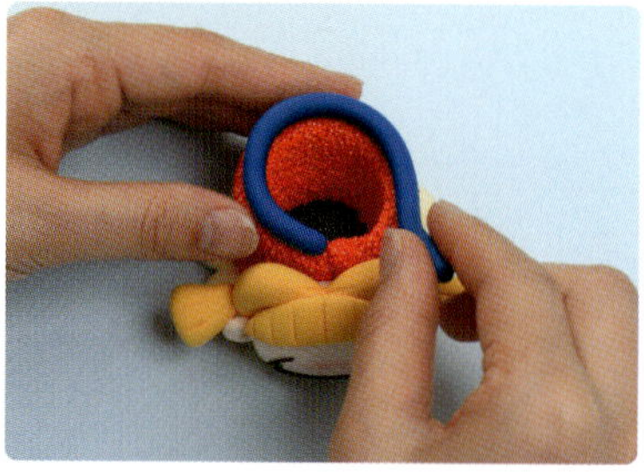

31 파란색 클레이를 길게 밀어 펜꽂이의 위쪽에 둘러 붙여줍니다.

32 파란색 테두리가 만나는 곳에 도장 등을 이용해 꾸며줍니다.

33 펜꽂이를 완성합니다.

34 잘 말려준 후 펜을 꽂아 사용합니다.(펜 만들기는 51쪽을 참고하세요.)

전화기 메모판 만들기

준비물

- **도구** : 도트도구, 세라믹봉, 칼도구, 밀대
- **클레이** : ○ ● ● ●
- **예상 재료비** : 2,000원
- **예상 제작 시간** : 30분(개당)
- **난이도** : ★★★
- **완성품 예상가** : 6,000원

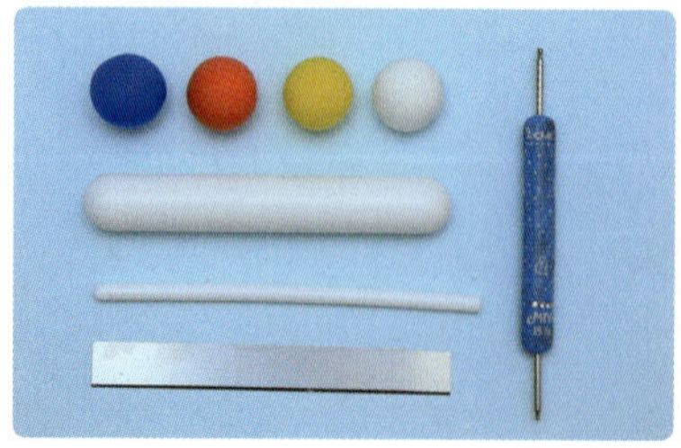

전화기 만들기

1 노란색 클레이에 파란색 클레이를 아주 조금(약 9.5:0.5) 섞어 밝은 연두색을 만들어줍니다.

2 먼저 원 모양을 만든 후 물방울 모양으로 만들어줍니다.

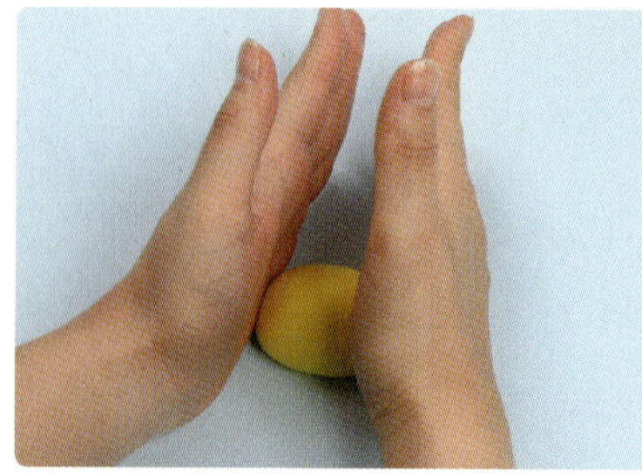

3 사방을 다듬어 위쪽이 조금 좁은 사다리꼴 형태를 만들어줍니다.

4 세라믹봉을 이용해 위쪽의 가운데를 눌러줍니다.

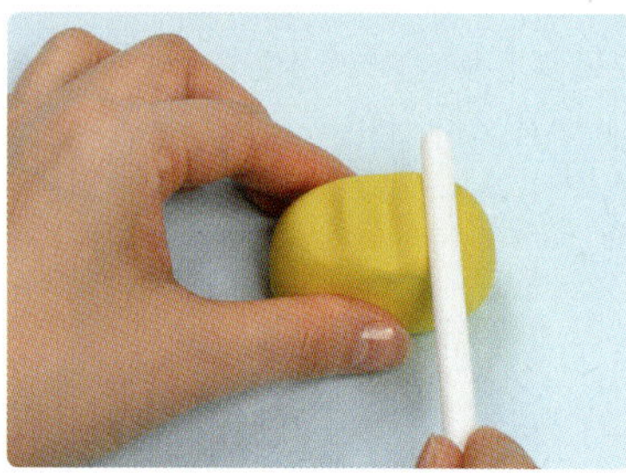

5 양쪽도 같은 방법으로 세라믹봉을 이용해 눌러줍니다.

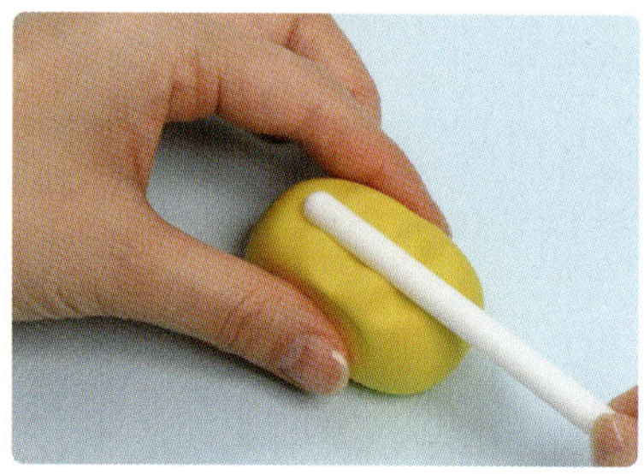

6 방금 누른 곳의 반대방향으로 한 번 더 눌러줍니다.

7 세라믹봉으로 눌러준 후 튀어나와 있는 부분을 손가락으로 늘려줍니다.

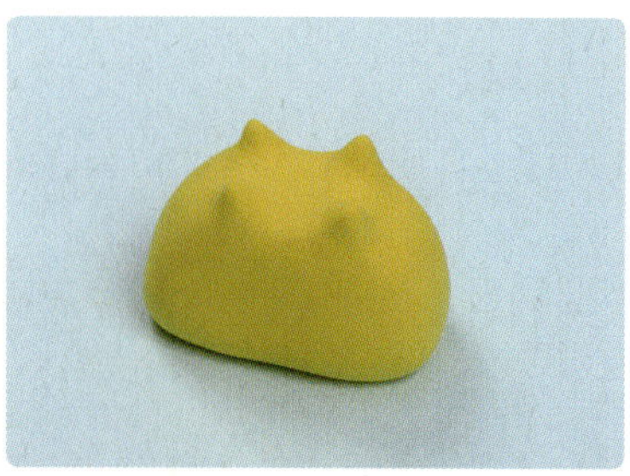

8 수화기 받침대가 사진처럼 네 군데가 올라오도록 만들어줍니다.

9 흰색에 빨강과 노랑 클레이를 아주 조금(약 9:0.5:0.5) 섞어 살구색을 만듭니다.

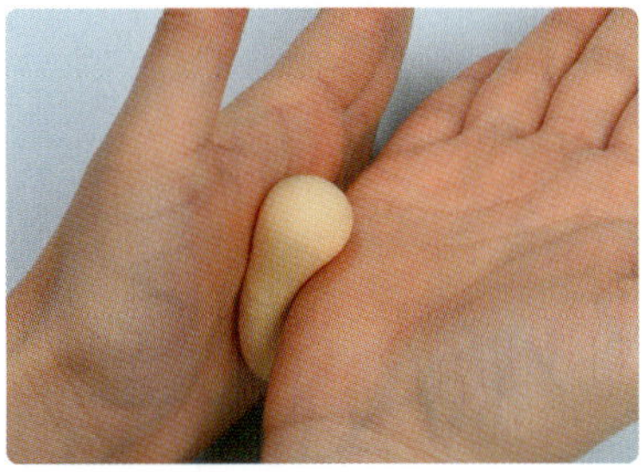

10 원기둥 형태에서 중앙을 살짝 누른 후 굴려 땅콩 모양을 만듭니다.

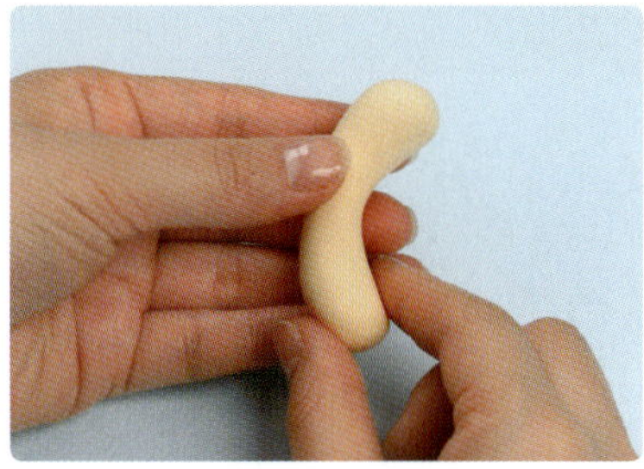

11 끝을 살짝 눌러 수화기를 만들어줍니다.

12 미리 만들어놓은 전화기의 몸체에 수화기를 붙여줍니다.

13 노랑에 파랑을 섞어(약 7:3) 동그라미 모양으로 만들어 납작하게 눌러줍니다.

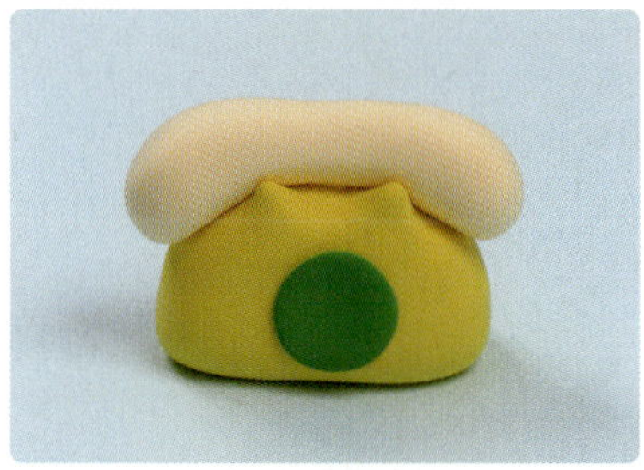

14 전화기의 앞에 붙여줍니다.

15 빨간색으로 작은 동그라미를 만들어 초록색 원 위에 붙여줍니다.

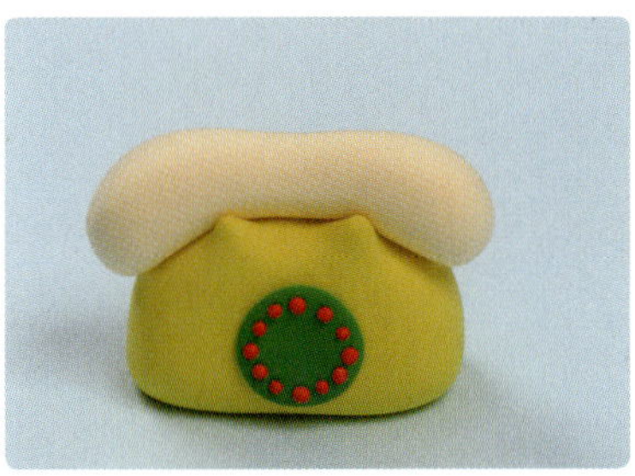

16 작은 동그라미를 전화기 버튼 수대로 붙여줍니다.

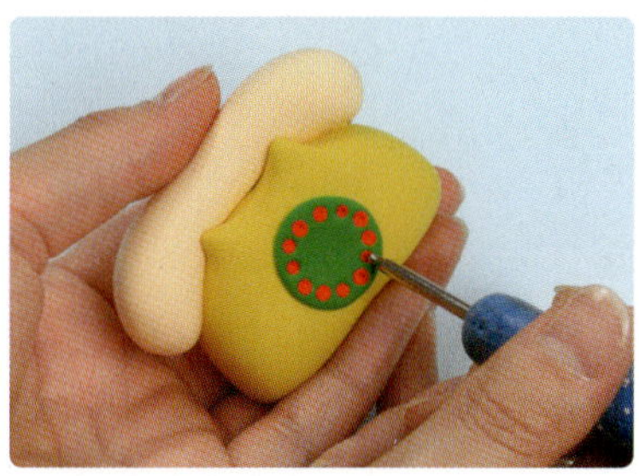

17 도트도구를 이용해 버튼을 찍어줍니다.

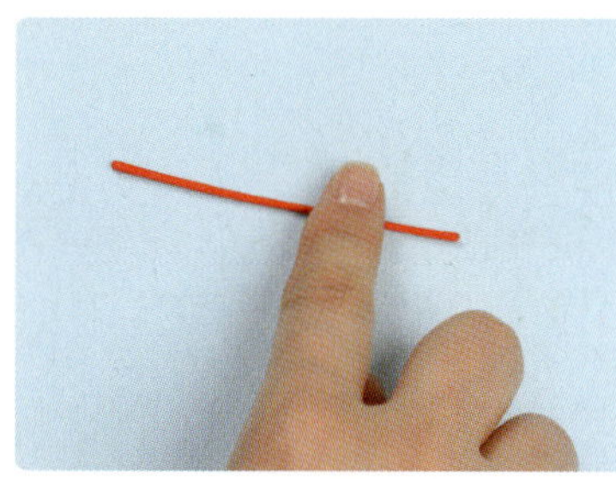

18 빨간색 클레이를 손가락을 이용해 길게 밀어줍니다.

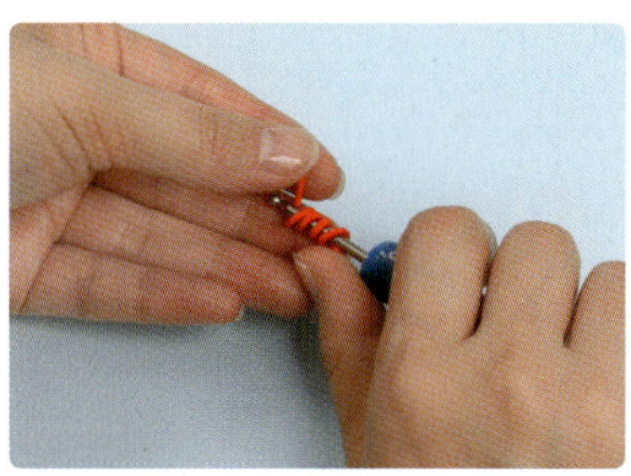

19 얇은 도구를 이용해 길게 민 클레이를 돌돌 말아줍니다.

20 돌돌 말아준 클레이를 수화기 한쪽에 붙여줍니다.

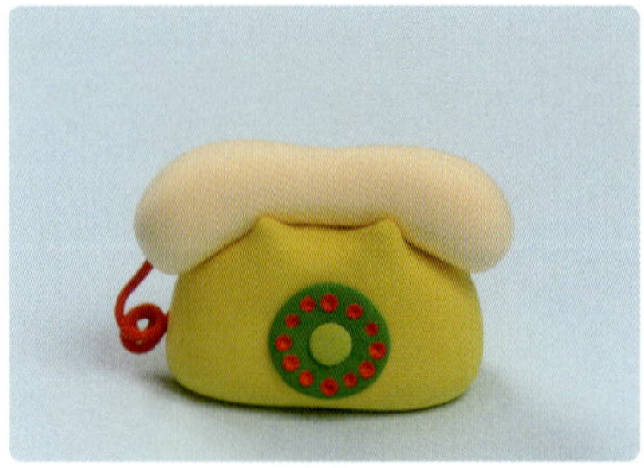

21 나머지 한쪽은 전화기에 붙여줍니다.

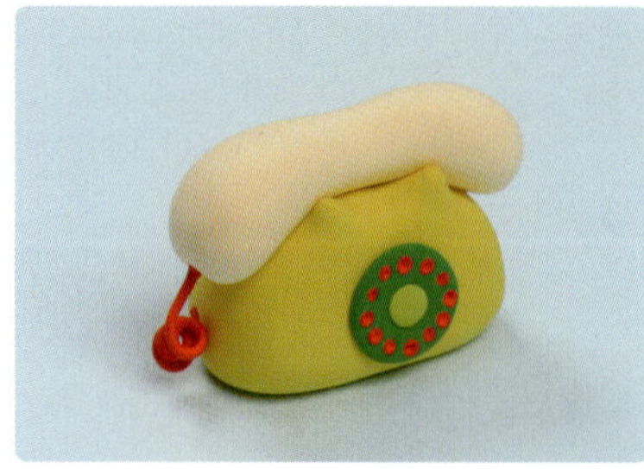

22 전화기의 다이얼패드를 완성합니다.

메모지 만들기

23 노란색 클레이에 파란색 클레이를 조금(약 8:2) 섞어 조금 진한 연두색을 만들어줍니다.

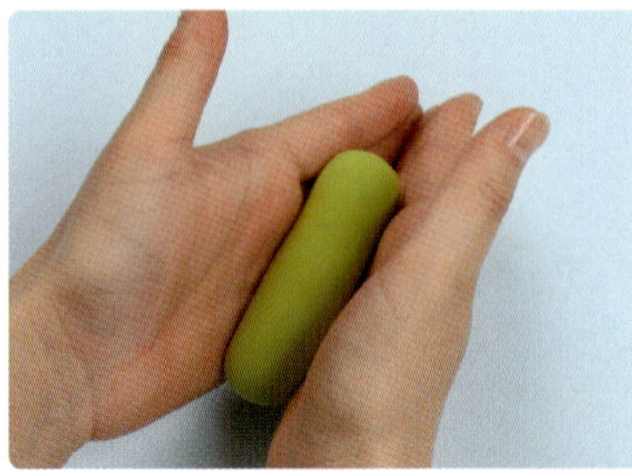

24 양손으로 비벼 원기둥을 만들어줍니다.

25 원기둥을 만든 클레이를 밀대를 이용해 납작하게 밀어줍니다.

26 칼을 이용해 직사각형으로 잘라줍니다.

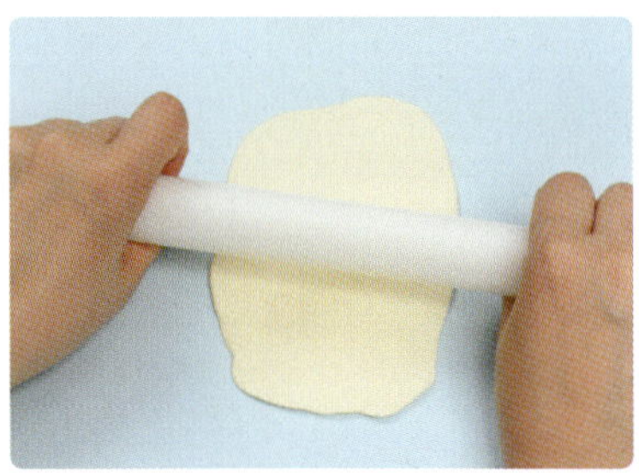

27 흰색에 노란색을 조금 섞어 연노랑을 만들어준 후 똑같이 밀대로 납작하게 밀어줍니다.

28 방금 만든 연두색 판보다 조금 작게 잘라줍니다.

29 연두색 판 위에 연 노란색 판을 붙여줍니다.

30 칼의 뒤편으로 연노랑 색 판에 노트처럼 줄무늬를 넣어줍니다.

31 연노랑 색 판을 같은 방법으로 하나 더 만들어줍니다.

32 자른 판을 위쪽만 붙여줍니다.

33 나머지 부분은 뒤로 넘겨줍니다.

34 메모지를 완성합니다.

메모지에 전화기 붙여 완성하기

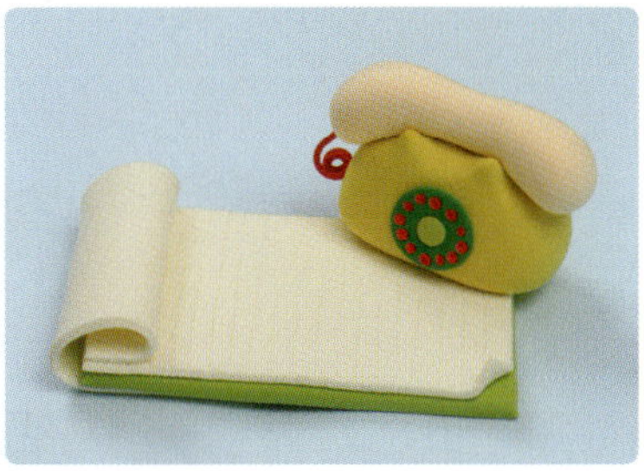

35 완성한 메모지에 전화기를 붙여 줍니다.

36 응용하여 전화기나 메모지를 다양한 색과 모양으로 만들어봅니다.

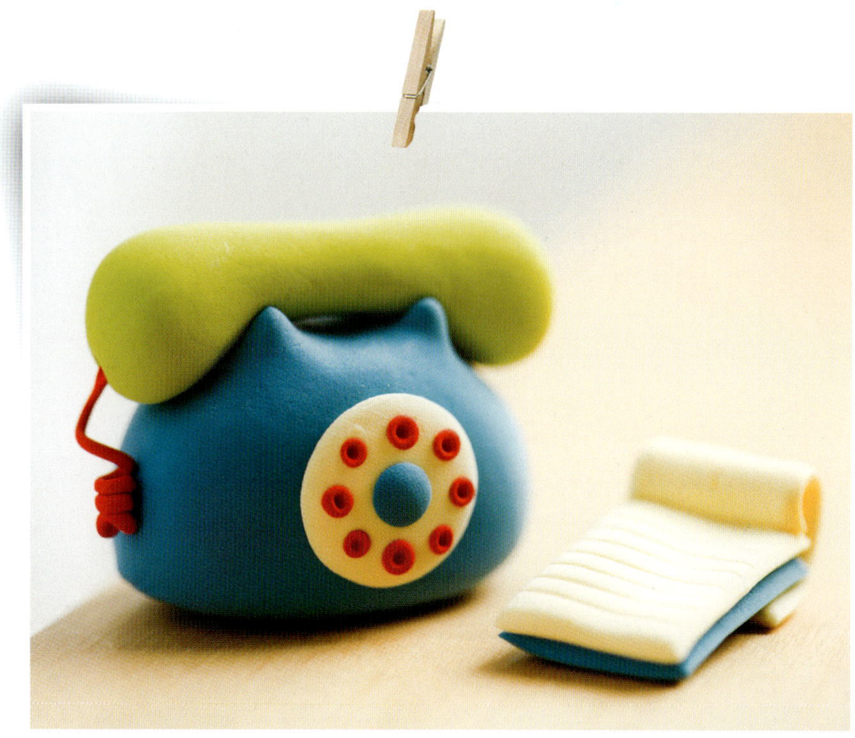

06 변기와 뚫어뻥

앙증맞은 화장실! 압정 보관함

준비물

- 도구 : 송곳도구, 가위, 도트도구, 브러시, 철심, 자석
- 클레이 : ○ ● ● ● ● ●
- 예상 재료비: 3,000원
- 예상 제작 시간 : 1시간 30분
- 난이도 : ★★★★
- 완성품 예상가 : 9,000원

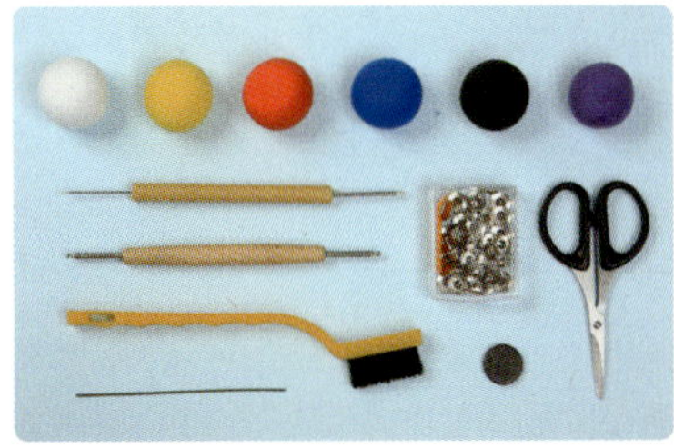

변기 만들기

1 흰색에 노랑과 빨간색 클레이를 아주 조금씩 섞어 연한 살구색을 만들어줍니다.

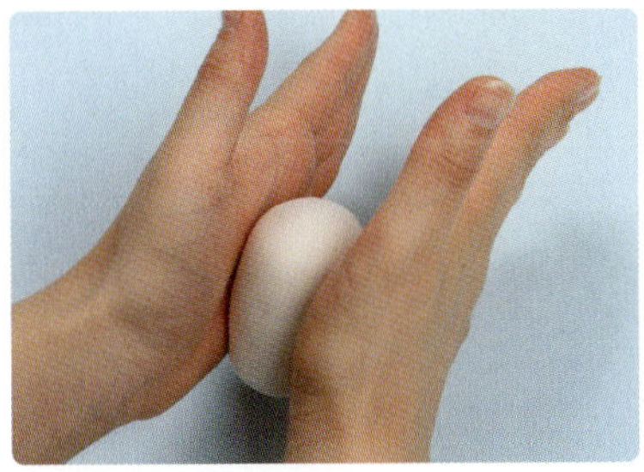

2 연한 살구색 클레이를 원기둥으로 만들어줍니다.

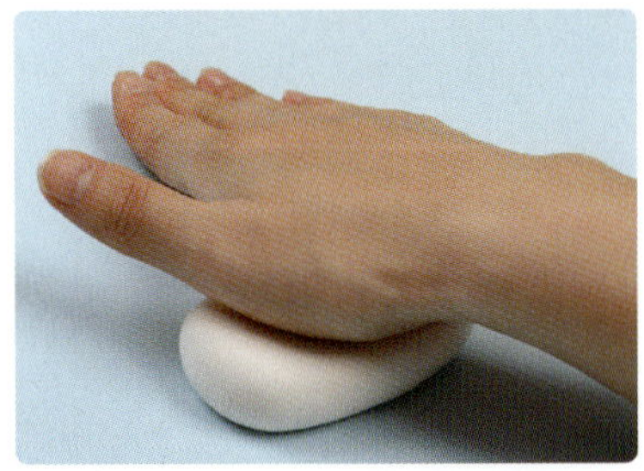

3 원기둥을 바닥에 놓고 손바닥으로 살짝 눌러줍니다.

4 양손을 이용해 사방의 각을 잡아가며 다듬어줍니다.

5 변기 물통으로 사용할 각이진 직사각형을 만들어줍니다.

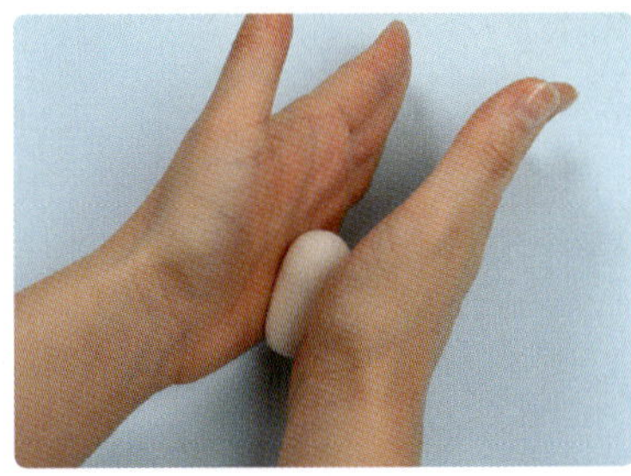

6 방금 만든 것보다 작은 원기둥을 만들어줍니다.

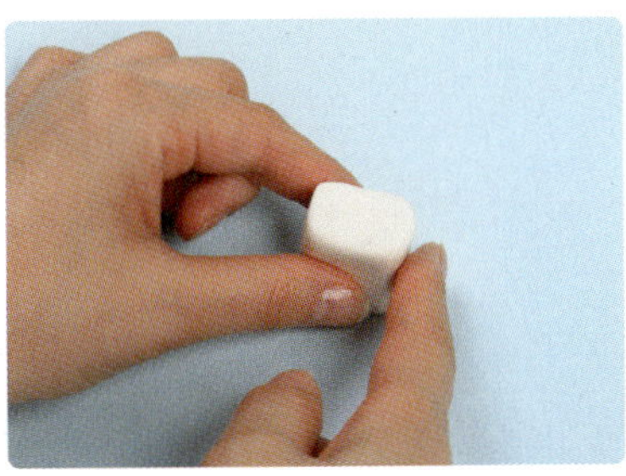

7 똑같이 각을 잡아 사각형을 만들고 앞쪽을 손가락으로 눌러 살짝 눌러줍니다.

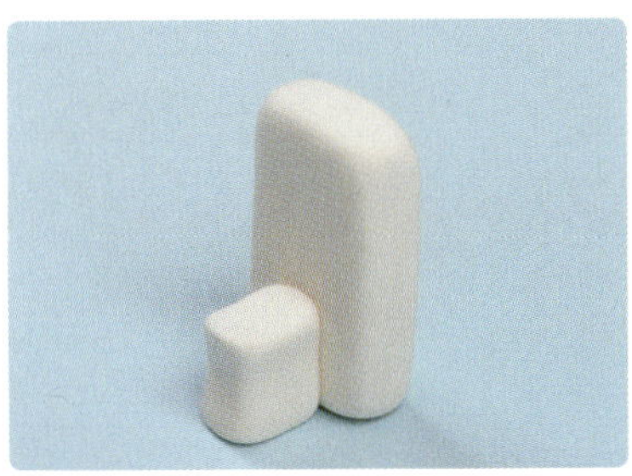

8 각을 잡아준 작은 직사각형을 큰 직사각형 앞에 붙여줍니다.

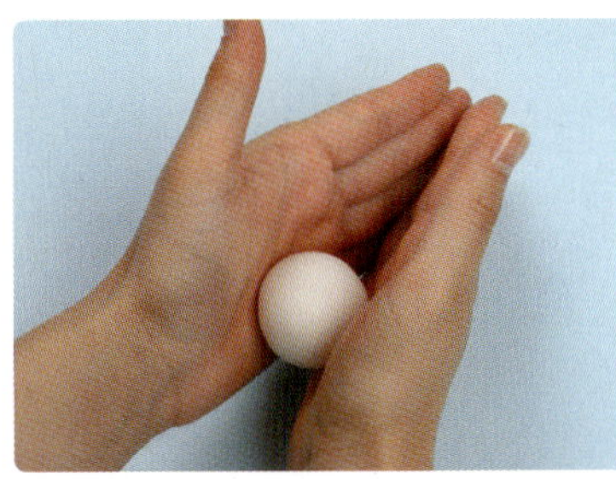

9 같은 색 클레이로 동그라미를 만들어줍니다.

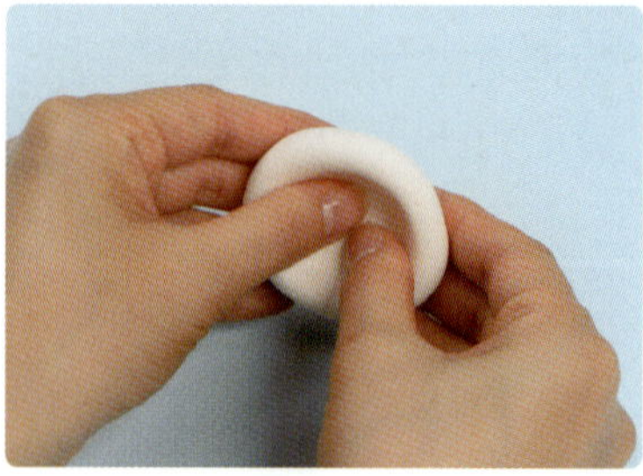

10 동그라미를 송편을 만들듯이 가운데를 넓어줍니다.

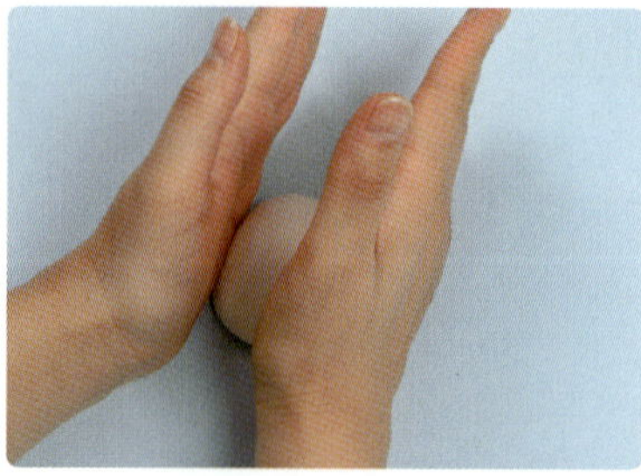

11 바닥에 거꾸로 놓고 다듬어줍니다.

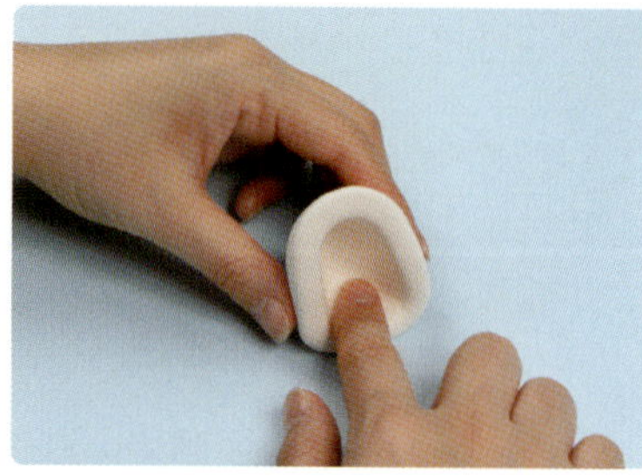

12 한쪽을 바닥에 대고 평평해지도록 다듬어줍니다.

13 다시 거꾸로 놓고 끝이 깔끔하게 되도록 다듬어줍니다.

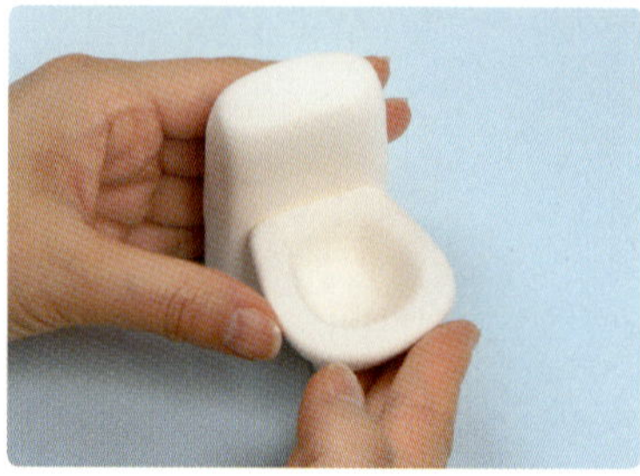

14 작은 사각형 위에 붙여줍니다.

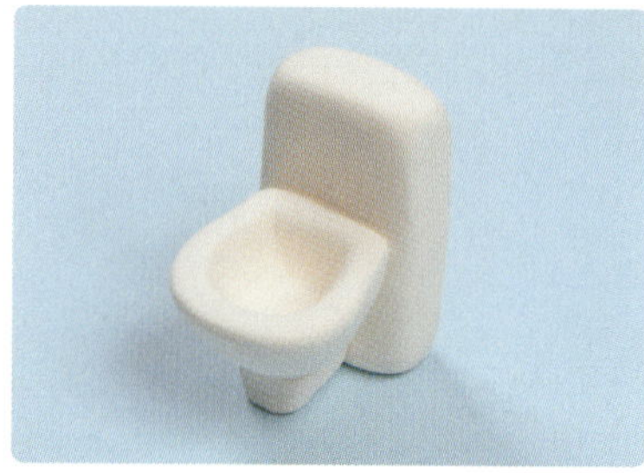

15 변기를 만들어줍니다.

변기 커버 만들기

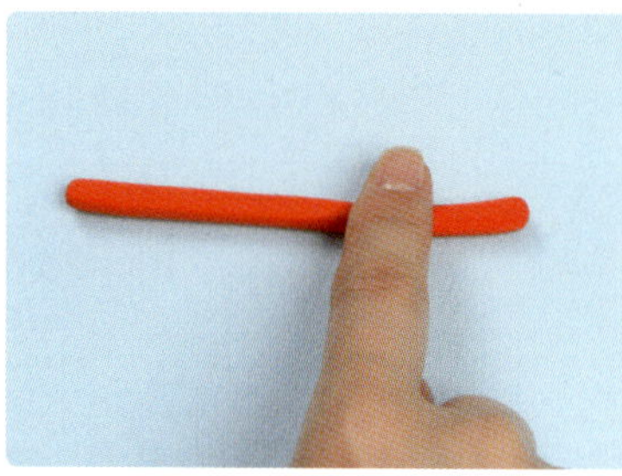

16 빨간색 클레이를 얇고 길게 밀어줍니다.

17 손가락으로 눌러 납작하게 만들어줍니다.

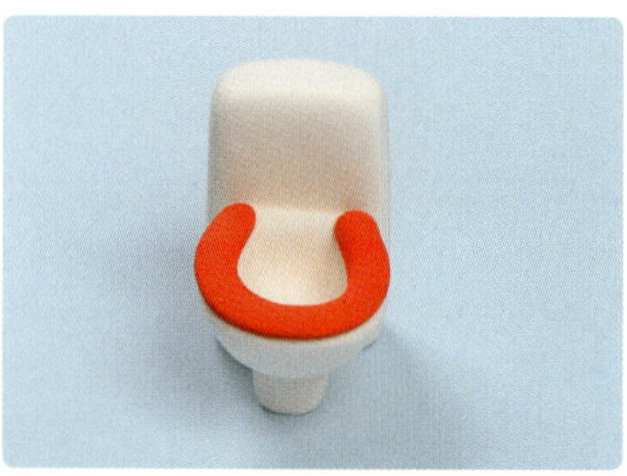

18 만들어준 빨간색 변기 커버를 변기 위에 둘러 붙여줍니다.

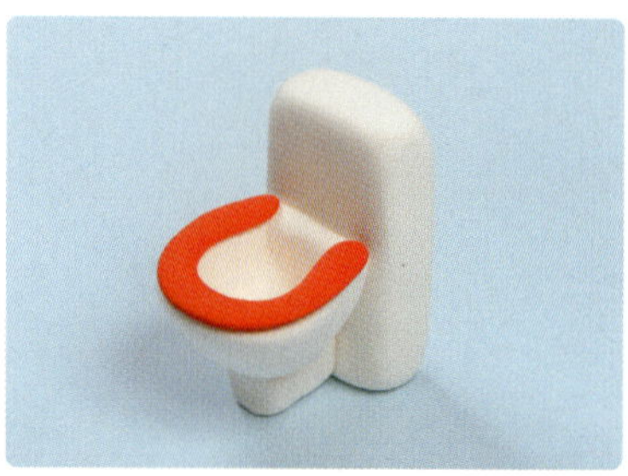

19 변기 커버 모양과 느낌이 살도록 만들어줍니다.

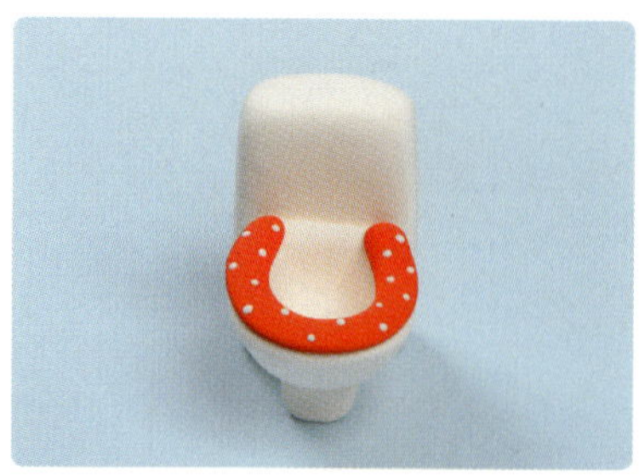

20 흰색으로 변기 커버에 땡땡이 무늬를 넣어줍니다.

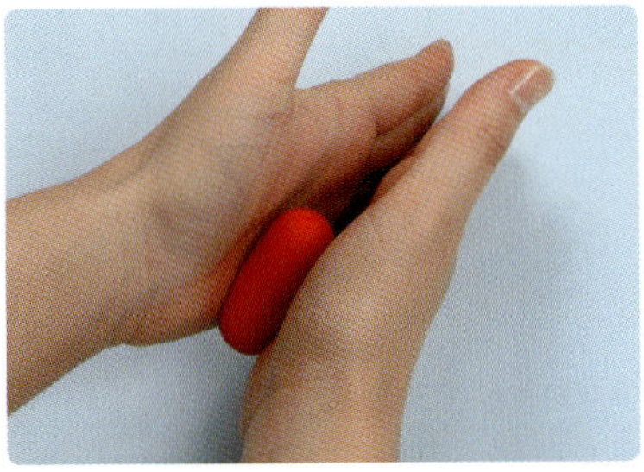

21 빨간색 클레이를 원기둥으로 만들어줍니다.

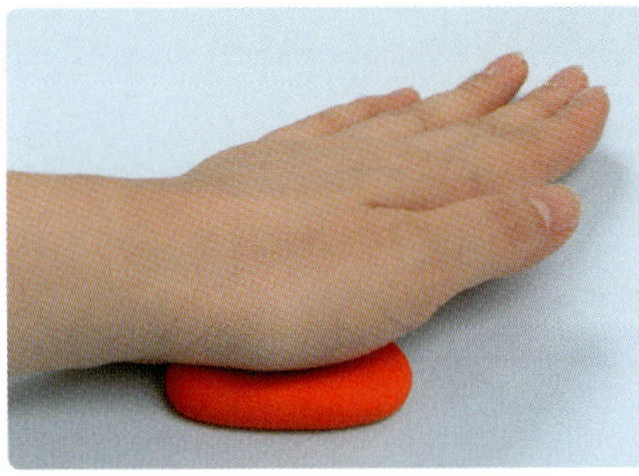

22 손바닥으로 납작하게 눌러줍니다.

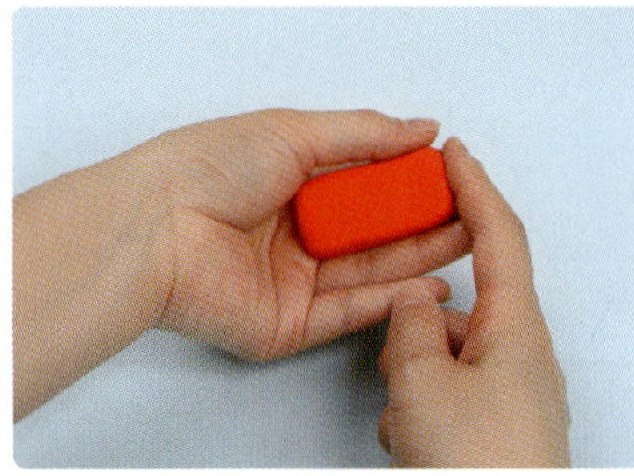

23 손가락을 이용해 네모나게 각을 잡아줍니다.

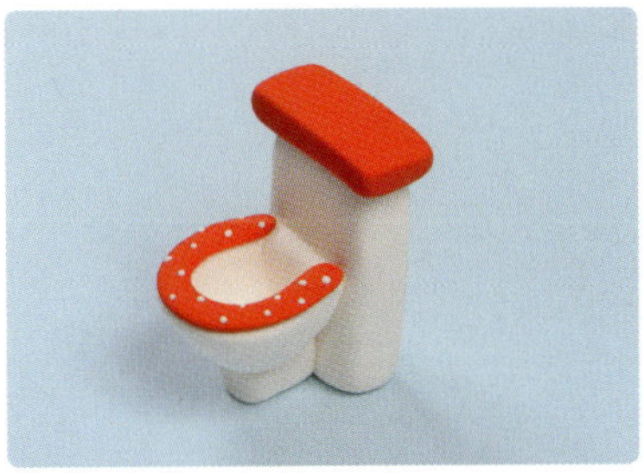

24 처음에 만든 큰 직사각형 위에 붙여줍니다.

25 변기 커버와 같이 땡땡이 무늬를 넣어줍니다.

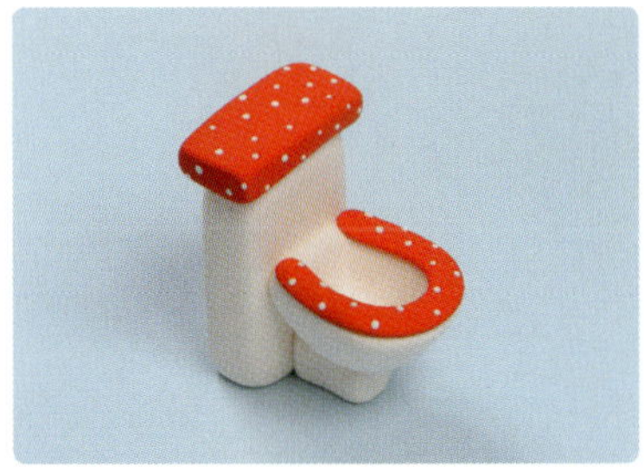

26 변기를 완성합니다.

수건 만들어 완성하기

27 흰색 클레이에 빨간색 클레이를 아주 조금 섞어 연분홍색을 만들어줍니다.

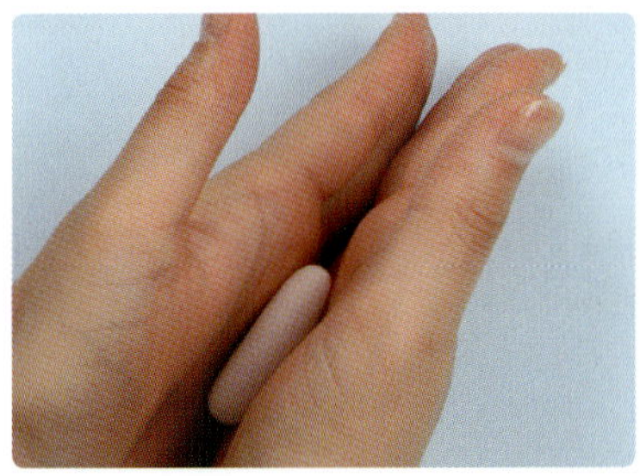

28 원기둥 모양으로 만들어줍니다.

29 손가락으로 눌러 넓게 펴줍니다.

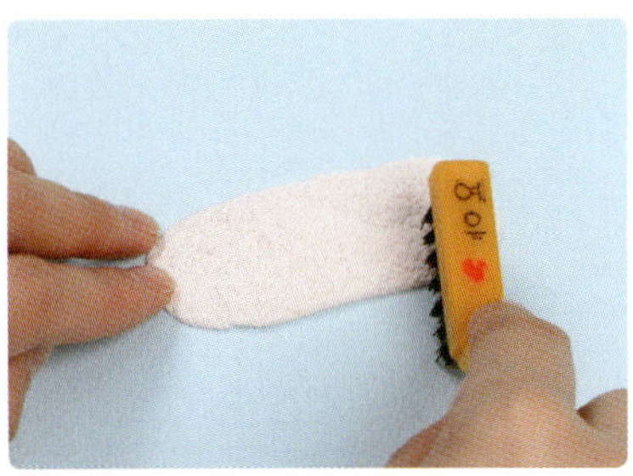

30 브러시를 이용해 눌러주어 수건의 질감을 표현합니다.

⑲브러시를 이용한 찍기 기법 동영상 강의 참고

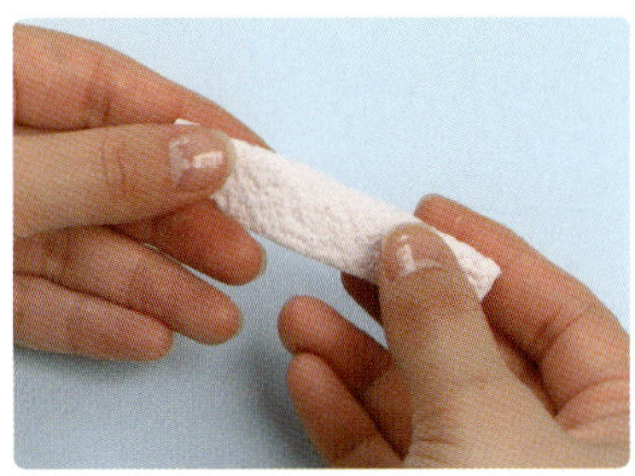

31 반으로 접어줍니다.

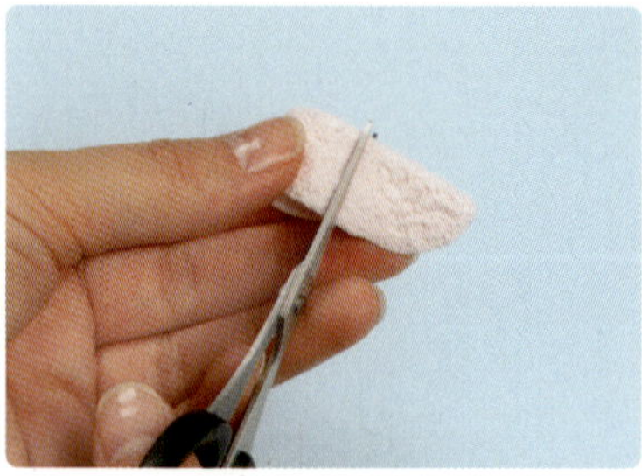

32 끝에서부터 돌돌 말아주고 끝은 가위로 잘라줍니다.

33 말아놓은 수건을 완성합니다.

34 흰색 클레이에 보라색 클레이를 아주 조금 섞어 연보라색을 만들어줍니다.

35 분홍색과 같은 방법으로 수건을 만들어 두 개를 붙여줍니다.

36 보라색 클레이를 늘이기 하여 양쪽을 가위로 잘라줍니다.

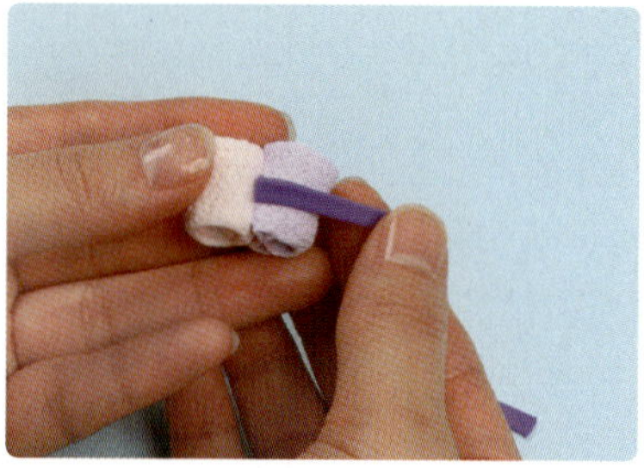

37 수건의 중앙부터 붙여줍니다.

38 수건 중앙을 모두 감싸줍니다.

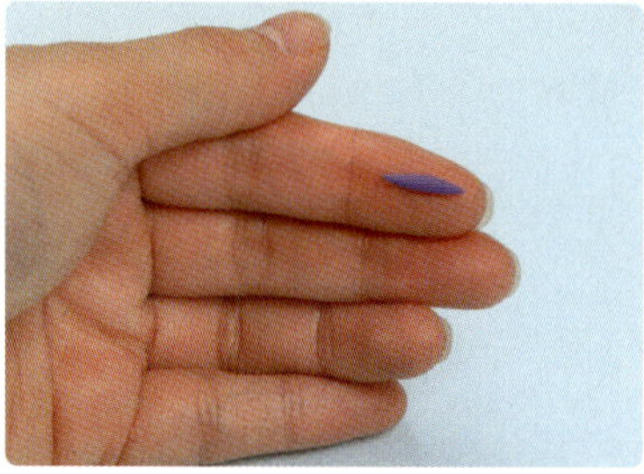

39 보라색으로 아주 작은 양쪽 물방울을 두 개 만들어줍니다.

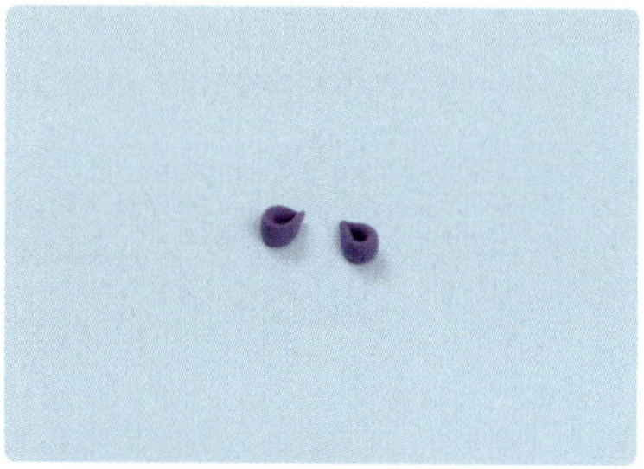

40 양쪽 물방울의 뾰족한 부분끼리 붙도록 붙여줍니다.

41 송곳도구를 이용하여 수건의 띠 중앙에 붙여주고 타원 모양을 붙여 리본 모양을 만들어줍니다.

42 완성한 수건 묶음은 변기 위에 붙여줍니다.

뚫어뻥 만들기

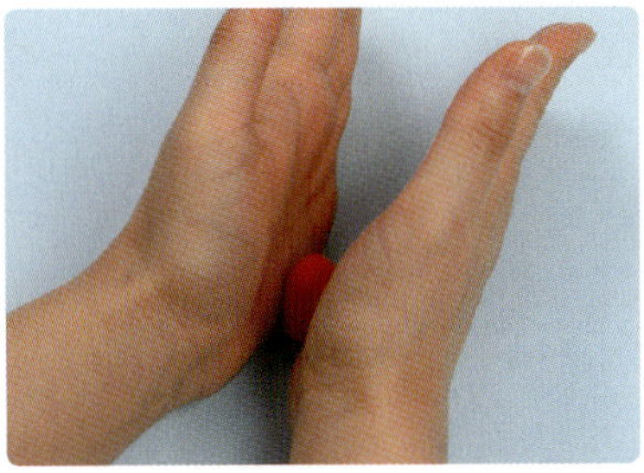

43 빨간색 클레이를 원기둥으로 만들어줍니다.

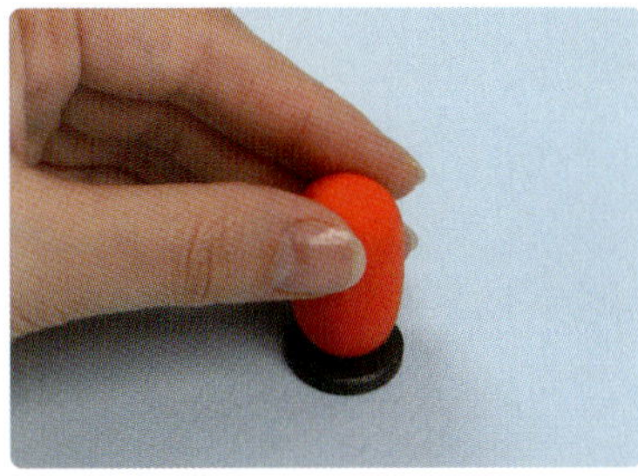

44 원기둥의 끝에 자석을 붙여줍니다.

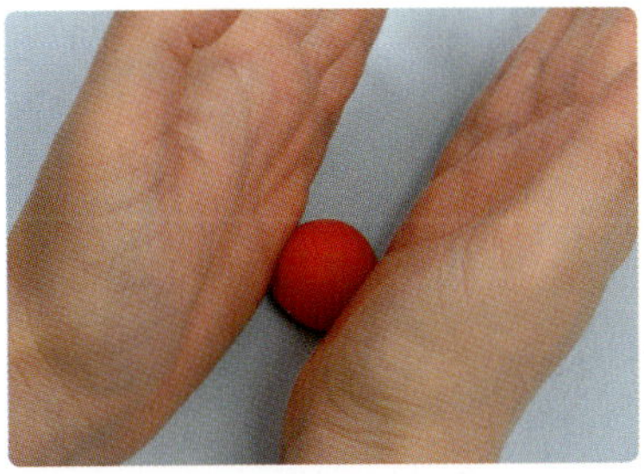

45 원기둥의 끝이 자석을 감싸도록 눌러 다듬어줍니다.

46 자석이 보이지 않도록 만들어줍니다.

47 도트도구를 이용해 중앙에 손잡이가 들어갈 부분 구멍을 내줍니다.

손잡이 만들어 완성하기

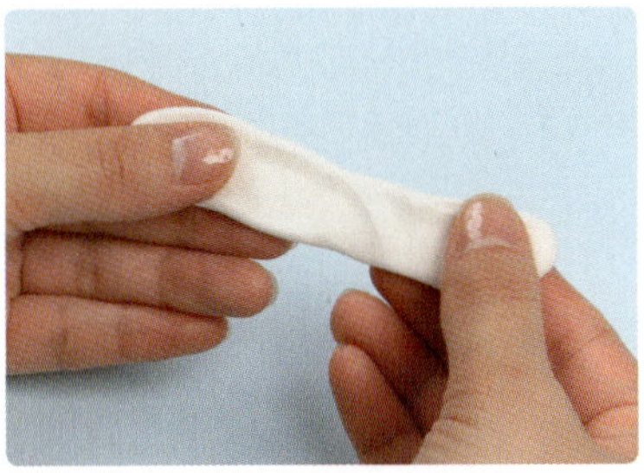

48 흰색 클레이를 길게 펴줍니다.

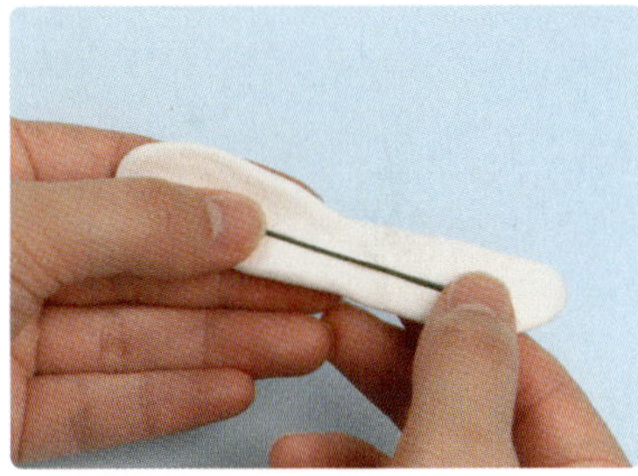

49 가운데 철심을 넣어줍니다.

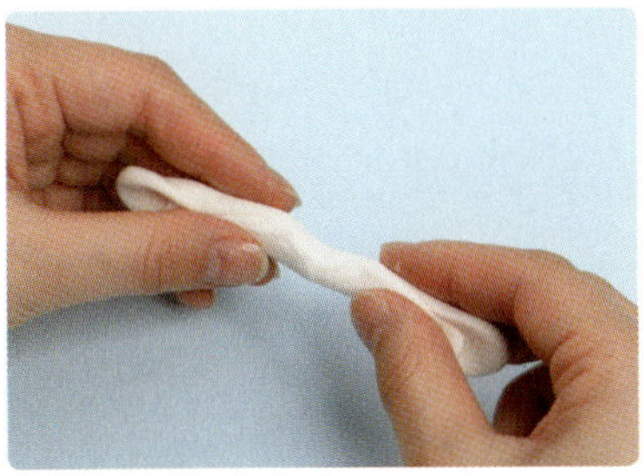

50 철심이 보이지 않도록 흰색 클레이로 철심을 감싸줍니다.

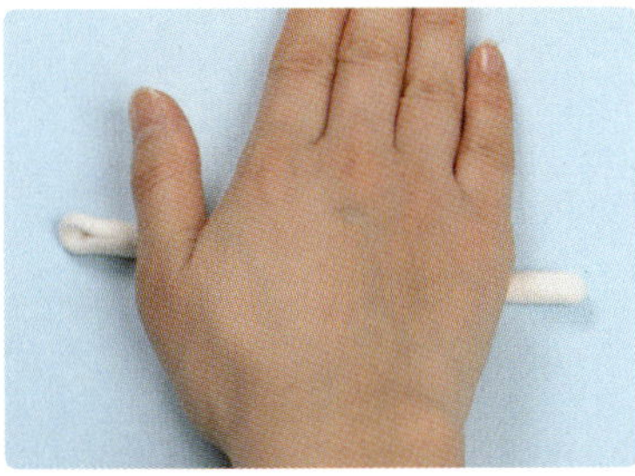

51 철심을 넣은 클레이를 원기둥으로 길게 밀어줍니다.

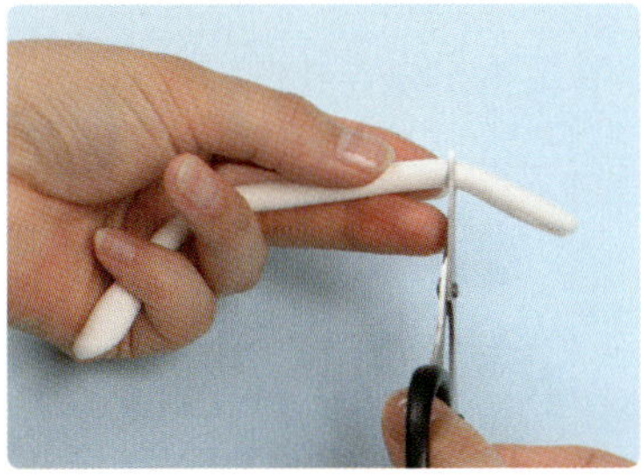

52 철심이 없는 부분은 가위로 잘라주고 아래쪽은 철사 보다 약간 위쪽으로 잘라줍니다.

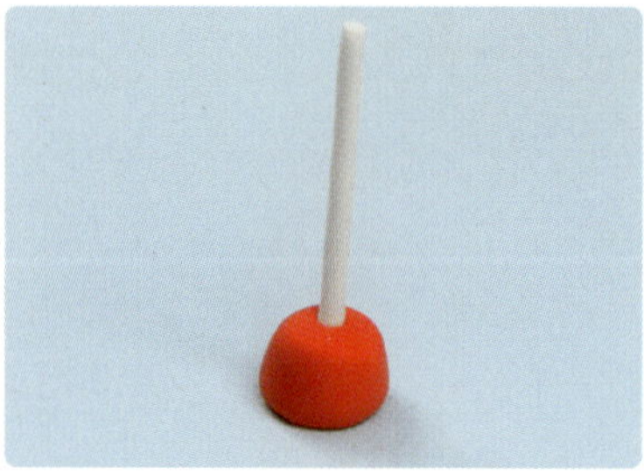

53 만들어 놓은 뚫어뻥 위에 손잡이를 붙여줍니다.

54 흰색으로 땡땡이 무늬를 넣어줍니다.

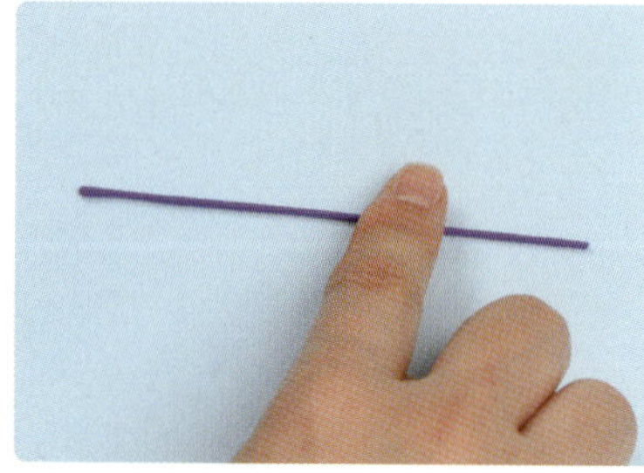

55 보라색 클레이를 얇고 길게 밀어줍니다.

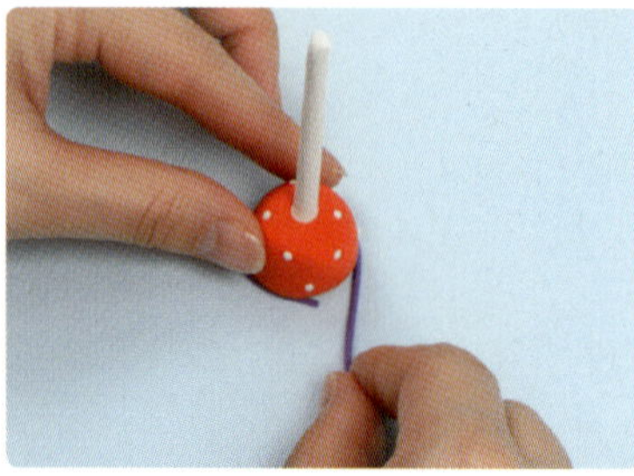

56 길게 밀어준 보라색 클레이를 뚫어뻥의 아래 부분에 붙여줍니다.

57 아래 전체를 감싸도록 붙여줍니다.

58 보라색 클레이로 손잡이 윗부분에 동그라미 장식을 붙여줍니다.

59 변기와 뚫어뻥을 완성합니다.

60 잘 말려 변기에 압정이나 클립을 담아 보관하고 자석이 달린 뚫어뻥으로 편리하게 사용합니다.

Love Clay's Advice!

나만의 아이디어로 개성 넘치는 압정 보관함을 만들어보세요.

변기와 뚫어뻥 압정 보관함의 아이디어를 활용해 다른 모양의 보관함을 만들어보는 건 어떨까요? 물통 모양의 압정 보관함을 만들어보았어요.

PART 3

클레이아트 집 꾸미기 인테리어 소품 DIY

07 아기자기 행복이 가득한 벽걸이

아기자기 벽걸이 만들기

준비물

- 도구 : 송곳도구, 벽걸이, 유성펜
- 클레이 :
- 예상 재료비: 1,000원
- 예상 제작 시간 : 30분
- 난이도 : ★★★
- 완성품 예상가 : 3,000원

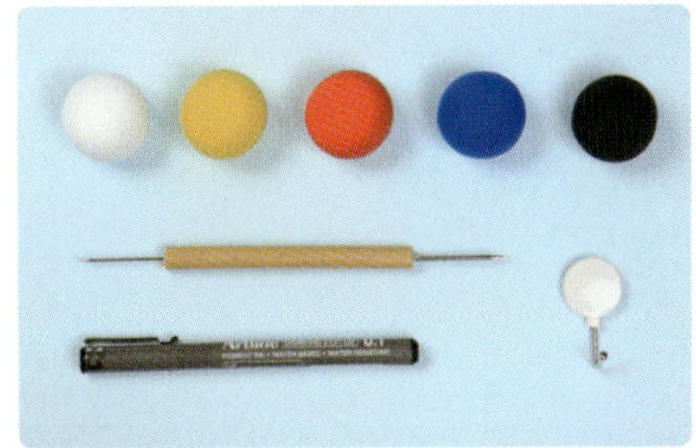

하트 판 만들기

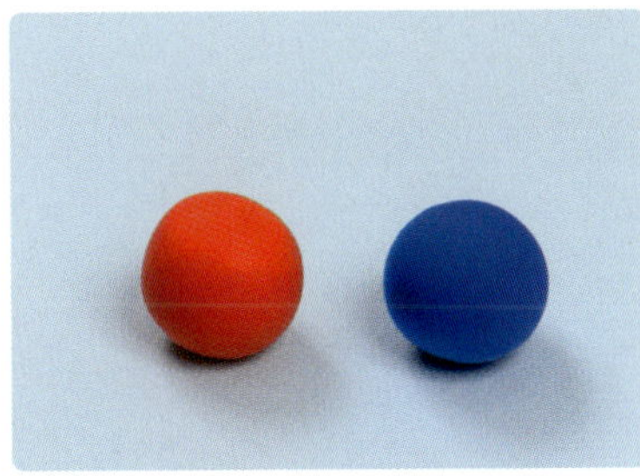

1 빨간색 클레이와 파란색 클레이를 섞어(약 5:5) 보라색을 만들어줍니다.

2 보라색 클레이를 물방울 모양으로 만들어줍니다.

3 손바닥으로 납작하게 눌러줍니다.

4 물방울의 넓은 부분의 중앙을 손가락으로 눌러줍니다.

5 잘 다듬어 하트 모양으로 만들어줍니다.

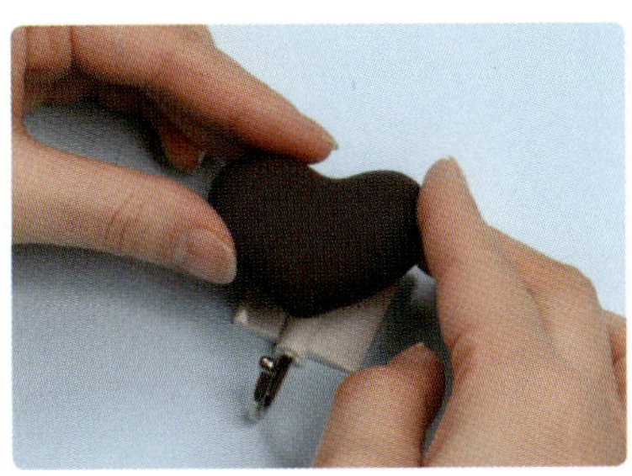

6 벽 고리에 붙여줍니다.

7 뒤판이 보이지 않도록 확실히 붙여줍니다.

얼굴 만들기

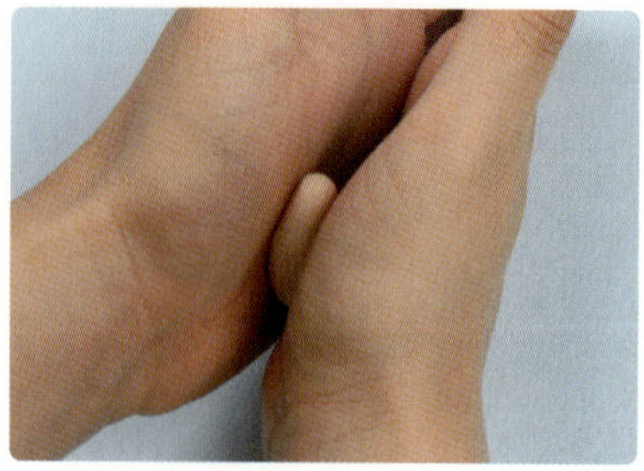

8 얼굴은 흰색, 노랑, 빨강을 섞어 살구색을 만든 다음 타원을 만들어 납작하게 눌러줍니다.

9 하트의 아래쪽에 타원 모양으로 만든 얼굴을 붙여줍니다.

10 얼굴 위에 흰색으로 양쪽 눈을 붙여줍니다.

11 검은색으로 눈동자를 붙여줍니다.

12 다시 흰색으로 반짝이는 눈동자를 표현합니다.

13 하트의 윗부분에 땡땡이 무늬를 연두색으로 붙여 장식해줍니다.

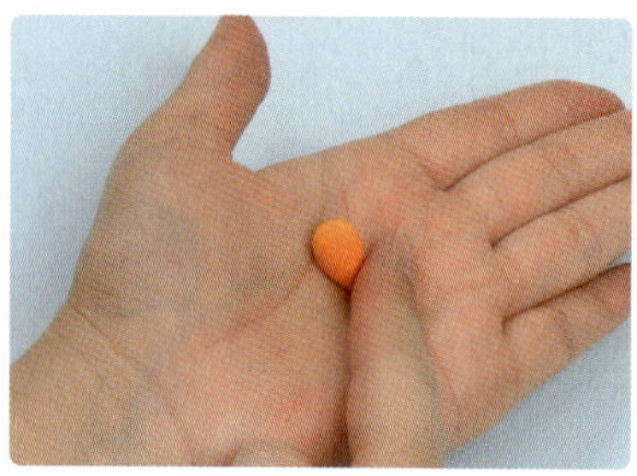

14 노란색에 빨간색을 조금(약 9:1) 섞은 주황색으로 물방울 모양을 만들어줍니다.

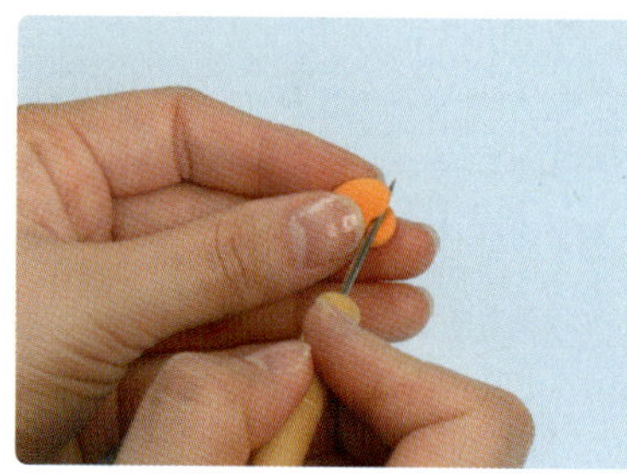

15 송곳도구로 물방울의 뚱뚱한 부분의 중앙을 눌러 하트 모양을 만들어줍니다.

16 하트 모양이 거꾸로 되도록 얼굴 위쪽에 붙여줍니다.

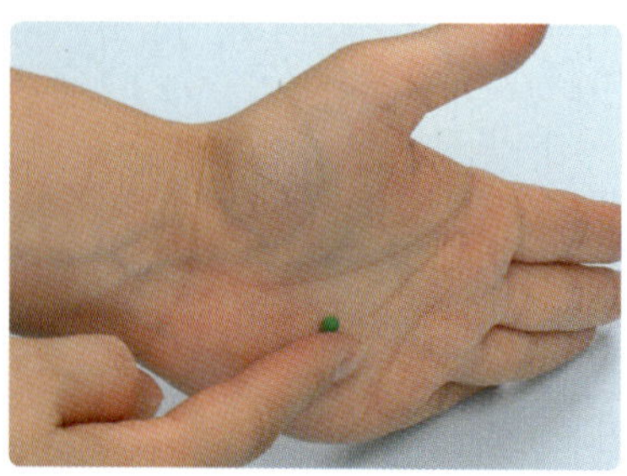

17 노란색과 파란색을 섞은 녹색으로 물방울을 만들어줍니다.

18 손가락으로 각을 잡아 삼각형의 코를 만들어줍니다.

19 얼굴의 중앙에 붙여 코를 만들어 줍니다.

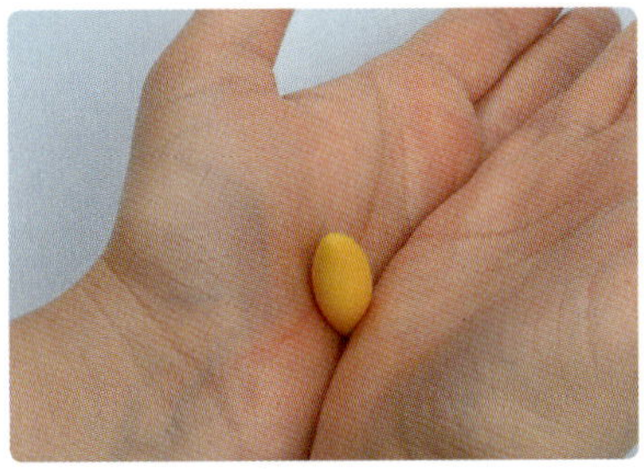

20 노란색 클레이로 양쪽 물방울을 만들어줍니다.

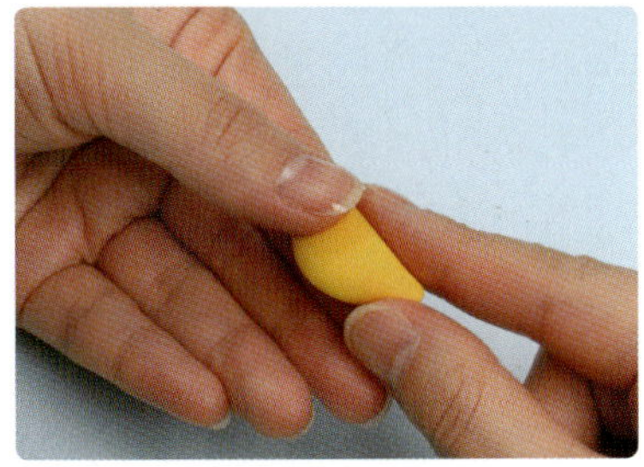

21 양쪽 물방울이 위쪽은 평평하고 아래쪽은 불룩하도록 다듬어줍니다.

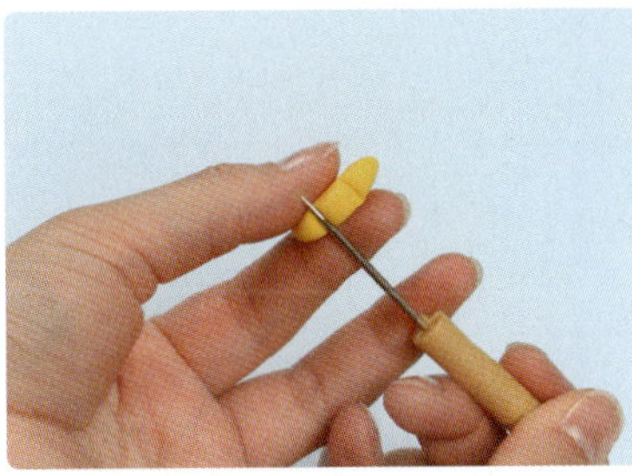

22 불룩한 아래쪽은 송곳도구로 무늬를 넣어줍니다.

23 얼굴 아래쪽에 붙여주고 송곳도구로 무늬를 따라 찍어줍니다.

24 송곳도구로 입을 뚫어줍니다.

25 유성펜을 이용해 눈썹을 그려줍니다.

26 행복이 가득한 아기자기 벽걸이를 완성하였습니다.

Love Clay's Advice!

벽걸이 인형의 얼굴 표정이나 캐릭터를 다른 모양으로 바꿔보면 다양한 모습의 캐릭터 벽걸이를 만들 수 있어요.

08 미아 방지

소중히 지켜주는 목걸이

미아 방지 목걸이 만들기

준비물

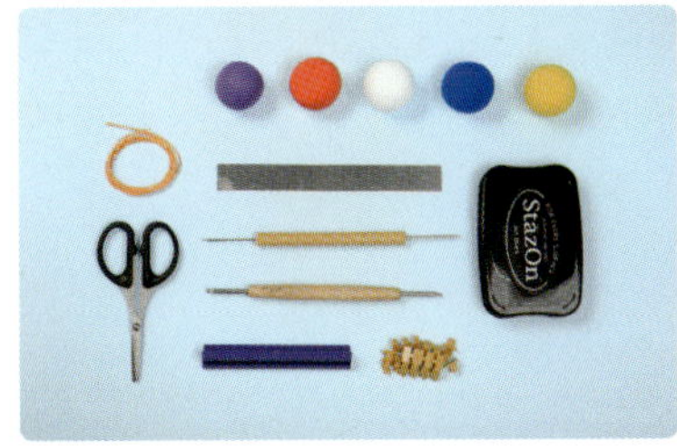

- 도구 : 송곳도구, 도트도구, 가위, 잉크 칼도구, 목걸이 줄, 숫자 스탬프
- 클레이 : ○ ● ● ● ●
- 예상 재료비: 3,000원
- 예상 제작 시간 : 30분(개당)
- 난이도 : ★★
- 완성품 예상가 : 9,000원

나무 만들기

1 노란색 클레이에 파란색 클레이를 조금 섞어 연두색을 만들어줍니다.

2 연두색으로 동그라미를 만들어 납작하게 누른 후, 송곳도구로 무늬를 넣어줍니다.

3 나무의 잎을 만들어줍니다.

4 무늬를 넣은 부분을 손으로 다듬어줍니다.

5 도트도구에 스탬프잉크를 찍어 나무 테두리에 무늬를 넣어줍니다.

6 테두리 전체에 무늬를 찍어 완성합니다.

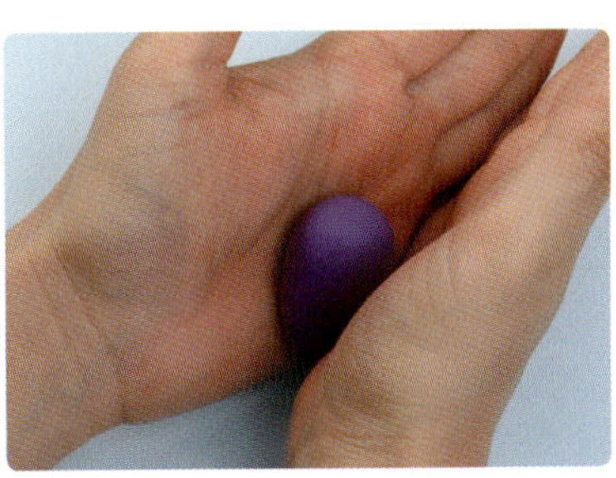

7 보라색 클레이로 물방울 모양을 만들어줍니다.

8 물방울의 뚱뚱한 부분을 평평하게 눌러줍니다.

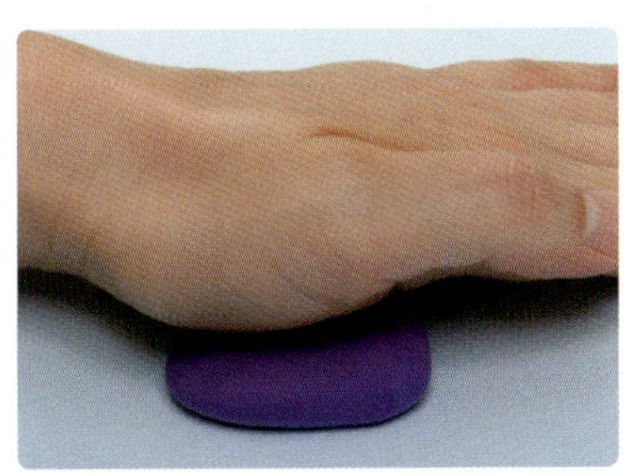

9 손바닥을 이용해 납작하게 눌러줍니다.

10 만들어놓은 연두색 잎과 이어 붙여 줍니다.

11 흰색에 노랑과 빨강을 조금씩(약 9:0.5:0.5) 섞은 살구색을 얇게 밀어 나무 기둥의 옹이를 만들어줍니다.

12 나무를 완성합니다.

13 숫자 찍기 틀에 연락 받을 전화번호를 끼워 넣어줍니다.

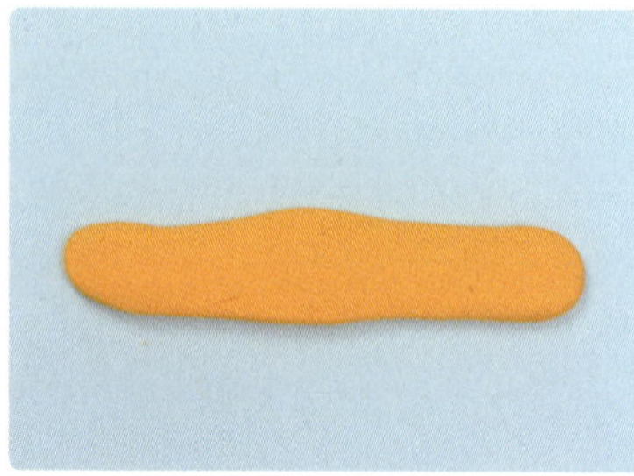

14 노란색에 빨간색을 조금(약 9:1) 섞은 진노랑 색을 길고 납작하게 만들어줍니다.

15 조합해놓은 숫자 틀에 잉크를 묻혀 찍어줍니다.

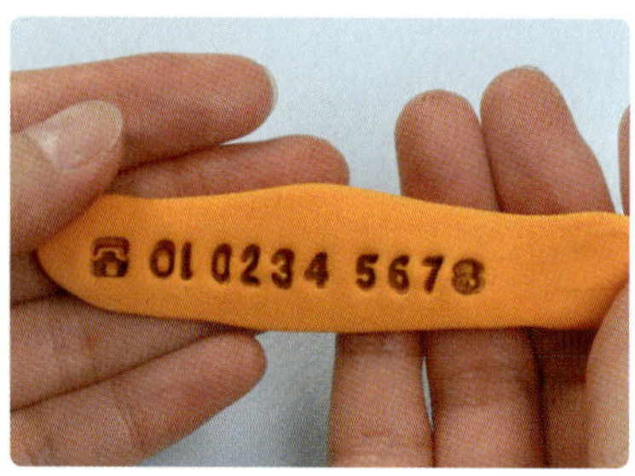

16 글씨가 선명하게 보이도록 찍어 줍니다.

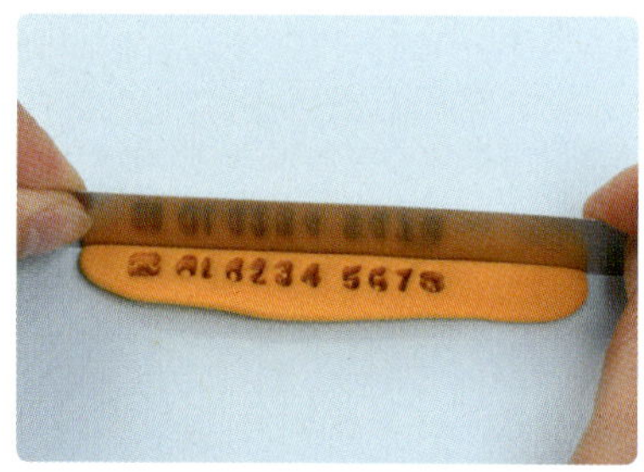

17 숫자를 제외한 남는 부분은 칼로 잘라내줍니다.

18 잘라낸 숫자판을 나무에 붙여줍니다.

19 다른 스탬프로 장식을 해줍니다.

끈 만들어 완성하기

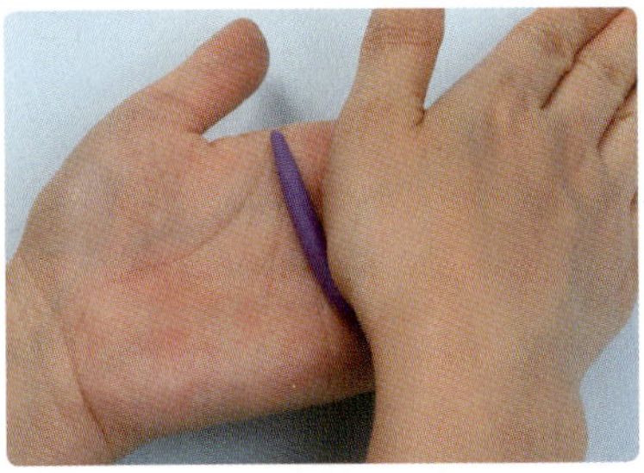

20 보라색 클레이를 긴 양쪽 물방울 모양으로 만들어줍니다.

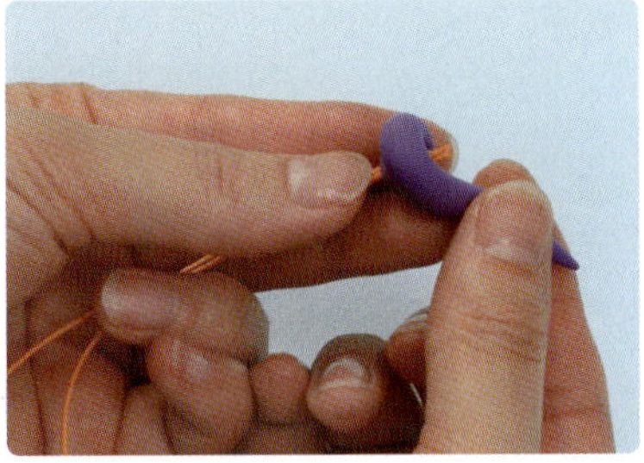

21 끈의 끝이 풀리지 않도록 묶어준 후 클레이로 돌돌 말아 장식합니다.

22 끈의 양쪽을 같은 방법으로 장식합니다.

23 두 줄의 끈이 만나는 부분에 보라색 클레이를 붙여줍니다.

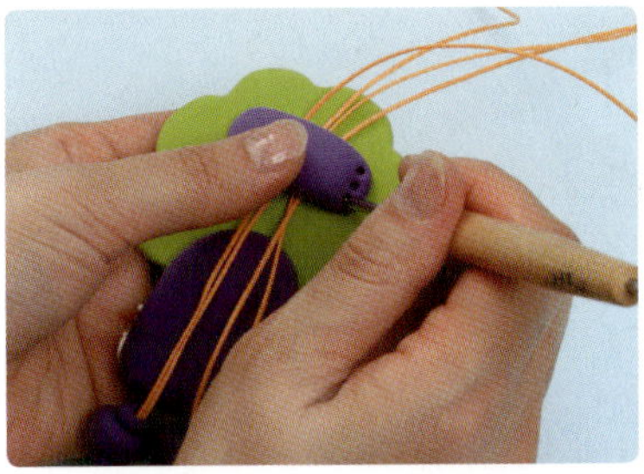

24 붙인 클레이의 양쪽을 도트도구를 이용해 찍어줍니다.

25 잘 말린 후 목걸이의 길이를 조절해가며 사용합니다.

09 어떤 병이라도 예쁘게 바꿔줄게!

리폼 유리병

리폼 유리병 만들기

준비물

- 도구 : 도트도구, 스텐봉, 유리병
- 클레이 : ○ ● ● ● ●
- 볼클레이 : ○
- 예상 재료비: 3,000원
- 예상 제작 시간 : 30분(개당)
- 난이도 : ★★
- 완성품 예상가 : 9,000원

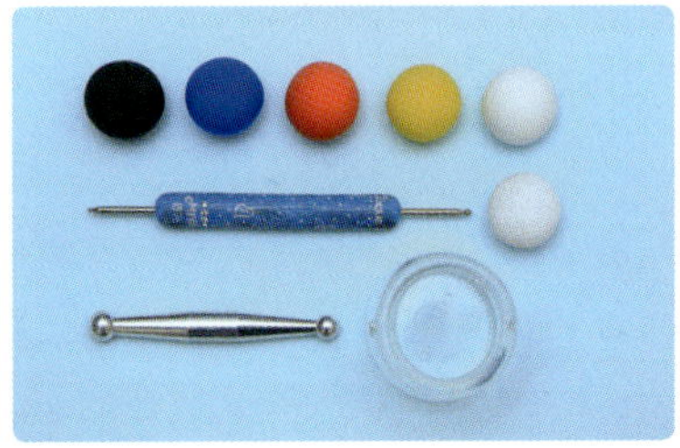

병 꾸미기

1 흰색 볼클레이에 노란색과 빨간색 클레이를 조금 섞어줍니다.

2 섞어준 클레이를 물방울 모양으로 만들어줍니다.

3 물방울 모양의 아래, 위로 각이 잡히도록 다듬어줍니다.

4 사용할 유리병을 막을 수 있도록 다듬어줍니다.

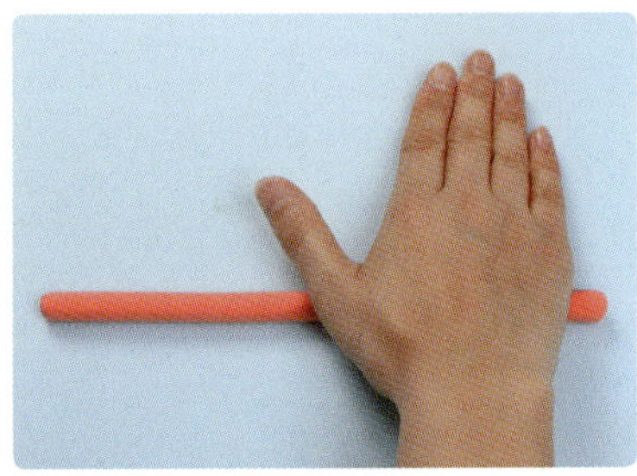

5 흰색에 빨간색과 노란색을 조금 섞어 분홍색을 만든 다음 길게 밀어 납작하게 눌러줍니다.

6 유리병의 아래쪽에 둘러 붙여줍니다.

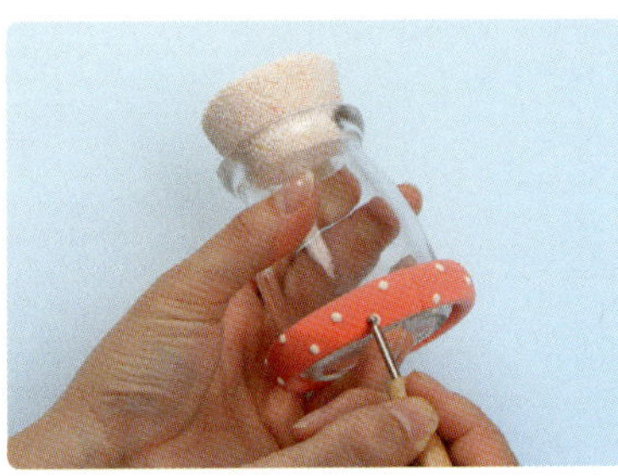

7 연분홍색 클레이로 땡땡이 장식을 붙여주고, 도트도구로 무늬를 넣어줍니다.

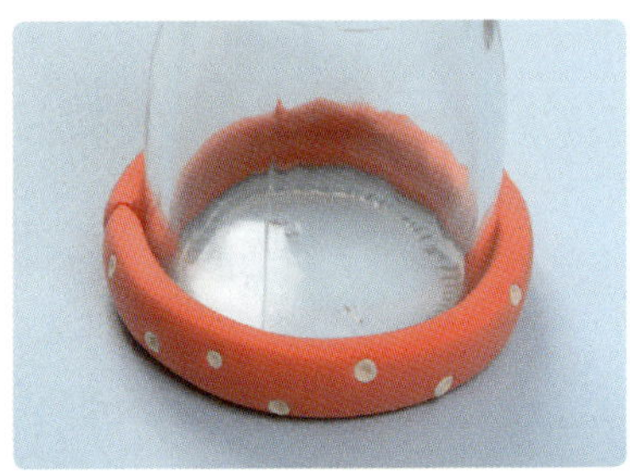

8 유리병 테두리를 완성합니다.

9 같은 방법으로 뚜껑에도 땡땡이 무늬를 넣어줍니다.

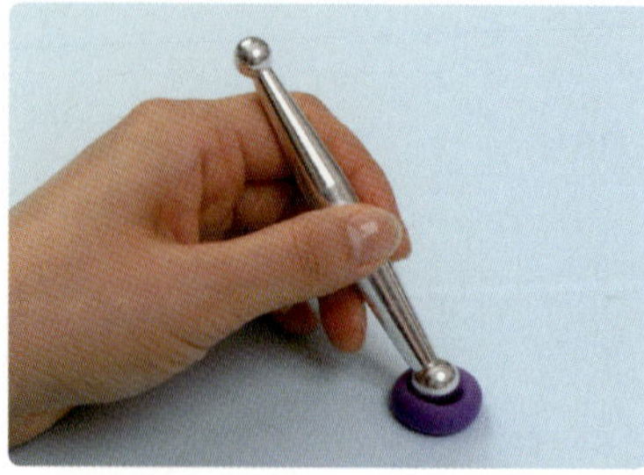

10 보라색 클레이로 작은 동그라미를 만들어준 후, 도트도구(대)를 이용해 가운데를 눌러줍니다.

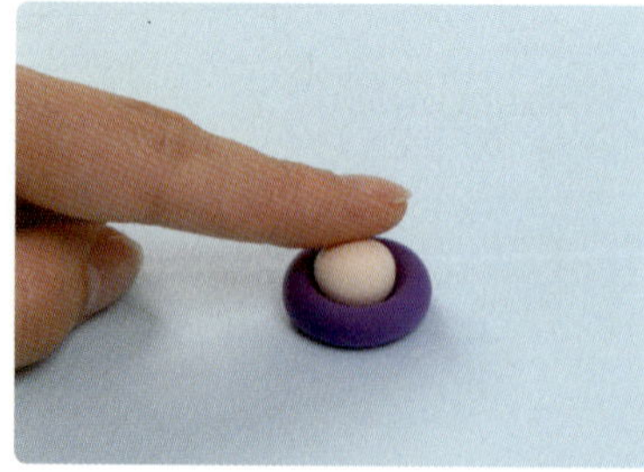

11 흰색에 노랑과 빨강을 조금씩 섞은 살구색으로 작은 동그라미를 만들어 보라색 동그라미의 가운데에 넣어줍니다.

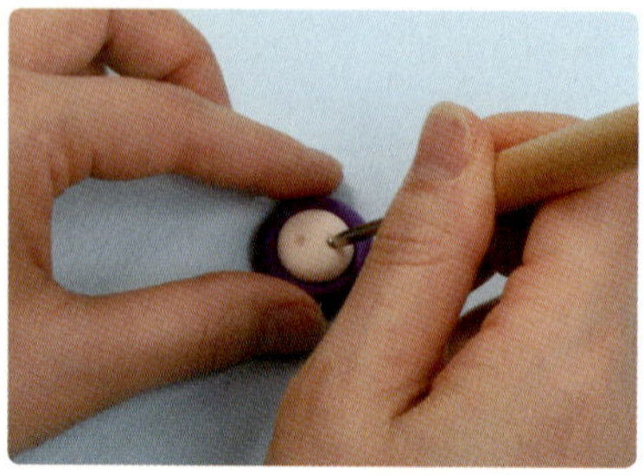

12 눈이 들어갈 자리에 도트도구로 눌러 눈을 넣어줍니다.

13 검정과 빨강을 섞은 갈색으로 눈동자를 넣어줍니다.

14 갈색 클레이를 이용하여 실기법으로 입도 만들어줍니다.

15 유리병 아래쪽 테두리의 이음새 부분에 얼굴 장식을 붙여줍니다.

단추 만들어 완성하기

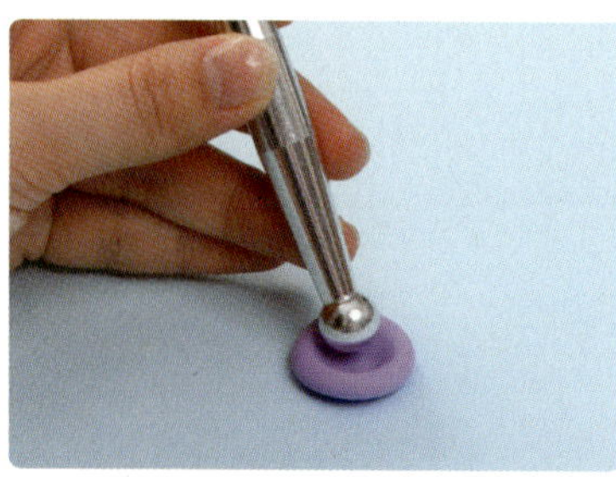

16 흰색에 보라색을 섞어 연보라색을 만들고, 도트도구로 가운데를 눌러줍니다.

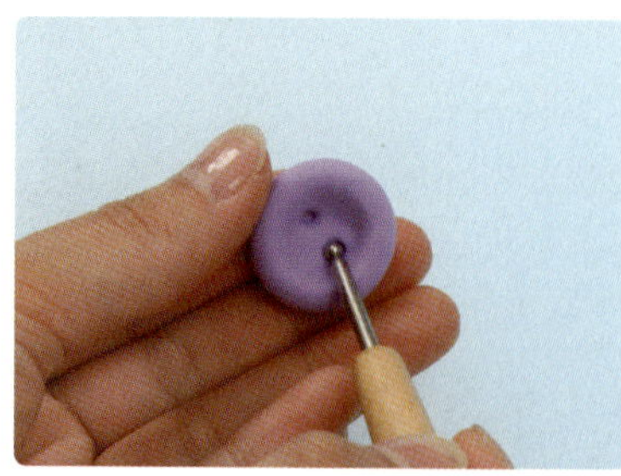

17 도트도구로 단추 구멍을 만들어 줍니다.

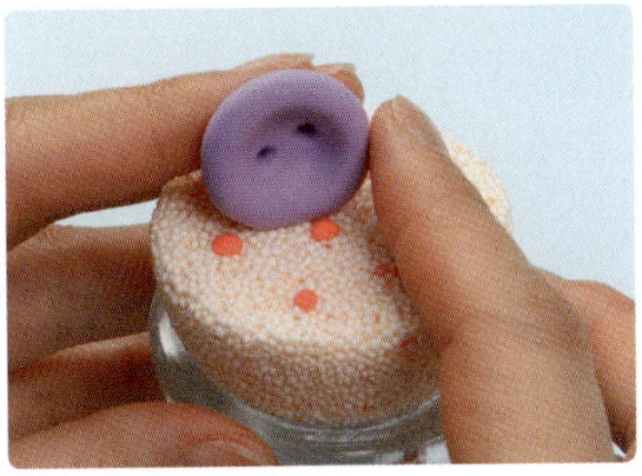

18 완성된 단추를 유리병 뚜껑 위에 붙여줍니다.

19 단추 옆에 다른 색이나 다른 모양의 단추를 만들어 붙여줍니다.

20 유리병의 리폼을 완성한 모습입니다.

Love Clay's Advice!

유리병 뚜껑이나 바닥의 테두리를 자신만의 스타일로 꾸며 나만의 유리병을 만들어 보세요. 유리병에 넣을 물건에 맞게 디자인해보는 것도 재미있어요. 유리병 속에는 잃어버리기 쉬운 소품들을 넣어 보관합니다.

10 여우네 집 탁상시계

여우야 여우야 뭐하니?

여우네 집 탁상시계 만들기

준비물

- 도구 : 송곳도구, 가위, 알 시계
- 클레이 : ○ ● ● ● ●
- 볼클레이 : ○
- 예상 재료비 : 12,000원
- 예상 제작 시간 : 1시간 30분
- 난이도 : ★★★★
- 완성품 예상가 : 36,000원

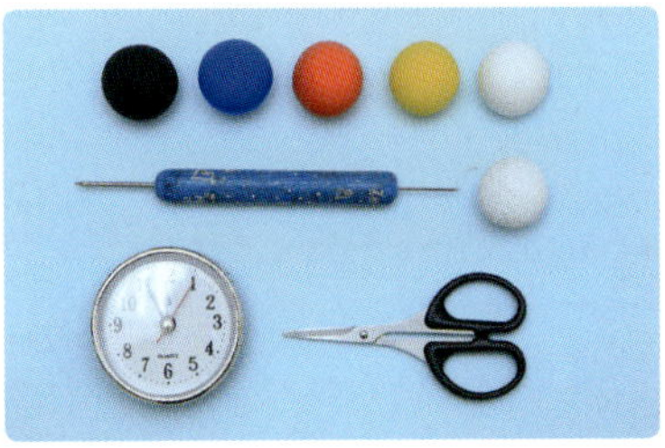

집 만들기

1 흰색 클레이에 흰색 볼클레이, 노랑과 빨강 클레이를 아주 조금(약 4:4:0.5:0.5) 섞어줍니다.

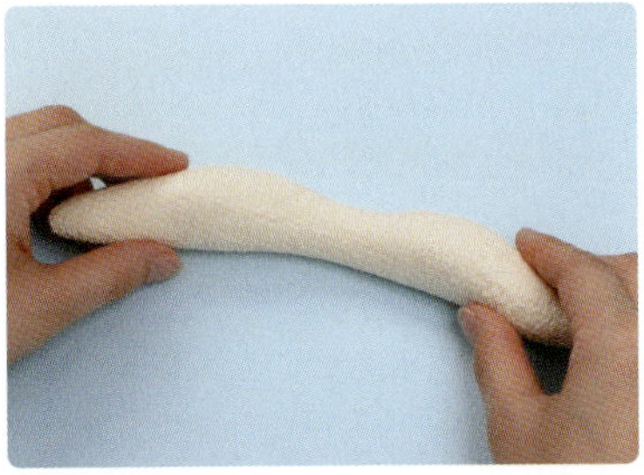

2 섞은 클레이로 긴 양쪽 물방울을 만들고 중앙을 살짝 넣어줍니다.

3 준비한 시계 알의 테두리를 섞어준 클레이로 감싸줍니다.

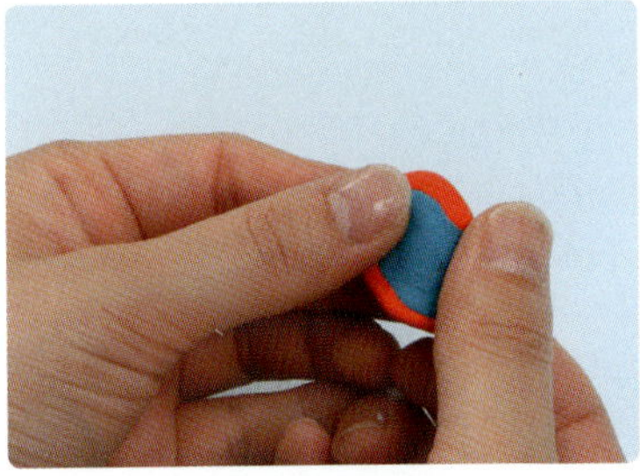

4 빨간색 클레이에 흰색에 파랑을 약간 섞은 하늘색 클레이를 약 7 : 3의 비율로 올려줍니다

5 자연스럽게 2단 펴기를 해줍니다.(29쪽 ⑱2단 펴기 기법 동영상 강의 참고)

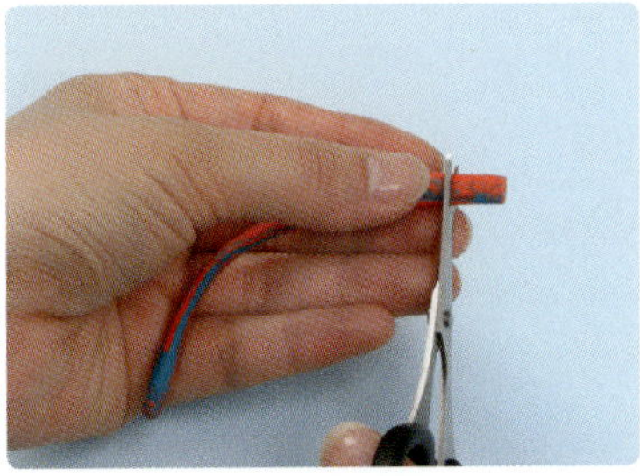

6 2단 펴기 해준 클레이를 길게 밀어 납작하게 누른 후, 조금씩 잘라줍니다.

7 자른 클레이를 시계를 감싼 클레이에 붙여 벽돌을 표현합니다.

8 다양한 색상으로 벽돌을 만들어 붙여줍니다.

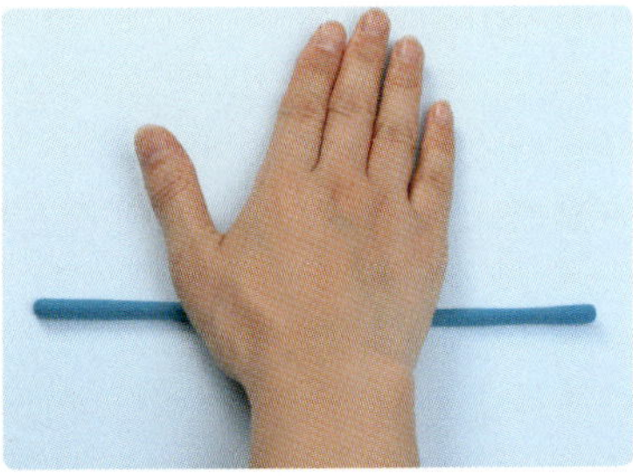

9 하늘색 클레이를 길게 밀어줍니다.

10 알시계의 테두리에 밀어준 하늘색 클레이를 둘러 붙여줍니다.

11 집의 벽채를 완성한 모습입니다.

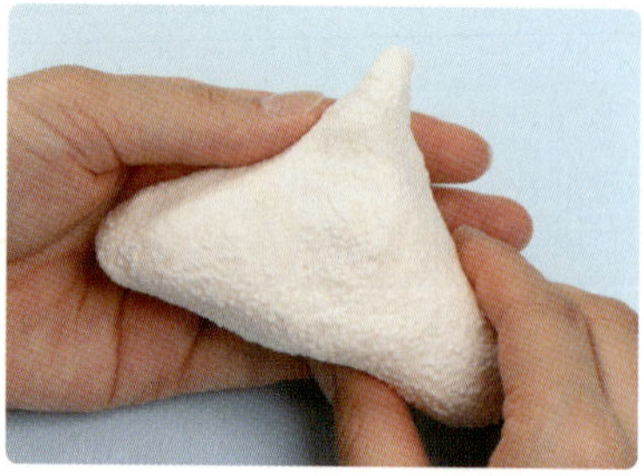

12 집의 벽과 같은 색으로 물방울을 만들어 아래쪽을 넓게 벌려줍니다.

13 시계의 벽 위에 붙여줍니다.

14 다양한 색으로 2단 펴기를 하여 길게 밀어 납작하게 눌러줍니다.

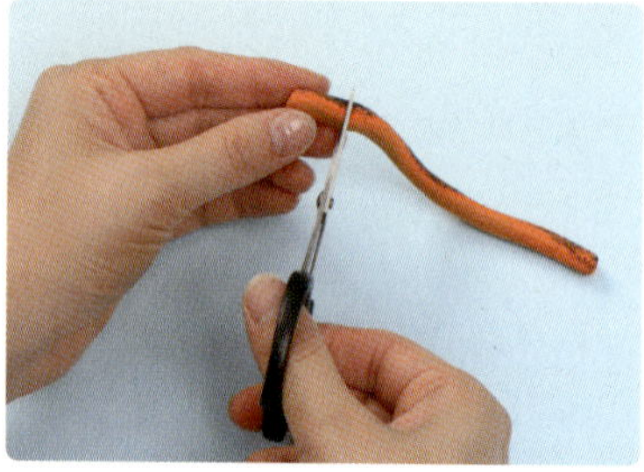

15 2단 펴기로 밀어놓은 클레이를 가위로 조금씩 잘라 사용합니다.

16 조금씩 잘라낸 클레이를 동그랗게 만들어줍니다.

17 동그랗게 만든 클레이를 납작하게 눌러줍니다.

18 지붕의 아래쪽부터 차례차례 붙여줍니다.

19 지붕을 가득 채워 붙여줍니다.

20 파란색 클레이에 노란색 클레이를 조금(약 9:1) 섞어줍니다.

21 흰색 클레이에 섞어준 파랑 클레이를 올려줍니다.

22 2단 펴기를 해줍니다.
⑱2단 펴기 기법 동영상 강의 참고

23 2단 펴기 해준 점토의 테두리를 부분마다 볼록하게 만들어줍니다.

24 바닥 전체를 같은 모양으로 만들어줍니다.

25 바닥에 미리 만들어 놓은 시계 집을 붙여줍니다.

여우 만들어 완성하기

26 흰색에 빨간색과 노란색 클레이를 아주 조금씩(약 9:0.5:0.5) 섞어 살구색을 만들어줍니다.

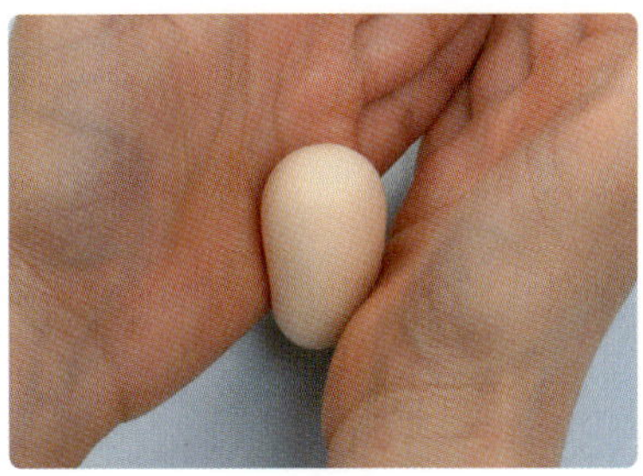

27 살구색 클레이를 물방울 모양으로 만들어줍니다.

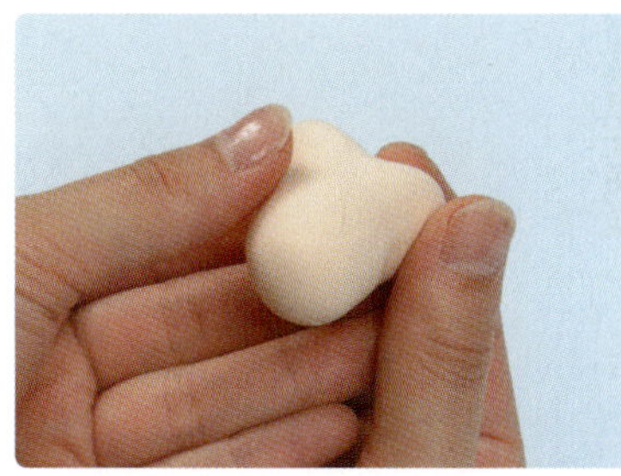

28 물방울의 두꺼운 부분의 가운데를 눌러 반으로 나눠 다듬어줍니다.

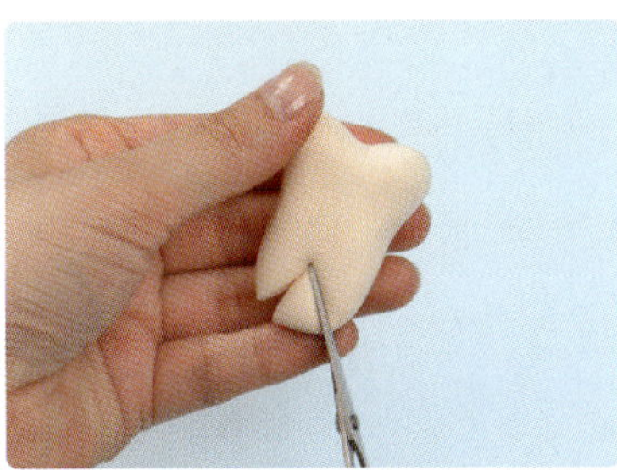

29 뾰족한 부분을 삼각형 모양으로 잘라 내줍니다.

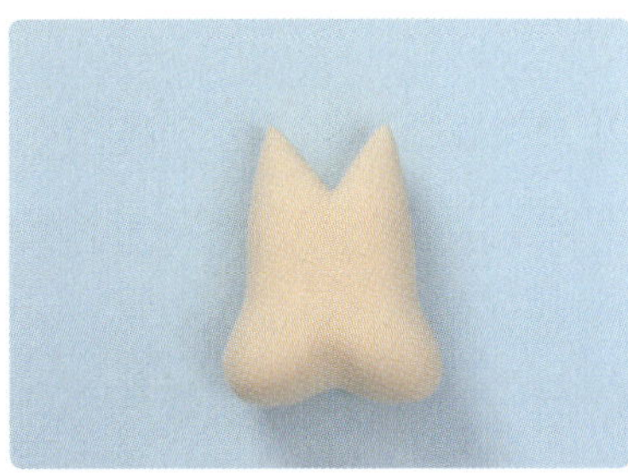

30 잘 다듬어 얼굴 모양을 만들어줍니다.

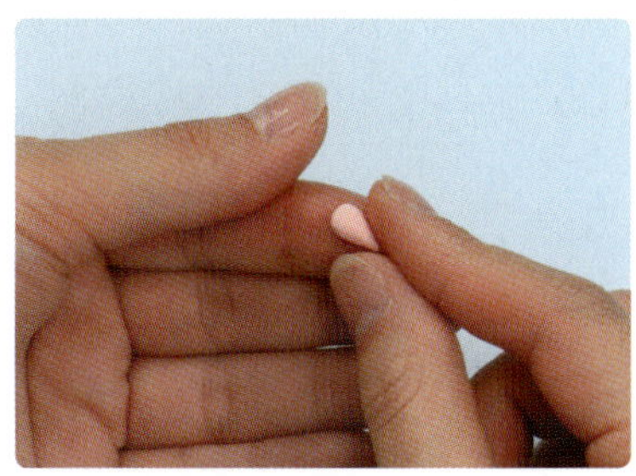

31 분홍색 클레이로 작은 물방울을 만들어줍니다.

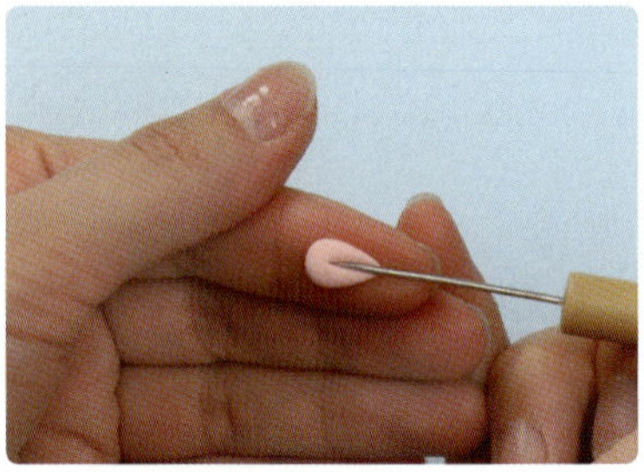

32 물방울의 뾰족한 부분에 송곳도구로 무늬를 넣어줍니다.

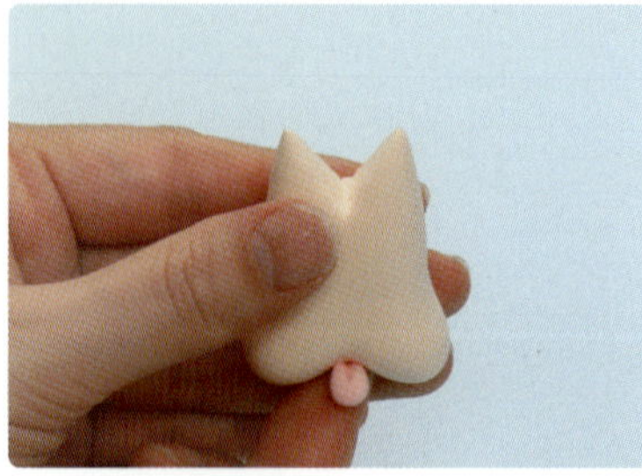

33 여우 얼굴의 아래쪽에 붙여 혓바닥을 만들어줍니다.

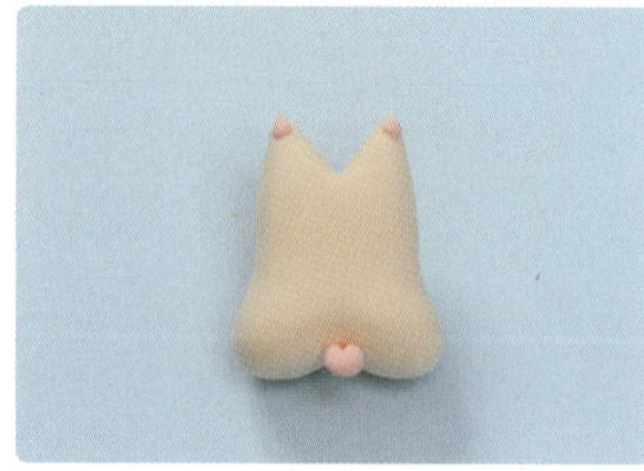

34 같은 색으로 작은 삼각형을 만들어 귀에 붙여줍니다.

35 빨강과 검정을 섞어(약 7:3) 갈색을 만든 후, 여우의 눈, 입, 수염을 만들어줍니다.

36 노랑과 파란색을 섞은 연두색으로 삼각형을 만들어 코를 붙여줍니다.

37 얼굴과 같은 색으로 물방울을 만든 후, 한쪽으로 휘어지게 다듬어줍니다.

38 만들어준 몸을 여우의 얼굴과 붙여줍니다.

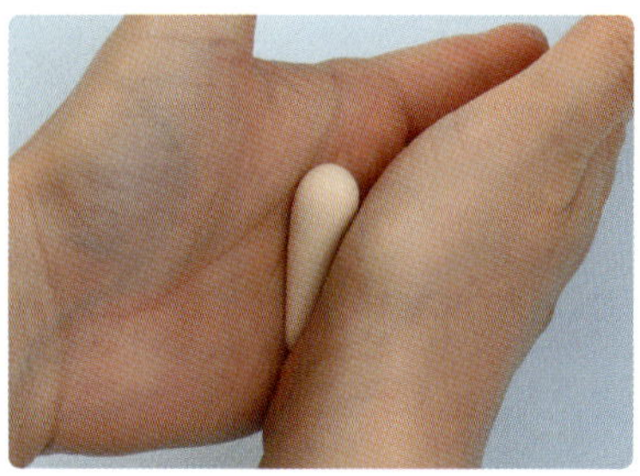

39 같은 색으로 긴 물방울을 만들어줍니다.

40 여우의 몸통에 붙여 꼬리를 만들어줍니다.

41 시계 밑판의 한쪽에 여우를 붙여줍니다.

42 여우네 집 탁상시계를 완성합니다.

11

컨츄리 소녀

환영합니다! 웰컴판

12 별나라 토끼

스위치의 예쁜 변신 스위치 커버

컨츄리 소녀 웰컴판 만들기

준비물

- 도구 : 송곳도구, 도트도구, 빗도구, 가위, 스티로폼, 물감, 붓, 팔레트 글자 찍기 틀
- 클레이 : ○ ● ● ● ●
- 예상 재료비: 10,000원
- 예상 제작 시간 : 2시간
- 난이도 : ★★★★★
- 완성품 예상가 : 30,000원

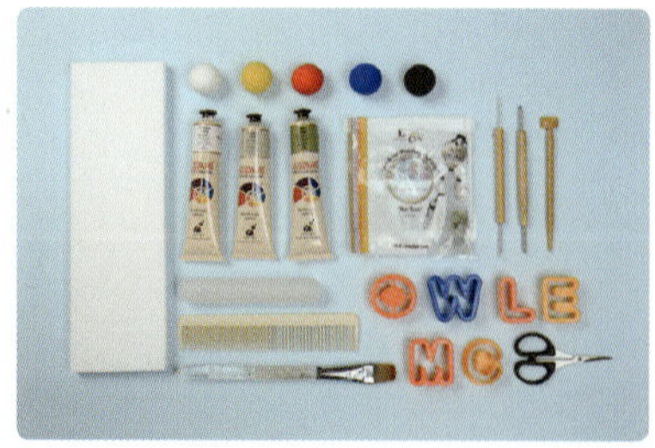

채색하고, 컨츄리 소녀 만들기

1 스티로폼과, 붓, 물감(흰색+그린 계열), 팔레트를 준비합니다.

2 먼저 연한 색으로 스티로폼에 기본색을 칠해줍니다.

3 진한 색으로 바깥에서 안쪽으로 쓸어주듯이 칠해줍니다.

4 흰색 클레이에 노란색, 빨간색 클레이를 아주 조금씩(약 9:0.5:0.5) 섞어 살구색을 만들어줍니다.

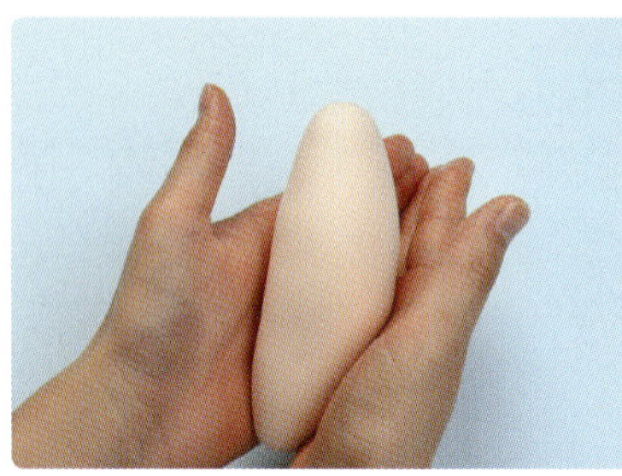

5 살구색 클레이로 양쪽 물방울을 만들어 아래쪽이 평평한 삼각이 되도록 다듬어줍니다.

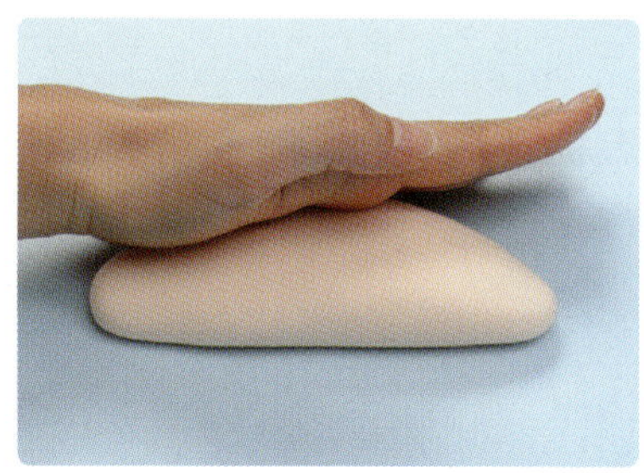

6 삼각 모양 클레이를 바닥에 놓고 살짝 눌러줍니다.

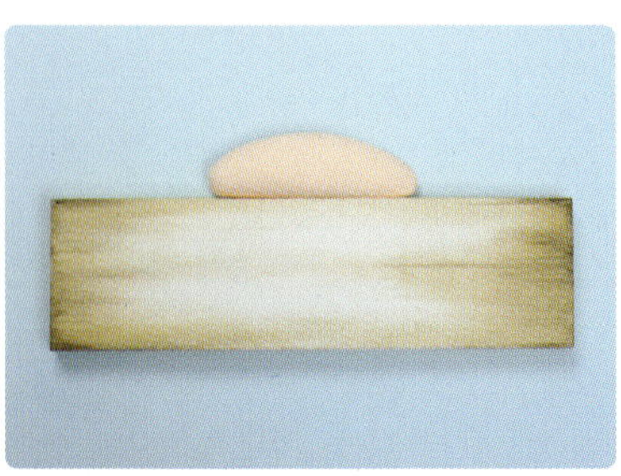

7 얼굴을 채색해놓은 판에 붙일 수 있도록 아래쪽을 평평하게 만들어줍니다.

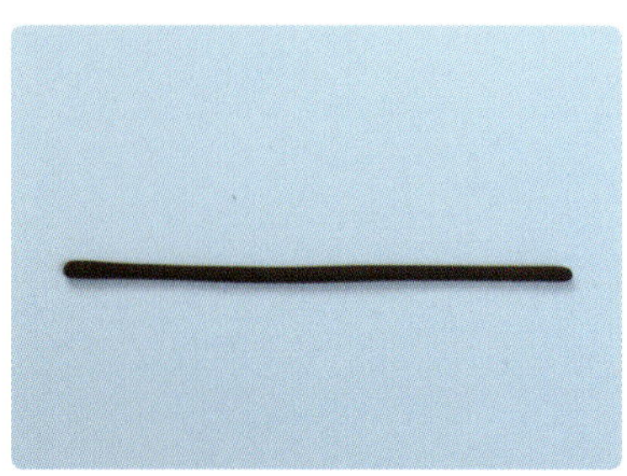

8 검정과 빨간색을 섞어 만든 갈색을 얇게 밀어줍니다.

Love Clay's tip

팔레트가 없다면?

팔레트가 없다면 클레이가 담긴 봉투를 팔레트 대용으로 사용해도 된답니다.

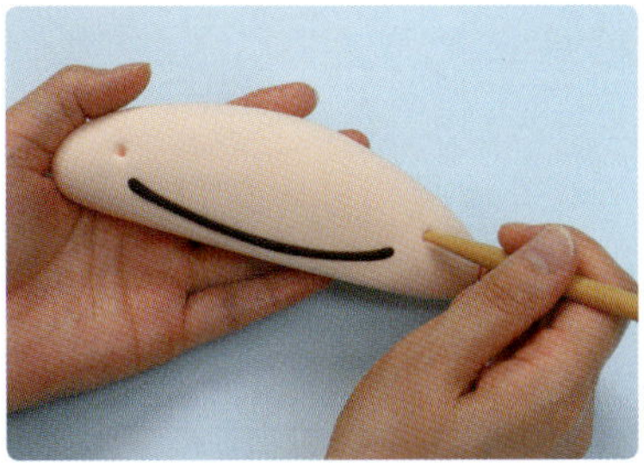

9 얇게 민 클레이로 입을 만들어주고 도트도구로 눈 부분을 찍어줍니다.

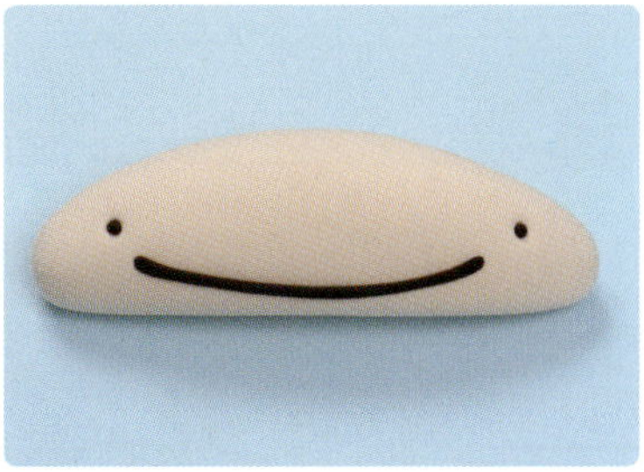

10 눈 위치에 눈동자를 넣어줍니다.

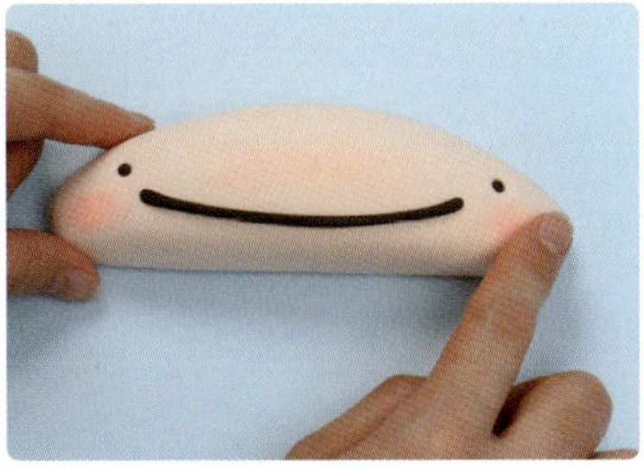

11 아이섀도 등을 손가락에 묻혀 인형의 얼굴에 볼터치를 넣어줍니다.

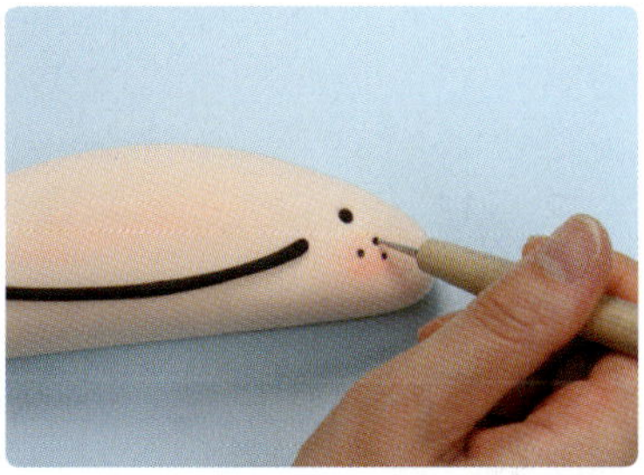

12 주근깨를 표현하기 위해 갈색 클레이를 작은 원 모양으로 붙여 미니 도트도구로 주근깨를 표현해줍니다.

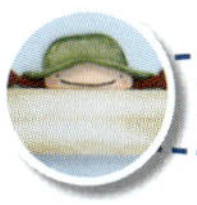

머리카락, 모자 만들기

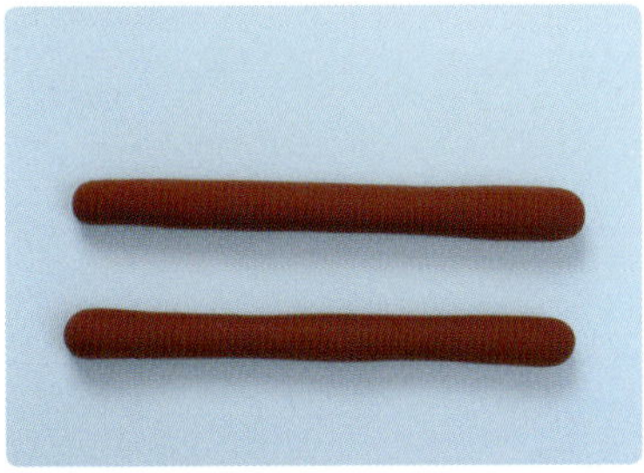

13 빨강에 검정을 조금 섞은 클레이를 같은 두께로 두 개를 밀어줍니다.

14 빨강과 검정을 섞어 밀어놓은 클레이를 꼬아줍니다.

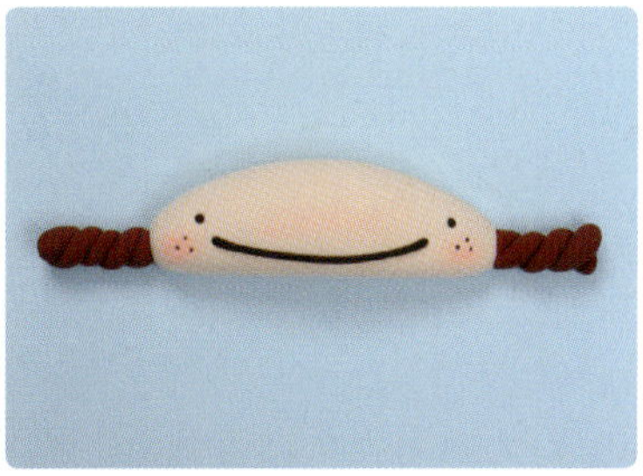

15 꼬아준 클레이를 얼굴의 양쪽에 붙여줍니다.

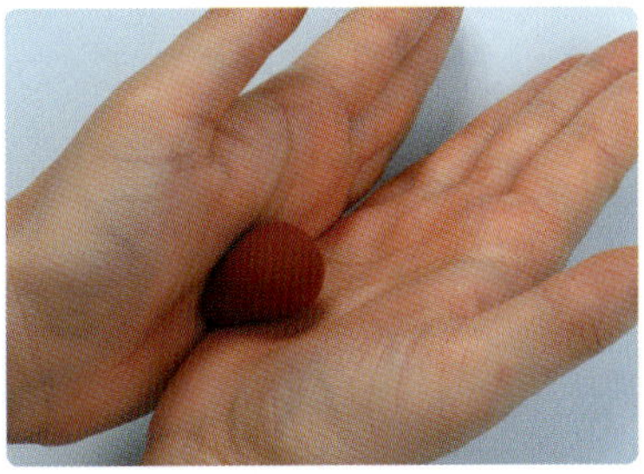

16 같은 색 클레이를 양쪽 손으로 물방울 모양으로 만들어줍니다.

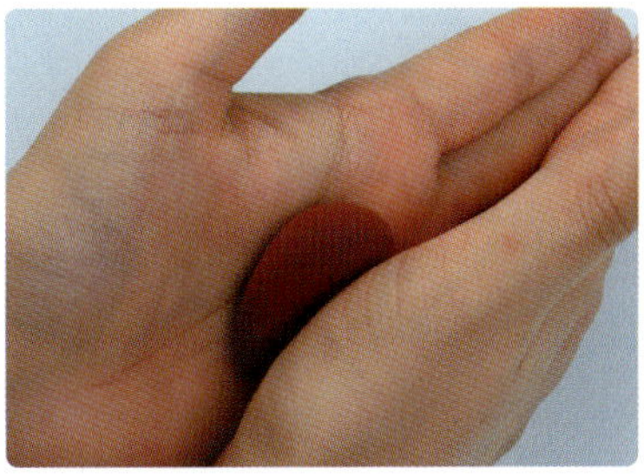

17 양쪽 손으로 물방울을 납작하게 눌러줍니다.

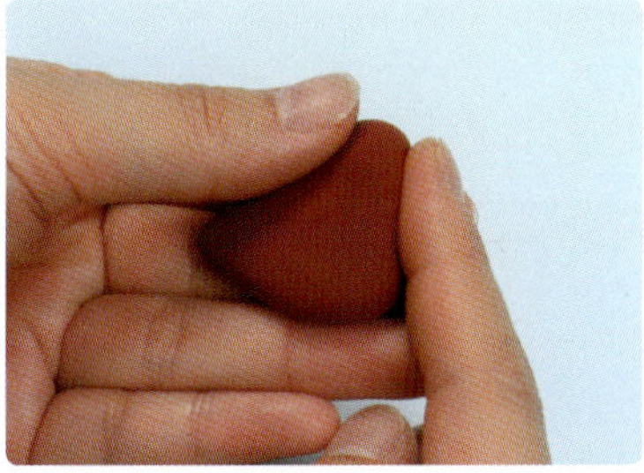

18 물방울 넓은 쪽의 밑이 평평해지도록 눌러줍니다.

19 머리끝에 들어갈 모양을 잘 다듬어 줍니다.

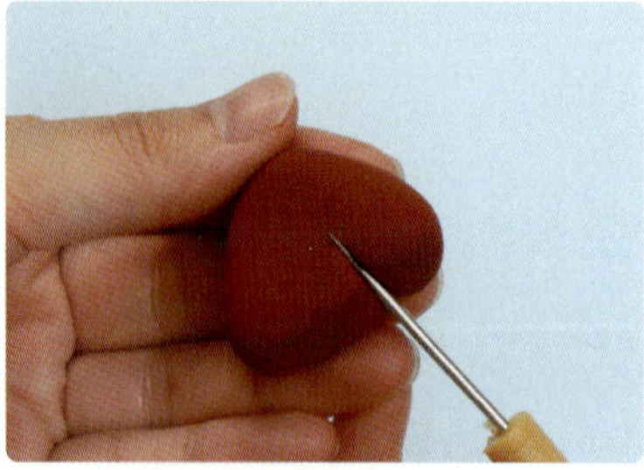

20 송곳도구로 무늬를 찍어줍니다.

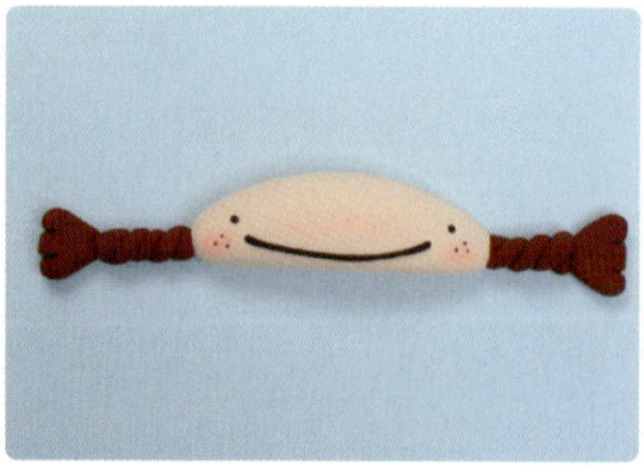

21 꼬아서 붙여준 머리끝에 붙여줍니다.

22 노랑에 파랑과 빨강을 조금씩 섞어(약 7:2:1 비율) 카키색을 만들어줍니다.

23 흰색 클레이에 카키색 클레이를 조금 섞어 연한 풀색을 만들어줍니다.

24 노란색과 파란색, 빨간색을 약 4:3:2 비율로 섞어 진한 풀색을 만들어줍니다.

25 세 가지 색을 만들어 준비합니다.

26 세 가지 색을 약 5:3:2의 비율로 놓아줍니다.

27 3단 표기 기법으로 자연스럽게 펴기 해줍니다.

28 펴기 한 클레이를 양쪽 물방울로 만들어줍니다.

29 사다리꼴 모양이 되도록 다듬어 얼굴의 위쪽에 붙여줍니다.

30 송곳도구를 이용해 모자 끝에 무늬를 찍어줍니다.

31 모자 윗부분을 완성합니다.

32 같은 방법으로 펴기한 클레이를 길게 밀어 눌러줍니다.

33 길게 민 클레이의 끝을 가위를 이용해 사선으로 잘라줍니다.

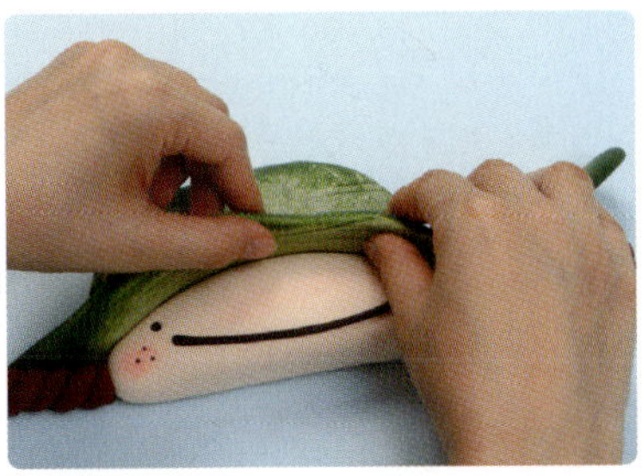

34 모자와 얼굴이 만나는 지점에 붙여줍니다.

35 모자의 중간은 살짝 꺾어줍니다.

36 채색해놓은 판에 붙여줍니다.

손, 다리 만들기

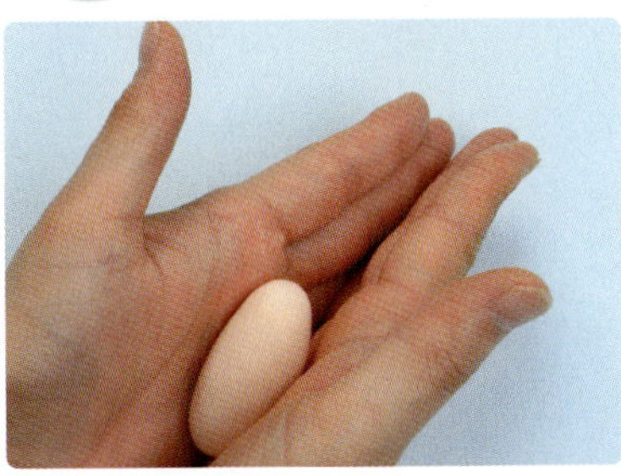

37 살구색으로 양쪽 물방울 모양을 만들어줍니다.

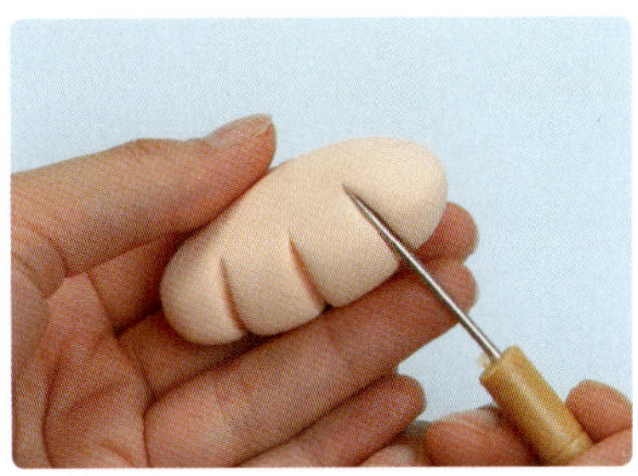

38 송곳도구를 이용해 손가락을 만들어줍니다.

39 판의 끝쪽에 붙여줍니다.

40 흰색과 노란색, 빨간색, 검은색을 약 5:3:1:05의 비율로 섞어줍니다.

41 흰색과 노란색, 빨간색, 검은색을 약 4:3:2:1의 비율로 섞어줍니다.

42 두 가지 색을 만들어 준비합니다.

43 두 가지 색을 2단 펴기 하여 길게 밀어 눌러줍니다.(같은 두께로 두 개를 만들어줍니다.)

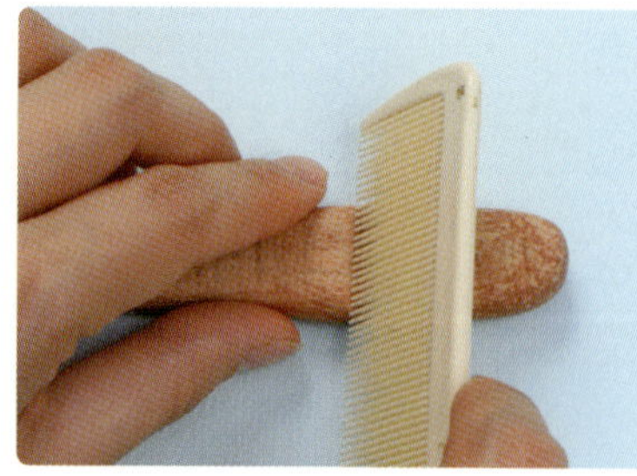

44 빗을 이용해 다리의 가로 방향으로 무늬를 넣어줍니다.

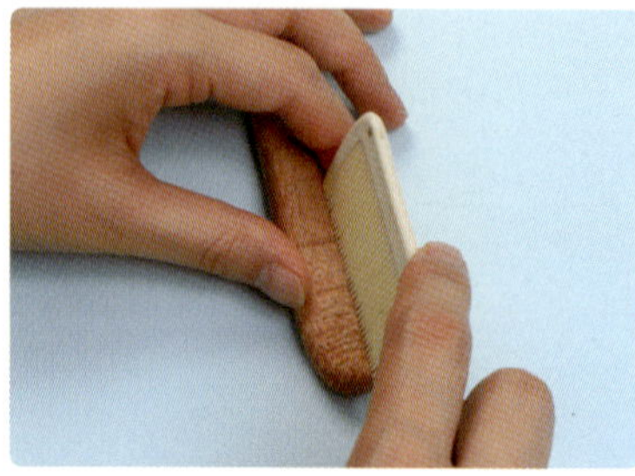

45 방금 전과 반대 방향으로도 무늬를 넣어줍니다.

46 채색한 판의 아래쪽에 나란히 붙여줍니다.

신발, 당근 만들어 완성하기

47 두 가지 톤의 카키색을 2단 펴기 하여 물방울 모양으로 만듭니다.

48 물방울의 뾰족한 부분을 손가락을 이용해 뽑아내줍니다.

49 같은 방법으로 두 개를 만들어 다리 밑에 나란히 붙여줍니다.

50 글자 찍기 틀을 이용해 원하는 글자를 찍어 밑판에 붙여줍니다.

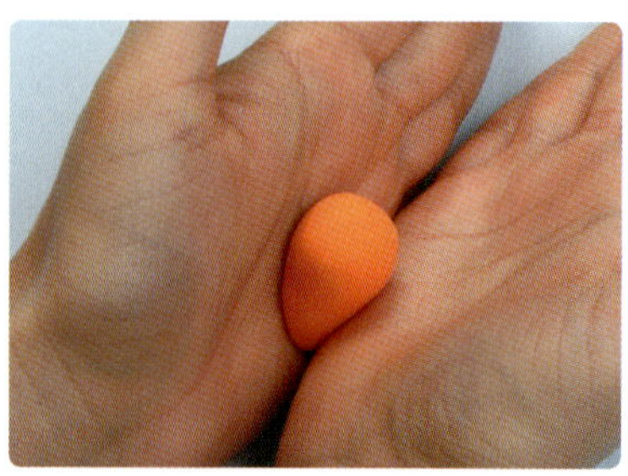

51 주황색 클레이를 만들어 물방울 모양으로 만들어줍니다.

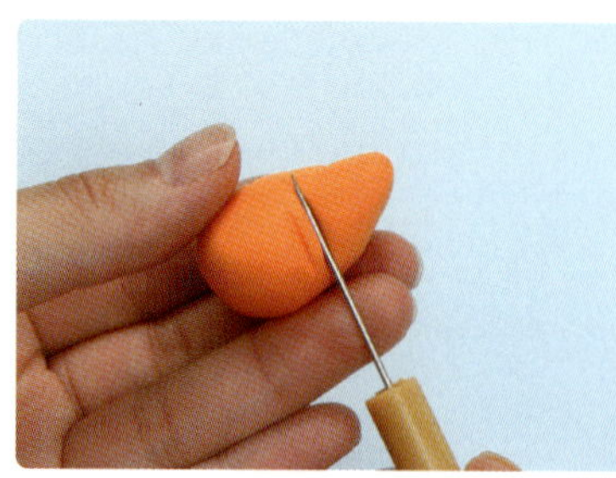

52 송곳도구를 이용해 당근 주름을 표현합니다.

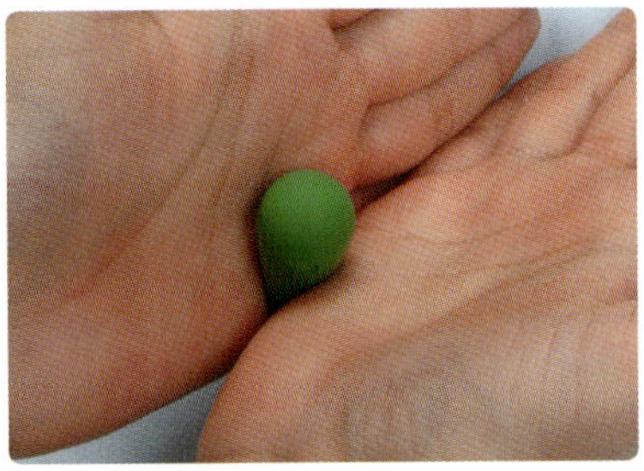

53 녹색 클레이를 만들어 물방울 모양을 만들어줍니다.

54 물방울 모양의 클레이를 위쪽이 넓어지도록 펴줍니다.

55 넓은 부분을 송곳도구를 이용해 무늬를 넣어줍니다.

56 당근의 위쪽에 붙여줍니다.

57 같은 모양의 당근을 두 개 만들어 붙여줍니다.

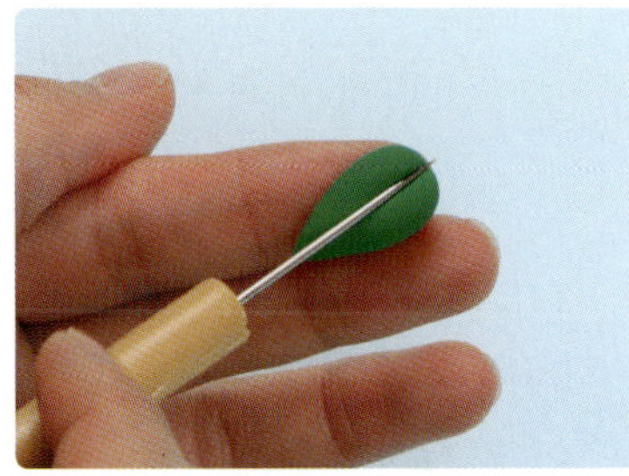

58 녹색 클레이를 작은 물방울 모양으로 만들어 가운데 부분을 송곳도구로 찍어 나뭇잎을 만들어줍니다.

59 채색판의 글씨 옆에 당근과 나뭇잎을 붙여줍니다.

60 잘 말려 컨츄리 소녀 웰컴판을 완성하였습니다.

별나라 토끼 스위치 커버 만들기

준비물

- 도구 : 송곳도구, 가위, 스위치 커버
- 클레이 :
- 볼클레이 :
- 예상 재료비 : 5,000원
- 예상 제작 시간 : 40분
- 난이도 : ★★★
- 완성품 예상가 : 15,000원

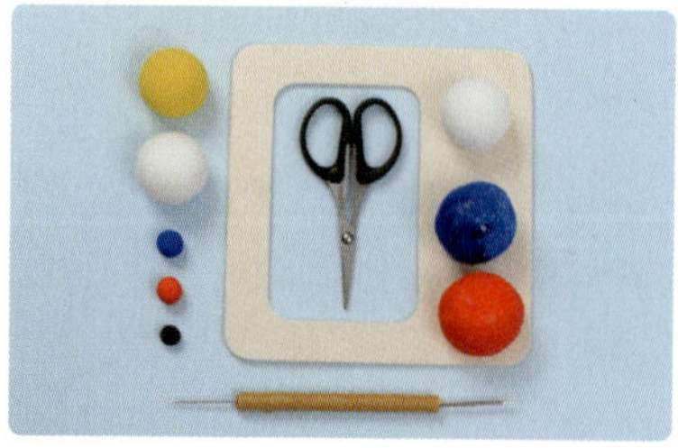

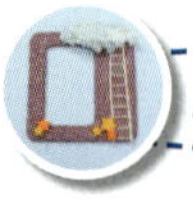

스위치 커버 배경 만들기

1 흰색, 파랑, 빨강 볼클레이를 약 4:3:3 비율로 섞어 연보라색을 만들어줍니다.

2 연보라색 볼클레이를 스위치 커버에 골고루 붙여줍니다.

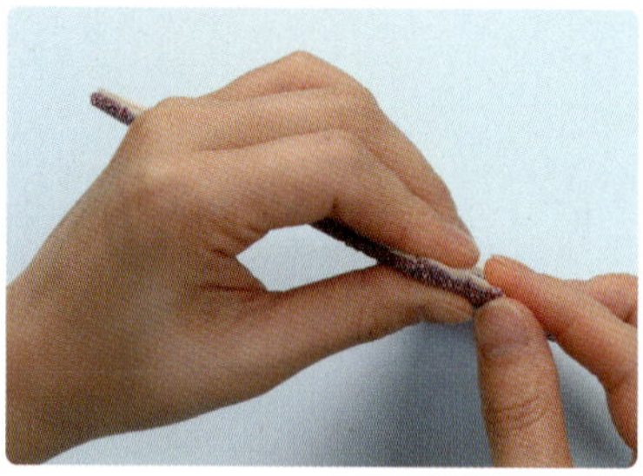

3 옆면까지 깔끔하게 붙여줍니다.

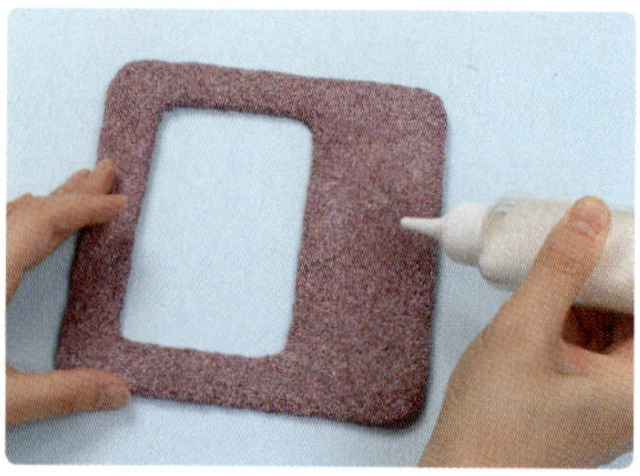

4 반짝이 가루를 골고루 뿌려줍니다.

5 흰색 클레이에 노란색 클레이를 약 9.5:0.5 비율로 섞어 연노랑 색을 만들어줍니다.

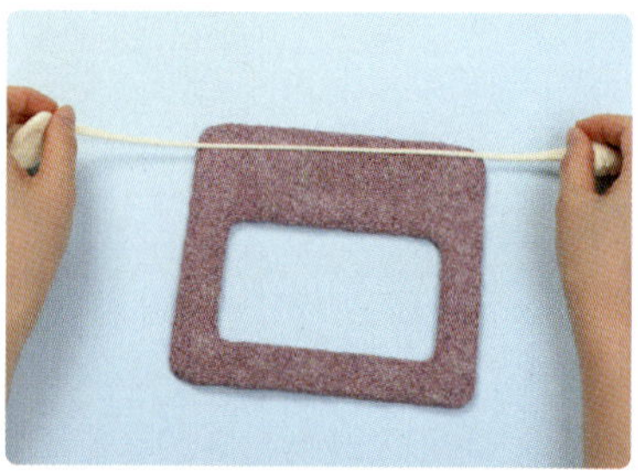

6 연노랑 색 클레이를 얇게 늘이기 하여 스위치 커버에 비스듬하게 두 줄을 붙여줍니다.

7 스위치 커버의 끝까지 붙여주고 남는 부분은 가위로 잘라줍니다.

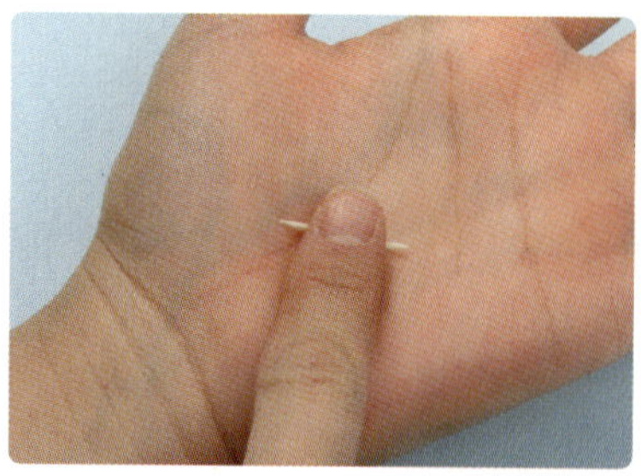

8 같은 방법으로 사다리의 계단을 적당한 크기로 잘라 손바닥 위에 올려 얇게 밀어

9 붙여놓은 선 사이에 붙여 사다리 모양을 만들어줍니다.

10 노란색 클레이에 빨간색 클레이를 약 9.5:0.5 비율로 섞어 진한 노란색을 만들어줍니다.

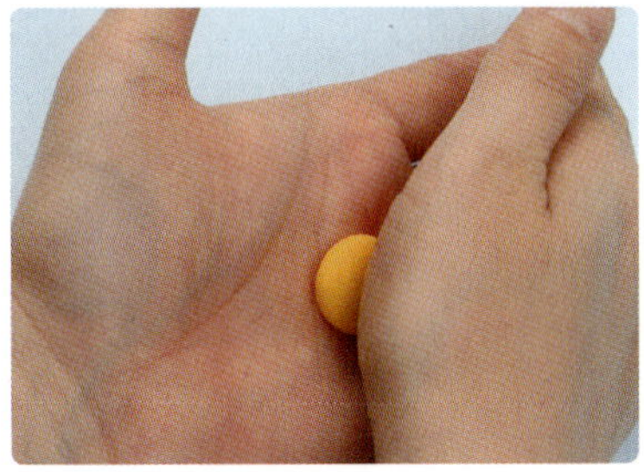

11 진노랑 클레이를 동그라미 모양으로 만들고 손바닥으로 살짝 납작하게 눌러줍니다.

12 납작한 동그라미를 만들어 한쪽씩 꼬집듯이 뾰족하게 만들어줍니다.

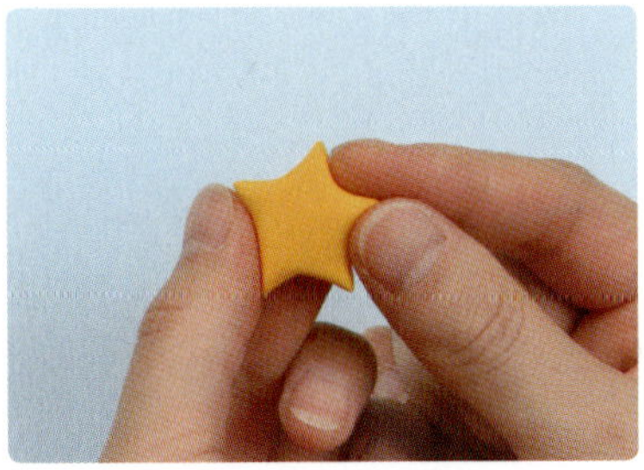

13 같은 방법으로 5군데를 만져주어 별을 만들어줍니다.

14 만든 별을 스위치 커버에 붙여줍니다.

15 다양한 색으로 여러 개의 별을 만들어 예쁘게 배치해줍니다.

16 흰색 볼클레이에 노랑, 파랑 볼클레이를 적당량(약 9:0.5:0.5) 비율로 섞어 옥색을 만들어줍니다.

17 흰색 볼클레이 위에 옥색 볼클레이를 약 7:3의 비율로 올려놓고 펴기 해줍니다.

18 펴기한 볼클레이를 사다리 위쪽에 자연스럽게 펼쳐가며 붙여줍니다.

19 사진과 같은 모양으로 스위치 커버의 배경을 완성합니다.

토끼 얼굴 만들기

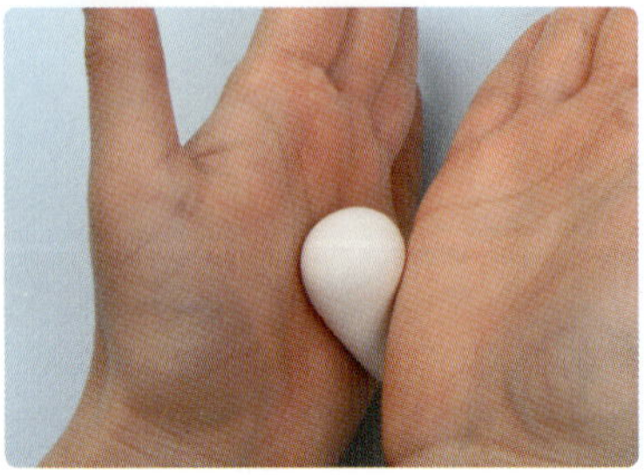

20 흰색 클레이를 타원형으로 만들고, 중앙 손바닥 날을 이용해 굽은 땅 모양을 만들어줍니다.

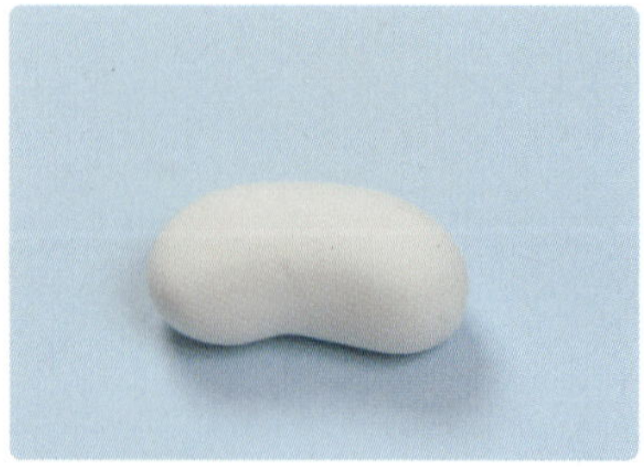

21 아래쪽이 움푹 들어간 토끼 얼굴을 만들어줍니다.

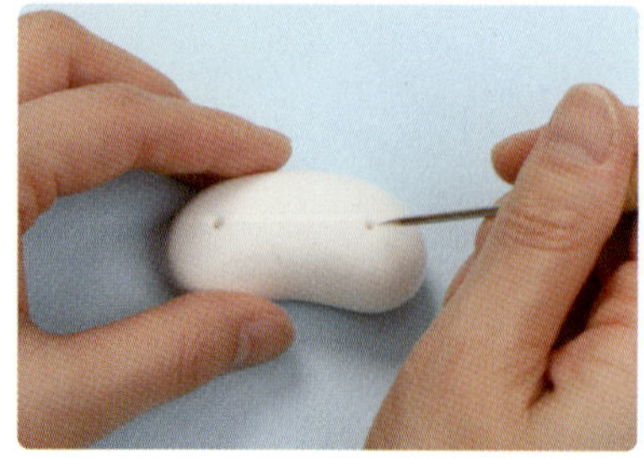

22 송곳도구로 눈 부분에 구멍을 뚫어줍니다.

23 파란색 클레이에 노란색 클레이를 약 8:2 비율로 섞어줍니다.

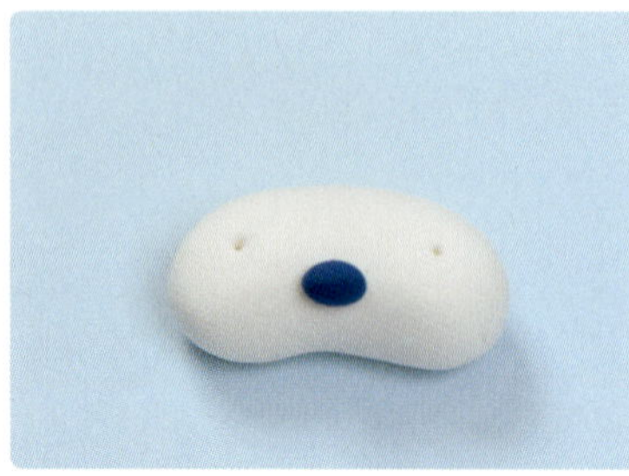

24 옆으로 살짝 긴 형태의 코를 만들어 붙여줍니다.

25 흰색 클레이에 파란색 클레이를 약 9:1 비율로 섞어 하늘색을 만들어줍니다.

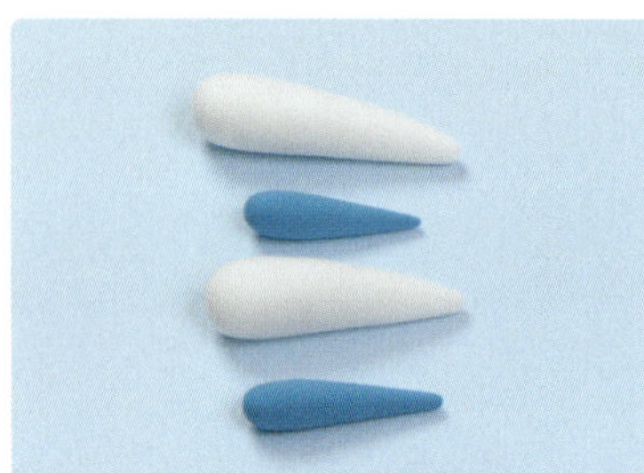

26 귀를 만들기 위해 흰색 긴 물방울 두 개, 하늘색 짧은 물방울 두 개를 만들어줍니다.

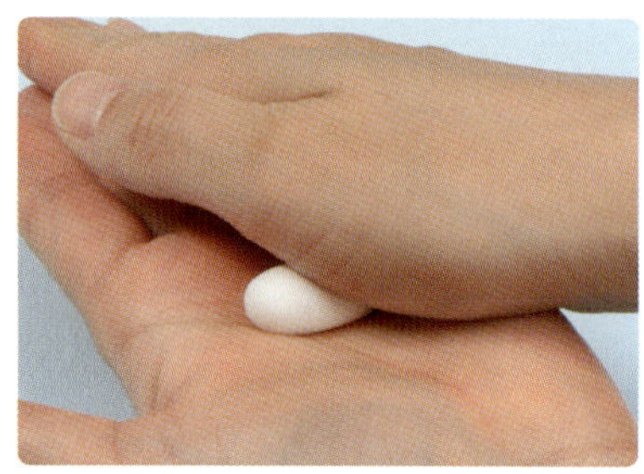

27 흰색 긴 물방울에 하늘색 작은 물방울을 붙여주고, 손바닥으로 살짝 눌러줍니다.

28 토끼 얼굴 위쪽에 흰색 물방울, 하늘색 물방울의 순서로 붙여 귀를 만들어줍니다.

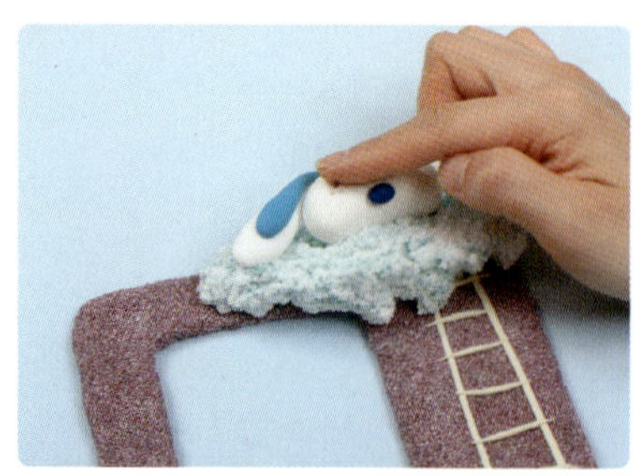

29 검은색 클레이를 이용하여 아주 작은 동그라미 모양의 눈동자를 만들어 미리 찍어놓은 구멍에 넣어줍니다.

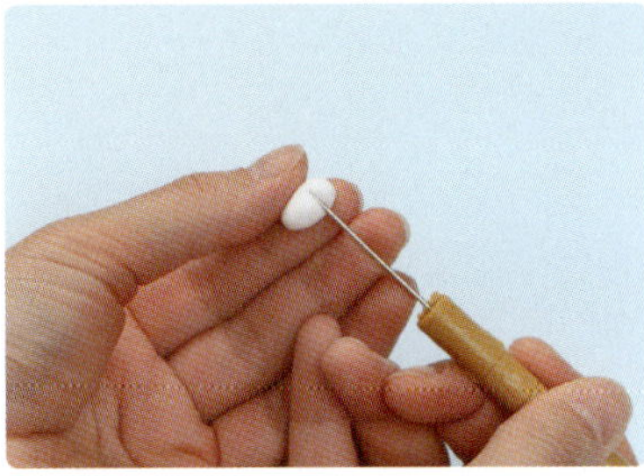

30 작은 동그라미에 송곳도구를 이용해 손가락 모양을 만들어줍니다.

31 토끼의 얼굴 아래쪽에 붙여줍니다.

32 별나라의 토끼 스위치 커버를 완성합니다.

Love Clay's Advice!

배경의 색상을 바꾸거나 나만의 디자인을 추가하여 만들어도 좋아요.

13

느낌 있는 집으로 변신!

토끼 벽장식

토끼 벽장식 만들기

준비물

- **도구** : 송곳도구, 가위, 스탬프, 잉크, 삼조걸이, 밀대, 세라믹 봉, 칼도구
- **클레이** : ○ ● ● ● ●
- **볼클레이** : ○
- **예상 재료비** : 8,000원
- **예상 제작 시간** : 1시간 30분
- **난이도** : ★★★★★
- **완성품 예상가** : 24,000원

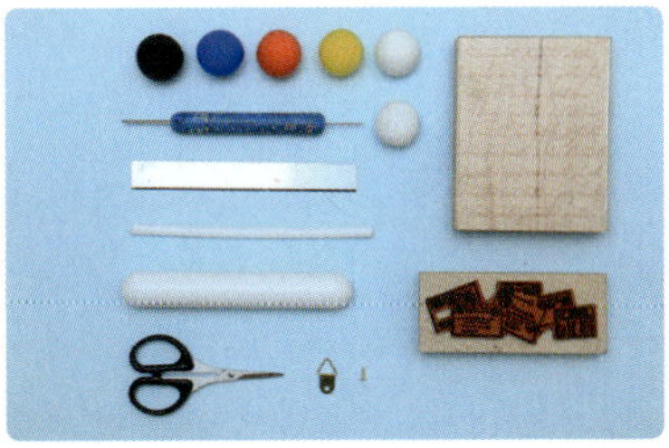

토끼 벽장식 만들기

1 흰색에 노랑, 빨강, 검정 클레이를 아주 조금씩 섞어 연갈색을 만듭니다.

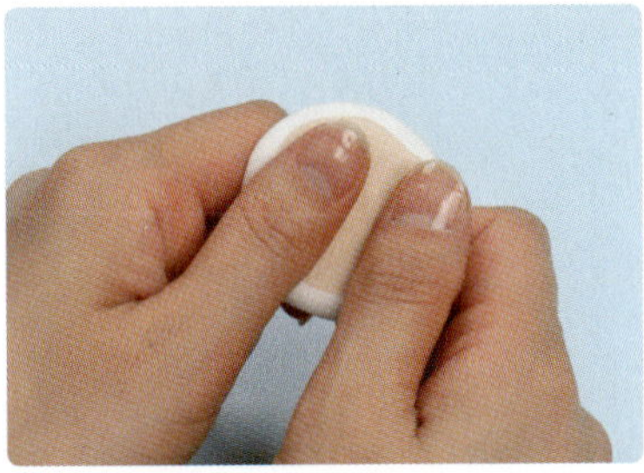

2 흰색 클레이와 연갈색 클레이를 약 7:3 비율로 겹쳐 눌러줍니다.

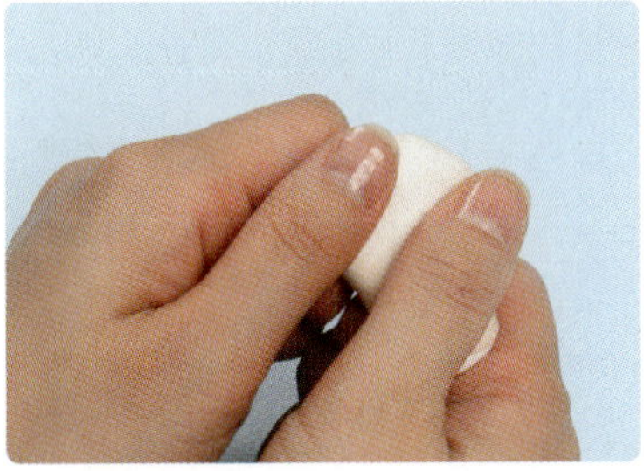

3 겹쳐놓은 클레이를 양손으로 2단 펴기 해줍니다.

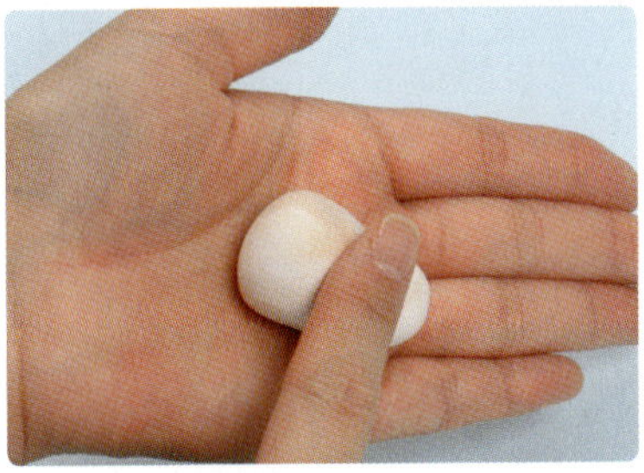

4 2단 펴기 해준 클레이를 물방울 모양으로 만들고 위쪽을 손가락으로 살짝 눌러줍니다.

5 아래쪽이 볼록한 토끼 얼굴을 만들어 줍니다.

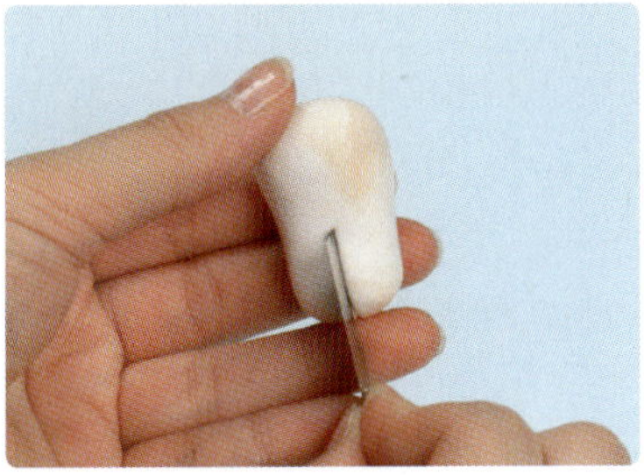

6 얼굴의 위쪽을 칼도구로 무늬를 넣어 줍니다.

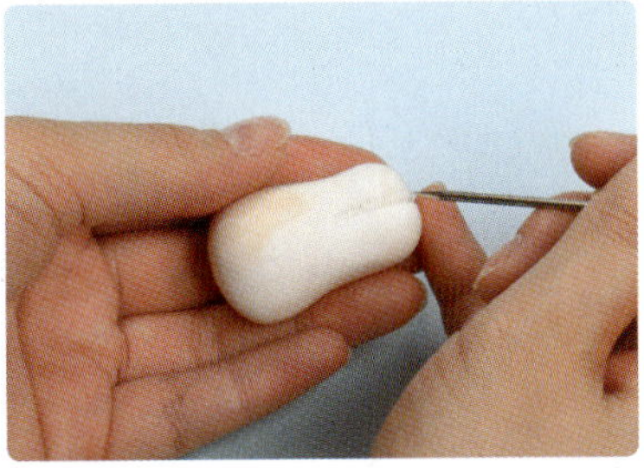

7 칼로 무늬를 넣은 양쪽에 송곳도구로 무늬를 찍어줍니다.

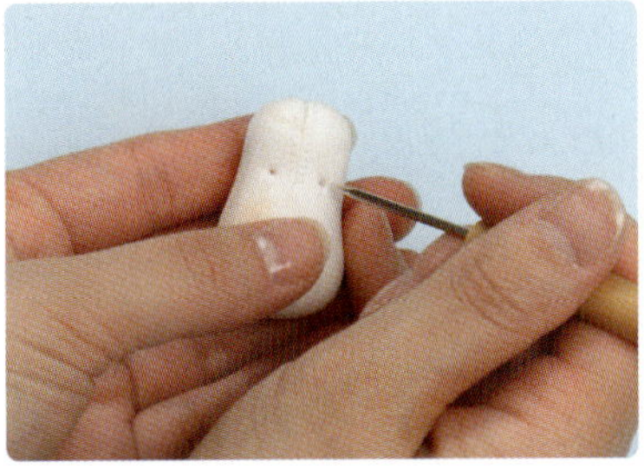

8 송곳도구로 눈을 찍어줍니다.
❺구멍 표현 기법 동영상 강의 참고

9 흰색 클레이에 빨간색과 노란색을 아주 조금(약 8:1.5:0.5) 섞어 분홍색을 만들어줍니다.

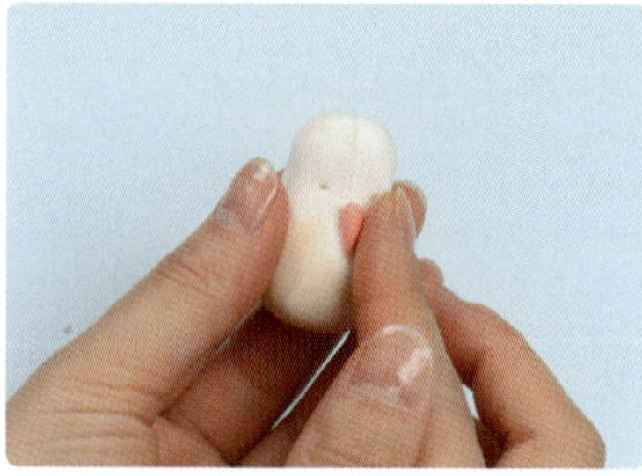

10 분홍색 클레이를 물방울 모양으로 만들어 코에 붙여줍니다.

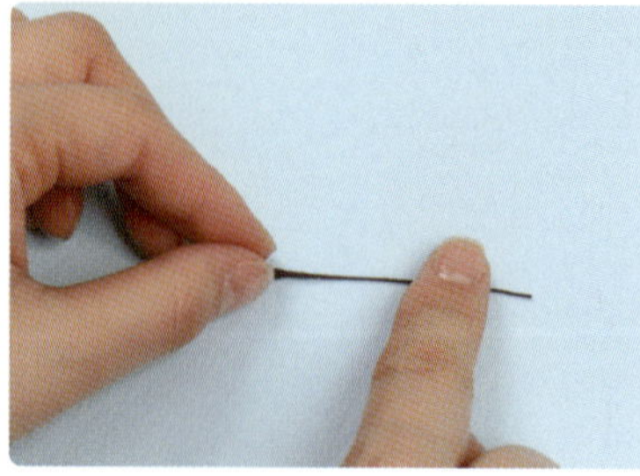

11 검정 클레이를 손가락을 이용하여 실 기법으로 아주 얇게 밀어줍니다.

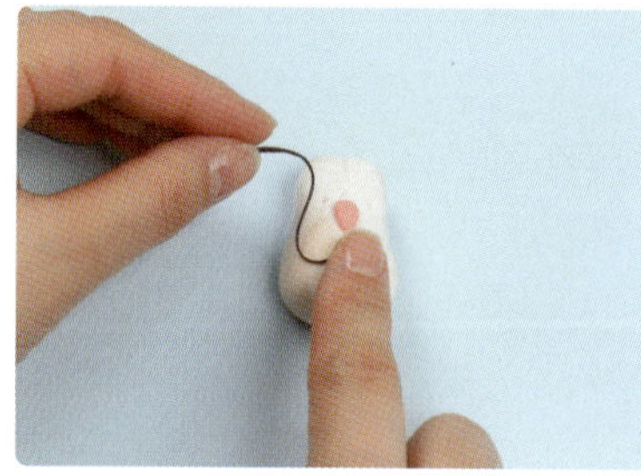

12 얇게 민 클레이를 토끼의 코 밑에 붙여 입을 만들어줍니다.

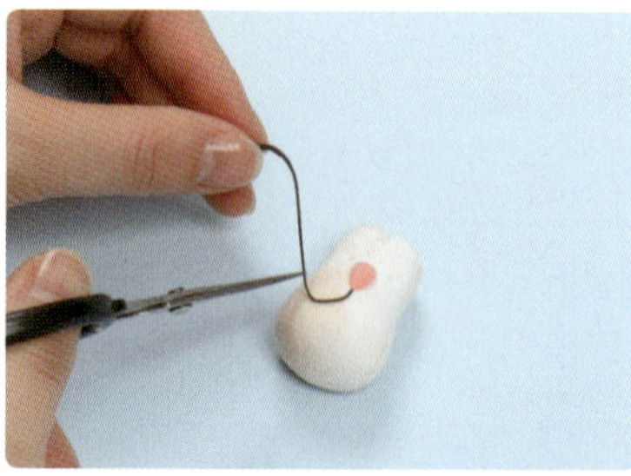

13 붙이고 남는 부분은 가위로 잘라줍니다.

14 양쪽을 모두 붙여줍니다.

15 눈에 눈동자를 넣어줍니다.

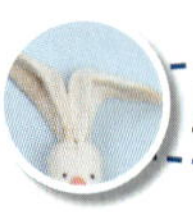

토끼 귀 만들기

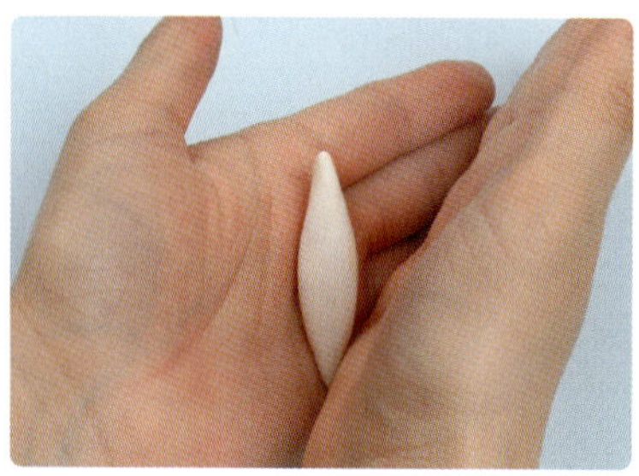

16 얼굴과 같이 펴기를 한 클레이를 양쪽 물방울 모양으로 만들어줍니다.

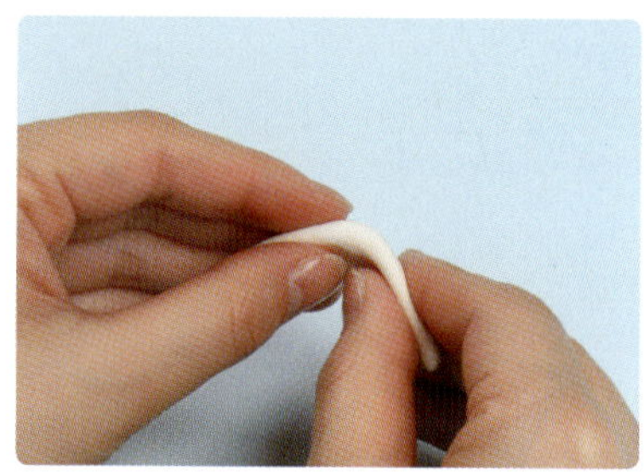

17 양쪽 물방울 모양의 클레이를 손으로 눌러줍니다.

18 도트도구를 이용하여 귀의 중앙이 움푹 들어가도록 눌러줍니다.

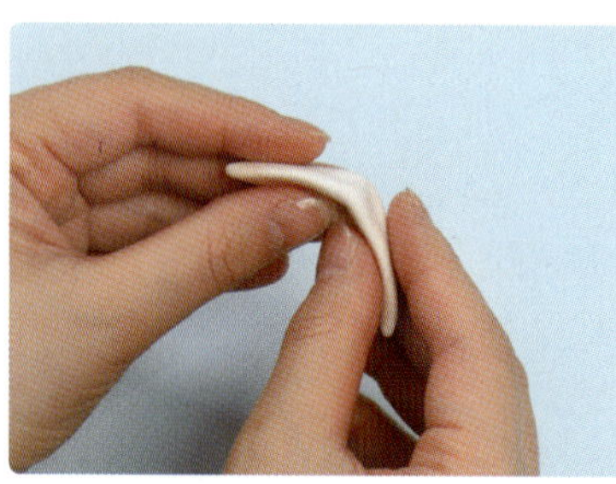

19 손가락으로 모양을 다듬어줍니다.

20 귀의 테두리 부분에 송곳도구로 무늬를 넣어줍니다.

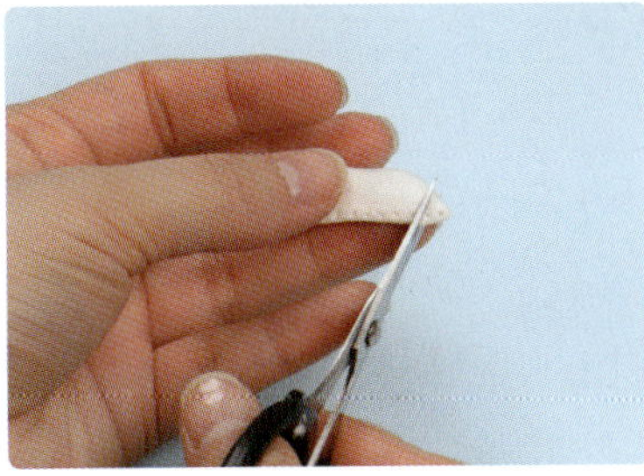

21 귀의 한쪽을 가위로 잘라줍니다.

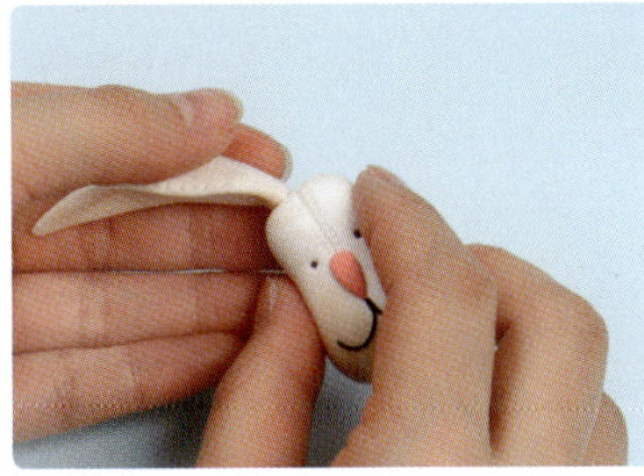

22 귀의 자른 쪽을 토끼의 얼굴에 붙여줍니다.

23 귀를 양쪽 모두 붙여주고, 살짝 구부려 모양을 잡아줍니다.

토끼 몸과 발 만들기

24 얼굴과 같이 펴기한 클레이를 물방울 모양으로 만들고 위쪽을 눌러줍니다.

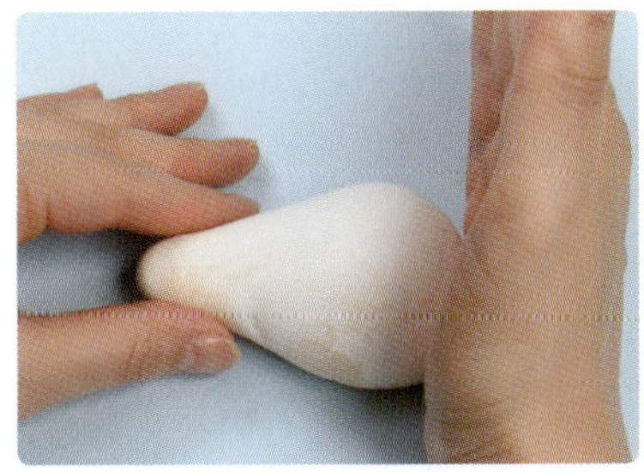

25 한쪽이 납작하도록 바닥에 놓고 다듬어줍니다.

26 몸의 위쪽에 철심을 꽂아줍니다.

27 몸통의 철심에 얼굴을 꽂아 붙여줍니다.

28 얼굴과 몸통을 붙인 토끼를 완성합니다.

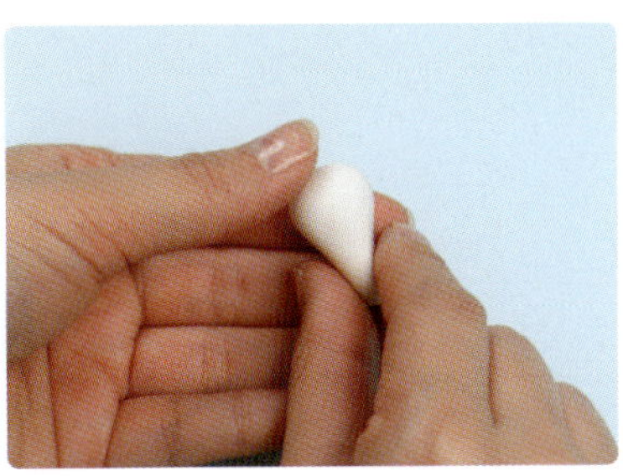

29 얼굴과 같이 2단 펴기를 한 클레이를 물방울 모양으로 만들고 뾰족한 부분을 눌러줍니다.

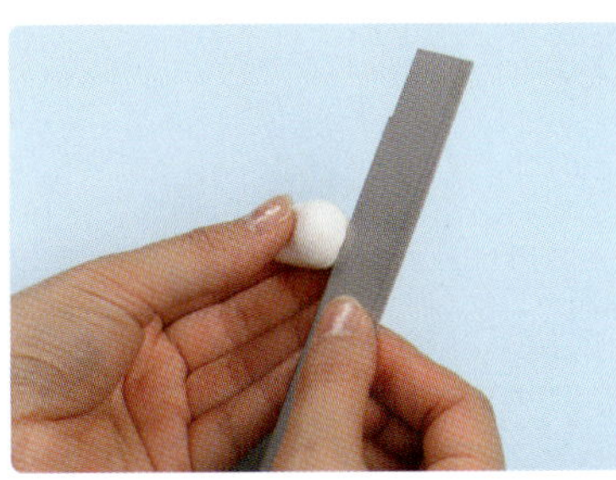

30 발의 중앙에 칼로 무늬를 넣어줍니다.

31 칼로 무늬를 넣은 양쪽에 송곳도구로 무늬를 넣어줍니다.

32 발을 몸통 아래쪽에 붙여줍니다.

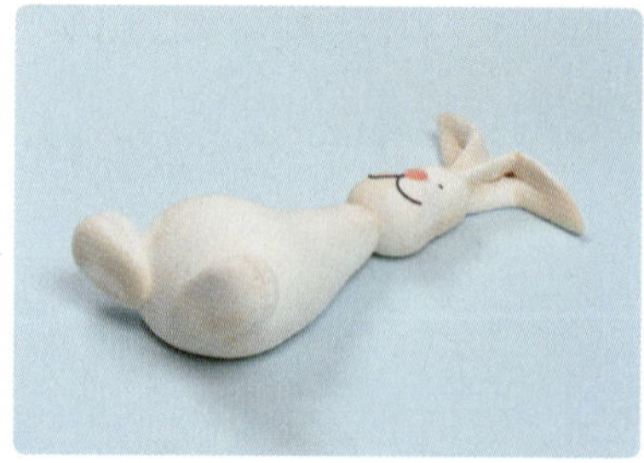

33 같은 방법으로 양쪽을 모두 붙여 줍니다.

토끼 옷 만들기

34 흰색에 파란색과 노란색을 아주 조금(약 6:3:1) 섞어줍니다.

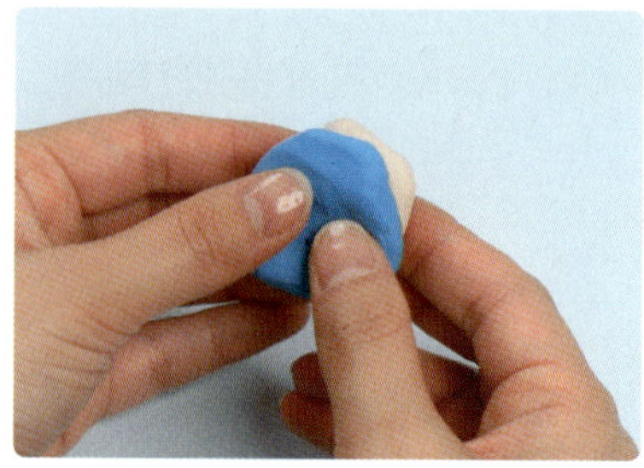

35 흰색 위에 섞어준 색을 7:3 비율로 넣고 2단 펴기 해줍니다.

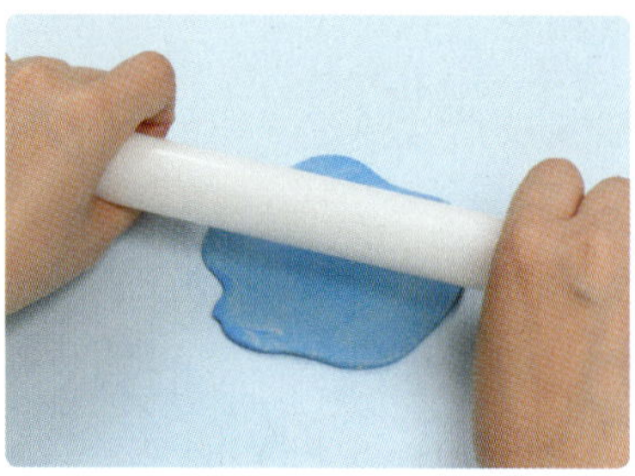

36 2단 펴기로 섞어둔 클레이를 밀대로 납작하게 밀어줍니다.

37 칼로 토끼의 몸을 감쌀 수 있는 크기에 사다리꼴 모양으로 잘라 줍니다.

38 자른 클레이에 칼등으로 무늬를 넣어줍니다.

39 사다리꼴 모양을 토끼의 몸통에 붙여 옷을 입혀 줍니다.

40 옷의 남는 부분은 토끼의 뒤쪽으로 붙여줍니다.

41 뒷면을 마무리하여 옷을 입은 토끼를 만들어줍니다.

42 토끼 옷의 중앙에 칼등을 이용해 무늬를 넣어줍니다.

43 칼 무늬 양쪽으로 송곳도구로 무늬를 넣어줍니다.

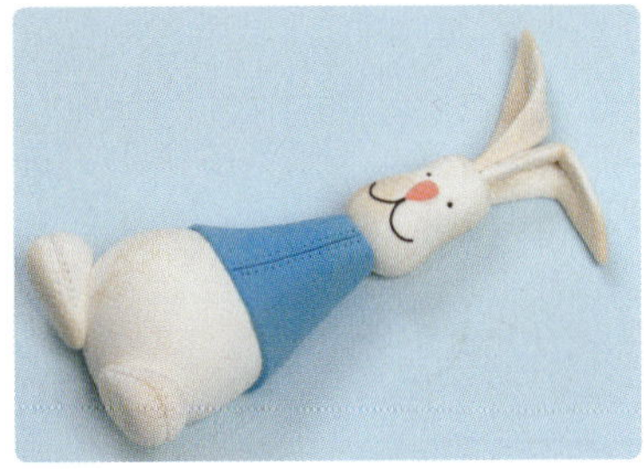

44 토끼의 옷까지 완성합니다.

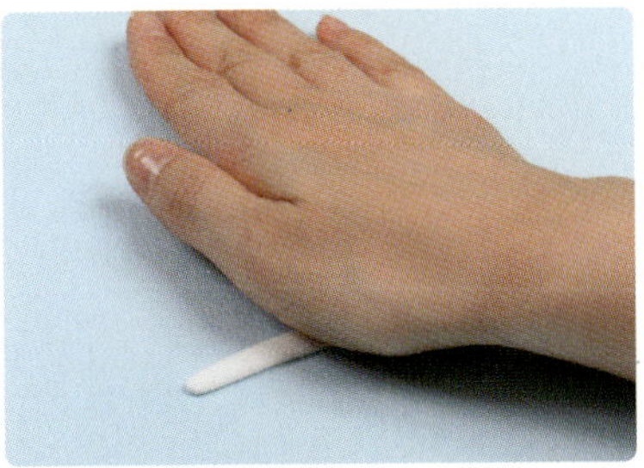

45 흰색 클레이를 길게 밀어 납작하게 눌러줍니다.

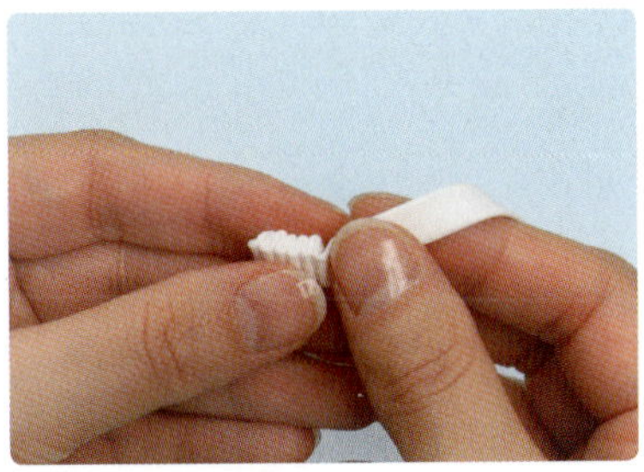

46 납작하게 누른 점토를 지그재그로 주름을 잡아줍니다.

47 주름잡은 클레이를 토끼의 얼굴 아래쪽에 붙여 레이스를 표현합니다.

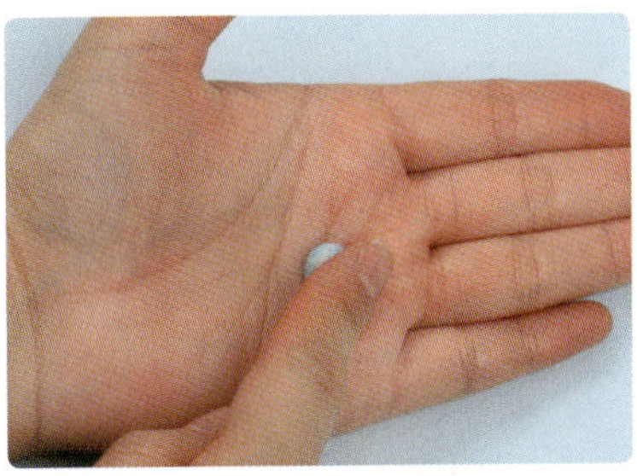

48 옷과 같은 방법으로 2단 펴기 하여 물방울을 만들어줍니다.

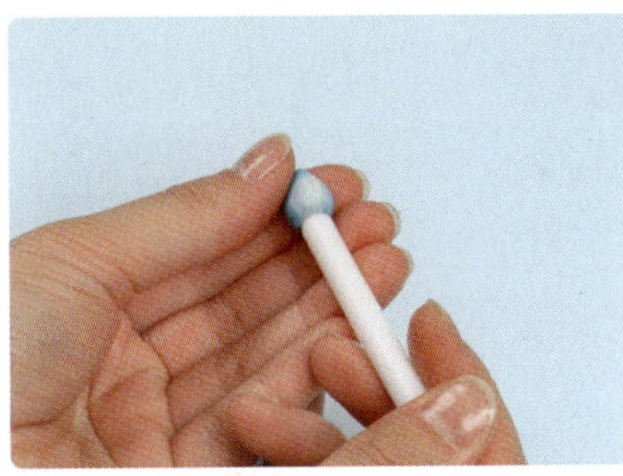

49 물방울의 둥근 부분을 도트도구로 눌러줍니다.

50 토끼의 몸통 위쪽에 붙여 팔을 만들어줍니다.

토끼 손과 밑판 만들기

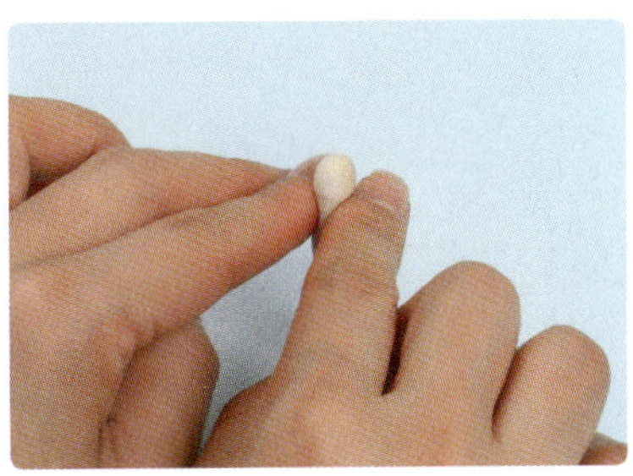

51 얼굴과 같은 방법으로 2단 펴기를 한 후 원기둥을 만들어줍니다. 원기둥의 1/3 지점이 움푹 들어가도록 손가락으로 굴려줍니다.

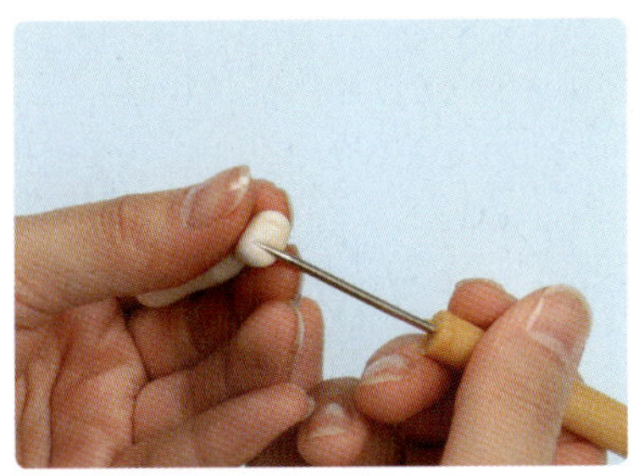

52 송곳도구로 손가락 무늬를 찍어줍니다.

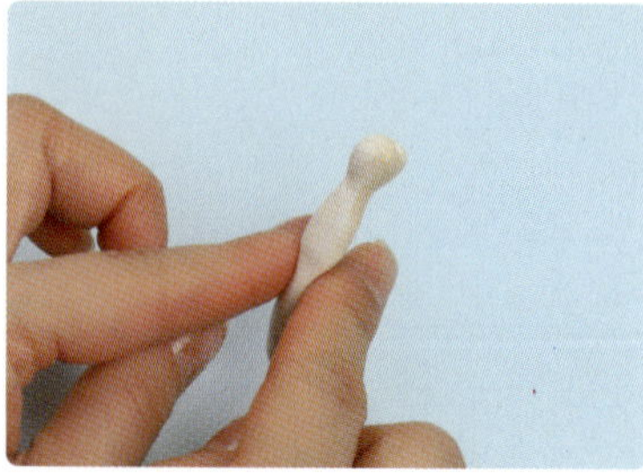

53 팔의 중간을 눌러 구부려줍니다.

54 만들어놓은 팔에 붙여줍니다.

55 양쪽 손을 모두 만들어줍니다.

56 토끼를 완성합니다.

57 흰색 볼클레이와 흰색 클레이를 1:1로 섞어줍니다.

58 섞어준 클레이 위에 분홍색 클레이를 7:3 비율로 올려줍니다.

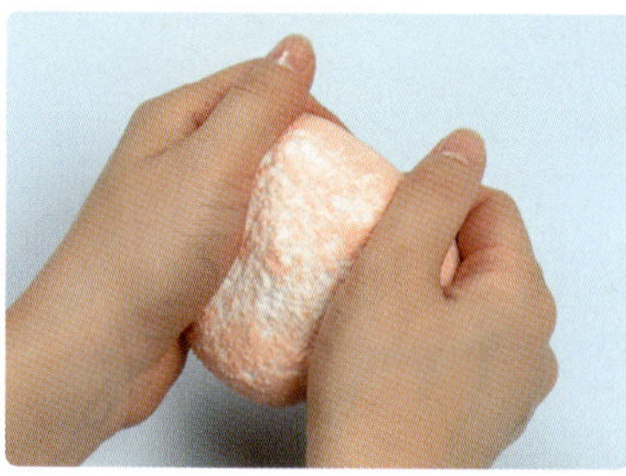

59 자연스럽게 2단 펴기 해줍니다.

60 타원이 되도록 납작하게 눌러줍니다.

61 스탬프에 잉크를 묻혀 눌러준 클레이에 찍어줍니다.

62 스탬프를 떼어낼 때는 한번에 확실하게 떼어냅니다.

63 벽에 걸 수 있도록 삼조걸이를 밑판 뒤쪽에 붙여줍니다.

64 밑판에 토끼를 올려 붙여주면 토끼 벽장식이 완성됩니다.

Love Clay's Advice!

토끼의 색상과 모양, 또는 바닥의 모양을
조금씩 변형하여 다양하게 만들어봅니다.

PART 4

클레이아트 생활소품 DIY

14 첫인상을 돋보이게! 양 명함꽂이

15 요리사 아가씨

오늘의 요리를 알려드려요! 메뉴판

양 명함꽂이 만들기

준비물

- 도구 : 송곳도구, 도트도구,
  목재 명함꽂이 반제품,
  우드 글자 스티커
- 클레이 : ○ ● ● ●
- 콜티클레이 : ● ●
- 예상 재료비: 5,000원
- 예상 제작 시간 : 40분(개당)
- 난이도 : ★★★
- 완성품 예상가 : 15,000원

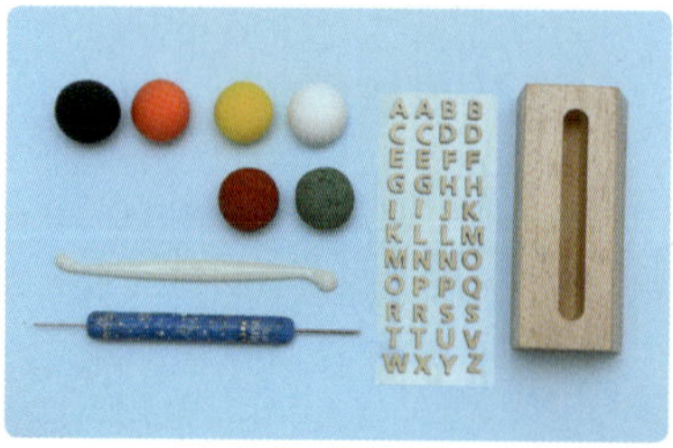

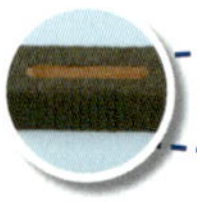 나무 반제품 클레이로 커버하기

1 카키색 콜티클레이를 양손으로 늘였다 폈다를 반복하며 컨디셔닝하여 준비합니다.

2 콜티클레이를 나무 명함꽂이에 붙여줍니다.(손으로 단단히 붙여줍니다.)

3 콜티클레이로 명함꽂이를 모두 둘러싸준 모습입니다.

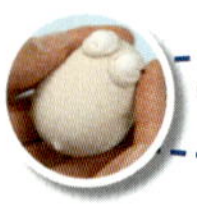 양 얼굴 만들기

4 흰색 클레이와 연황토색을 만든 클레이를 7:3의 비율로 섞어줍니다.

5 만들어진 연황토색 클레이를 물방울 모양으로 만들어줍니다.

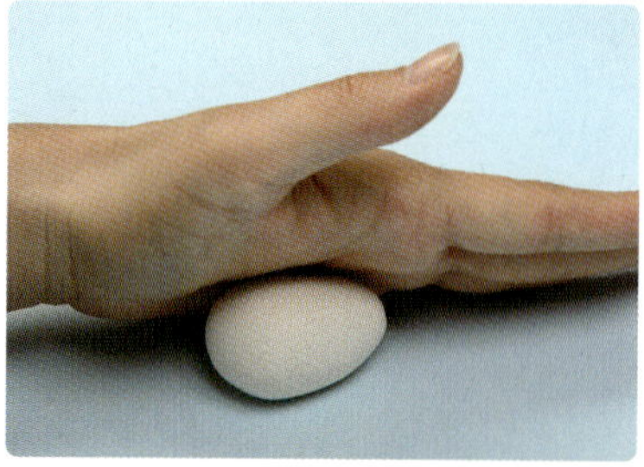

6 바닥에 놓고 손바닥으로 살짝 눌러줍니다.

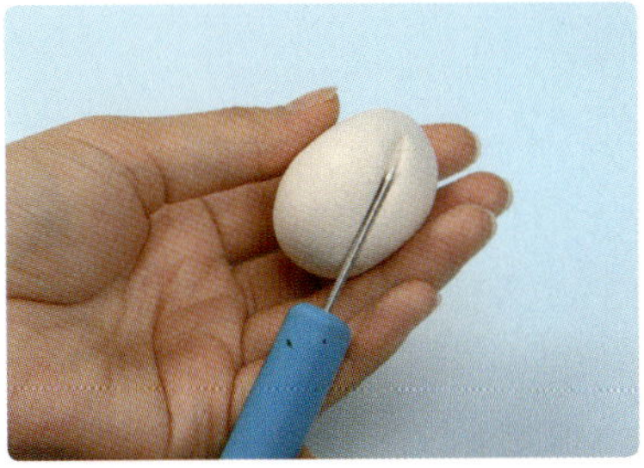

7 송곳도구를 이용하여 입 모양을 둥글게 눌러줍니다.

8 도트도구를 이용하여 입 양쪽 끝을 눌러줍니다.

9 눈이 들어갈 자리를 손가락을 이용하여 살짝 눌러줍니다.

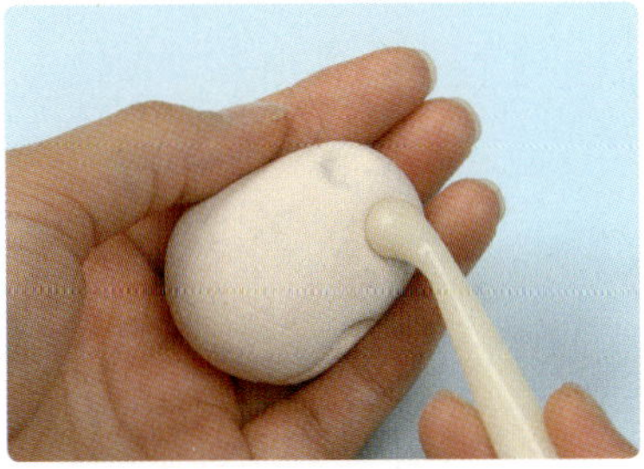

10 도트도구를 이용하여 눈을 붙일 곳을 살짝 눌러줍니다.

11 흰색 클레이를 원 모양으로 만든 다음 눌러준 곳에 붙여줍니다.

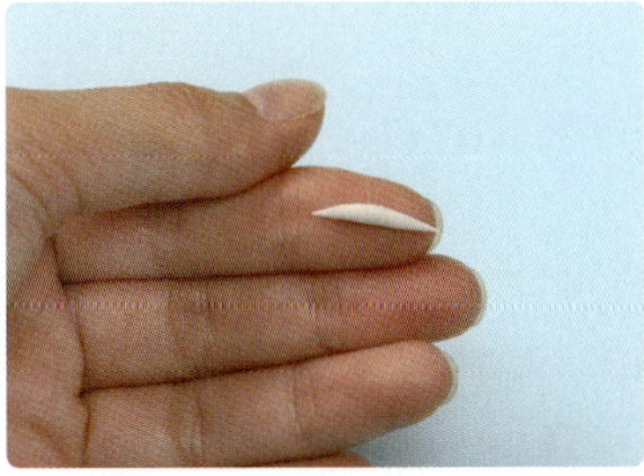

12 얼굴과 같은 색 클레이를 작은 양쪽 물방울 모양으로 만든 후 살짝 눌러줍니다.

13 물방울 모양으로 클레이를 눈 아래쪽에 붙여줍니다.

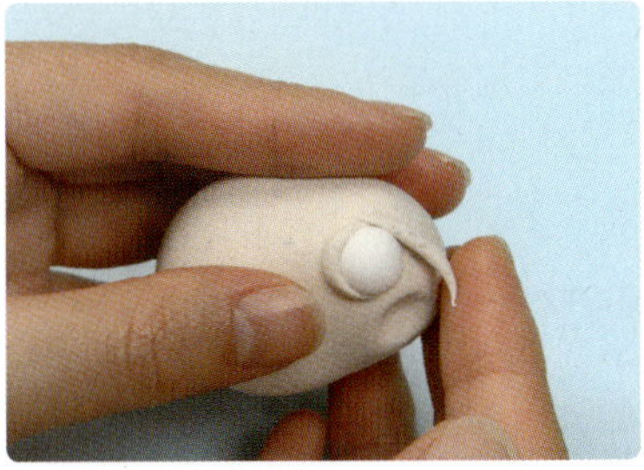

14 작은 양쪽 물방울 모양을 만들어 눈 위쪽에 붙여줍니다.

15 양쪽 눈 모두 같은 방법으로 눈꺼풀을 만들어줍니다.

16 송곳도구를 이용하여 눈동자를 붙일 위치를 만듭니다.

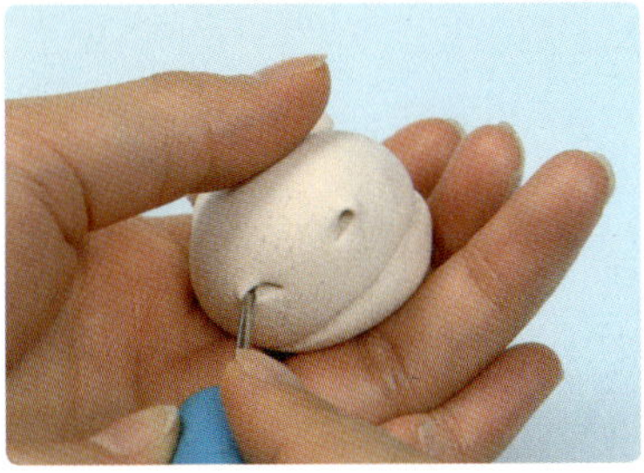

17 송곳도구를 이용하여 콧구멍을 만들어줍니다.

18 만들어 놓은 눈동자 위치에 검정 클레이를 원 모양으로 만들어 붙여줍니다.

양 몸 만들기

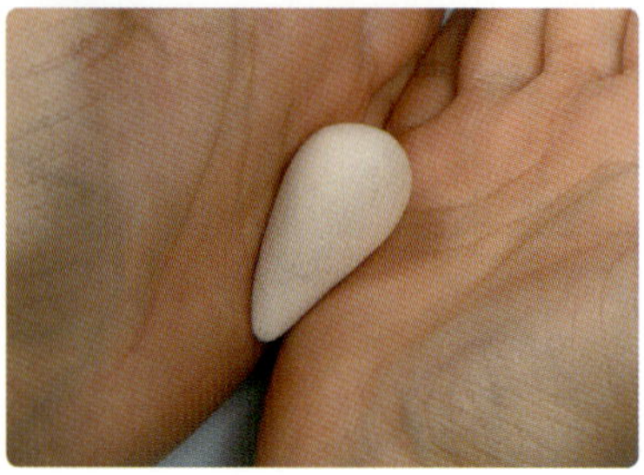

19 얼굴과 같은 색 클레이로 물방울 모양을 만듭니다.

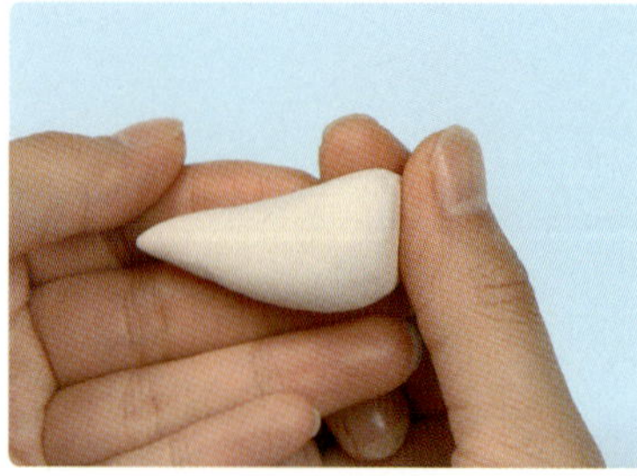

20 물방울 모양의 둥근 부분을 손으로 눌러 반듯하게 만들어 양의 엉덩이를 표현합니다.

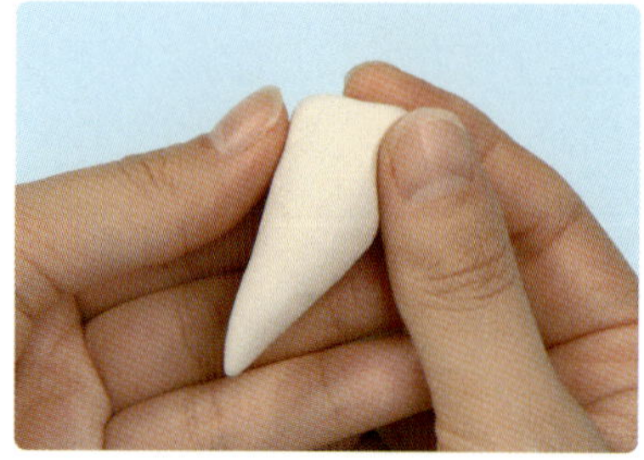

21 오른손 손가락의 엄지와 검지를 이용하여 엉덩이 부분을 살짝 꼬집어 뒷다리를 표현합니다.

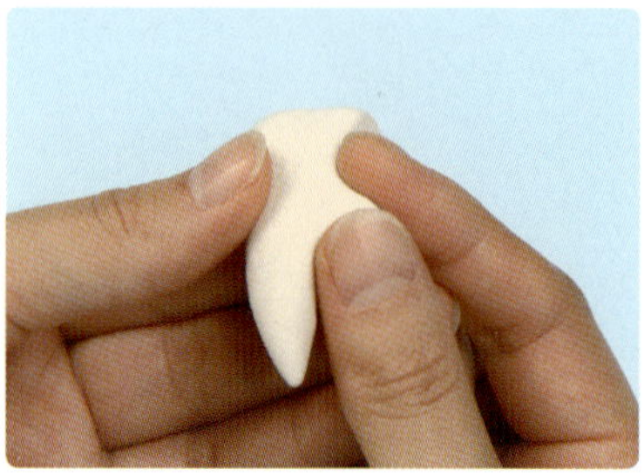

22 같은 방법으로 앞다리도 만들어 줍니다.

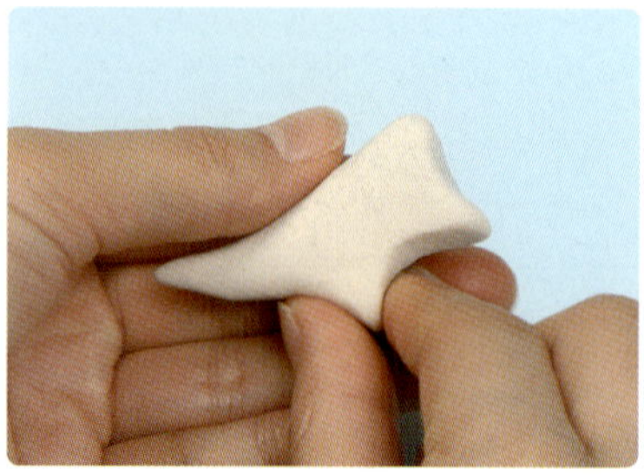

23 뒷다리와 앞다리를 모두 만들어 준 모습입니다.

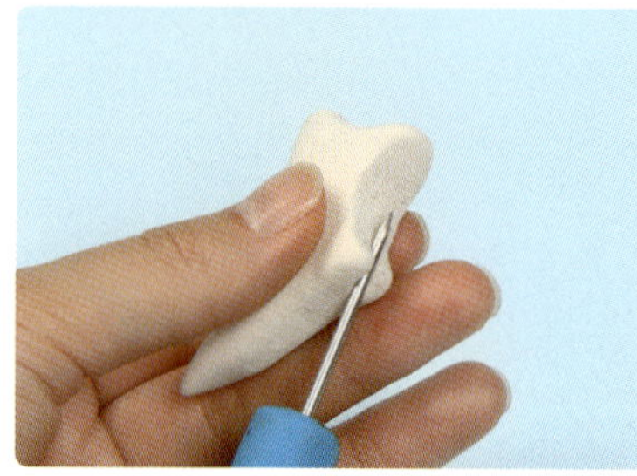

24 송곳도구를 이용하여 앞다리 가운데 부분을 나누어줍니다.

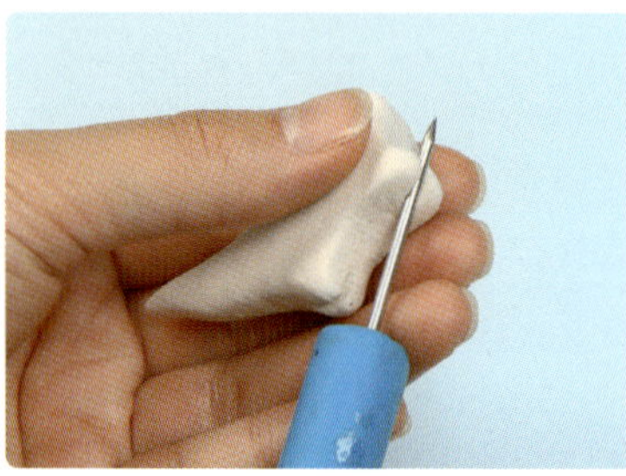

25 같은 방법으로 뒷다리를 나누어 줍니다.

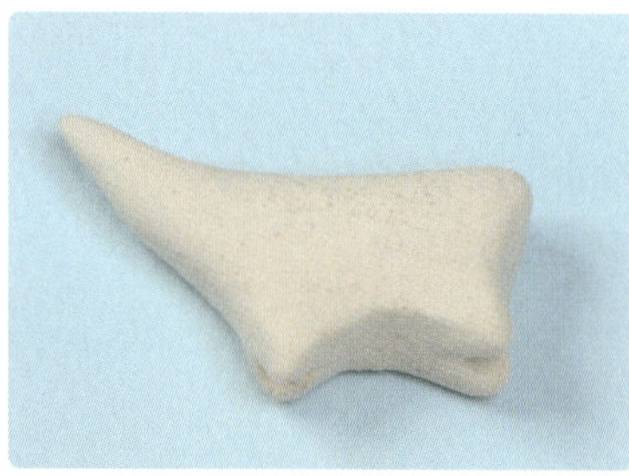

26 양의 몸이 만들어진 모습입니다.

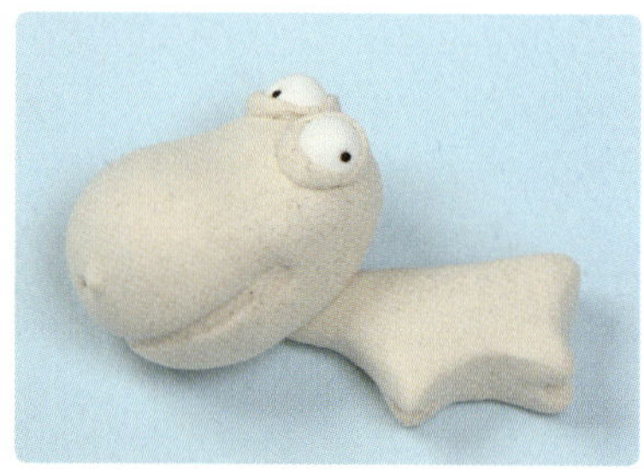

27 만들어 둔 얼굴과 몸을 붙여줍니다.

뿔 만들기

28 빨강 콜티클레이와 빨강 클레이를 약 7:3 비율로 섞어줍니다.

29 콜티클레이와 빨강 클레이를 섞어주면 점성이 좋아져 표현이 한결 부드러워집니다.

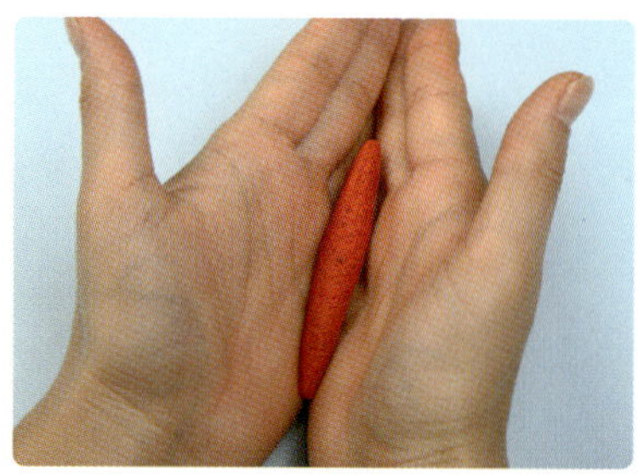

30 섞은 클레이를 양쪽 물방울 모양으로 만들어줍니다.

31 끝쪽을 안으로 말아 넣으면서 뿔을 만들어줍니다.(둥근 모양이 아닌 사각 모양으로 표현해주세요.)

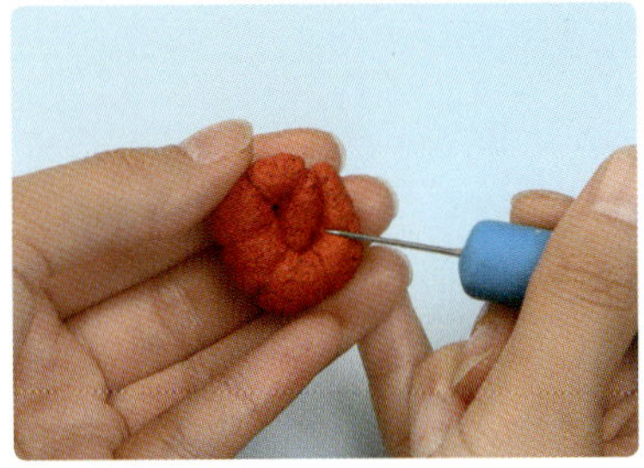

32 송곳도구를 이용하여 뿔의 문양을 만들어줍니다.

33 사각 모양으로 만들어진 뿔을 얼굴에 붙여줍니다.

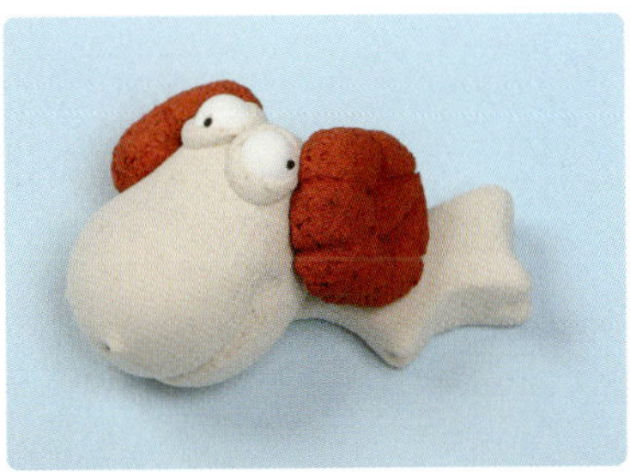

34 양쪽 뿔을 모두 붙여준 모습입니다.

35 완성된 양을 만들어진 명함 케이스에 붙입니다.

36 명함꽂이에 명함을 꽂아본 모습입니다.

말풍선 만들어 완성하기

37 얼굴과 같은 색 클레이로 물방울 모양을 만든 후

38 손바닥에 놓고 납작하게 눌러줍니다.

39 손가락으로 뾰족한 부분을 살짝 구부려줍니다.

40 송곳도구를 이용하여 0.5cm 간격으로 눌러줍니다.

41 우드 글자 스티커로 원하는 글자를 붙여줍니다.

42 양 명함꽂이를 완성한 모습입니다.

요리사 아가씨 메뉴판 만들기

준비물

- 도구 : 송곳도구, 칼도구, 글자 찍기틀, 밀대, 압정, 세라믹 봉, 스티로폼, 물감, 붓, 파레트, 반짝이 가루
- 클레이 : ○ ● ● ● ●
- 예상 재료비: 10,000원
- 예상 제작 시간 : 60분
- 난이도 : ★★★★
- 완성품 예상가 :30,000원

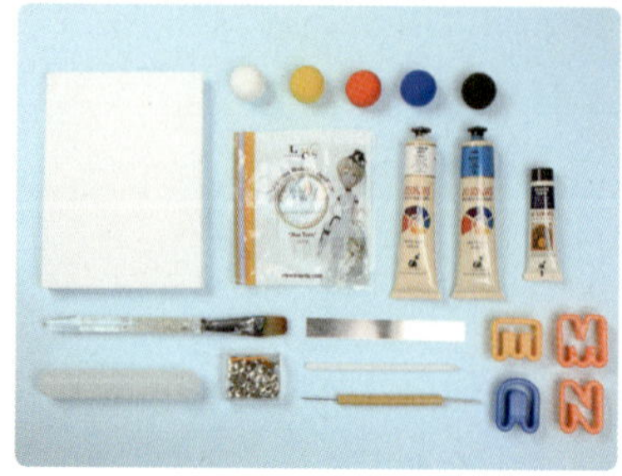

밑판 채색하기

1 스티로폼 판과 물감(흰색+파랑 계열), 붓을 준비합니다.

2 스티로폼의 반을 진한 색으로 칠해줍니다.

3 나머지 반을 연한 색으로 칠해준 후 중간을 자연스럽게 섞어 채색합니다.

4 물감이 마르기 전에 반짝이 가루를 뿌려줍니다.

5 채색을 완성하여 잘 말려둡니다.

얼굴 만들기

6 흰색에 노란색과 빨강색을 조금씩 섞어 살구색을 만들어줍니다.

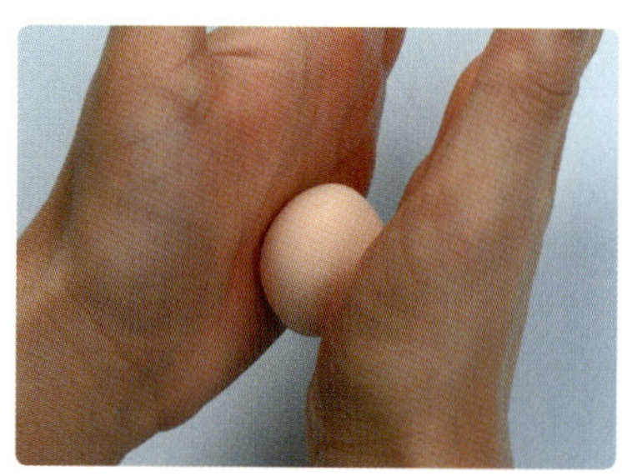

7 살구색 클레이를 원기둥 모양으로 만들어줍니다.

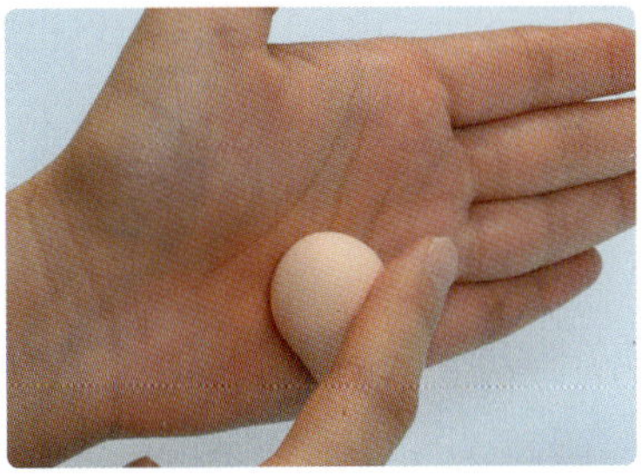

8 원기둥의 가운데를 손가락으로 살짝 누르며 굴려줍니다.

9 가운데가 살짝 들어간 얼굴의 형태가 완성됩니다.

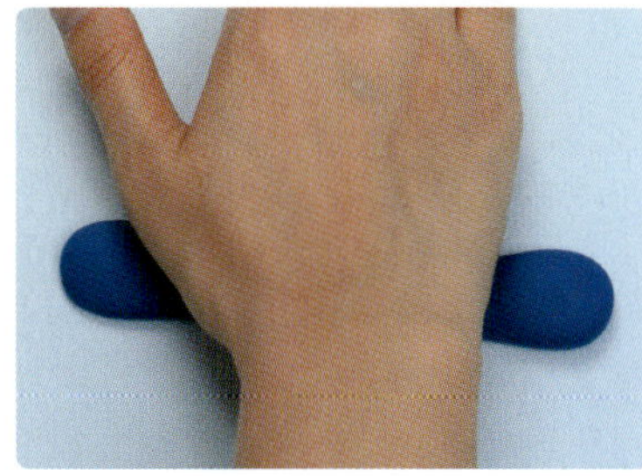

10 파란색에 노란색 클레이를 아주 조금 섞은 파란색으로 긴 원기둥을 만들어 납작하게 눌러줍니다.

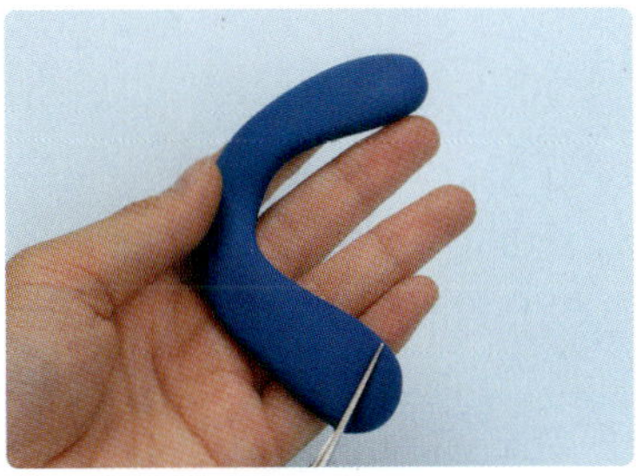

11 누른 점토의 둥근 끝 부분을 가위로 잘라 냅니다.

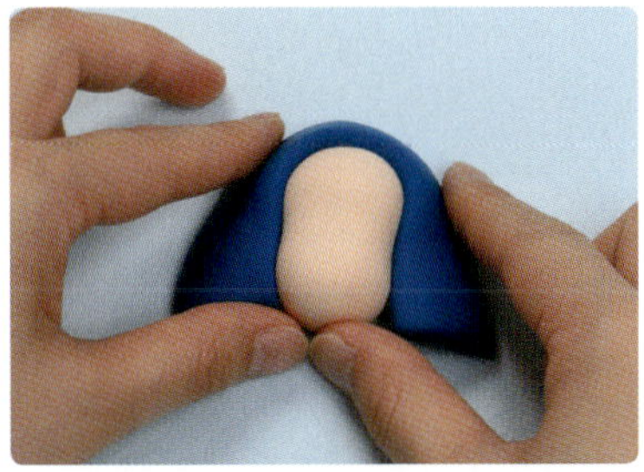

12 얼굴 주위로 둘러 붙여 머리카락을 만듭니다.

13 같은 색으로 작은 양쪽 물방울을 만듭니다.

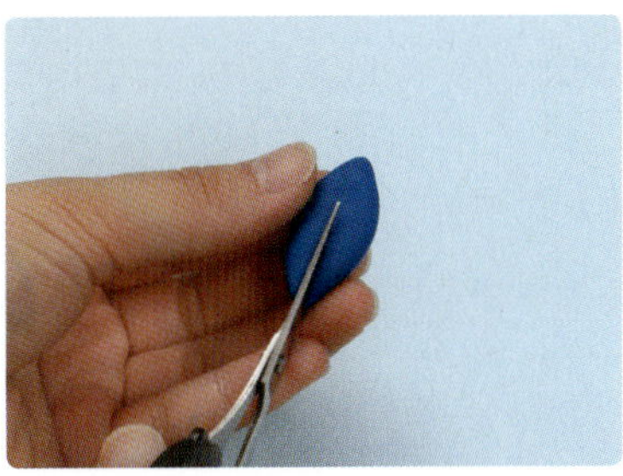

14 양쪽 물방울을 반으로 잘라줍니다.

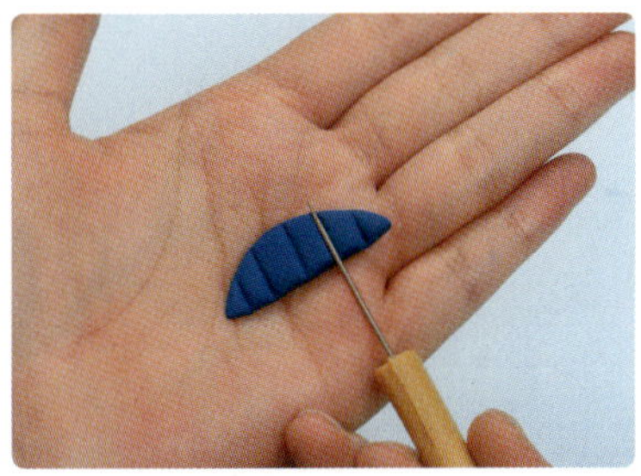

15 자른 클레이 중 하나에 송곳도구로 무늬를 넣어줍니다.

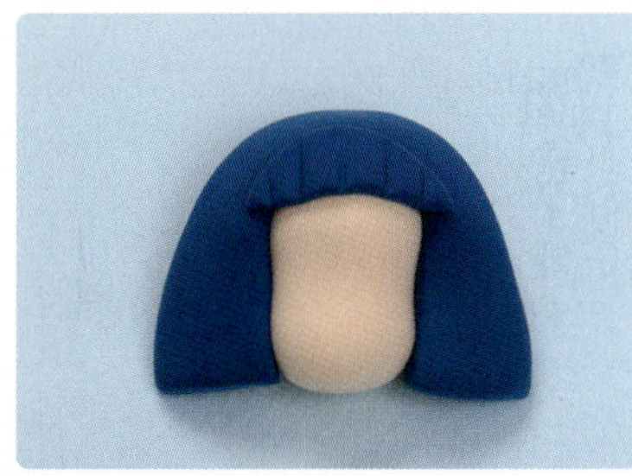

16 얼굴의 앞쪽에 붙여 앞머리를 만들어줍니다.

17 흰색 동그라미 두 개를 얼굴에 붙여 눈을 만들어줍니다.

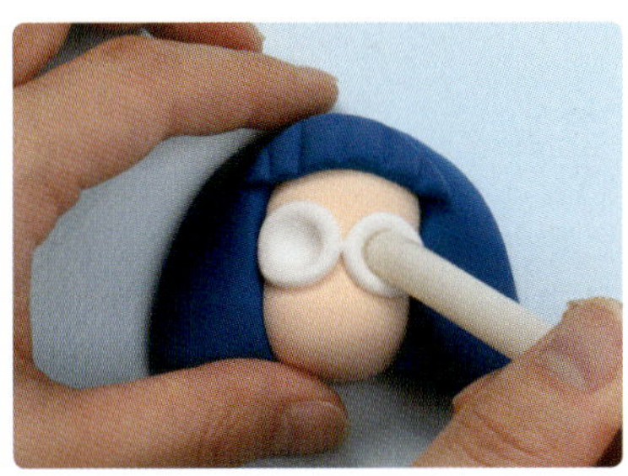

18 눈은 도트도구를 이용해 눌러줍니다.

19 눈의 중앙에 눈동자 부분을 송곳도구로 찍어줍니다.

20 송곳도구로 찍어준 부분에 검은색으로 눈동자를 넣어줍니다.

21 송곳도구를 이용해 입을 찍어준 후 아래, 위로 살짝 벌려 입을 만들어줍니다.

몸 만들기

22 흰색 클레이로 작은 물방울을 만들어줍니다.

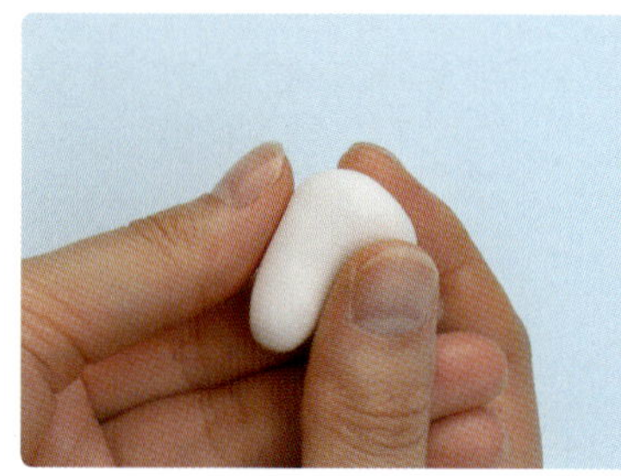

23 물방울의 넓은 부분을 손가락으로 살짝 구부려줍니다.

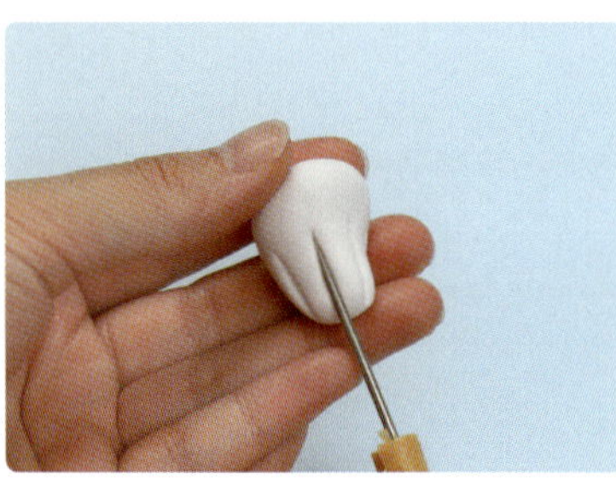

24 물방울의 아래쪽에 송곳도구로 무늬를 넣어줍니다.

25 머리 위에 붙여줍니다.

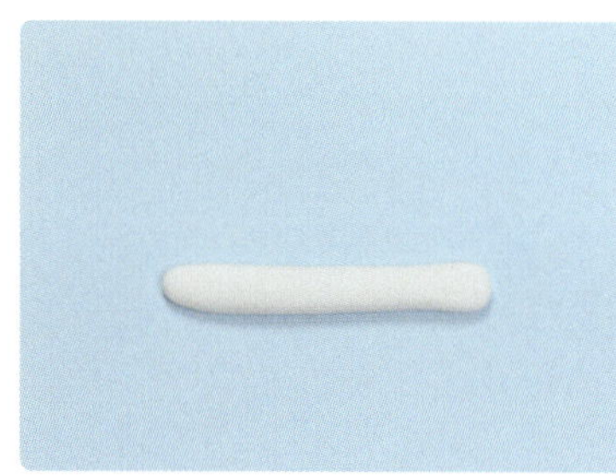

26 흰색 클레이를 얇게 밀어 눌러줍니다.

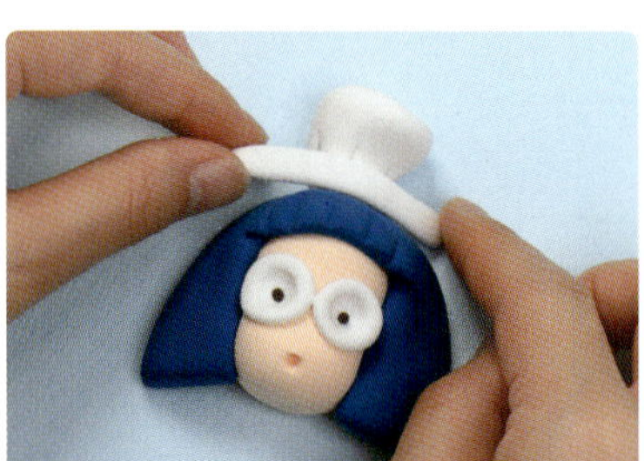

27 모자의 아래쪽에 둘러 붙여줍니다.

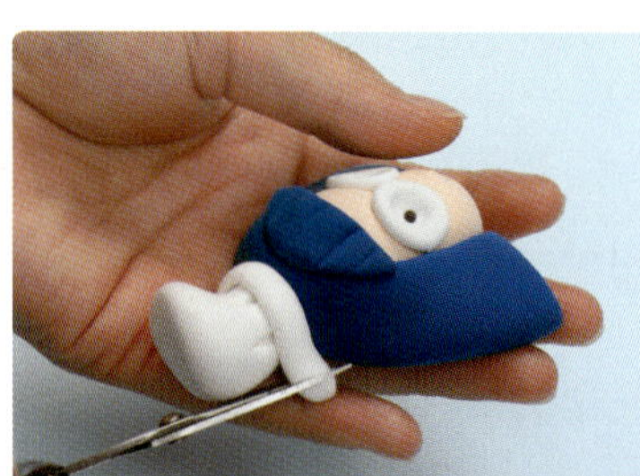

28 남는 부분은 가위로 잘라줍니다..

29 완성된 얼굴을 판의 위쪽에 붙여줍니다.

상의 만들기

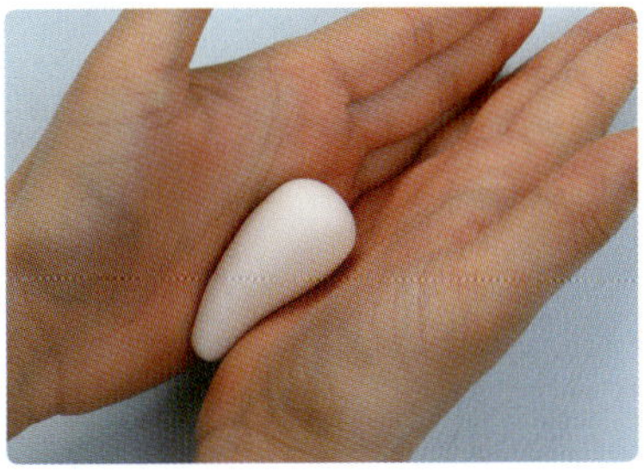

30 흰색 클레이로 물방울을 만들어 줍니다.

31 물방울의 넓은 부분을 평평하게 눌러줍니다.

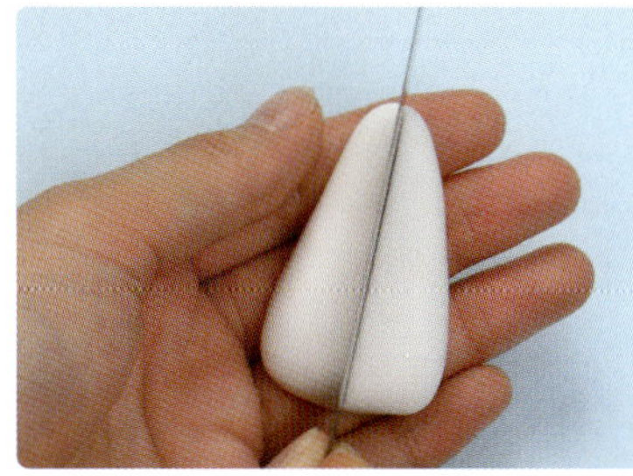

32 몸통의 중앙에 칼도구로 무늬를 넣어줍니다.

33 얼굴 아래쪽에 붙여주고 옷의 단추를 만들어줍니다.

34 단추에 송곳도구를 이용해 구멍을 만들어줍니다.

35 검정 클레이로 물방울 모양을 만들어줍니다.

36 물방울의 아래, 위를 손으로 눌러 평평하게 만들어줍니다.

37 손바닥으로 눌러 사다리꼴 모양이 되도록 합니다.

38 송곳도구를 이용해 옷의 무늬를 넣어줍니다.

39 무늬를 넣어준 옷을 몸통 아래쪽에 붙여줍니다.

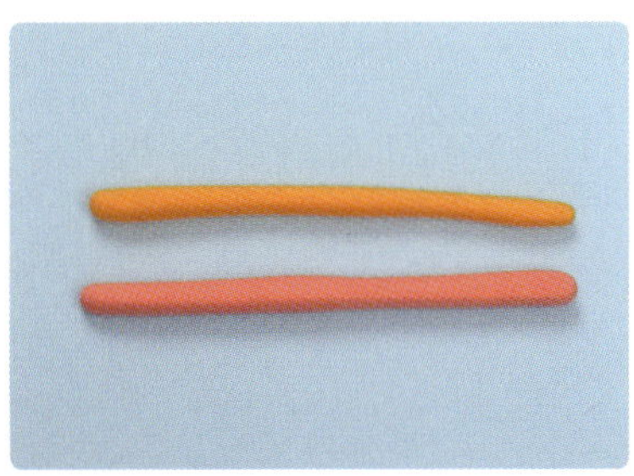

40 주황색과 분홍색을 길게 밀어 준비합니다.

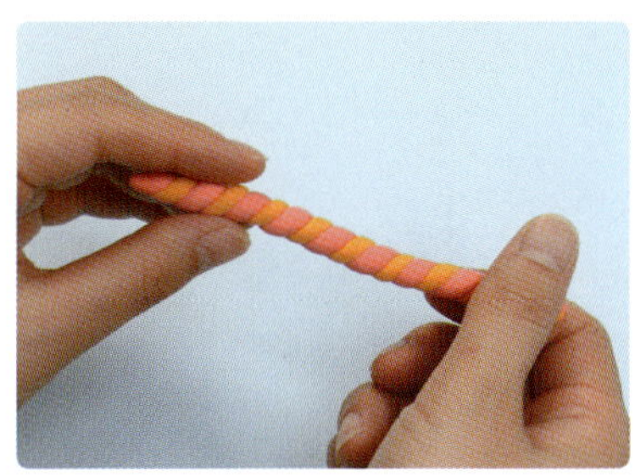

41 두 가지 색을 꼬아 다리를 만들어 주세요.

⑰코일링 기법 동영상 강의 참고

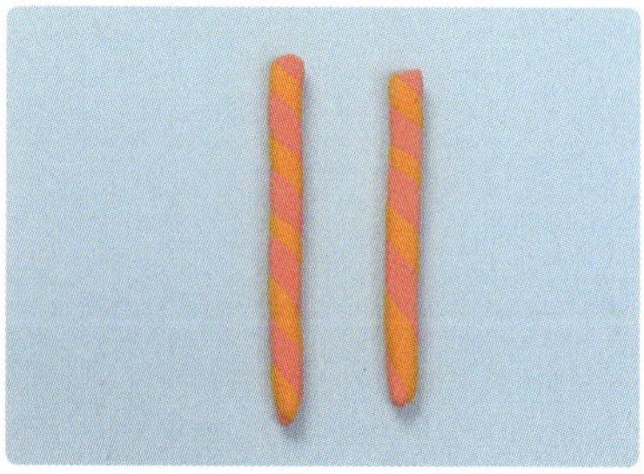

42 앞에서 한 것처럼 같은 두께로 두 개를 만들어줍니다.

43 검은색 클레이로 양쪽 물방울을 만들어줍니다.

44 다리 아래에 붙여 신발을 만들어 줍니다.

45 치마 아래에 두 다리를 살짝 휘어지게 붙여줍니다.

46 흰색 클레이를 납작하게 눌러줍니다.

47 칼도구를 이용해 네모 모양으로 잘라줍니다.

48 치마의 앞쪽에 붙여 앞치마를 만들어줍니다.

49 흰색 클레이를 길게 밀어 누른 후 앞치마의 위쪽에 붙여줍니다.

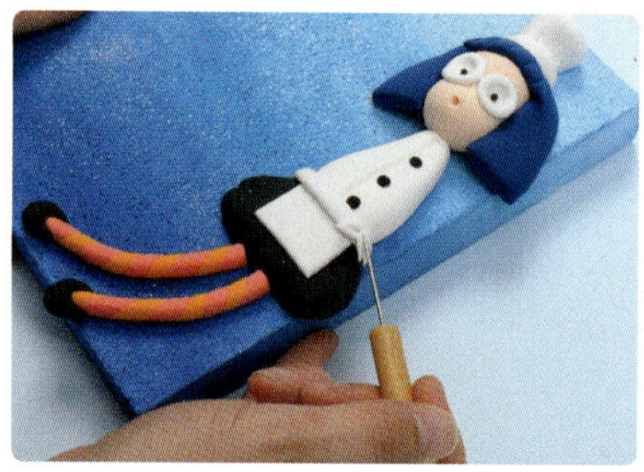

50 앞치마 끝에 양쪽 물방울을 두 개 붙여 송곳도구로 무늬를 찍어 리본을 만들어줍니다.

51 앞치마를 맨 요리사의 모습이 됩니다.

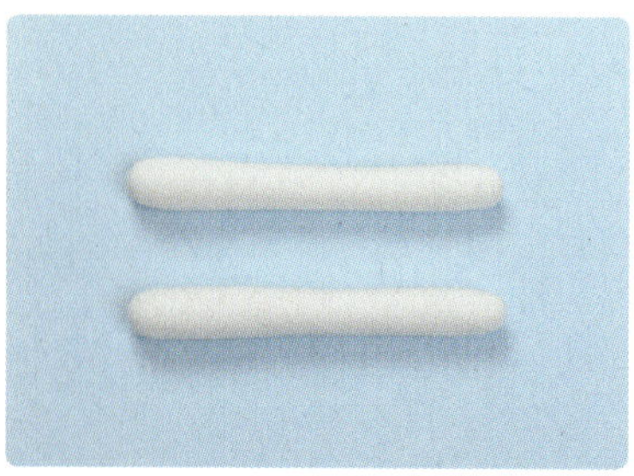

52 팔을 만들기 위해 흰색 클레이를 같은 두께로 두 개를 얇게 밀어줍니다.

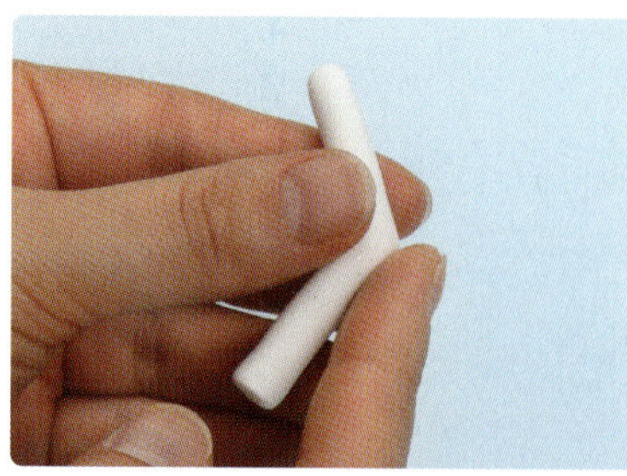

53 얇게 민 클레이의 가운데를 구부려줍니다.

54 두 개를 모두 구부려 몸통의 위쪽에 붙여 팔을 완성합니다.

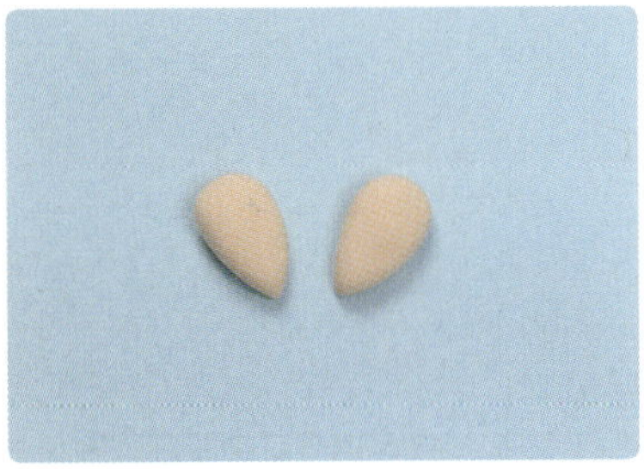

55 살구색 클레이를 작은 물방울로 두 개를 만들어

56 팔의 끝에 붙여줍니다.

글자 만들어 완성하기

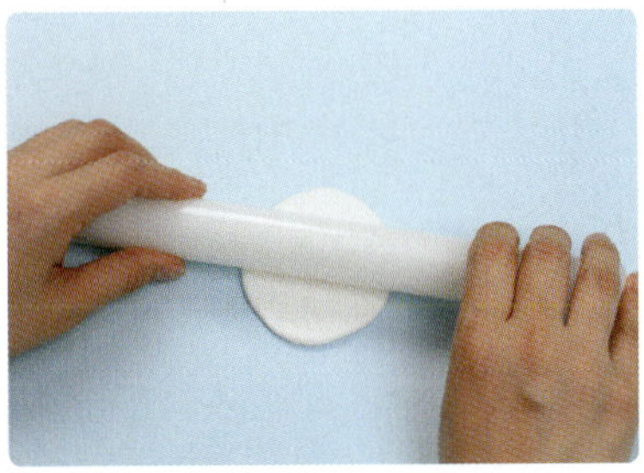

57 원하는 색상의 클레이를 밀대를 이용해 얇게 밀어줍니다.

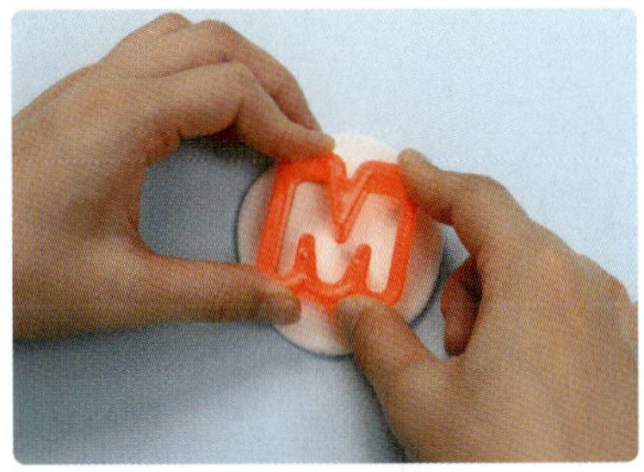

58 글자 찍기 틀을 이용해 원하는 글자를 찍어줍니다.

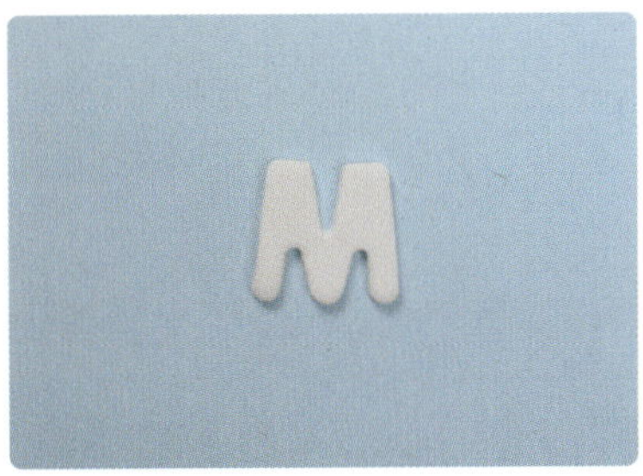

59 찍기 틀에서 글자를 깨끗하게 떼어냅니다.

60 나머지 글자를 다양한 색으로 찍어줍니다.

61 요리사를 붙여놓은 판에 글자를 배치해 붙여줍니다.

62 예쁜 장식을 만들어 압정에 붙여줍니다.

63 잘 말린 후 사용합니다.

16

커피 한 잔 하시겠어요?

요리사 커피통

요리사 커피통 만들기

준비물

- **도구** : 송곳, 테이크아웃 컵, 순간접착제
- **클레이** : ○ ● ● ● ●
- **볼클레이** : ● ● ●
- **예상 재료비**: 5,000원
- **예상 제작 시간** : 60분
- **난이도** : ★★★
- **완성품 예상가** : 15,000원

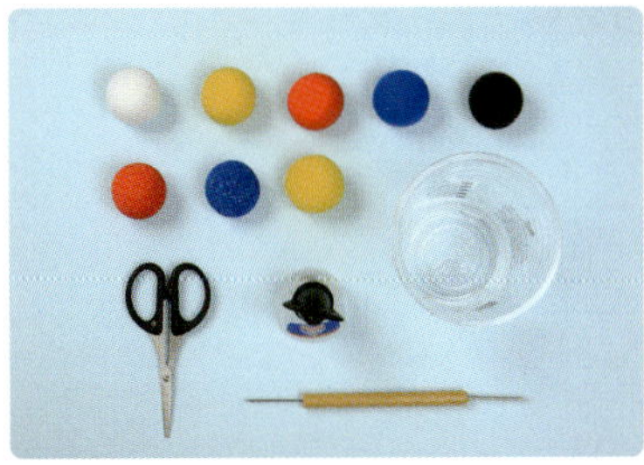

받침 만들기

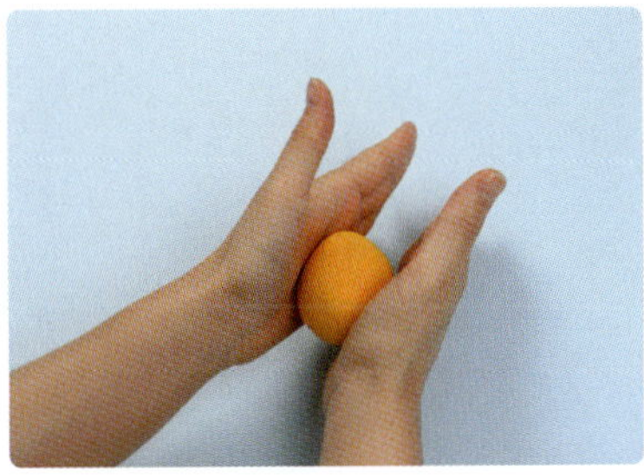

1 노란색 볼클레이에 빨간색 볼클레이를 아주 조금(약 9:1) 섞은 진노랑색으로 동그라미를 만들어줍니다.

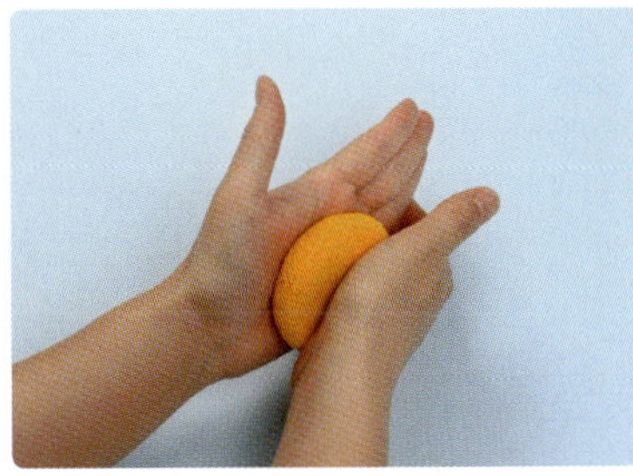

2 손바닥으로 동그라미를 납작하게 눌러줍니다.

3 준비한 컵보다 조금 큰 크기로 만들어줍니다.

4 노란색 볼클레이에 파란색 볼클레이를 조금(약 9:1) 섞어 연두색을 만들어줍니다.

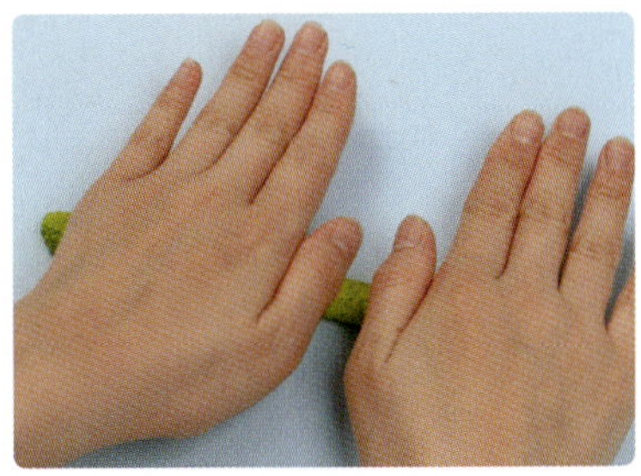

5 연두색 점토를 길게 밀어줍니다.

6 진노랑색 바닥 바깥쪽으로 연두색 점토를 둘러 붙여주고, 남는 부분은 가위로 잘라줍니다.

7 바닥의 중앙에 순간접착제를 발라줍니다.

8 접착제를 바른 부분에 컵을 붙여줍니다.

요리사 몸과 얼굴 만들기

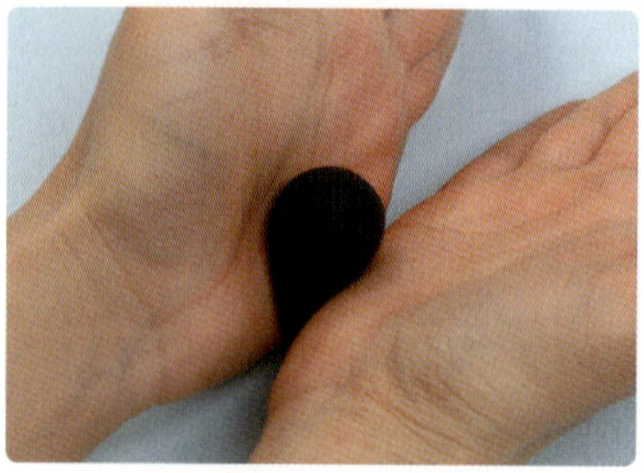

9 신발은 검은색 클레이를 물방울 모양으로 만들어 뒤쪽을 살짝 눌러줍니다.

10 같은 모양으로 두 개를 만들어줍니다.

11 컵의 아래쪽에 신발을 붙여줍니다.

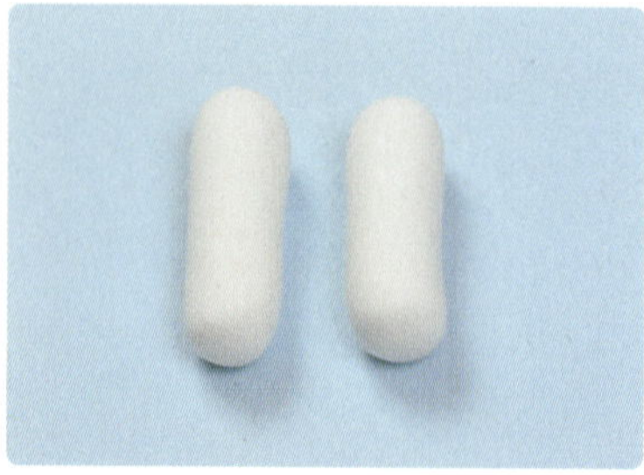

12 다리는 흰색 클레이를 원기둥으로 두 개를 만들어줍니다.

13 흰색 클레이로 만든 다리를 신발에 붙여줍니다.

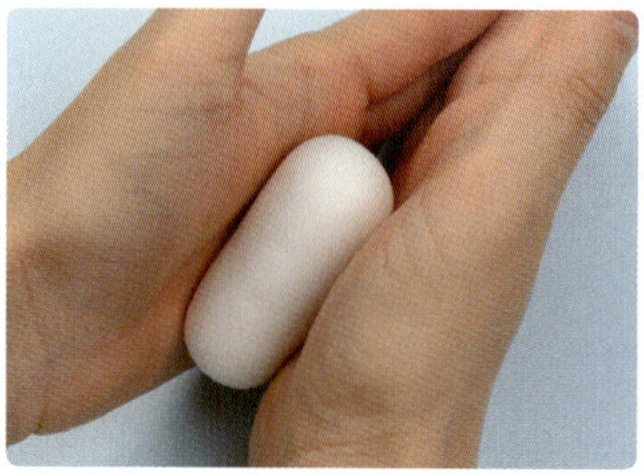

14 옷은 흰색 점토로 원기둥을 만들어줍니다.

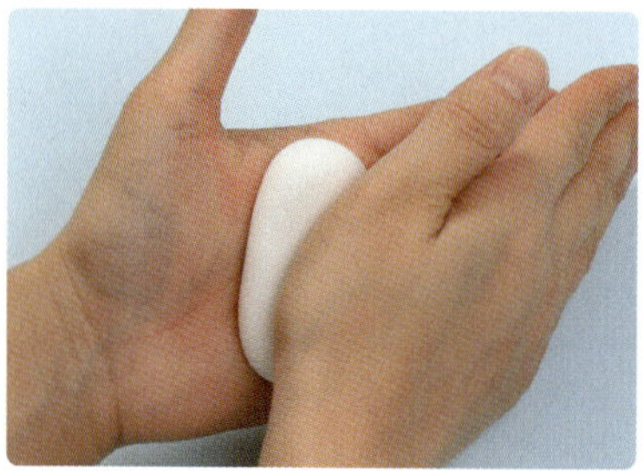

15 손바닥으로 납작하게 눌러줍니다.

16 납작하게 눌러준 옷의 한쪽을 손가락으로 살짝 벌려줍니다.

17 다리 위쪽에 옷을 붙여줍니다.

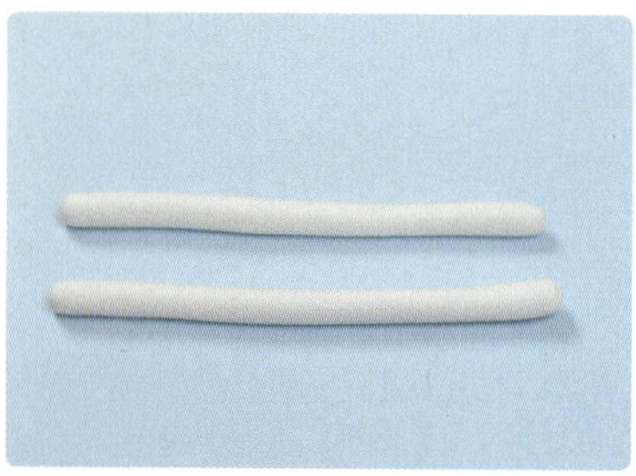

18 팔은 흰색 클레이를 긴 원기둥으로 밀어줍니다.

19 팔이 컵의 위쪽을 감싸 안도록 몸통에서부터 붙여줍니다.

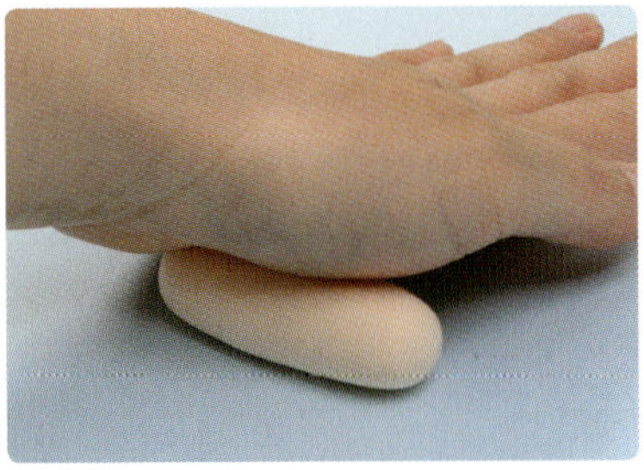

20 얼굴은 살구색을 만들어 옆으로 긴 원기둥을 만들어줍니다.

21 살짝 납작하게 누른 후, 몸통 위에 붙여줍니다.

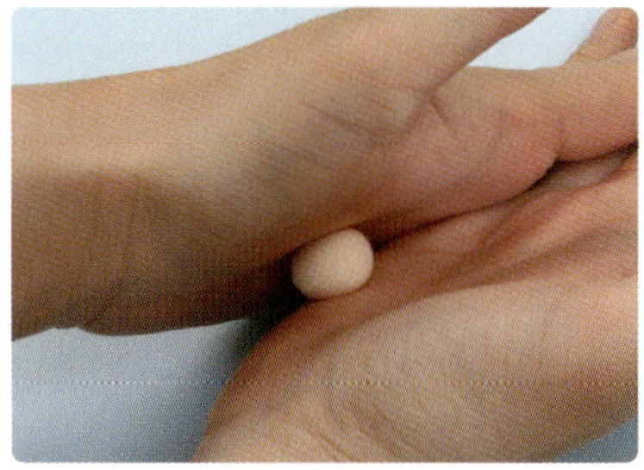

22 살구색으로 작은 타원을 만들어 얼굴의 중앙에 붙여 코를 만들어 줍니다.

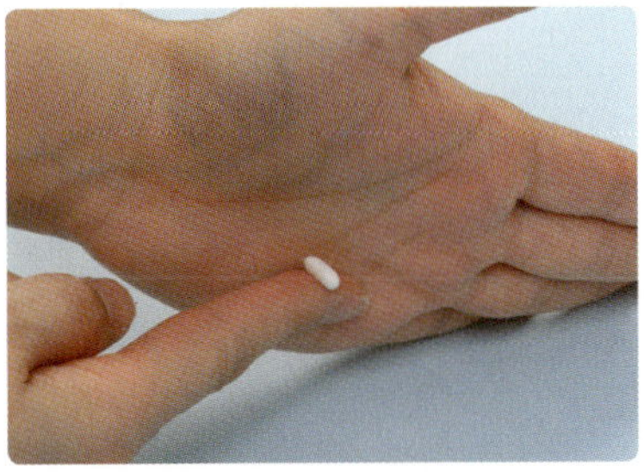

23 눈은 흰색 클레이를 타원으로 만들고, 살짝 구부려줍니다.

24 얼굴에 눈을 붙여줍니다.

25 눈동자를 붙일 부분에 송곳도구로 찍어줍니다.

26 검은색 클레이로 눈동자를 붙여줍니다.

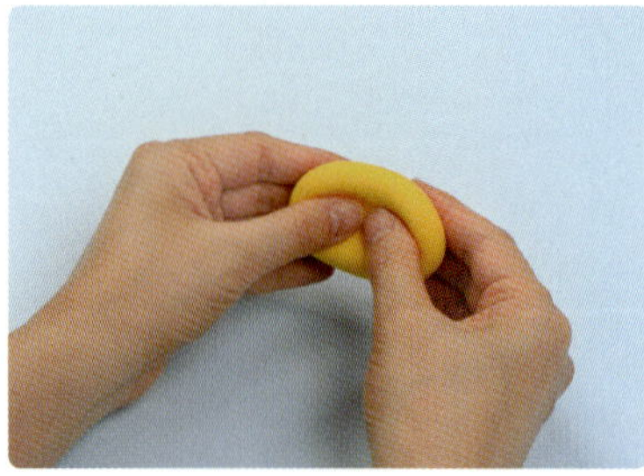

27 머리는 노란색 클레이를 타원으로 만들어 가운데 부분을 송편 만들듯이 벌려줍니다.

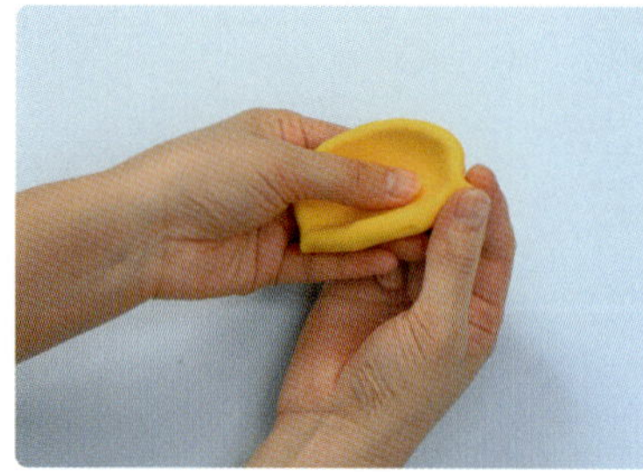

28 송편처럼 벌린 점토의 아래쪽의 양쪽 끝을 꼬집어줍니다.

29 머리를 얼굴에 붙여주고 위쪽을 살짝 벌려줍니다.

30 송곳도구로 앞머리에 무늬를 넣어줍니다.

31 머리가 만들어진 모습입니다.

모자 만들어 완성하기

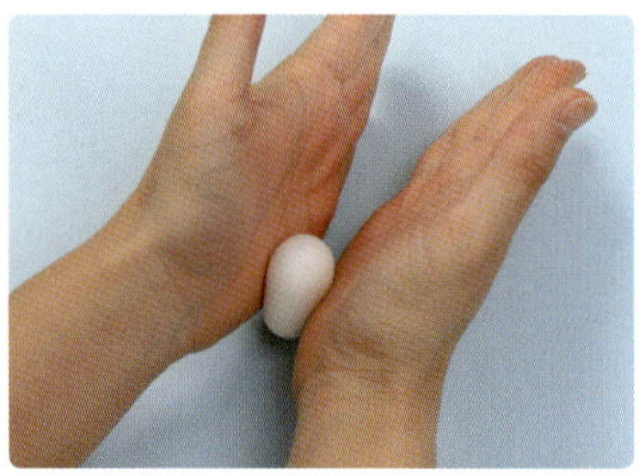

32 요리사 모자를 만들기 위하여 흰색으로 원기둥을 만듭니다.

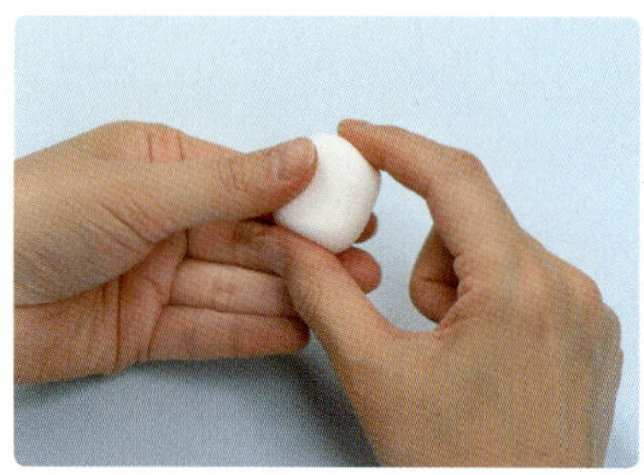

33 원기둥을 납작하게 누른 후 사방을 다듬어 네모 모양을 만들어줍니다.

34 만들어준 네모 모양을 머리 위에 붙여줍니다.

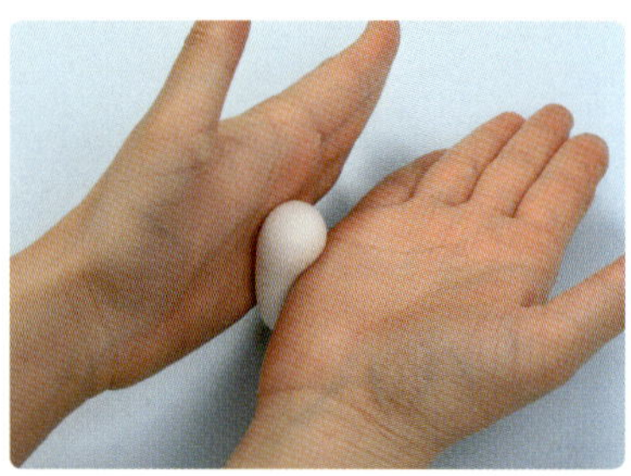

35 흰색 점토로 다시 원기둥을 만들어 가운데가 살짝 들어가도록 만들어줍니다.

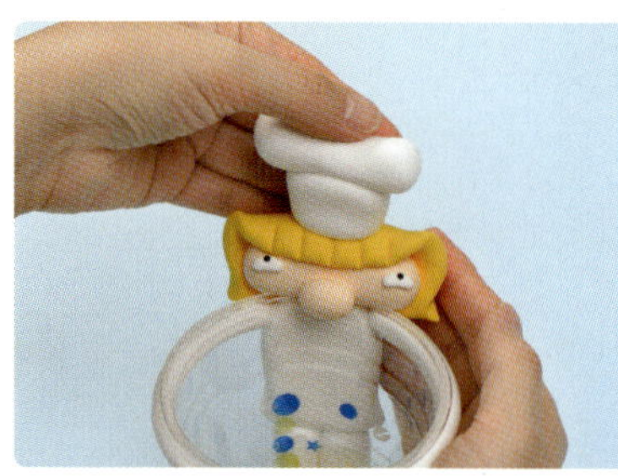

36 원기둥을 모자의 위쪽에 붙여줍니다.

37 얼굴에 핑크색 동그라미를 군데군데 붙여주고, 송곳도구로 찍어 주근깨를 만들어줍니다.

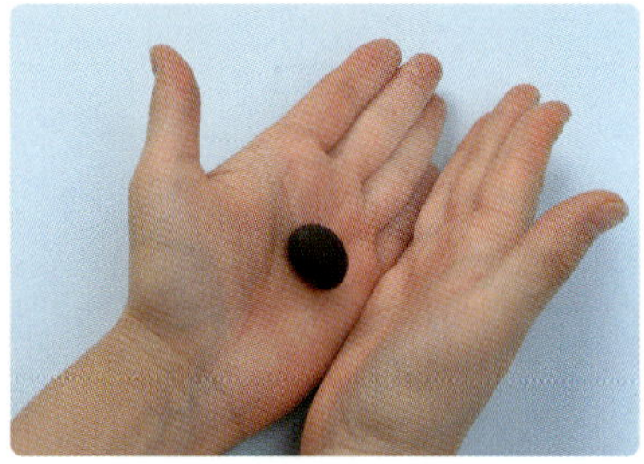

38 커피를 만들기 위하여 검은과 빨강 클레이를 섞어 갈색을 만든 후 타원을 만들어 살짝 눌러줍니다.

39 송곳도구로 가운데를 길게 눌러 커피 모양을 표현해 줍니다.

40 같은 방법으로 커피 원두 알을 여러 개 만들어줍니다.

41 흰색 클레이로 원 모양을 붙여 하이라이트를 만들어줍니다.

42 요리사의 손 대신 커피 원두 알을 붙여줍니다.

43 바닥에도 커피 알을 붙여 꾸민 후 잘 말려줍니다.

Love Clay's Advice!

요리사 커피통은 커피나 차를 보관하는 보관함으로 활용하면 유용하답니다. 자신이 좋아하는 캐릭터로 바꾸어 만들거나 다리의 모양을 다르게 표현해보세요. 더욱 멋진 커피 통을 만들 수 있어요.

17 수호천사

사랑과 축복을 부탁해! 머핀

수호천사 머핀 만들기

준비물

- **도구** : 송곳도구, 밀대, 머핀 틀, 유산지, 꽃무늬 찍기 틀, 네임펜(싸인펜)
- **클레이** : ○ ● ●
- **볼클레이** : ○
- **예상 재료비**: 4,000원
- **예상 제작 시간** : 30분(개당)
- **난이도** : ★★★★
- **완성품 예상가** : 9,000원

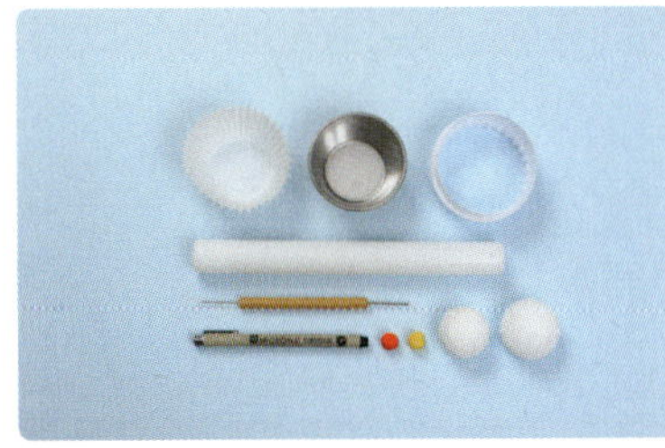

머핀 만들기

1 머핀 틀에 유산지를 넣고, 흰색 볼클레이를 채워줍니다.

2 볼클레이가 유산지보다 조금 높이 올라오도록 볼록하게 채워줍니다.

3 흰색 클레이에 노란색과 빨강색 클레이를 아주 소량 넣어 섞어줍니다.

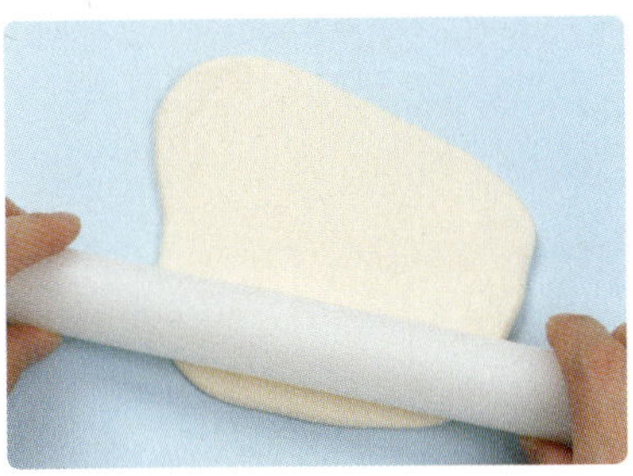

4 색을 섞은 클레이를 밀대를 이용해 밀어줍니다.(너무 얇아지지 않게 주의합니다.)

5 밀대로 민 클레이를 물결무늬 찍기 틀로 찍어줍니다.(머핀 틀의 지름보다 조금 큰 사이즈를 선택합니다.)

6 물결무늬의 동그라미를 만들어줍니다.

7 찍기 틀로 찍어낸 클레이의 가장자리를 손가락을 이용해 다듬어줍니다.

8 만들어놓은 머핀 틀 위에 찍어낸 클레이를 중심이 잘 맞도록 덮어줍니다.

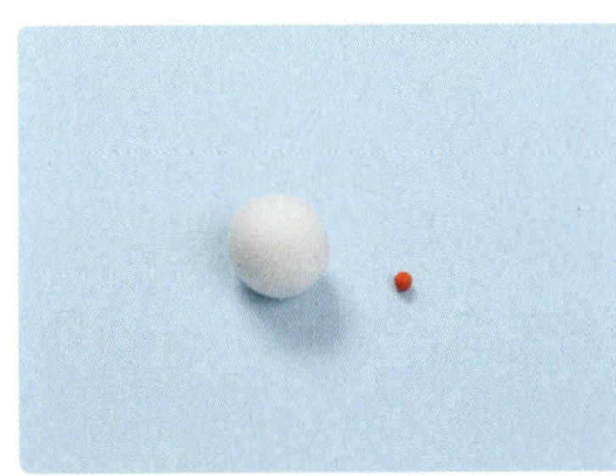

9 흰색 클레이와 빨강색 클레이를 조금씩 섞어 분홍색을 만들어줍니다.

10 분홍색 클레이로 머핀 위에 땡땡이 무늬를 넣어줍니다.

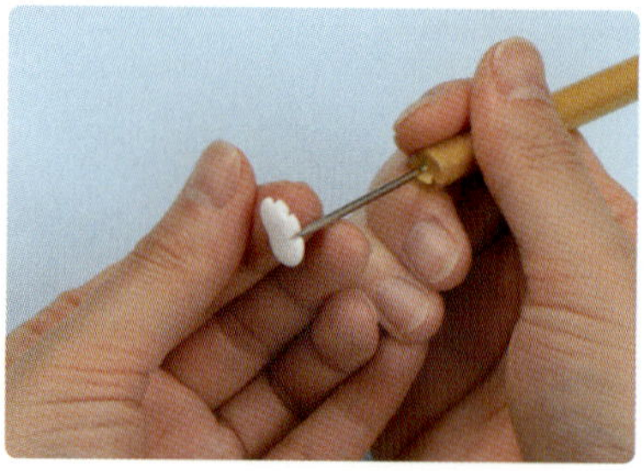

11 흰색 클레이를 작은 타원형으로 만들어 송곳도구로 테두리에 무늬를 넣어줍니다.

12 테두리에 무늬를 넣은 구름 모양을 여러 개 만들어줍니다.

13 머핀 위에 구름 모양을 예쁘게 배치해줍니다.

아기 천사 만들기

14 흰색 클레이에 빨강색과 노란색을 조금씩 섞어 살구색을 만들어줍니다.

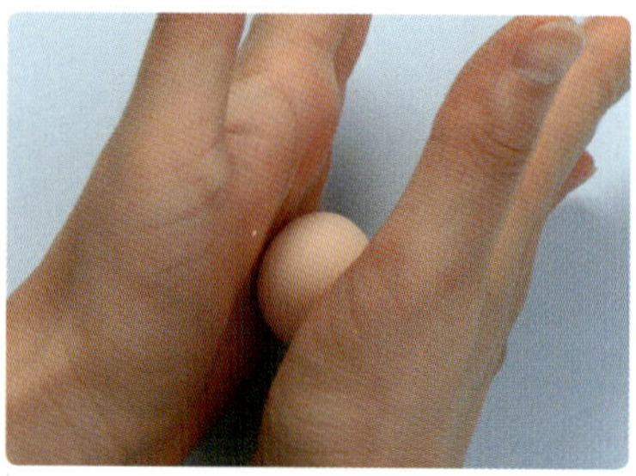

15 살구색 클레이를 손바닥 사이에 넣고 살짝 힘을 줘 굴려 주름을 없애줍니다.

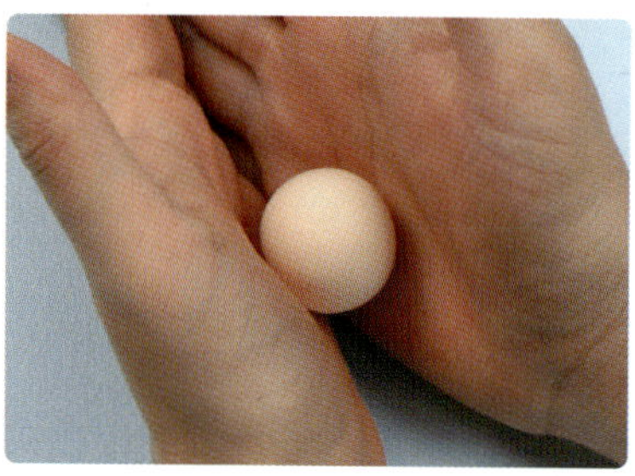

16 손바닥을 앞뒤로 비벼 살짝 타원형을 만들어줍니다.

17 타원형의 중간을 손가락을 이용해 살짝 눌러 다듬어줍니다.

18 작은 동그라미로 코를 만들어줍니다.

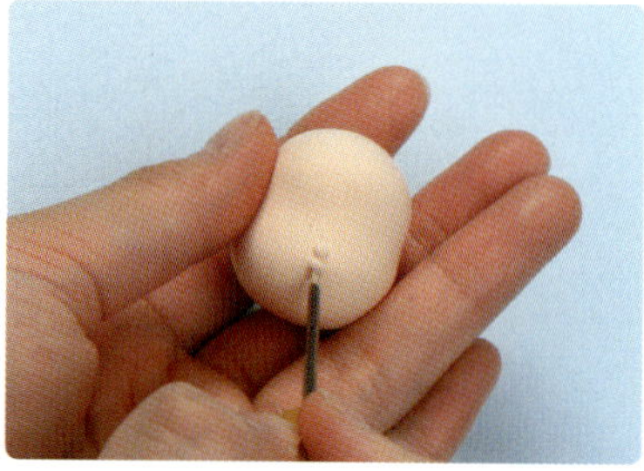

19 입 부분에 분홍색 클레이를 붙인 후, 중앙을 송곳도구로 찍어주고 도구를 위, 아래로 살짝 움직여줍니다.

20 송곳도구를 이용하여 살짝 벌린 입을 만들어준 모습니다.

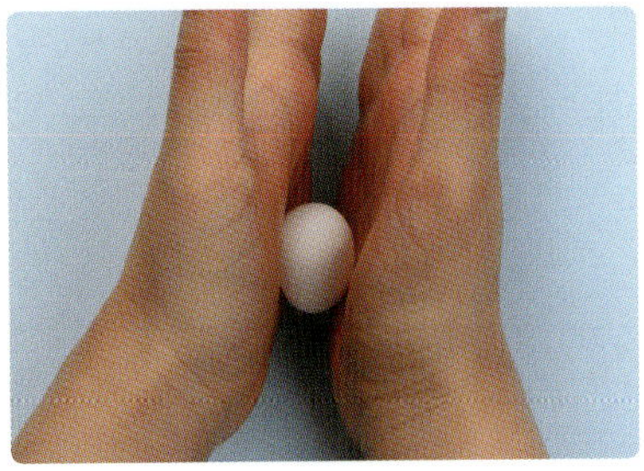

21 흰색 클레이를 손바닥 사이에 넣고 손바닥을 어긋나게 움직여 타원을 만들어줍니다.

22 타원형 클레이의 한쪽을 송곳도구로 살짝 눌러줍니다.

23 아기 천사의 엉덩이를 만들기 위해 손가락을 이용해 다듬어줍니다.

24 아기 천사의 엉덩이를 만들어줍니다.

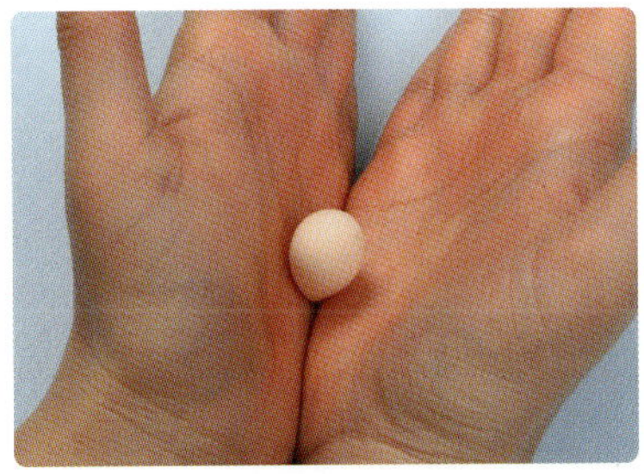

25 살구색 클레이를 V자로 만든 손바닥 사이에 넣고 비벼 물방울 모양을 만들어줍니다.

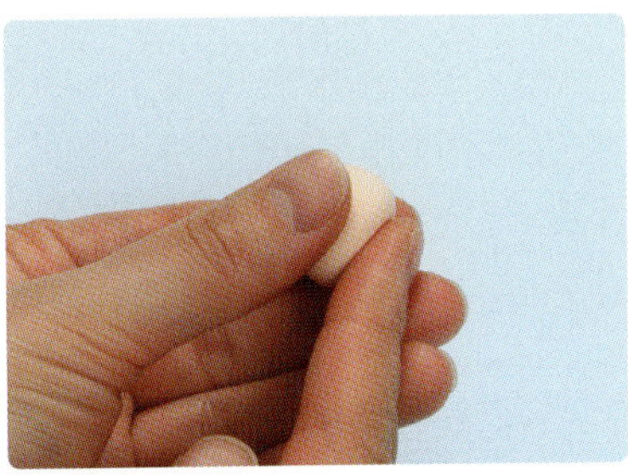

26 세모 모양이 되도록 다듬어줍니다.

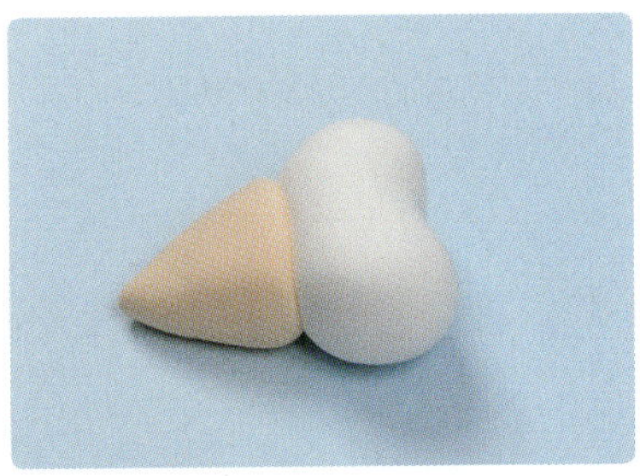

27 세모 모양을 엉덩이 위쪽에 붙여줍니다.

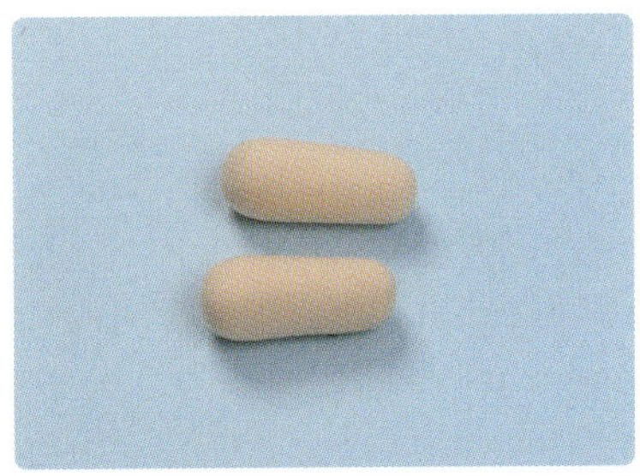

28 다리를 만들기 위해 같은 양의 살구색 클레이를 원기둥 모양으로 두 개 만들어줍니다.

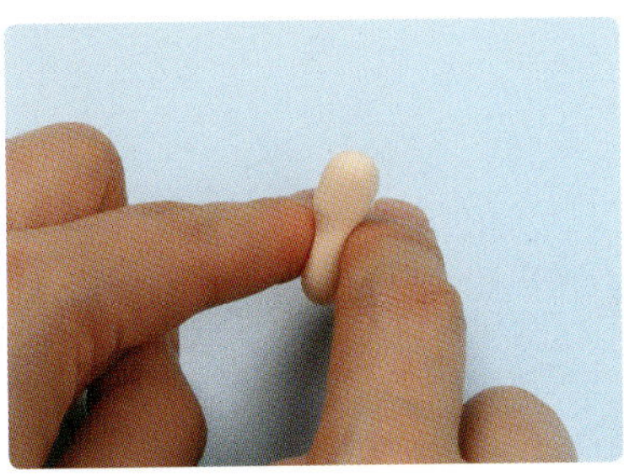

29 원기둥의 중앙을 손가락을 이용해 살짝 누른 후 굴려줍니다.

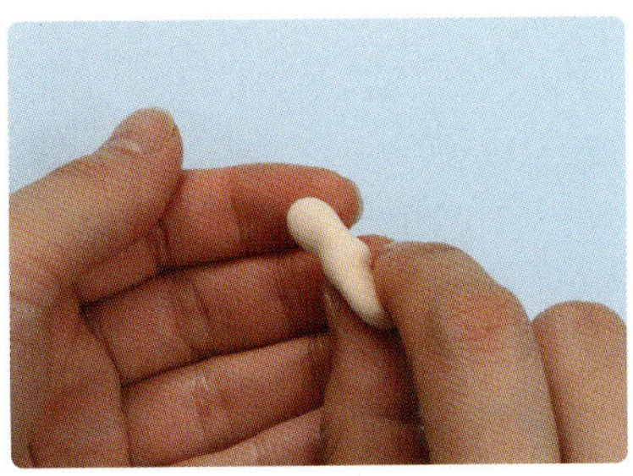

30 한쪽을 엄지와 검지를 이용해 살짝 눌러줍니다.

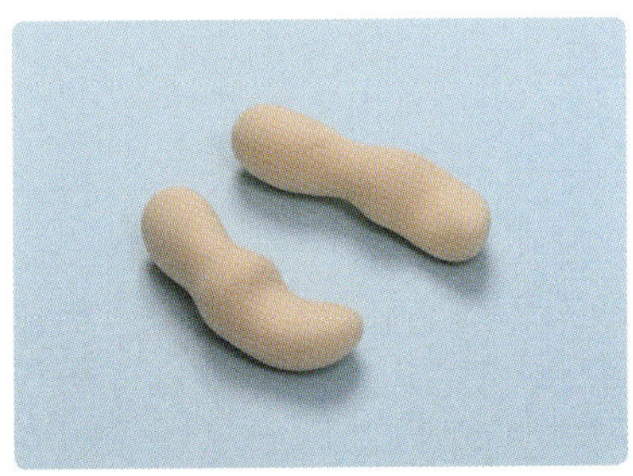

31 아기 천사의 발바닥을 표현해줍니다.

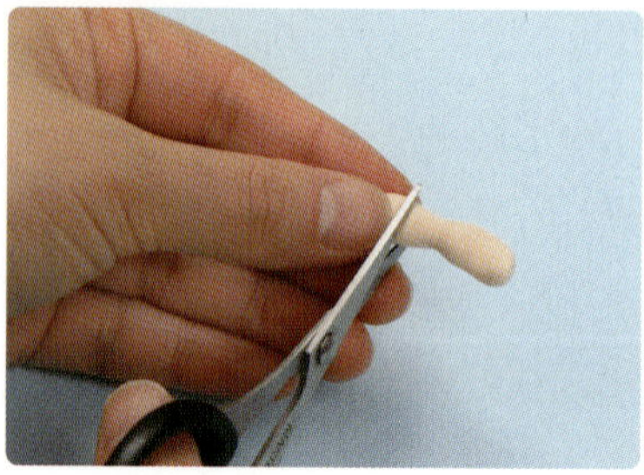

32 발바닥을 붙이기 위해 가위를 이용해 위쪽을 잘라줍니다.

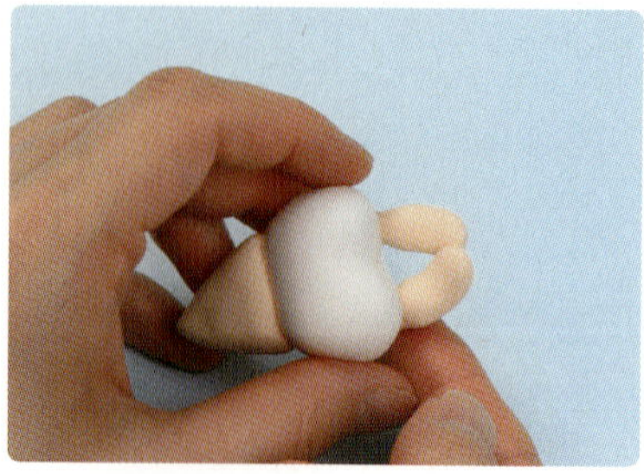

33 발바닥을 엉덩이 아래쪽에 붙여줍니다.

34 분홍색을 만들기 위해 흰색 클레이에 빨강색과 노란색 클레이를 아주 조금씩 섞어줍니다.

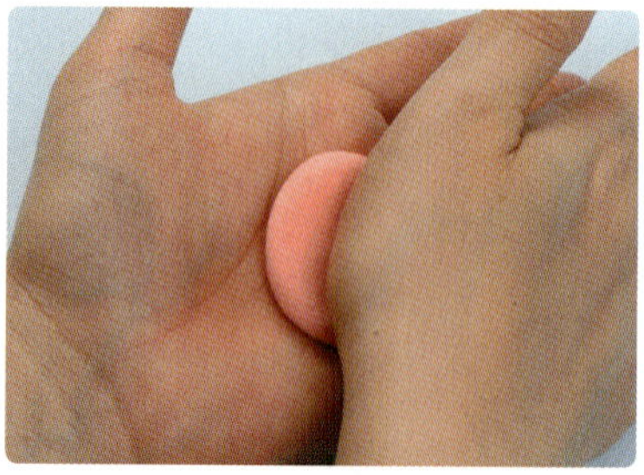

35 원하는 분홍색이 만들어지면 동그라미를 만들어 손바닥에 놓고 살짝 납작하게 눌러줍니다.

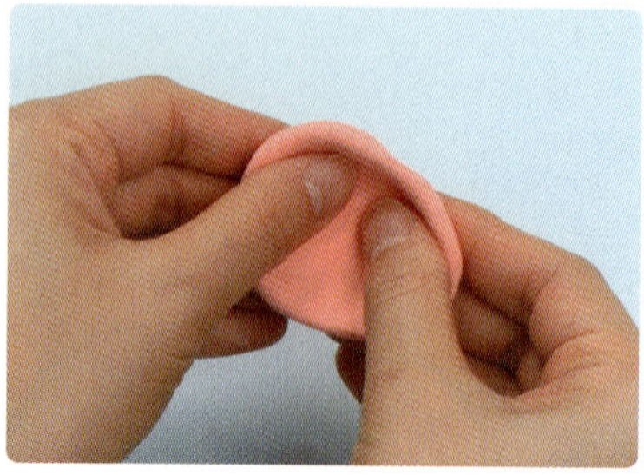

36 눌러준 클레이를 송편을 빚듯이 가운데부터 둥글게 펴줍니다.

37 둥글게 펴준 클레이를 얼굴 위쪽으로 붙여줍니다.

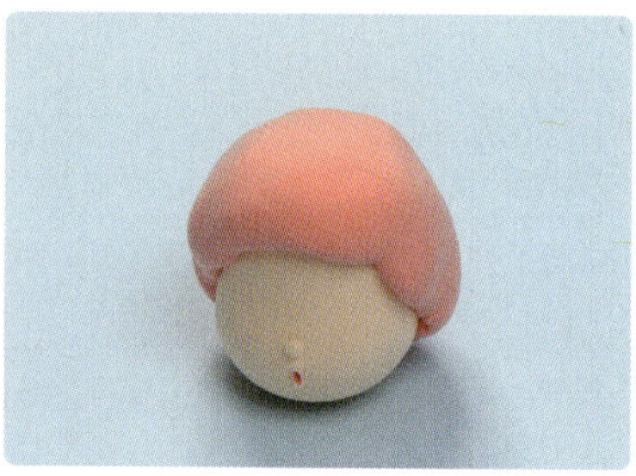

38 머리 부분을 감싸 모자를 만들어 줍니다.

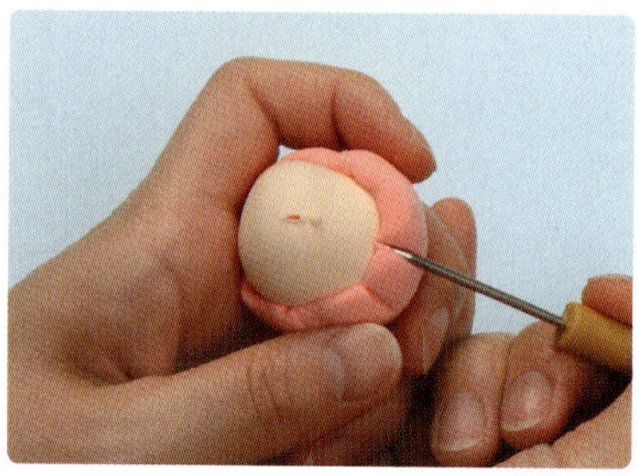

39 송곳도구를 이용해 주름을 표현해줍니다.

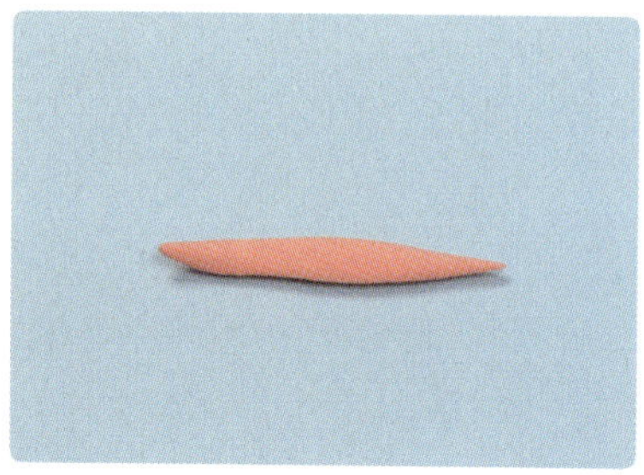

40 모자와 같은 색으로 양쪽이 뾰족하게 만들어 납작하게 눌러줍니다.

41 머리의 앞쪽에 물결 모양으로 주름을 주며 붙여줍니다.

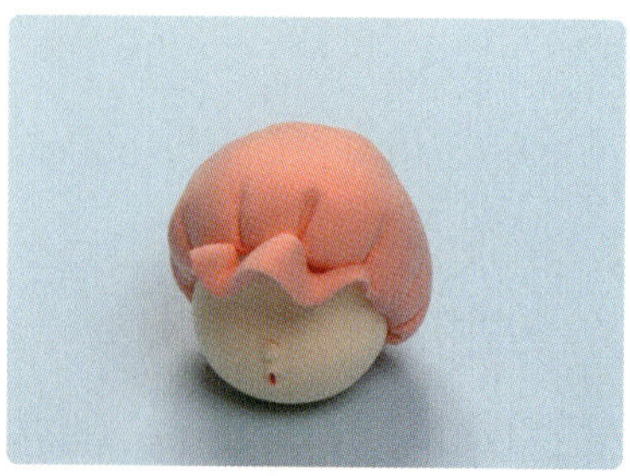

42 모자를 완성한 모습입니다.

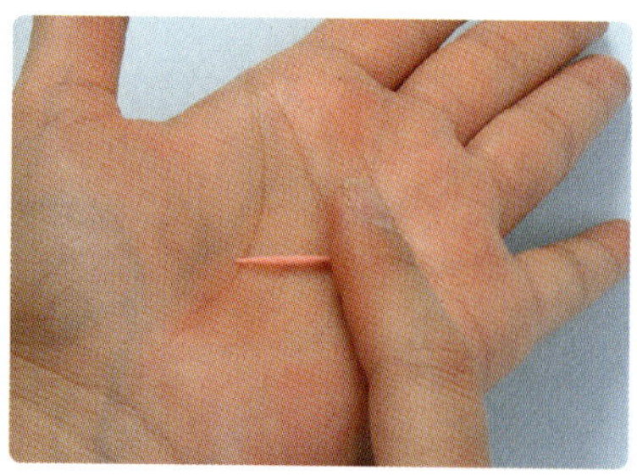

43 클레이를 손가락을 이용해 양끝이 뾰족하도록 얇게 밀어줍니다.

44 뾰족한 부분끼리 붙여 두 개를 만들어줍니다.

45 아기 얼굴의 턱쪽에 붙여 모자 끈을 표현해줍니다.

46 만들어놓은 몸통 위쪽에 붙여줍니다.

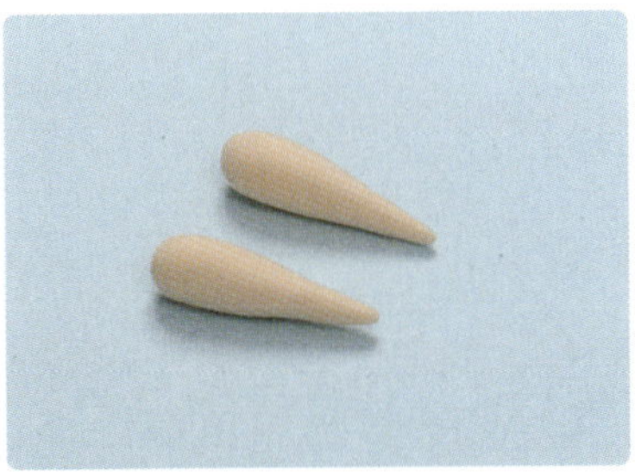

47 살구색 클레이를 물방울 모양으로 두 개 만들어줍니다.

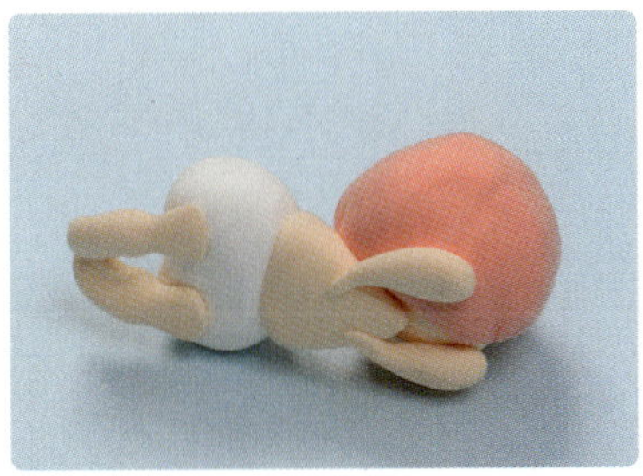

48 몸통의 위쪽에 붙여 팔을 만들어줍니다.

49 인형을 완성합니다.

아기 천사 날개 만들기

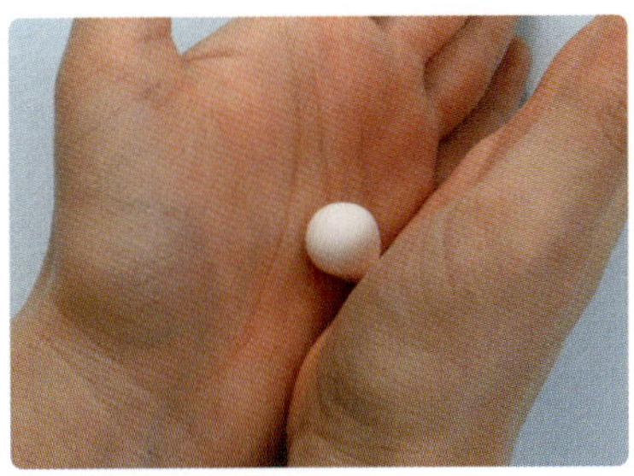

50 흰색 클레이를 손바닥 사이에 놓고 비벼 물방울 모양으로 만들어줍니다.

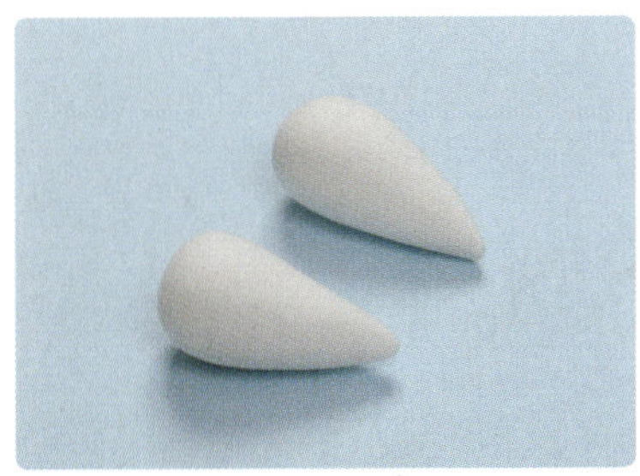

51 같은 물방울 모양을 두 개 만들어줍니다.

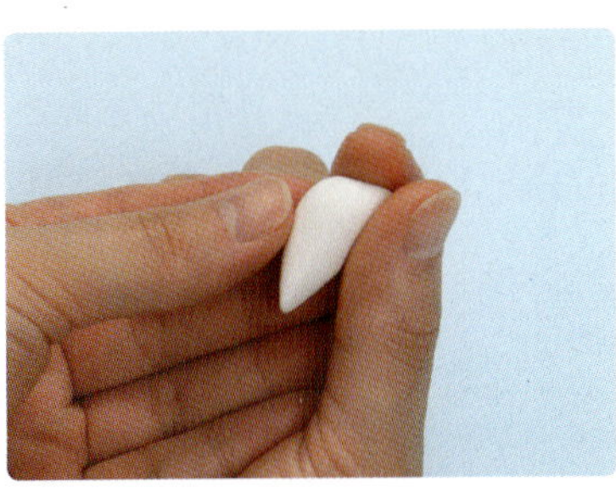

52 손가락을 이용해 한쪽이 긴 삼각형 모양으로 다듬어줍니다.

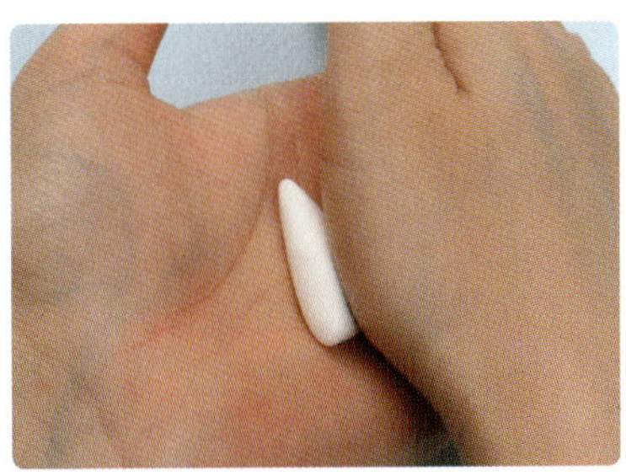

53 손바닥을 이용하여 살짝 눌러줍니다.

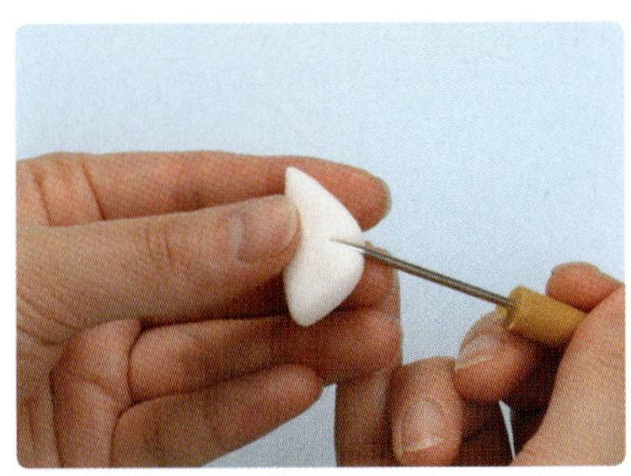

54 송곳도구를 이용해 날개의 무늬를 넣어줍니다.

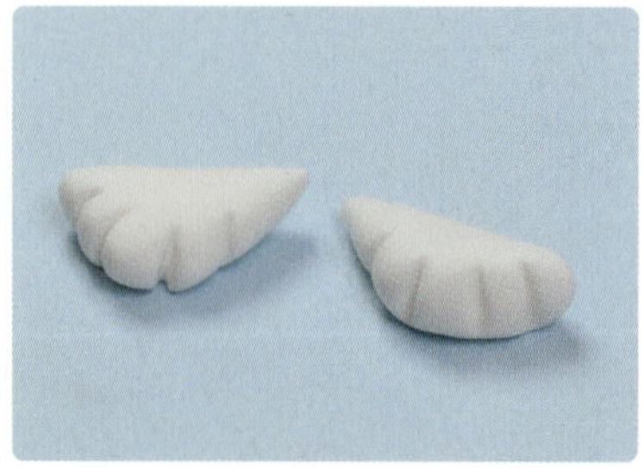

55 같은 모양으로 천사 날개를 두개 만들어줍니다.

56 아기 천사의 등에 날개를 붙여줍니다.

57 네임펜을 이용해 천사의 눈을 그려줍니다.

58 만들어놓은 머핀 위에 완성된 아기 천사를 붙여줍니다.

머핀 장식하여 완성하기

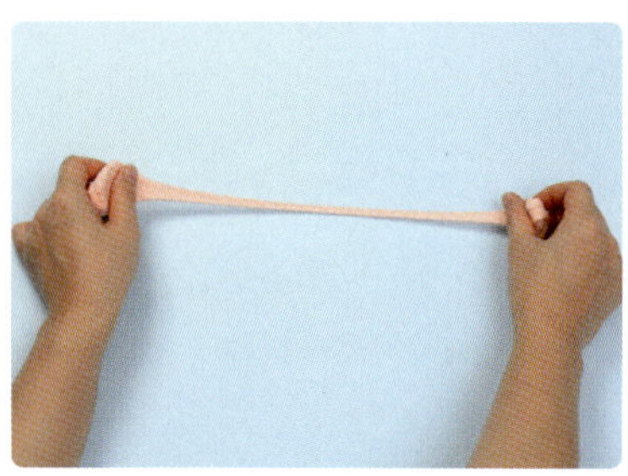

59 분홍색 점토를 충분히 섞은 후 길게 늘이기 합니다.

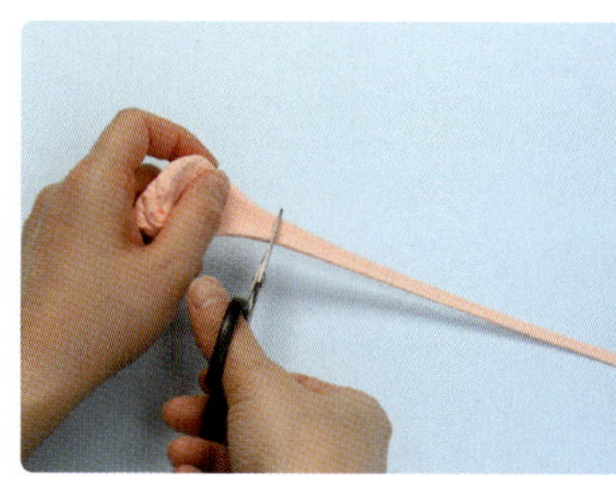

60 늘이기 해준 클레이의 양 끝을 가위로 잘라줍니다.

61 머핀의 중간에 늘이기 한 클레이를 감싸줍니다.

62 남는 클레이는 가위로 잘라줍니다.

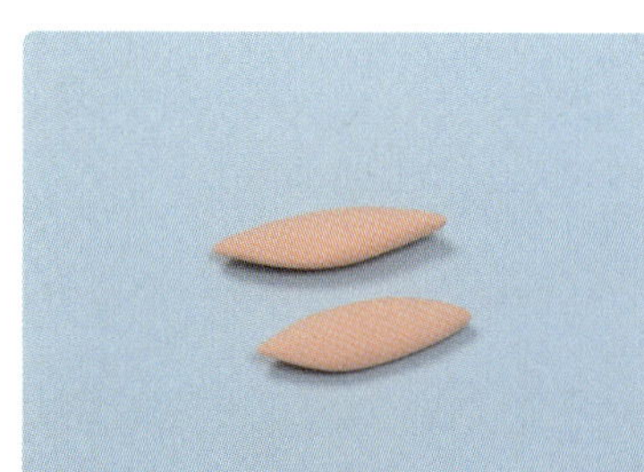

63 같은 양의 클레이로 납작한 양쪽 물방울을 만들어줍니다.

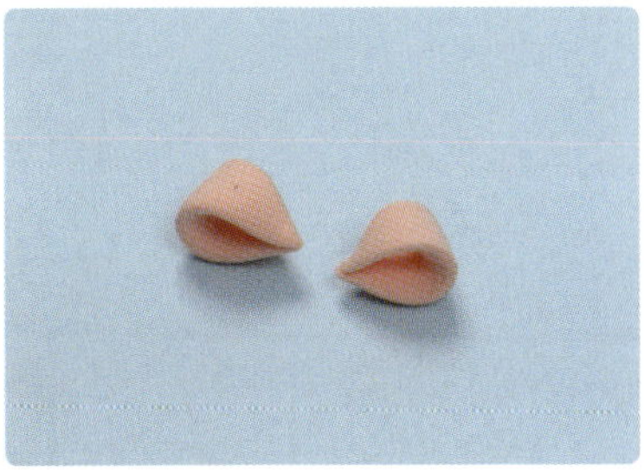

64 뾰족한 부분끼리 붙여줍니다.

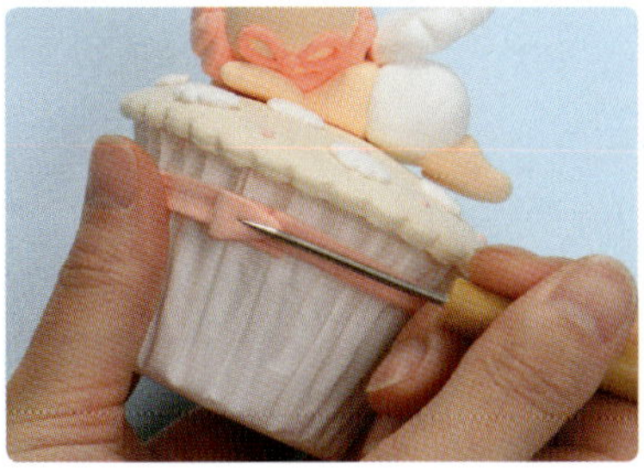

65 머핀에 둘러준 띠 위에 붙여주고 송곳도구로 뾰족한 부분을 눌러줍니다.

66 나머지 한 개도 같은 방법으로 붙여줍니다.

67 작은 양쪽 물방울을 만들어 리본의 가운데에 붙여줍니다.

68 송곳도구를 이용해 자연스럽게 무늬를 넣어줍니다.

69 사랑과 축복을 부탁해 수호 천사 머핀을 완성하였습니다.

18

강아지 장식 귀엽고 아기자기한 가방 메모꽂이

강아지 장식 가방 메모꽂이 만들기

준비물

- **도구** : 송곳도구, 가위, 나이프, 도트도구, 강아지 찍기 틀, 메모꽂이, 스탬프, 스탬프 잉크
- **클레이** :
- **볼클레이** :
- **예상 재료비**: 4,000원
- **예상 제작 시간** : 30분
- **난이도** : ★★★★
- **완성품 예상가** : 12,000원

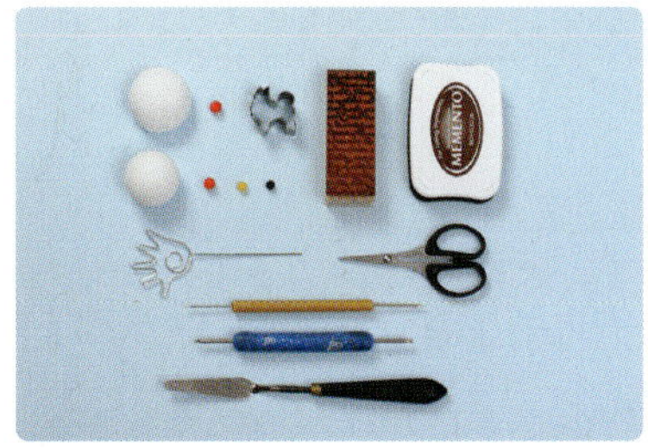

메모꽂이 밑판 만들기

1 흰색 볼클레이에 빨강 볼클레이를 약간 섞어줍니다

2 색이 잘 섞이도록 반죽하여 연한 분홍색을 만들어줍니다.

3 색을 섞은 볼클레이를 동그라미 모양으로 만들어줍니다.

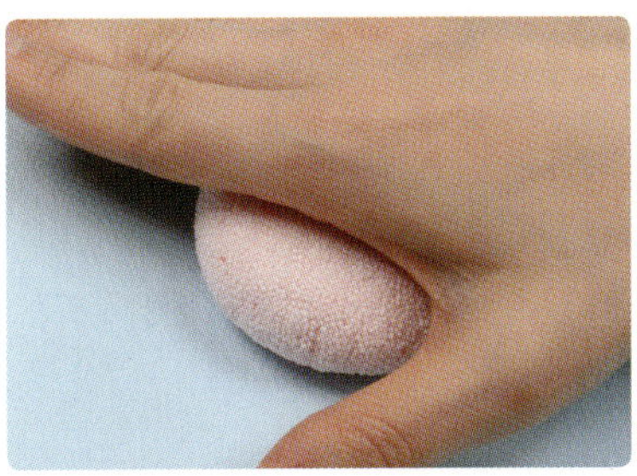

4 동그라미 모양의 볼클레이를 바닥에 놓고 손바닥으로 살짝 눌러줍니다.

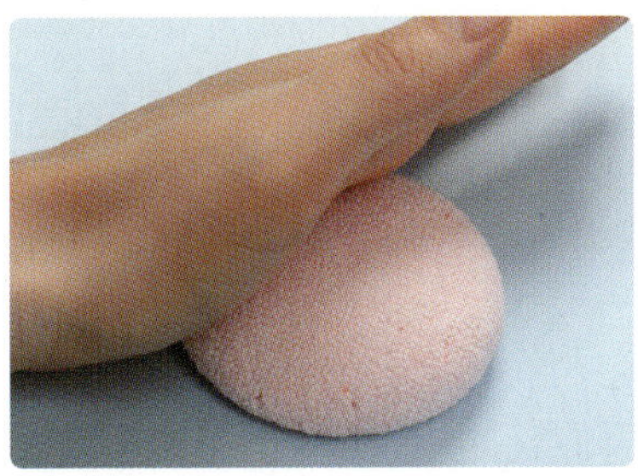

5 도톰하게 눌러준 볼클레이의 테두리를 손바닥 끝을 이용해 다듬어줍니다.

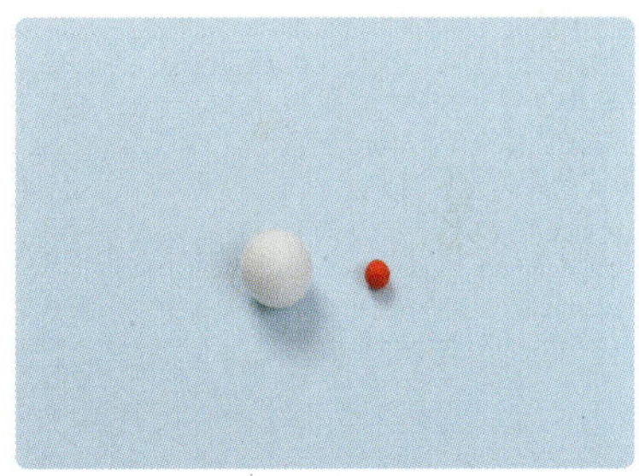

6 흰색과 빨강 클레이를 약 7:3의 비율로 섞어 진분홍색을 만들어줍니다.

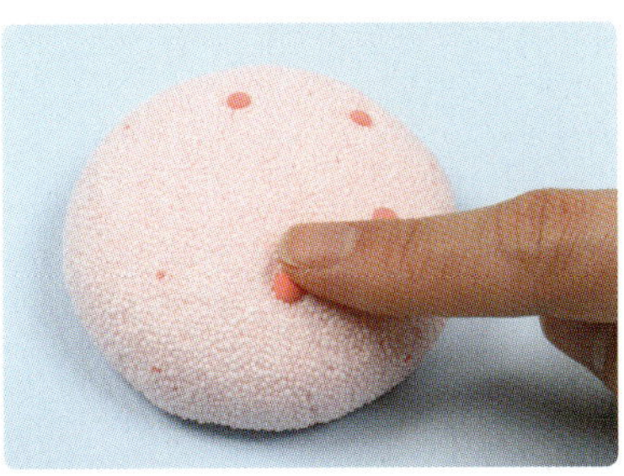

7 만들어 놓은 밑판에 진분홍색 클레이를 원 모양으로 만들어 도트무늬를 붙여줍니다.

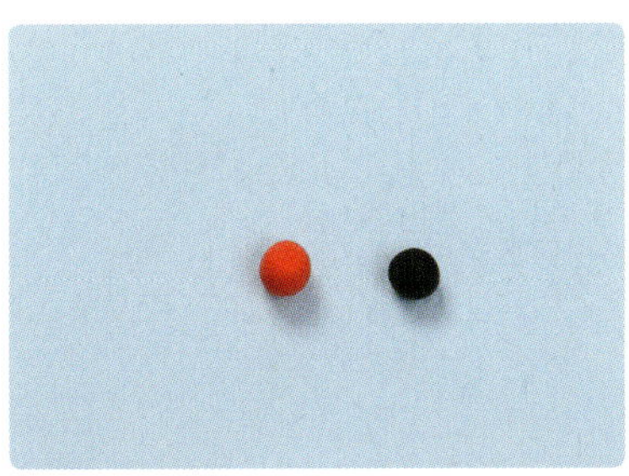

8 빨강 클레이와 검정 클레이를 5:5의 비율로 섞어 갈색을 만듭니다.

9 밑판의 빈 공간에 갈색 도트 모양을 붙여줍니다.

가방 만들기

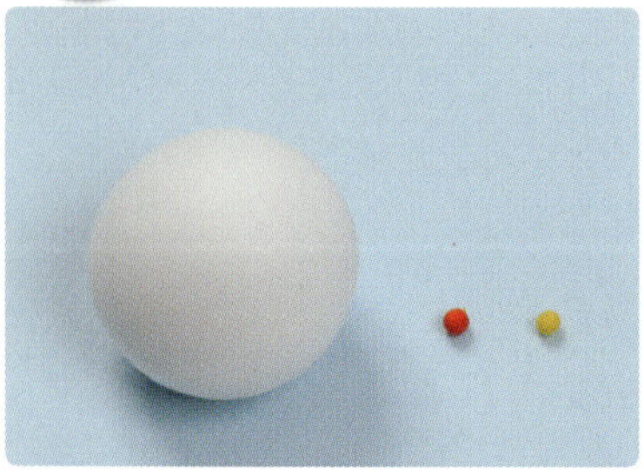

10 흰색 클레이에 빨강과 노란색 클레이를 약 9:0.5:0.5의 비율로 섞어줍니다.

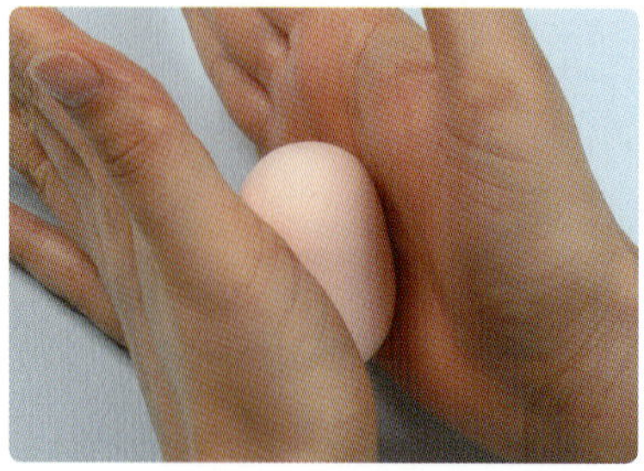

11 색을 섞은 클레이를 손바닥 사이에 넣고, 손바닥을 앞뒤로 어긋나게 움직여줍니다.

12 원기둥 모양을 만들어줍니다.

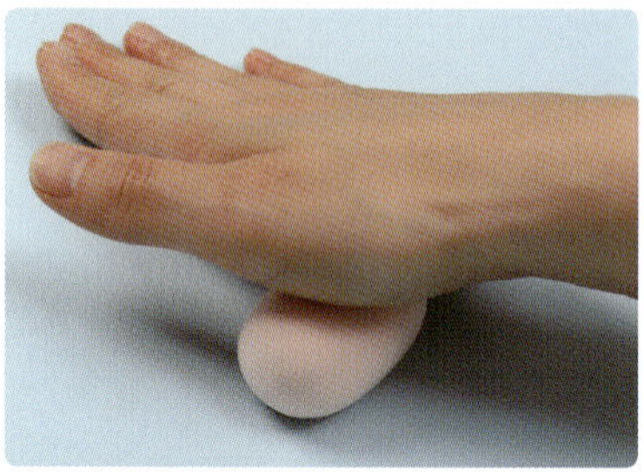

13 원기둥 형태의 클레이를 바닥에 놓고, 손바닥으로 사방을 살짝 눌러줍니다.

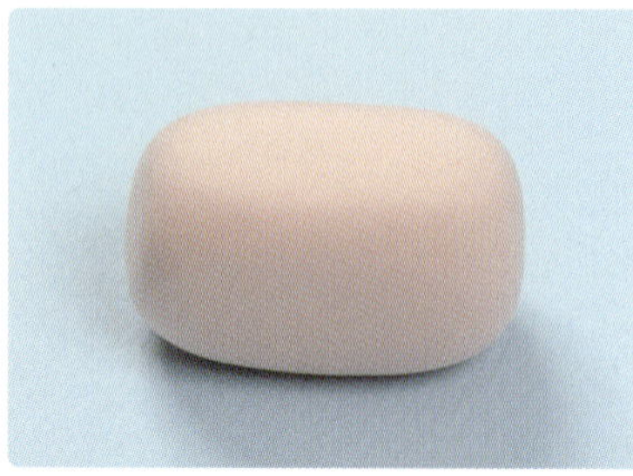

14 점토의 사방을 다듬어주어 네모 모양으로 가방의 형태를 잡아줍니다.

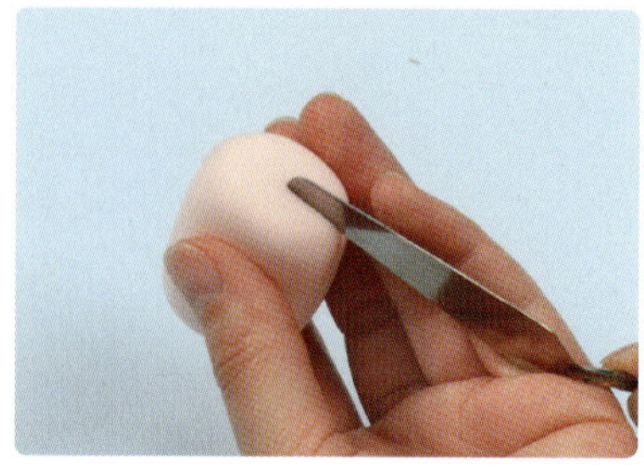

15 나이프를 이용해 가방의 가운데 부분에 자국을 넣어줍니다.

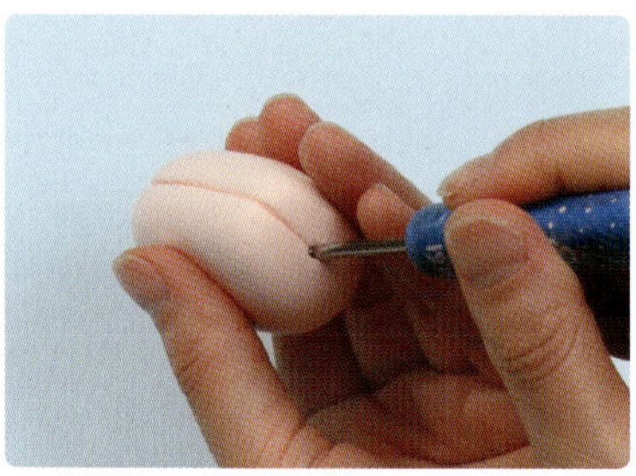

16 가방 옆면의 중간까지 자국을 넣어주고, 끝 부분을 도트도구를 이용하여 찍어줍니다.

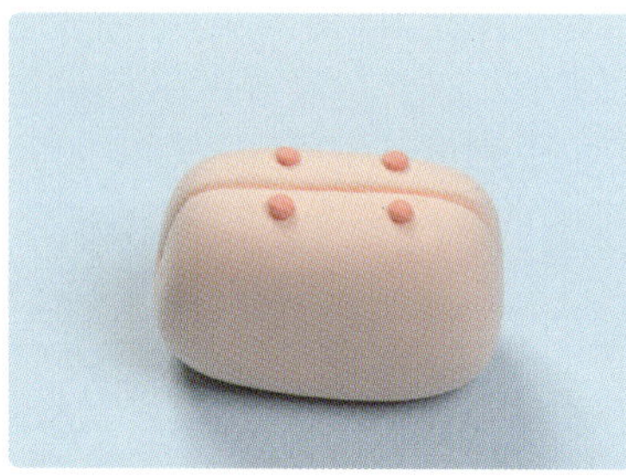

17 분홍색 클레이를 작은 동그라미로 만들어 가방의 위쪽 끈이 달리는 위치에 붙인 다음 도트도구로 살짝 눌러줍니다.

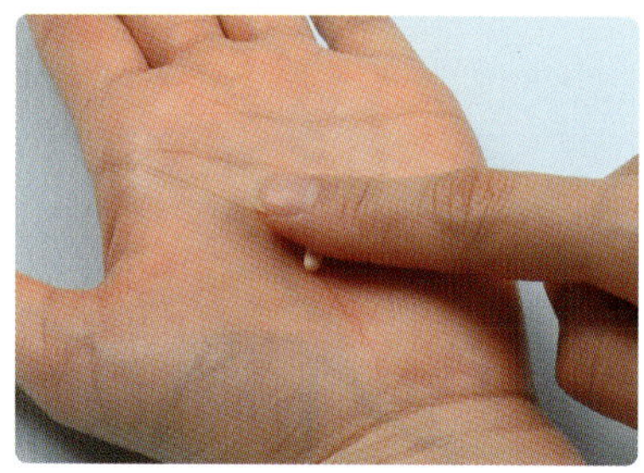

18 연분홍색 클레이를 얇게 밀어 원기둥 모양으로 만든 다음 가방끈을 붙여줍니다.

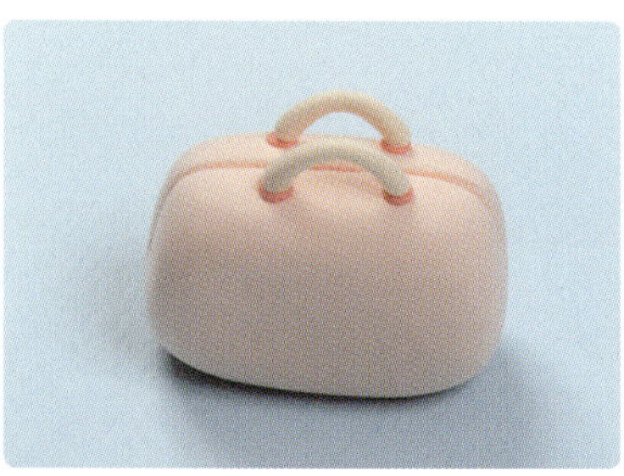

19 가방끈을 양쪽에 붙여줍니다.

20 스탬프에 잉크를 묻혀줍니다. 클레이에 사용하는 잉크는 유성잉크를 사용해야 해요.

21 잉크가 묻은 스탬프를 가방의 원하는 위치에 찍어줍니다.

강아지 만들어 완성하기

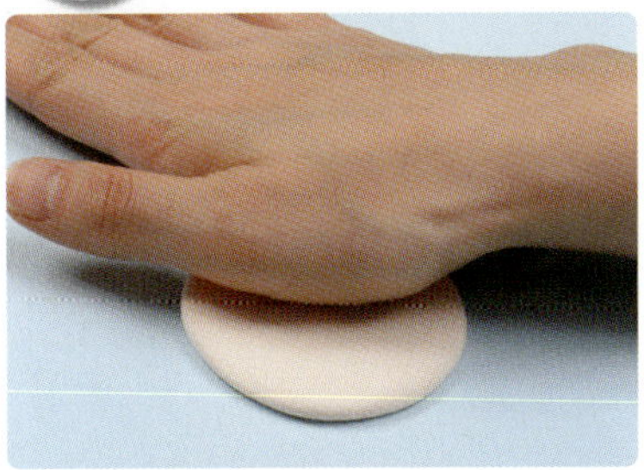

22 흰색 클레이에 빨강과 노란색 클레이를 조금씩 섞어 납작하게 눌러줍니다.

23 바탕과 다른 색의 클레이를 늘이기 기법으로 붙여줍니다.

24 여러 가지 색상을 늘이기 하여 줄무늬를 만들어줍니다.

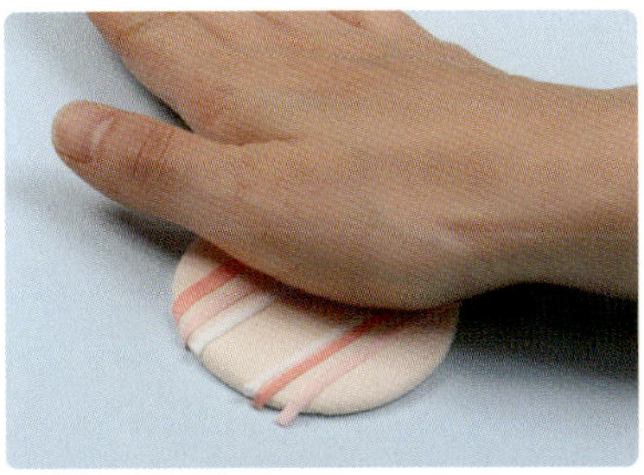

25 완성된 판을 손바닥을 이용해 살짝만 눌러줍니다.

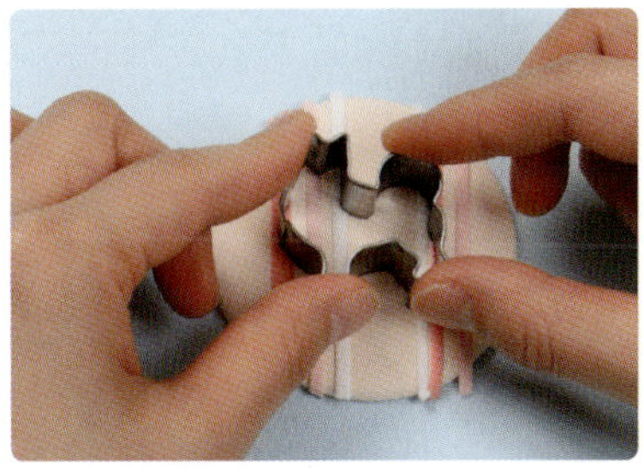

26 강아지 찍기 틀을 이용하여 찍어줍니다.

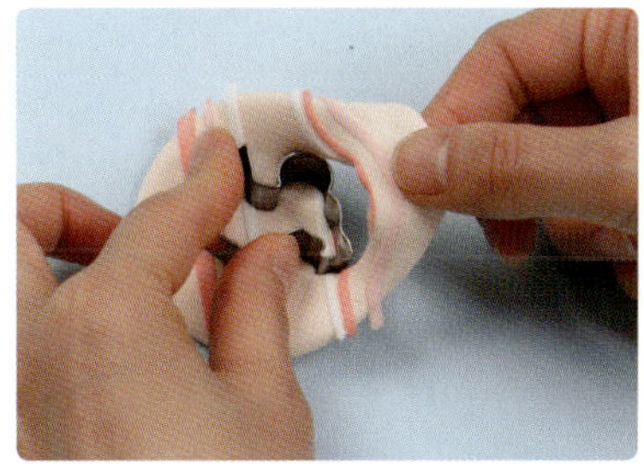

27 찍기 틀을 찍은 상태에서 가장자리를 먼저 떼어냅니다.

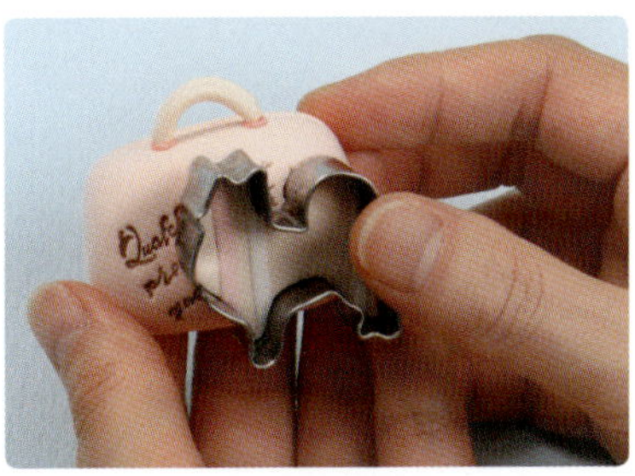

28 가방의 원하는 위치에 강아지 모양을 붙여줍니다.

29 강아지 장식의 가방을 완성하여 미리 만들어놓은 밑판에 붙여줍니다.

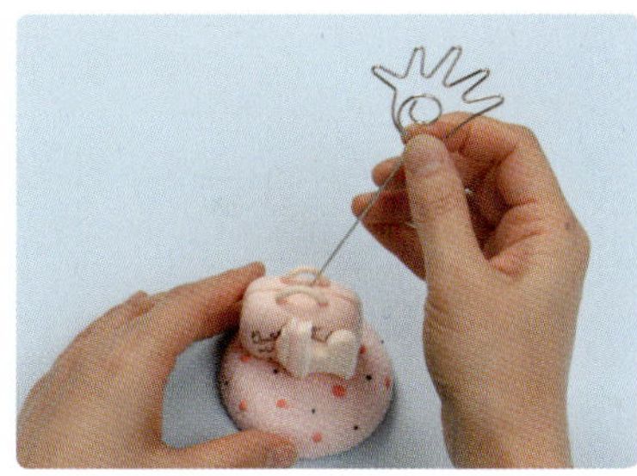

30 원하는 위치에 메모꽂이를 꽂아줍니다.

31 잘 말린 후 메모꽂이에 사진이나 메모를 꽂아 사용합니다.

Love Clay's Advice!

강아지 장식을 다양한 모양으로 변형하면 더 멋진 메모꽂이를 만들 수 있어요. 또한, 가방의 모양을 다르게 꾸며 다양한 모양의 메모꽂이로 활용해보세요.

PART 5

선물하고 싶은 클레이아트 DIY

19 불독 이어폰 와인더

이어폰을 지켜줘요!

불독 이어폰 와인더 만들기

준비물

- 도구 : 송곳도구, 도트도구, 가위, 구부러지는 빨대
- 클레이 : ○ ● ● ● ●
- 예상 재료비: 2,000원
- 예상 제작 시간 : 30분(개당)
- 난이도 : ★★★
- 완성품 예상가 : 8,000원

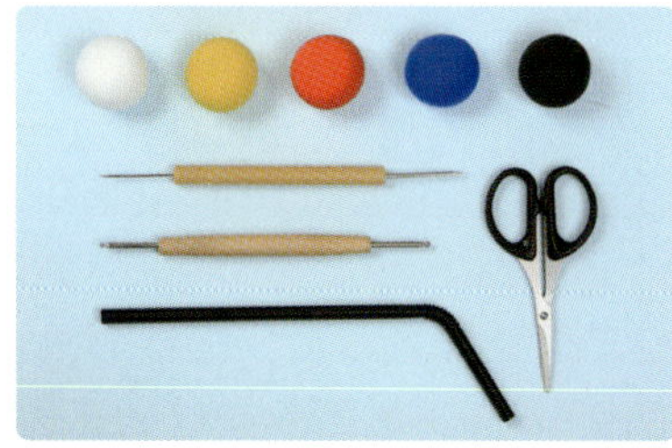

불독 와인더 만들기

1 흰색 클레이에 빨간색과 노란색을 조금씩 섞어 3가지 톤의 색을 만들어줍니다.

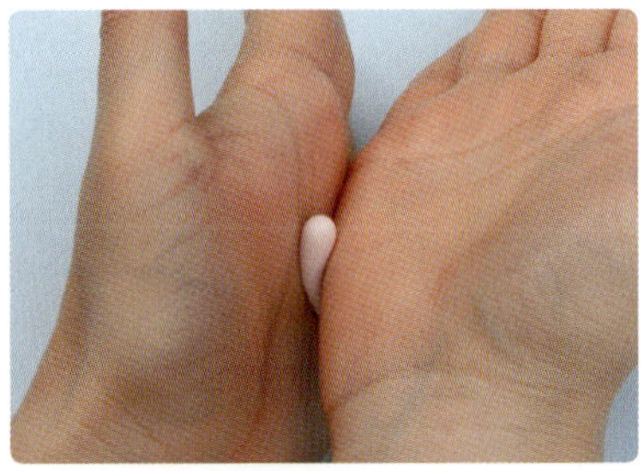

2 원기둥 모양을 만든 후 가운데 부분이 들어간 뼈다귀 모양을 만듭니다.

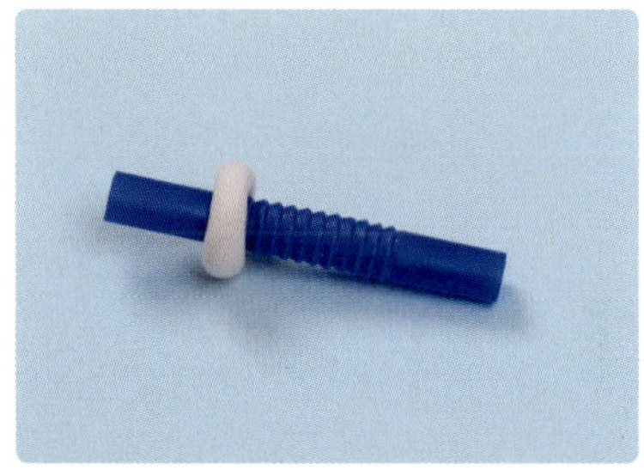

3 빨대의 구부러지는 곳을 기준으로 양쪽을 3~4cm 가량 잘라 색을 한 가지씩 길게 밀어 빨대에 감아줍니다.

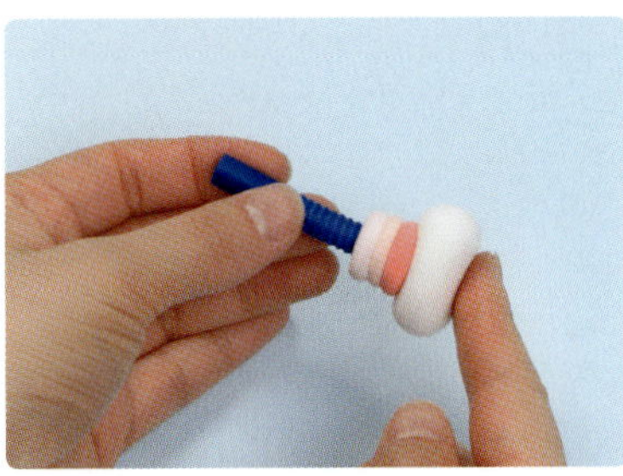

4 3가지 색을 모두 감아주고 끝에 흰색 클레이로 타원을 만들어 붙여줍니다.

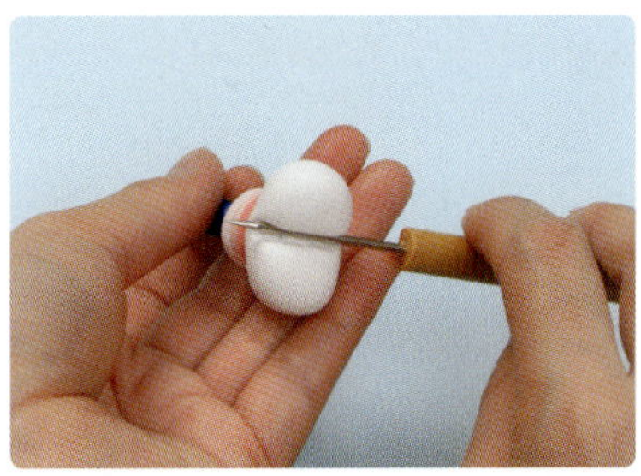

5 송곳도구를 이용해 타원의 중앙을 꾹 눌러줍니다.

Love Clay's tip

빨대의 구부러진 부분에 감으면 안돼요!

빨대의 구부러지는 부분에 감지 않도록 주의합니다. 빨대의 구부러지는 부분은 접어 이어폰줄을 감아줄 것이기 때문에 주름이 있는 곳은 피해서 감아주세요.

6 다른 색으로 3단계의 색상을 준비합니다.

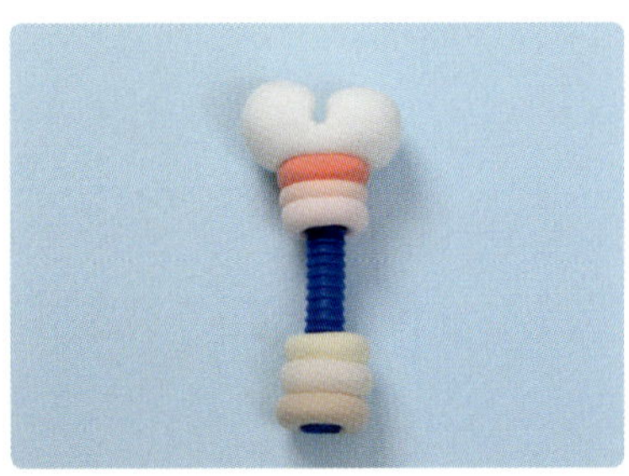

7 빨대의 반대편에 세 가지 색을 차례로 감아줍니다.

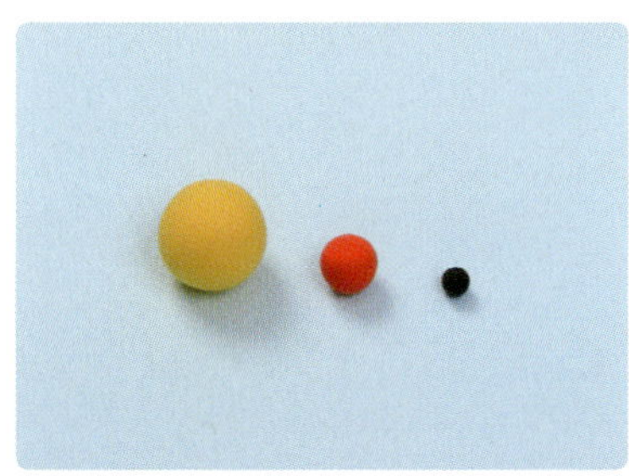

8 노란색과 빨간색 검은색을 사진과 같은 비율로 섞어 갈색을 만들어줍니다.

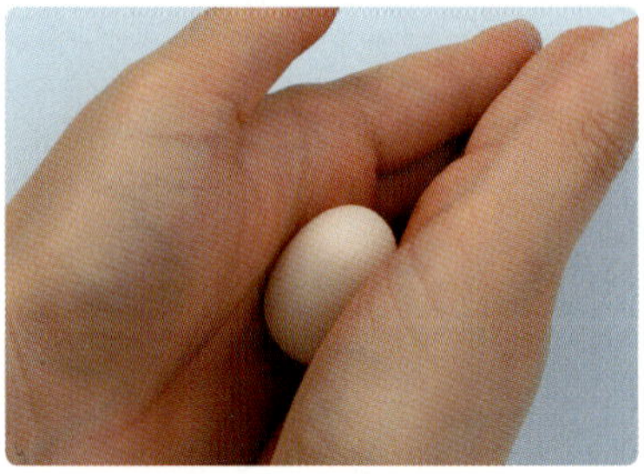

9 흰색에 갈색을 아주 조금 섞어준 후, 물방울 모양을 만들어 살짝 눌러줍니다.

10 물방울의 넓은 부분을 손가락으로 눌러줍니다.

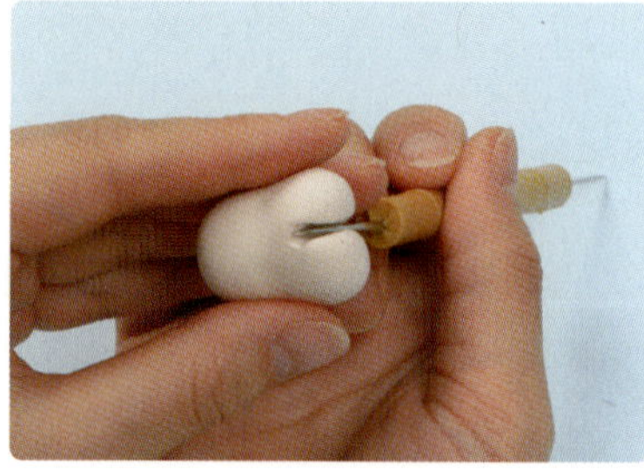

11 손가락으로 눌러준 부분을 송곳도구로 다시 한 번 눌러 불독의 얼굴을 만들어줍니다.

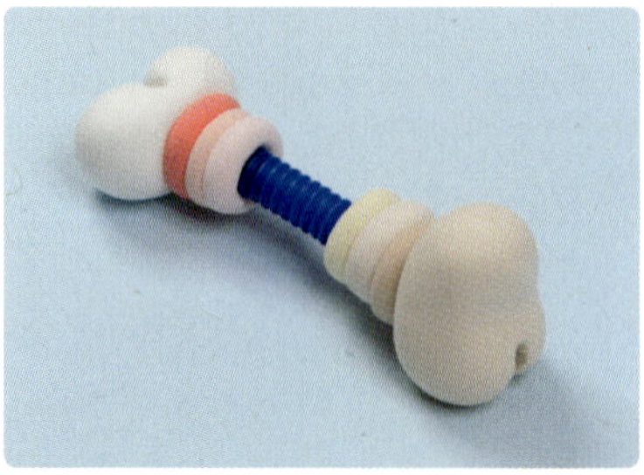

12 두 번째 감은 빨대의 끝쪽에 붙여줍니다.

13 흰색 클레이에 갈색 점토를 섞어 연한 갈색을 만들어줍니다.

14 작은 물방울 두 개를 만들어줍니다.

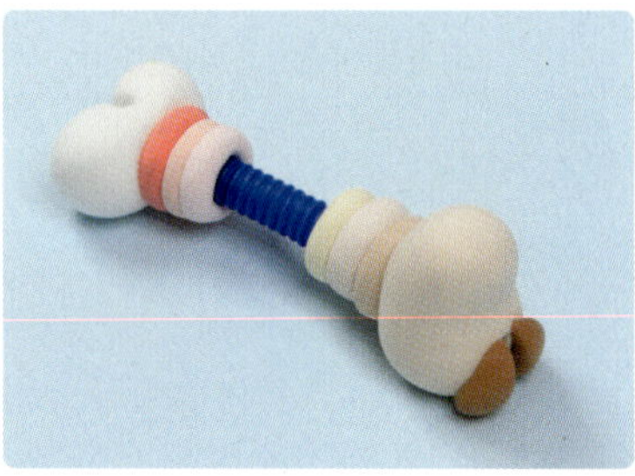

15 작은 물방울을 얼굴 아래쪽에 양쪽으로 붙여줍니다.

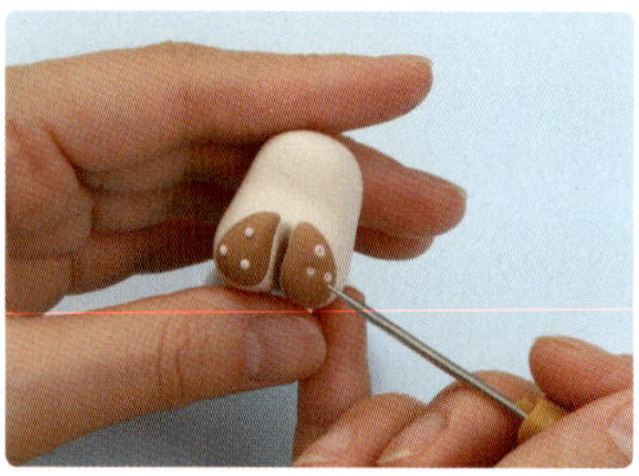

16 분홍색 클레이를 수염 자리에 붙이고 송곳도구로 찍어줍니다.

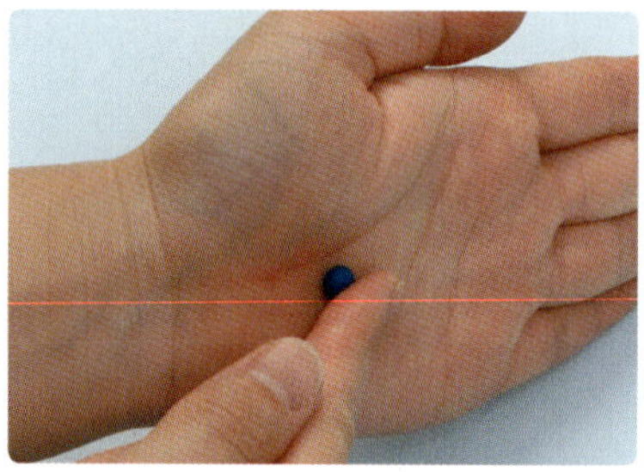

17 파란색 클레이에 노란색 클레이를 조금 섞어 삼각형을 만들어줍니다.

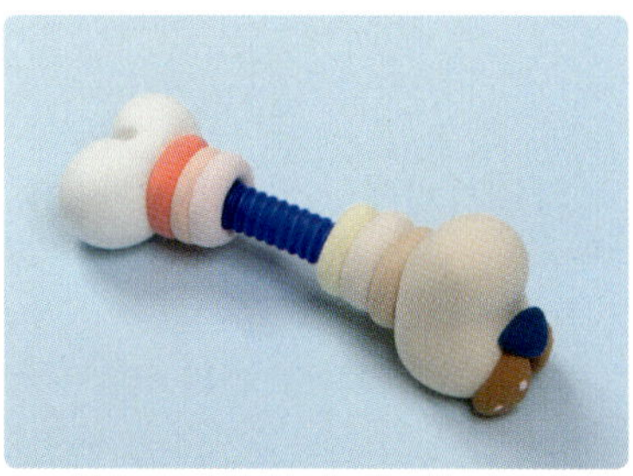

18 얼굴의 중앙에 붙여 불독의 코를 만들어줍니다.

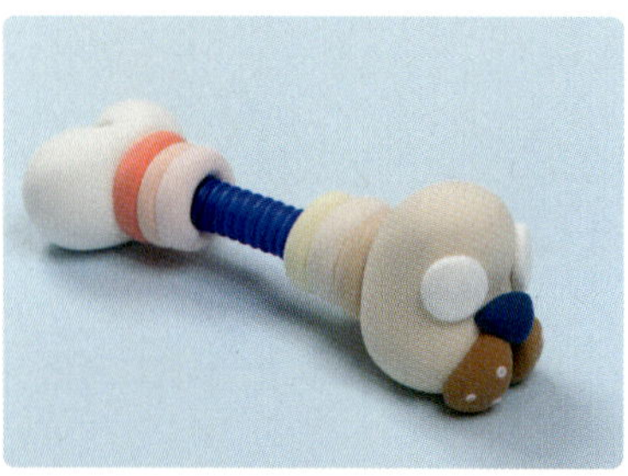

19 흰색 클레이로 납작한 동그라미를 만들어 눈 부분에 붙여줍니다.

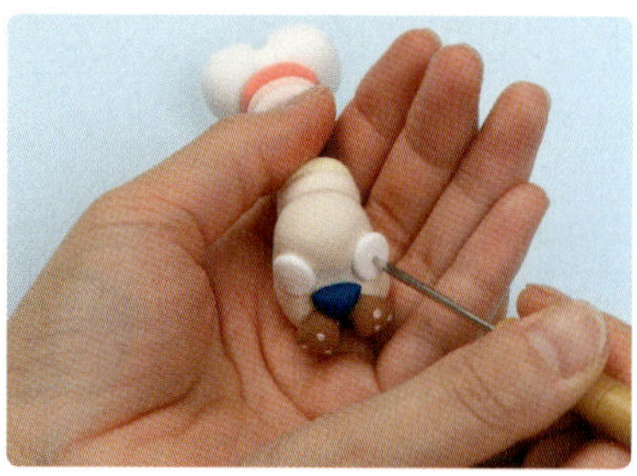

20 눈의 중앙을 송곳도구로 찍어줍니다.

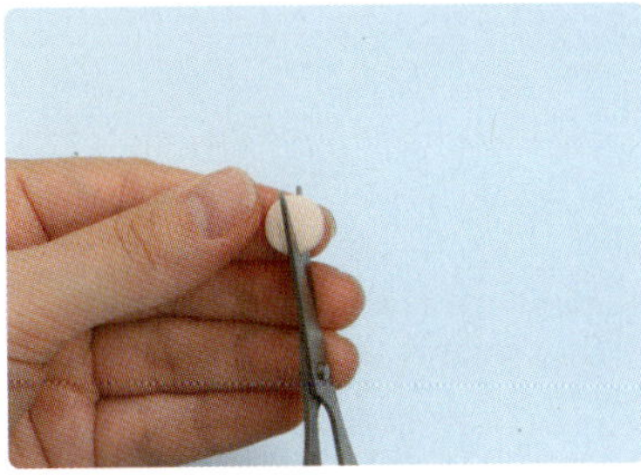

21 얼굴과 같은 색의 클레이를 납작한 동그라미로 만들어 가위로 반을 잘라줍니다.

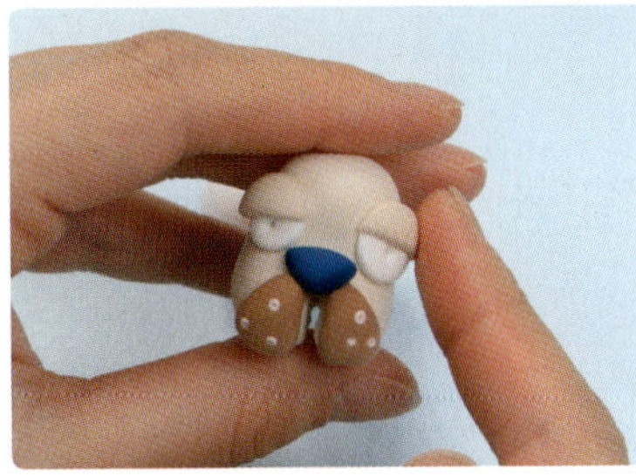

22 눈의 위쪽에 하나씩 붙여 눈꺼풀을 만들어줍니다.

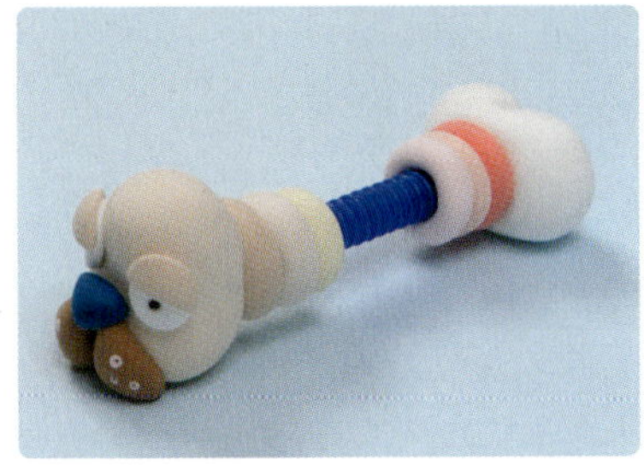

23 구멍을 뚫어놓은 눈에 눈동자를 넣어줍니다.

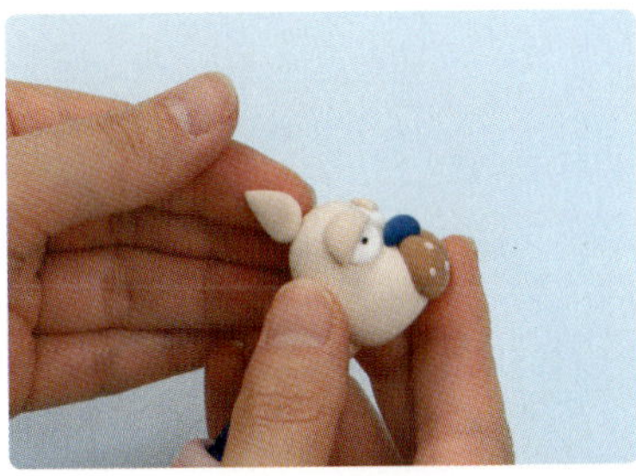

24 얼굴과 같은 색의 클레이로 작은 물방울 두 개를 만들어 얼굴의 위쪽에 붙여 귀를 만들어줍니다.

25 귀는 살짝 구부려줍니다.

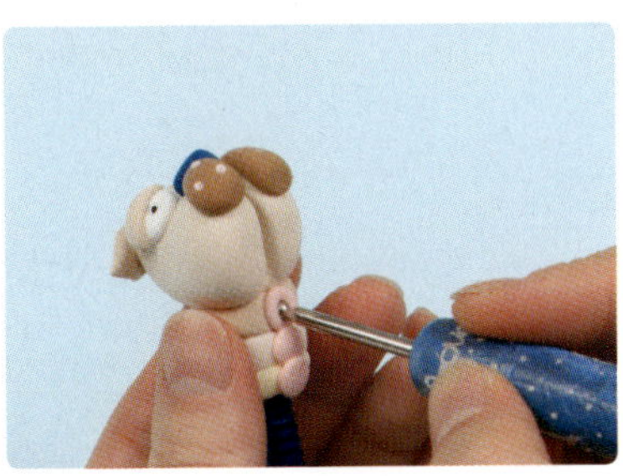

26 빨대에 밀어 붙인 점토의 이음새 부분에 클레이를 붙여주고, 도트 도구를 이용해 찍어줍니다.

Love Clay's Advice!

강아지의 색을 바꾸어 다양한 색으로도 응용해 만들어보세요.

20 걱정 인형

근심 걱정은 내게 맡겨! 마그넷

걱정 인형 마그넷 만들기

준비물

- **도구** : 송곳도구, 가위, 마그넷, 밀대, 칼도구(휘는 칼), 순간접착제
- **클레이** : ○ ● ● ● ●
- **예상 재료비** : 1,500원
- **예상 제작 시간** : 30분
- **난이도** : ★★★
- **완성품 예상가** : 5,000원

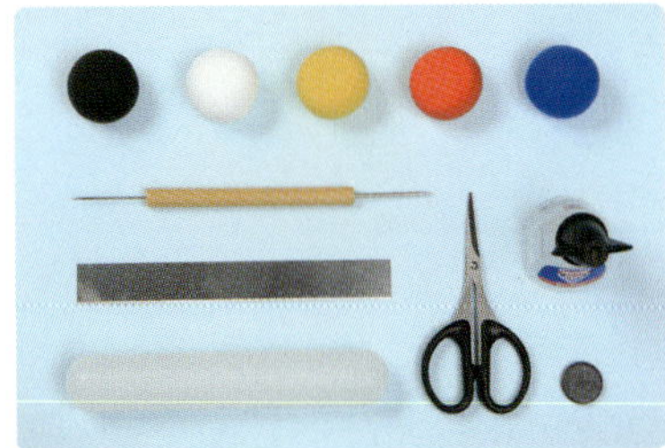

몸통 만들기

1 빨간 클레이에 검은 클레이를 섞어 검붉은 색을 만들어줍니다.

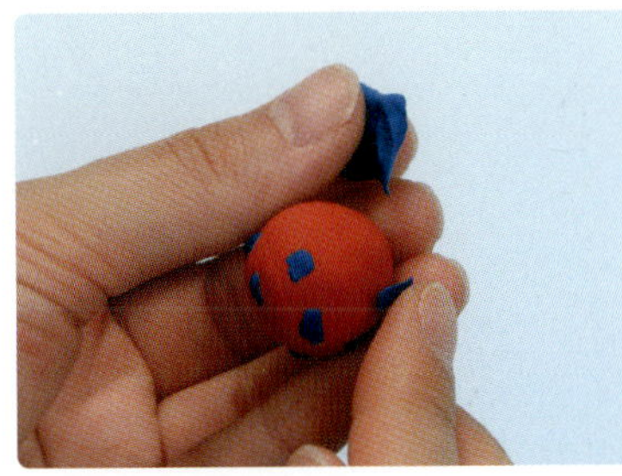

2 섞어준 색을 동그라미 모양으로 만들고 진한 파란색을 조금씩 찢어 군데군데 붙여줍니다.

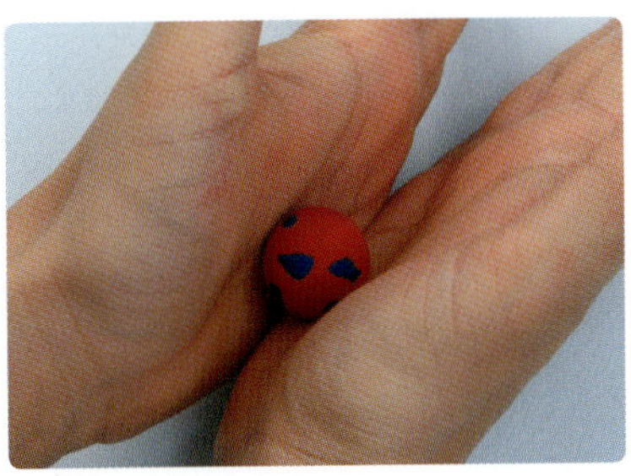

3 골고루 붙여준 후, 손바닥에서 굴려 압착시켜 줍니다.

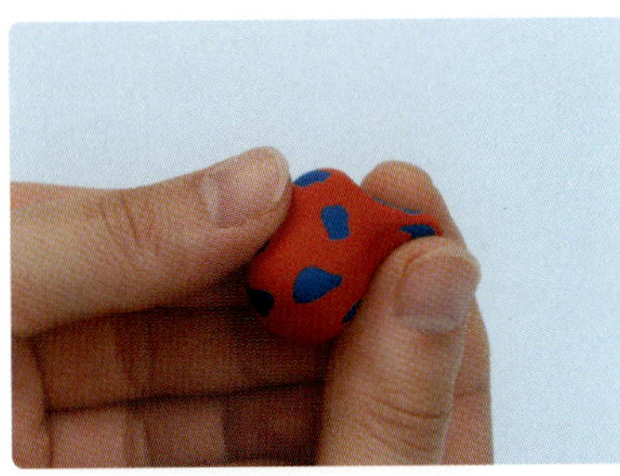

4 동그라미를 살짝 납작하게 누르고 한 쪽을 꼬집듯이 잡아 빼 줍니다.

5 팔과 다리 4군데를 뽑아서 다듬어줍니다.

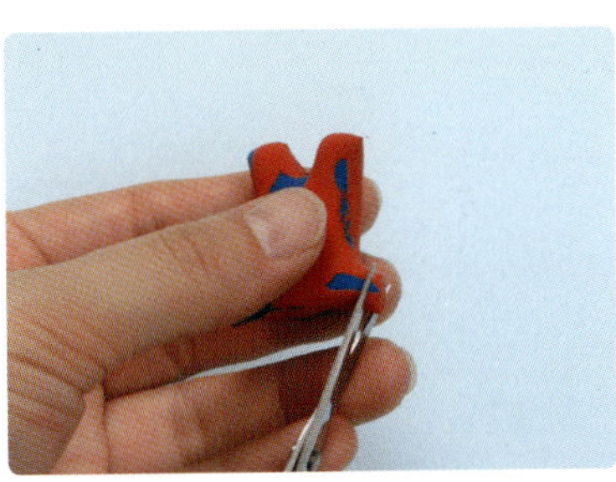

6 팔과 다리의 끝을 가위로 잘라 다듬어줍니다.

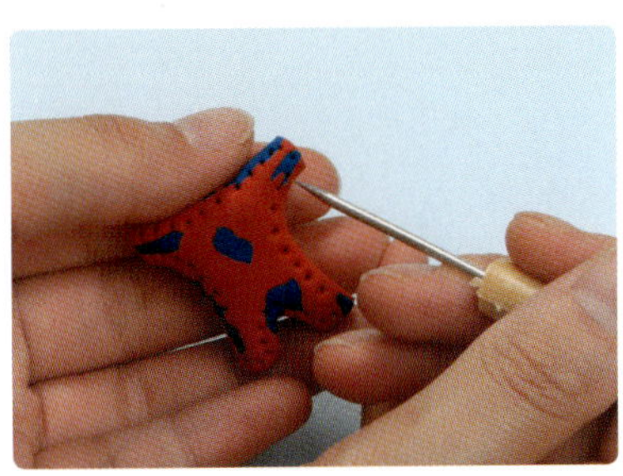

7 몸통의 테두리를 송곳도구를 이용해 무늬를 넣어줍니다.

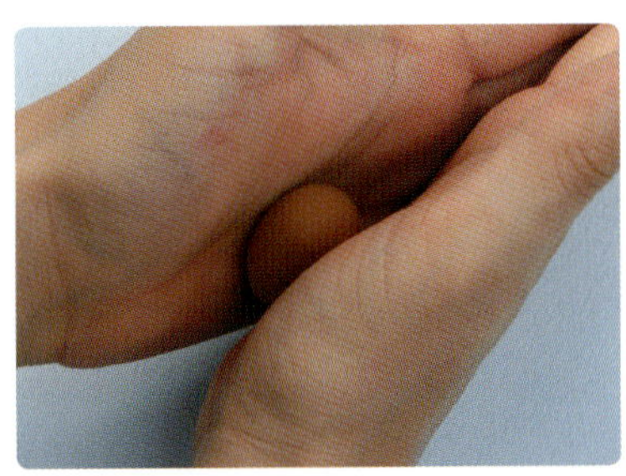

8 흰색에 노랑, 빨강, 검정을 섞어 만든 클레이를 얇게 밀어줍니다.

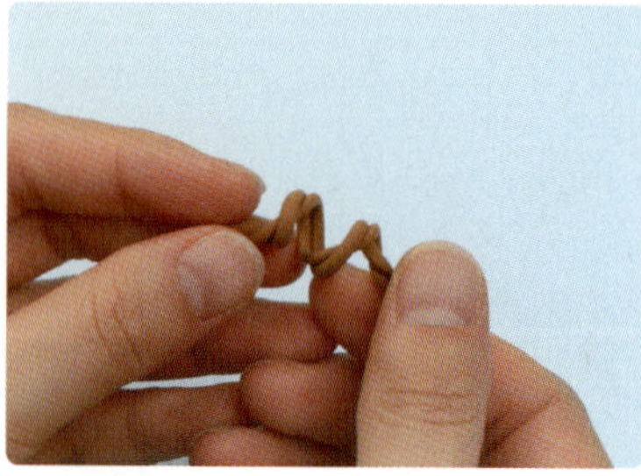

9 얇게 민 클레이를 꼬아 돌돌 말아줍니다.

10 동그랗게 돌돌 말아 손과 발을 만들어줍니다.

얼굴과 두건 만들기

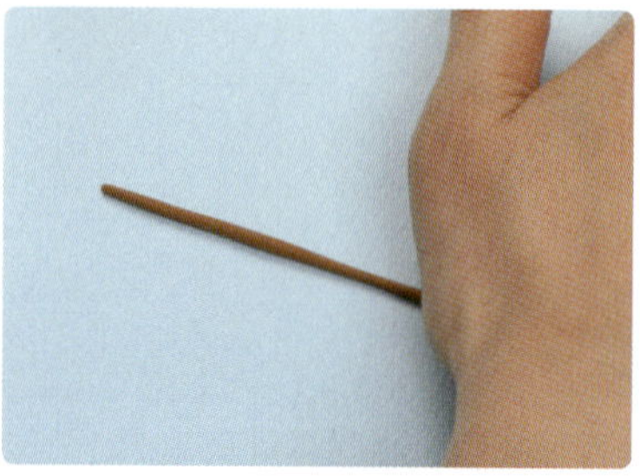

11 손, 발과 같은 색으로 작은 원기둥을 만들어줍니다.

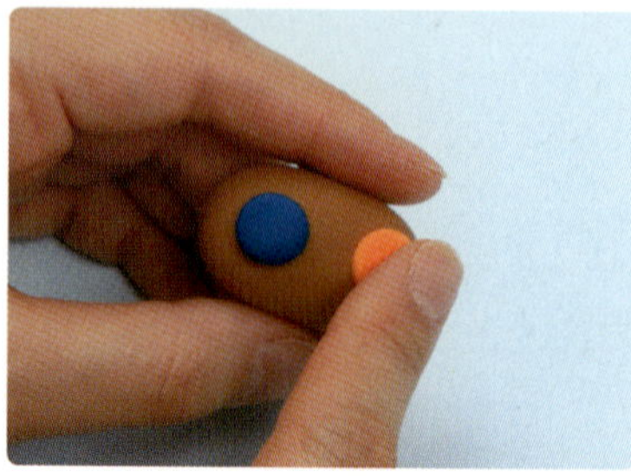

12 진한 파랑과 주황색을 동그라미로 만들어 누른 후 눈 위치에 붙여줍니다.

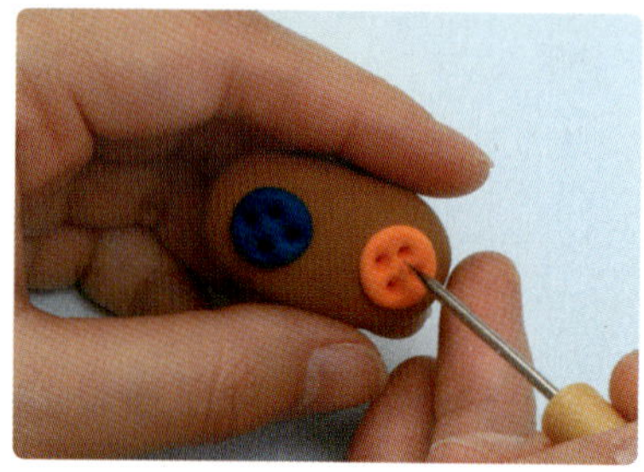

13 눈에 송곳도구로 구멍을 뚫어 단추 모양으로 눈을 만들어줍니다.

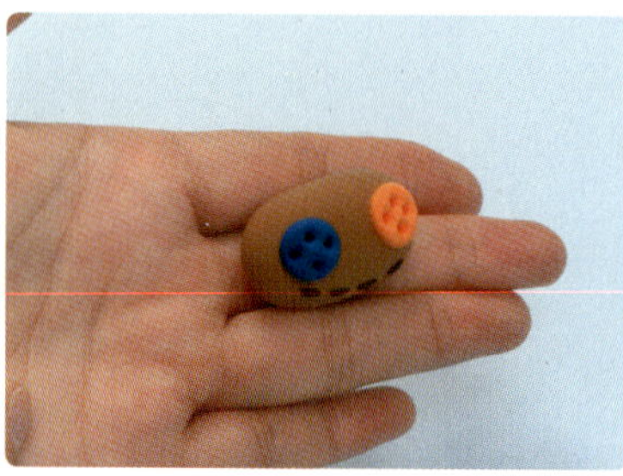

14 빨간색 클레이와 검은색 클레이를 섞어(약 5:5) 갈색을 만든 후 조금씩 짧게 밀어 입을 만들어줍니다.

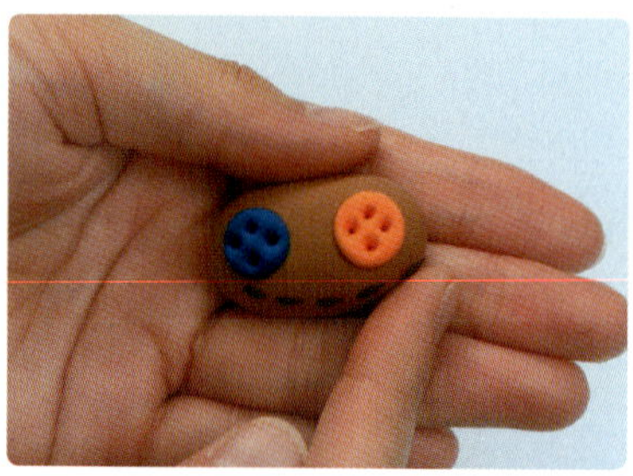

15 스티치 모양의 입이 되도록 붙여줍니다.

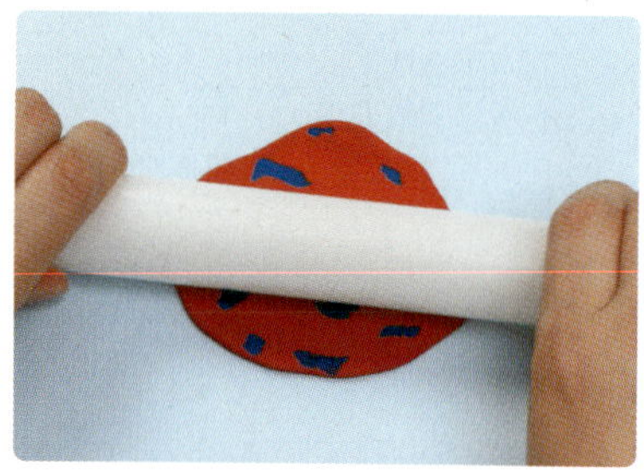

16 몸과 같은 방법으로 클레이를 준비한 후 밀대로 납작하게 밀어줍니다.

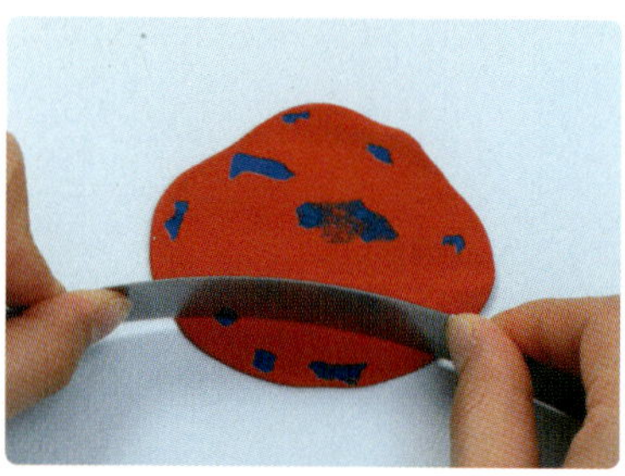

17 휘는 칼을 이용해 밀어놓은 클레이의 끝을 잘라줍니다.

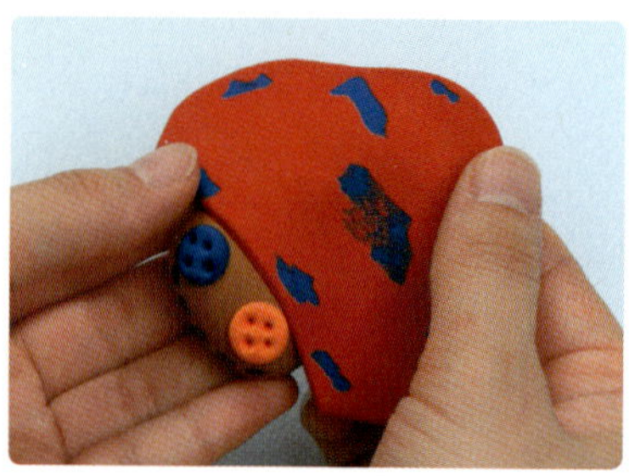

18 자른 쪽 면이 얼굴에 닿게 눈 위쪽에서부터 붙여줍니다.

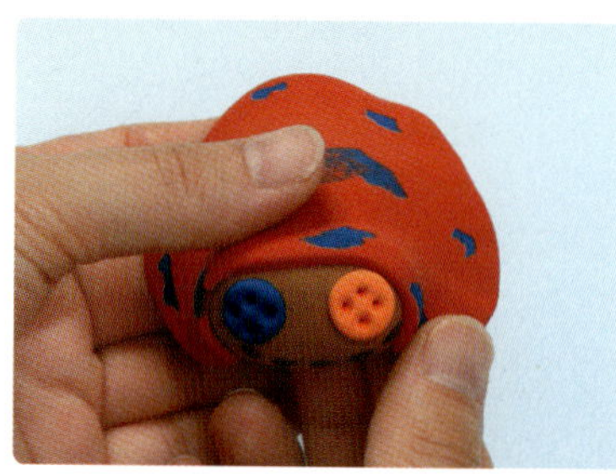

19 얼굴을 감싸면서 붙여줍니다.

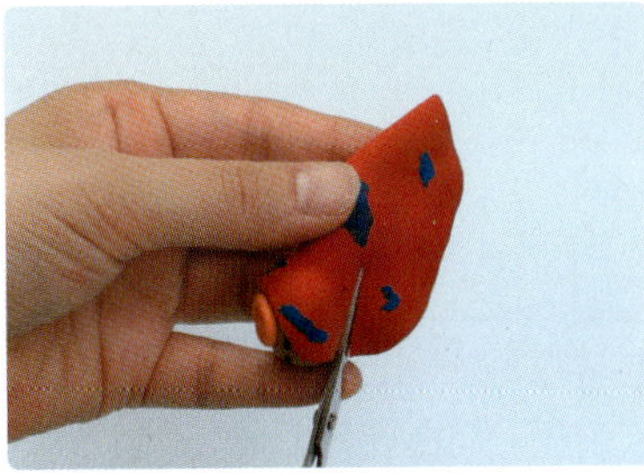

20 얼굴을 감싸고 뒤쪽에서 두건이 고깔 모양이 되도록 가위로 잘라 줍니다.

21 뾰족한 부분을 앞쪽으로 구부려 줍니다.

22 몸과 연결하여 붙여줍니다.

마그넷 붙여 완성하기

23 자석에 순간접착제를 발라줍니다.

24 자석에 인형을 붙여줍니다.

25 다양한 모양의 마그넷인형을 응용하여 만들어 보세요.

21 운동화 사진& 마음을 전하는 메모꽂이

운동화 사진& 메모꽂이 만들기

준비물

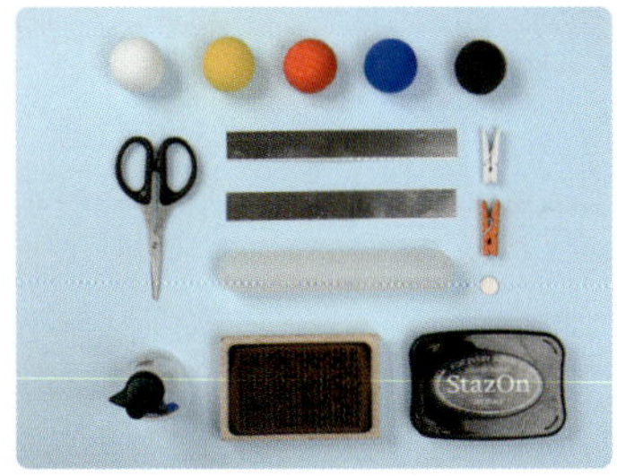

- **도구** : 가위, 칼도구 (직선칼, 휘는 칼), 집게, 강력 자석, 스템프, 스템프용 잉크
- **클레이** : ○ ● ● ● ●
- **예상 재료비**: 2,000원
- **예상 제작 시간** : 30분(개당)
- **난이도** : ★★★
- **완성품 예상가** : 6,000원

메모지 만들기

1 흰색에 빨간색을 아주 조금(약 9.5:0.5) 섞어 연분홍색을 만들어 밀대로 납작하게 밀어줍니다.

2 사각형으로 자르기 쉽게 펴준 후 노란색 클레이로 늘이기 하여 붙여줍니다.

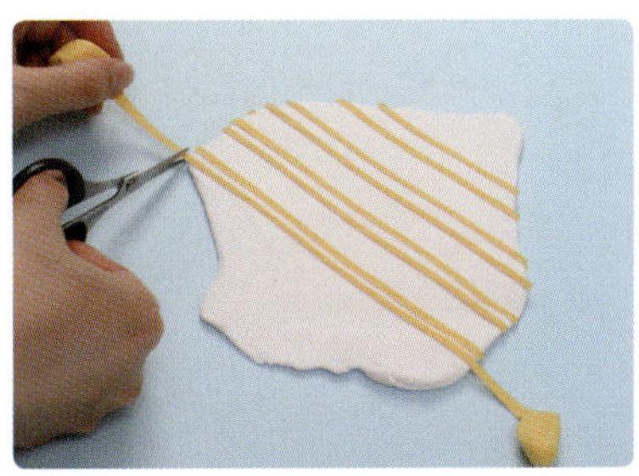

3 늘이기한 후 끝에 남는 클레이는 가위로 잘라줍니다.

4 늘이기로 줄무늬를 만들고 밀대를 이용해 살짝만 밀어 압착시켜 줍니다.

5 판 위에 메모지에 넣을 사진을 놓고 칼도구를 이용해 사진보다 조금 큰 크기로 잘라줍니다.

6 밑판에 한쪽은 스탬프를 이용해 장식하고 도장 주위에 주황색 원을 만들어줍니다.

7 밑판의 다른 한쪽은 예쁜 무늬의 스탬프로 꾸며줍니다.

운동화 만들기

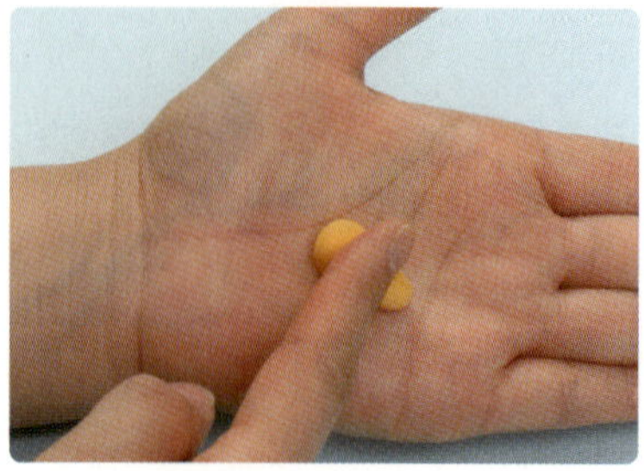

8 노란색 클레이를 물방울 모양으로 만들어 가운데를 눌러줍니다.

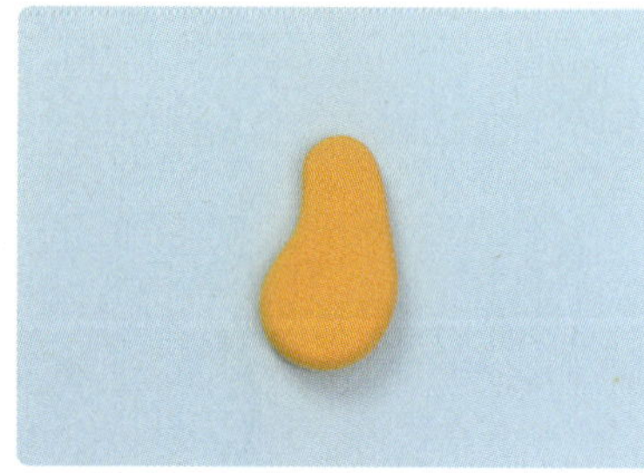

9 납작하게 눌러 신발 밑창을 만들어줍니다.

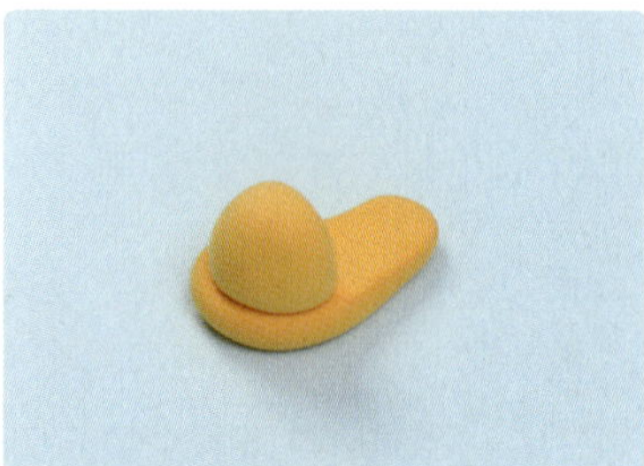

10 신발 밑창 위에 작은 동그라미를 붙여줍니다.

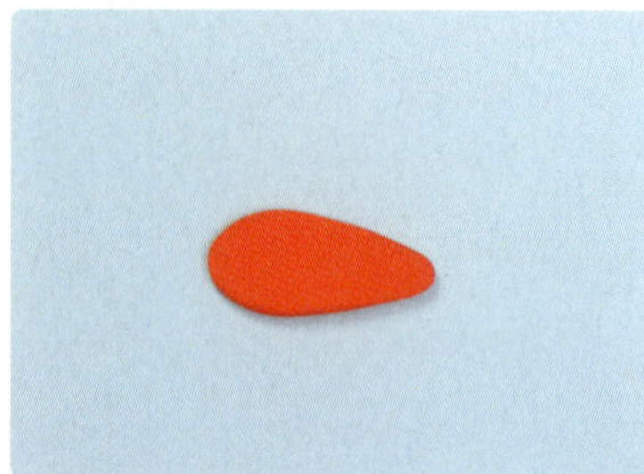

11 빨간색으로 물방울 모양을 만들어 납작하게 눌러줍니다.

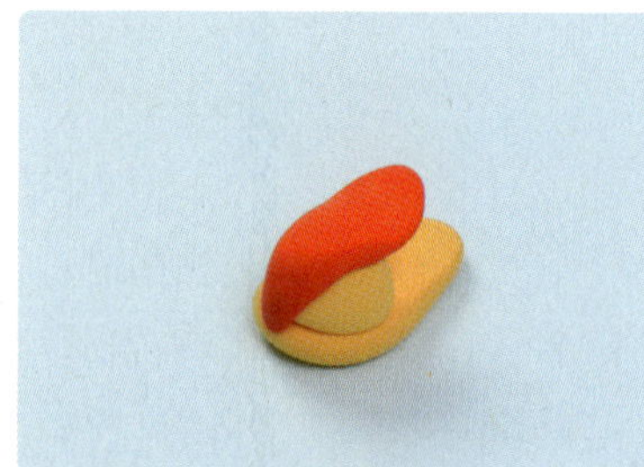

12 신발의 앞쪽에 붙여줍니다. (물방울의 뾰족한 부분이 아래쪽으로 가도록)

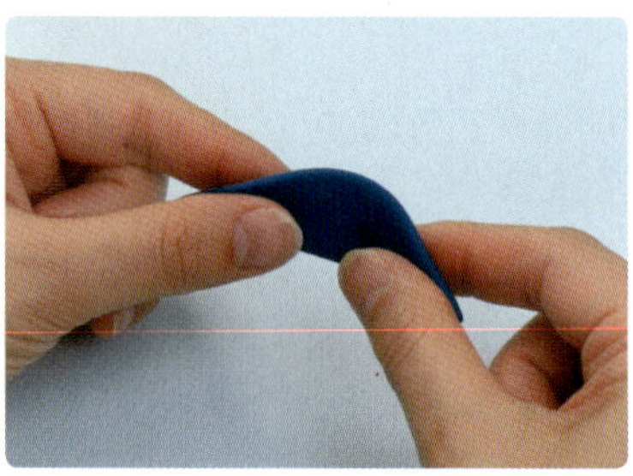

13 파랑에 노랑을 조금(약 9:1) 섞은 클레이로 양쪽 물방울을 만들어 납작하게 눌러줍니다.

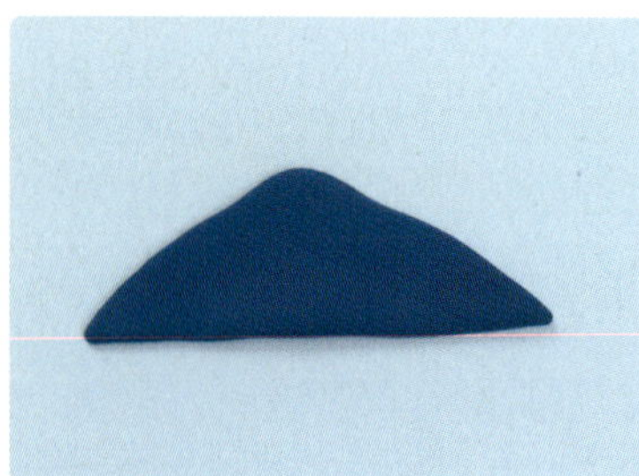

14 납작하게 눌러 아래쪽은 평평하고 위쪽은 뾰족하도록 만들어줍니다.

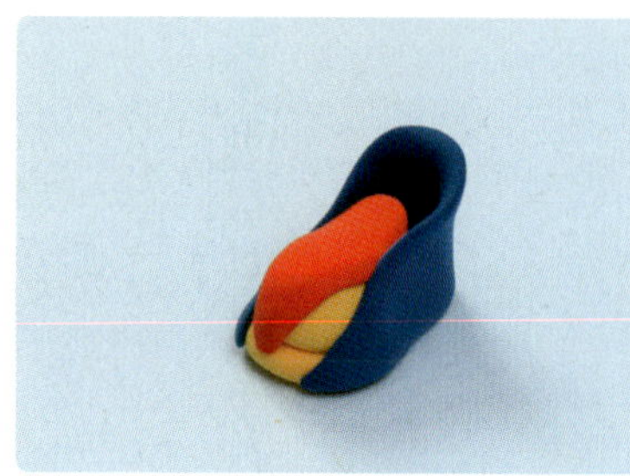

15 만들어놓은 신발 밑창에 둘러 붙여줍니다.

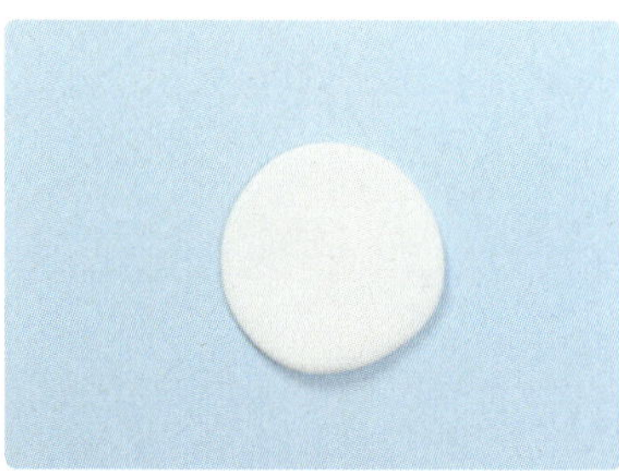

16 흰색 클레이를 동그라미로 만들어 납작하게 눌러줍니다.

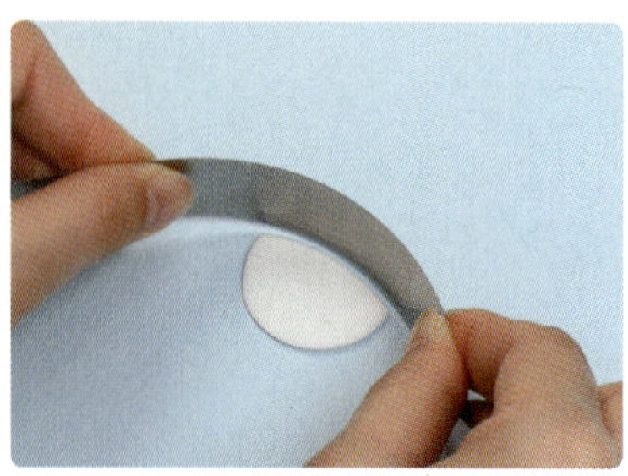

17 휘는 칼을 이용해 동그라미의 2/3 지점을 잘라줍니다.

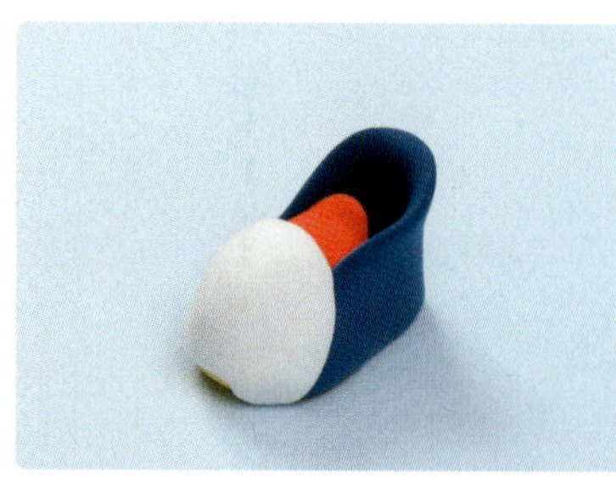

18 흰색 동그라미를 신발의 앞쪽에 붙여줍니다.

19 빨간색과 검은색 클레이를 섞어 갈색을 만들어줍니다.

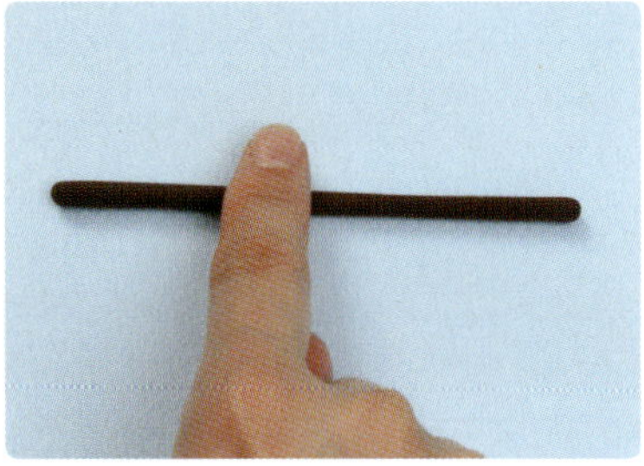

20 갈색 클레이를 길게 밀어줍니다.

21 길게 민 클레이를 밀대를 이용해 납작하게 눌러줍니다.

22 납작하게 누른 클레이를 칼도구로 일정한 두께가 되도록 잘라줍니다.

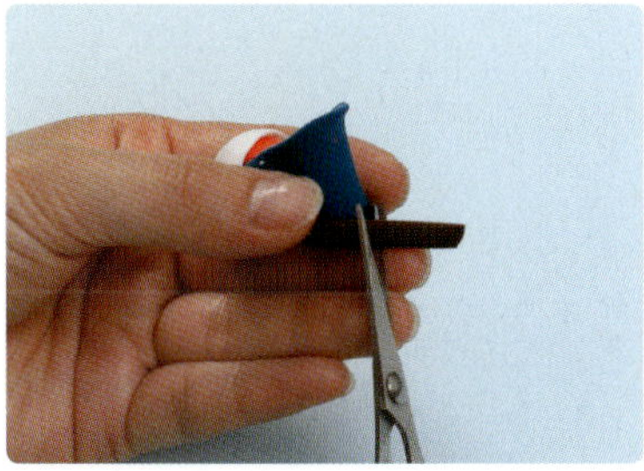

23 신발의 아래쪽에 둘러 붙여주고, 남는 부분은 가위로 잘라줍니다.

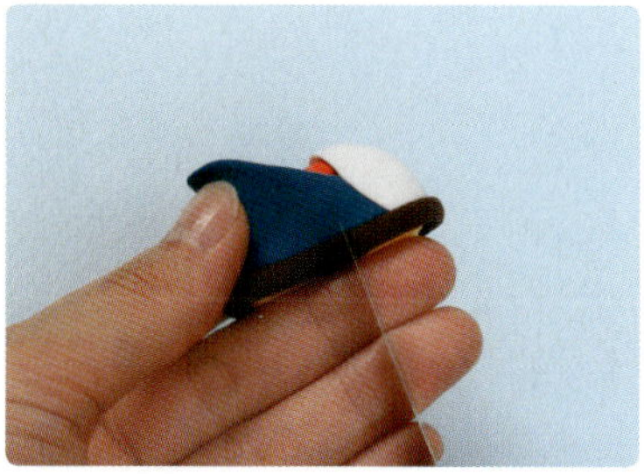

24 신발 테두리에 칼도구로 무늬를 넣어줍니다.

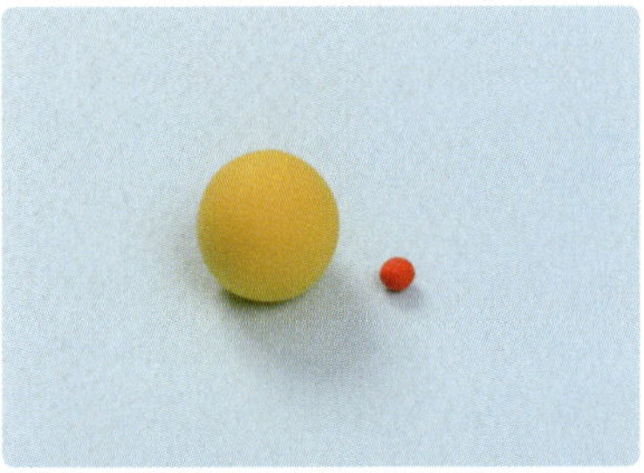

25 노란색 클레이에 빨간색 클레이를 아주 조금(약 9.5:0.5) 섞어 진노랑색을 만들어줍니다.

26 진노랑색 클레이를 얇게 밀어 신발 끈을 만들어줍니다.

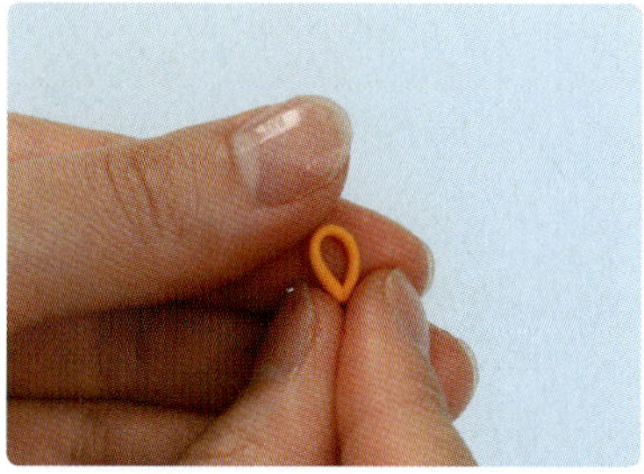

27 길게 민 클레이를 조금 잘라 구부려 끝을 붙여줍니다.(두 개를 만들어줍니다.)

28 신발 끈 위에 붙여 리본을 만들어줍니다.

29 진노랑색으로 신발 뒤쪽에도 장식을 만들어줍니다.

집게 붙여 완성하기

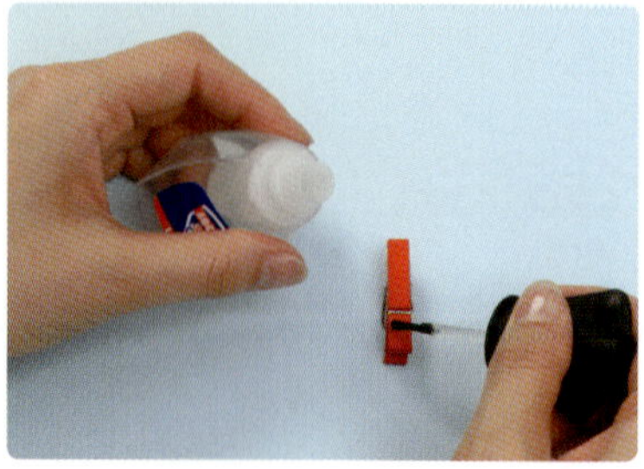

30 집게에 순간접착제를 발라줍니다.

31 만들어놓은 운동화를 집게에 붙여줍니다.

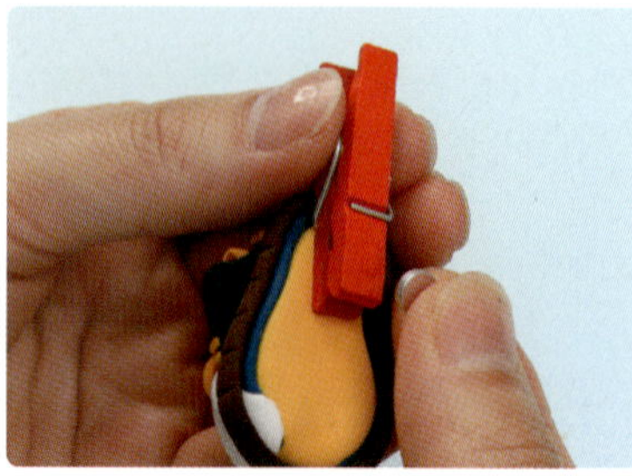

32 집게의 끝에 강력 자석을 붙여줍니다.

33 잘 말린 밑판을 운동화 집게에 꽂아 완성합니다.

Love Clay's Advice!

다양한 아이디어로 사진꽂이를 만들어보세요. 신발의 모양을 바꾸어보거나 신발 바닥의 디자인을 바꾸어 다양한 모양으로 응용하여 예쁜 사진꽂이를 만들어보세요.

22 눈사람 초 받침

내 안에 너 있다! 초 받침

눈사람 초 받침 만들기

준비물

- **도구** : 송곳도구, 가위, 도트도구, 초, 브러시, 밀대
- **클레이** : ○ ● ● ● ●
- **볼클레이** : ○
- **예상 재료비**: 5,000원
- **예상 제작 시간** : 40분
- **난이도** : ★★★★
- **완성품 예상가** : 18,000원

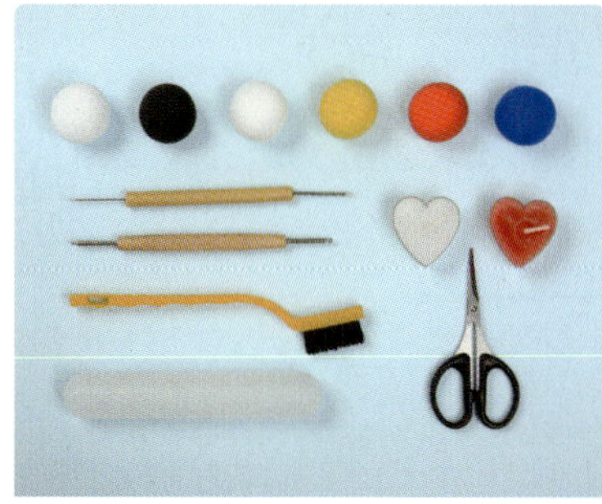

눈사람 몸통과 얼굴 만들기

1 흰색에 빨간색과 노란색 클레이를 아주 조금씩 섞어 연분홍색을 만들어줍니다.

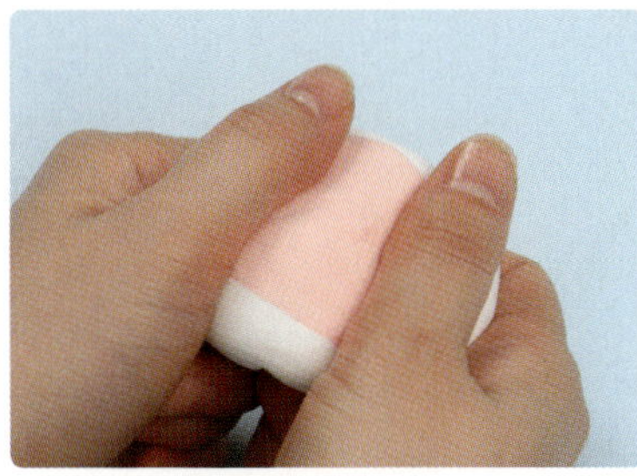

2 흰색 클레이 위에 연분홍색 클레이를 흰색 클레이보다 작고 얇게 올려줍니다.

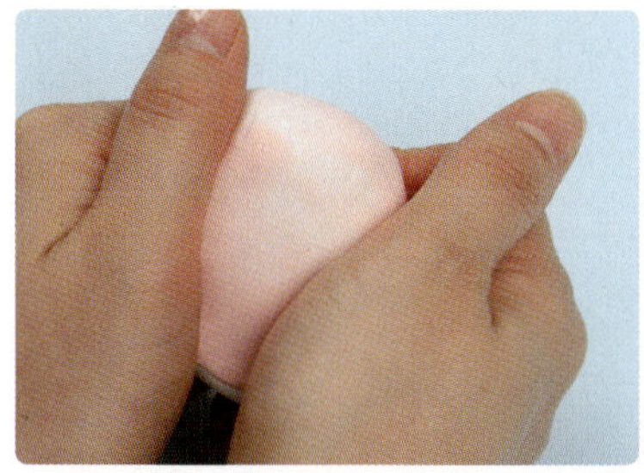

3 양손으로 가장자리를 눌러주면서 2단 펴기를 해줍니다. 기본 기법2 ⑱2단 펴기 기법 동영상 강의 참고

4 2단 펴기를 해준 클레이를 손바닥 위에 올려 물방울 모양으로 만들어줍니다.

5 물방울 모양의 뚱뚱한 쪽을 바닥에 설 수 있도록 평평하게 눌러줍니다.

6 몸통과 같은 방법으로 펴기를 한 후 클레이를 타원형으로 만들어 살짝 납작하게 눌러줍니다.

7 손가락으로 얼굴의 아래쪽이 움푹 들어가도록 눌러줍니다.

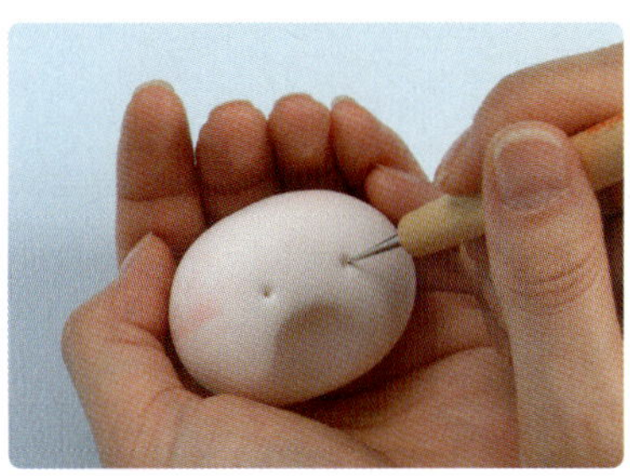

8 눈은 도트도구를 이용해 구멍을 내줍니다.

9 도트도구를 이용해 입 모양으로 구멍을 내줍니다.

10 빨간색 클레이와 검은색 클레이를 섞어 갈색을 만들어줍니다.

11 갈색 클레이로 작은 원을 만들어 구멍을 내준 눈과 입을 채워줍니다.

12 웃고 있는 눈사람 얼굴을 만들어 주었습니다.

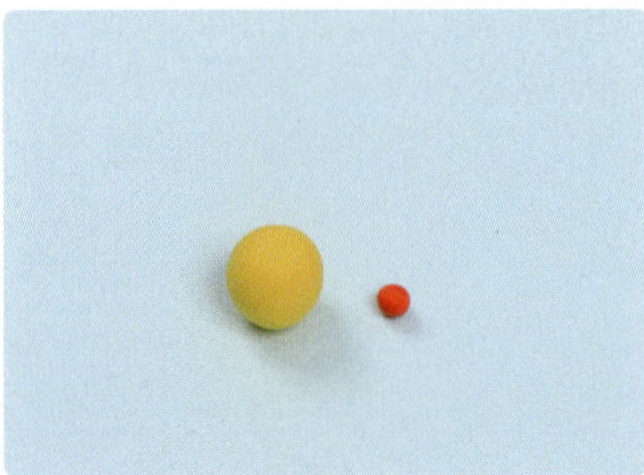

13 노란색 클레이에 빨간색 클레이를 조금 섞어 주황색을 만들어줍니다.

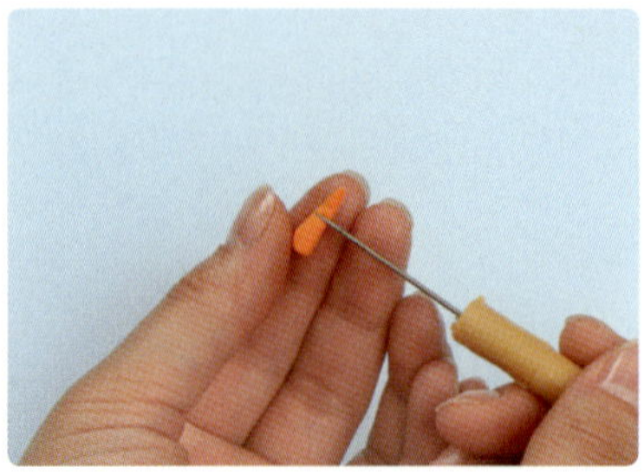

14 주황색으로 물방울을 만들어 송곳도구로 주름을 넣어줍니다.

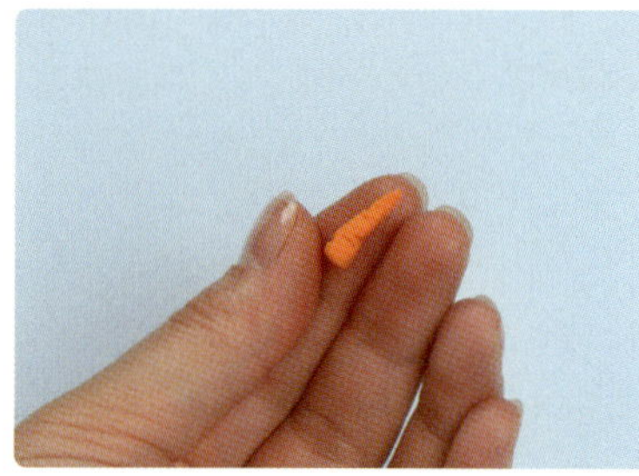

15 당근 모양을 만들어 주름을 넣어 준 모습입니다.

16 코를 만들어 웃는 눈사람의 얼굴 중앙에 붙여줍니다.

17 앞에서 미리 만들어놓은 몸통에 철심을 꽂아줍니다.

18 철심에 얼굴을 꽂아 몸통과 붙여 줍니다.

받침 만들기

19 흰색 클레이와 흰색 볼클레이를 1:1 비율로 섞어줍니다.

20 볼클레이를 섞어준 흰색 클레이 위에 연분홍색 클레이를 작고 얇게 원 모양으로 올려줍니다.(약 7:3 비율)

21 양손으로 자연스럽게 2단 펴기 하여 두 색이 자연스럽게 섞이도록 해줍니다.

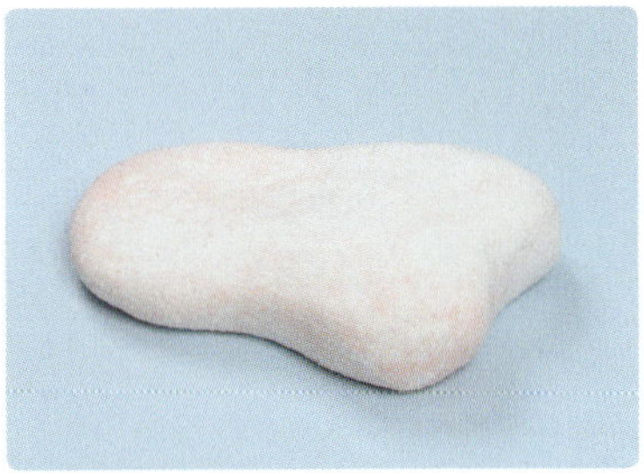

22 2단 펴기한 클레이를 살짝 납작하게 누르면서 원하는 모양으로 형태를 잡아줍니다.

23 준비한 양초를 바닥의 한쪽에 눌러 붙여줍니다.

24 양초 옆에 만들어놓은 눈사람을 붙여줍니다.

목도리 만들기

25 빨간색 클레이에 검은색 클레이를 아주 조금 섞어 검붉은 색을 만들어줍니다.

26 흰색 클레이에 노란색 클레이를 아주 조금 섞어 연노랑 색을 만들어줍니다.

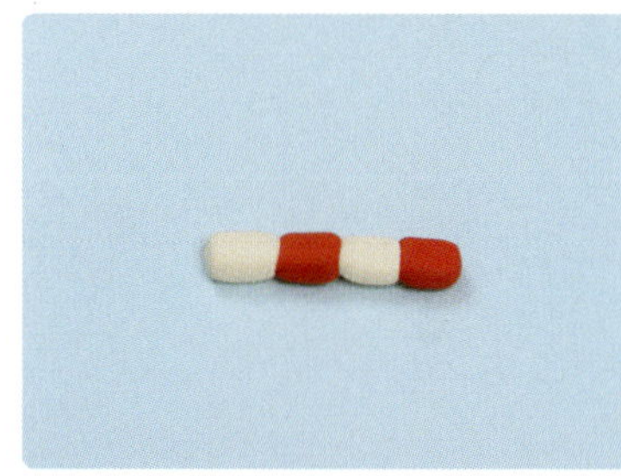

27 진갈색과 연노랑 색을 목도리 모양으로 번갈아 놓아줍니다.

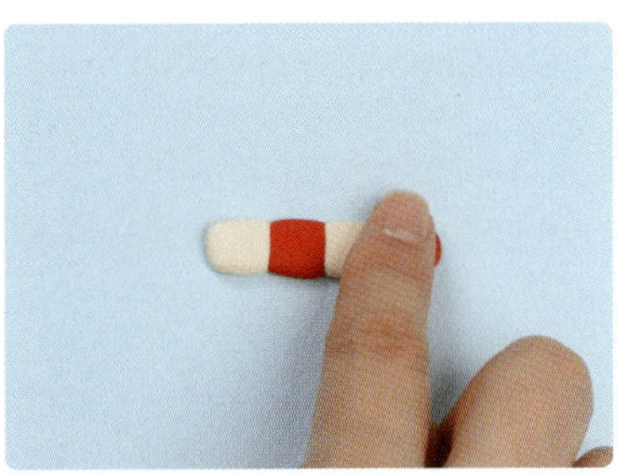

28 손가락으로 납작하게 눌러줍니다.

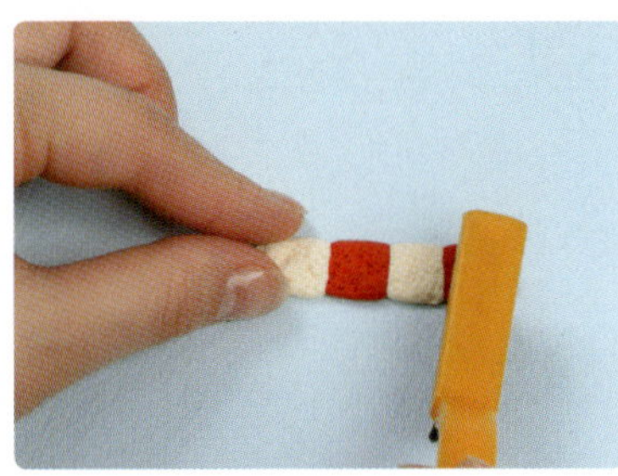

29 브러시를 이용해 목도리의 질감을 표현합니다.

Love Clay's tip

가시나 실 표현을 위한 가위 선택 방법

가시나 실과 같이 짧고 뾰족한 표현을 하기 위해서는 끝이 뾰족하고 가윗날이 얇은 가위를 사용하는 것이 좋습니다.

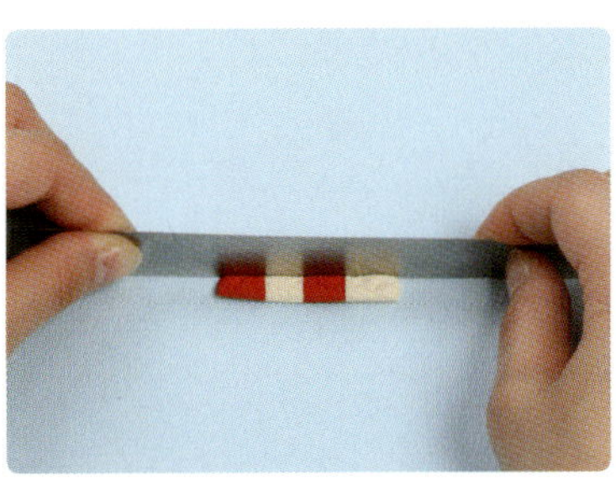

30 칼을 이용해 직사각형으로 잘라줍니다.

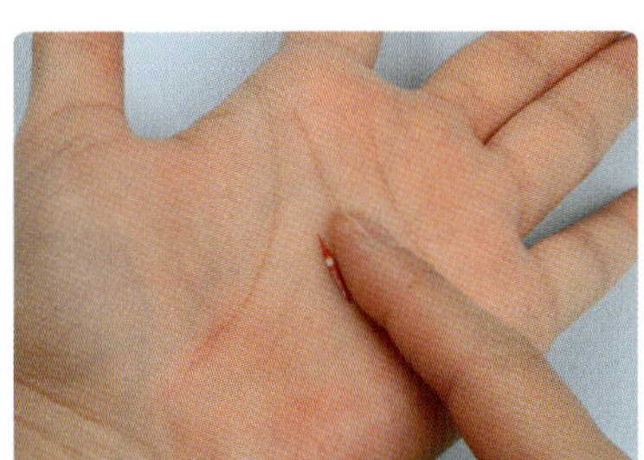

31 자르고 남은 클레이는 양쪽 물방울 모양을 만들어줍니다.

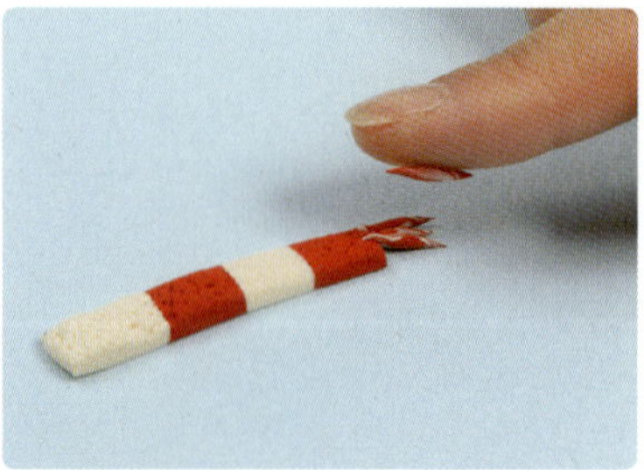

32 잘라놓은 목도리 끝에 붙여 목도리의 끝부분을 만들어줍니다.

33 목도리를 눈사람의 몸통에 일자로 먼저 붙여주고

34 눈사람의 목에 둘러줍니다.

35 목도리를 두른 눈사람을 만들어줍니다.

모자 만들어 완성하기

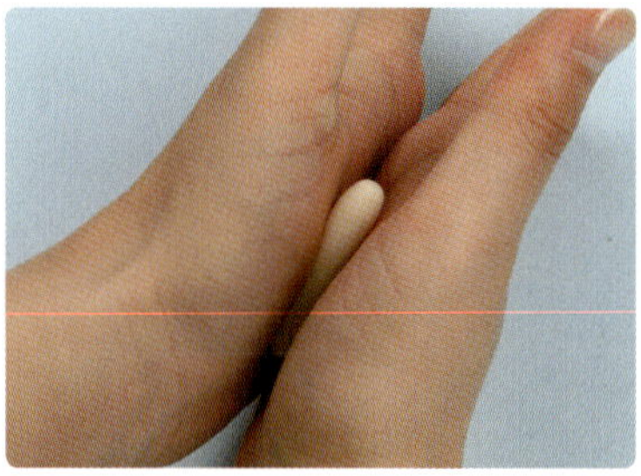

36 목도리와 같은 색으로 긴 원기둥을 만들어줍니다.

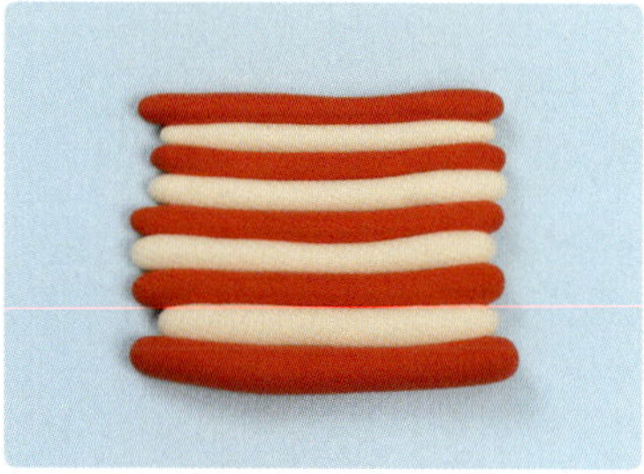

37 원기둥을 만든 두 가지 색을 나란히 붙여줍니다.

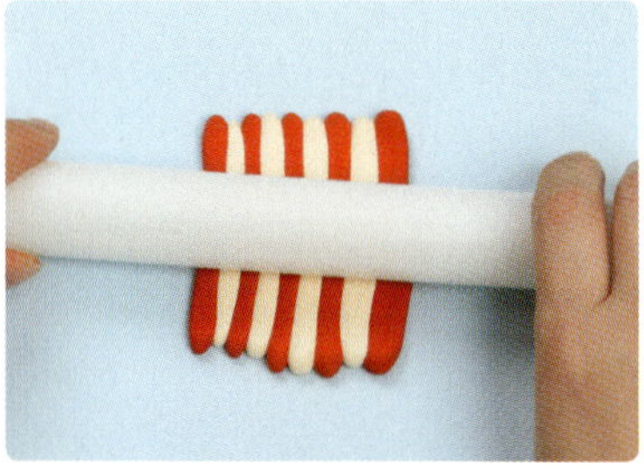

38 나란히 놓은 클레이를 밀대를 이용해 밀어줍니다.

39 브러시를 이용해 살살 눌러주어 모자의 질감을 표현합니다.

40 질감까지 나타낸 클레이를 가운데는 붙지 않도록 끝에만 붙여줍니다.

41 구멍이 있는 부분에 손가락을 넣고 고깔 모양이 되도록 만져주어 잘라줍니다.

42 눈사람의 머리 위에 고깔 모양을 붙여주고 모자의 끝을 구부려줍니다.

43 목도리와 모자를 쓴 눈사람이 됩니다.

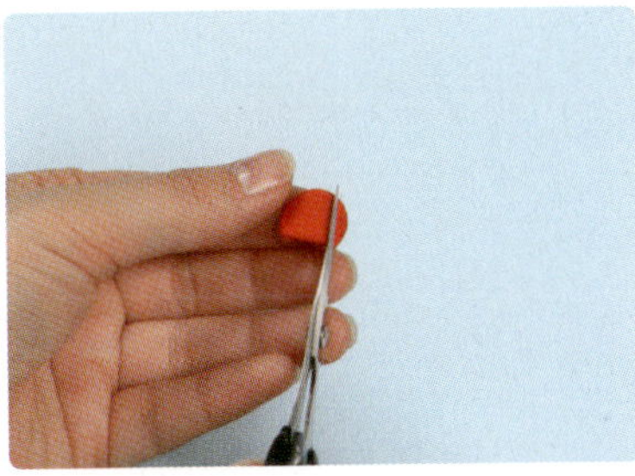

44 목도리와 모자를 만들었던 진갈색의 클레이를 납작하게 눌러 네모 모양으로 잘라줍니다.

45 눈사람의 몸통에 붙여주고 송곳 도구로 끝을 눌러 바깥쪽으로 끌어당겨 줍니다.

46 이렇게 해주면 누더기 주머니가 완성됩니다.

47 집에 있는 아이섀도 등을 이용하여 볼에 칠해줍니다.

48 잘 말려준 후 초에 불을 붙여 예쁘게 사용합니다.

Love Clay's Advice!

모자의 색이나 표정의 변화를 주어 다양한 눈사람 촛대를 만들어보아도 좋아요. 작품에 어울리는 색의 초는 작품을 더 살려준답니다.

23 그녀는 스마트폰 거치대

TV나 영화를 편안하게 보세요!

스마트폰 거치대 만들기

준비물

- 도구 : 송곳도구, 칼, 나이프, 가위
- 클레이 :
- 예상 재료비: 5,000원
- 예상 제작 시간 : 30분(개당)
- 난이도 : ★★★★★
- 완성품 예상가 : 20,000원

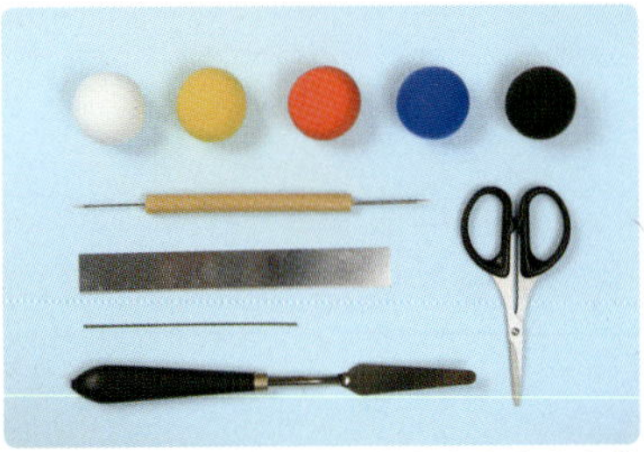

 바지 만들기

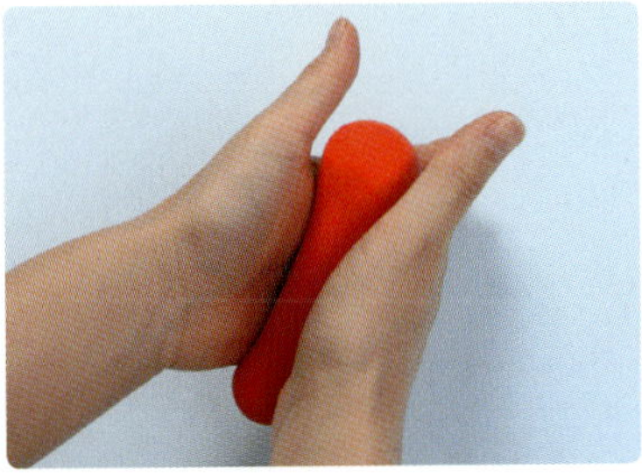

1 빨간색 클레이를 긴 물방울을 만들어 줍니다.

2 긴 물방울의 중앙을 구부려 무릎을 잡아줍니다.

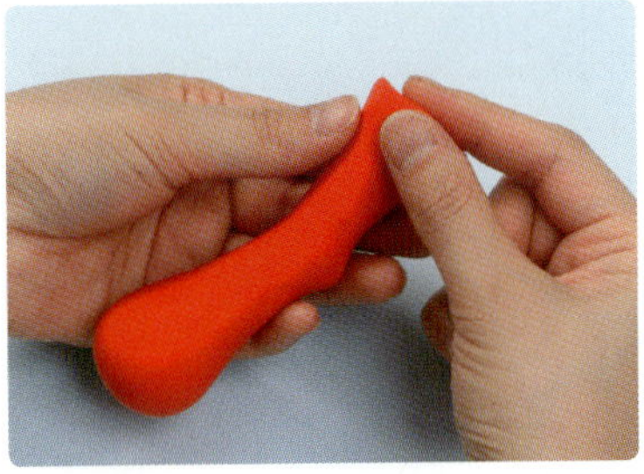

3 물방울의 좁은 쪽을 손가락을 이용해 벌려줍니다.

4 구부린 무릎 뒤쪽을 송곳도구를 이용해 주름을 넣어줍니다.

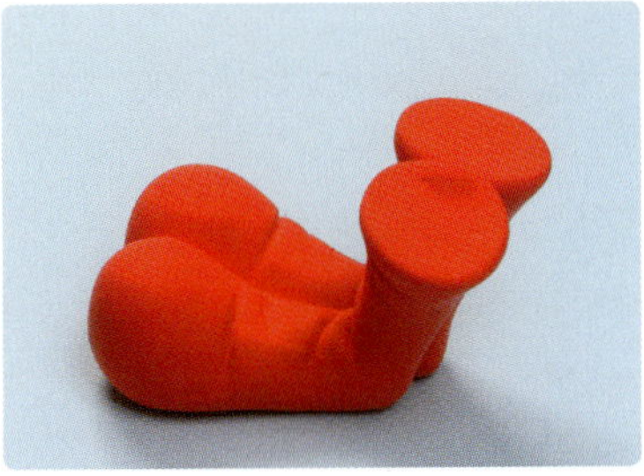

5 같은 모양으로 두 개를 만들어 붙여 줍니다.

 티셔츠 만들기

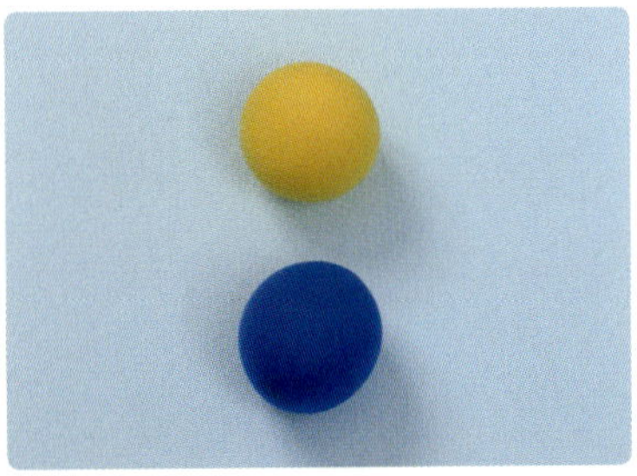

6 노란색과 파란색을 섞어(약 5:5) 녹색을 만들어줍니다.

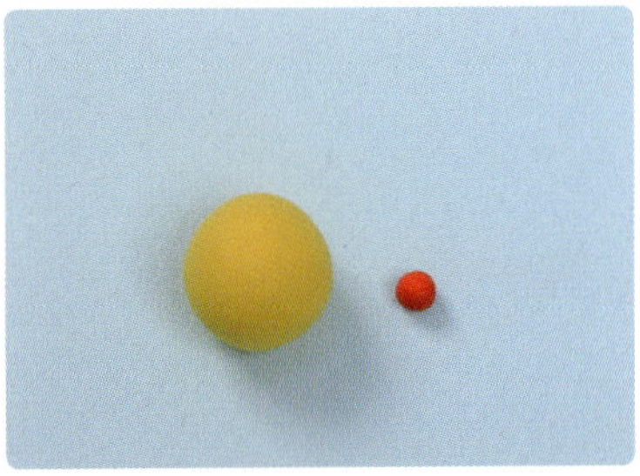

7 노란색에 빨간색을 아주 조금(약 9:1) 섞어 진노랑색을 만들어줍니다.

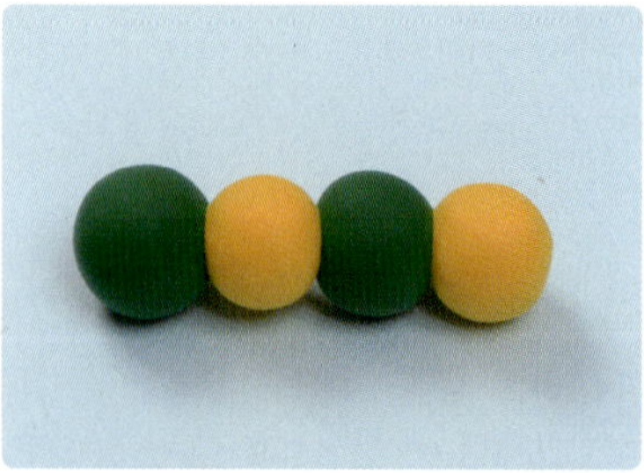

8 녹색과 진노랑 색을 동그랗게 만들어 나란히 놓아줍니다.

9 나란히 놓은 클레이를 손으로 납작하게 눌러줍니다.

10 납작하게 누른 클레이를 다시 원기둥으로 밀어줍니다.

11 원기둥으로 밀어준 클레이를 살짝 눌러 네모 모양을 만들어줍니다.

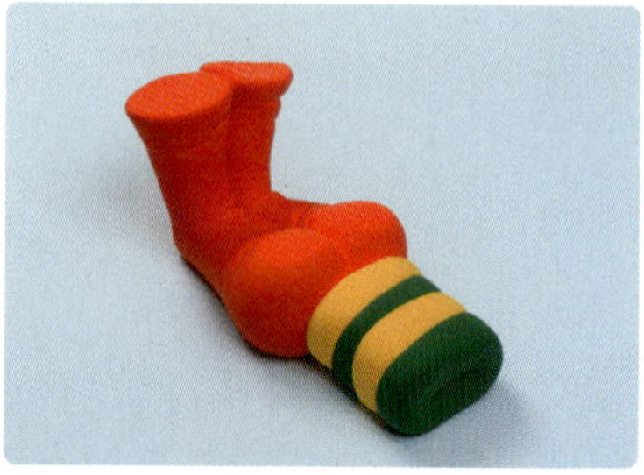

12 바지 위쪽에 붙여줍니다.

팔 만들기

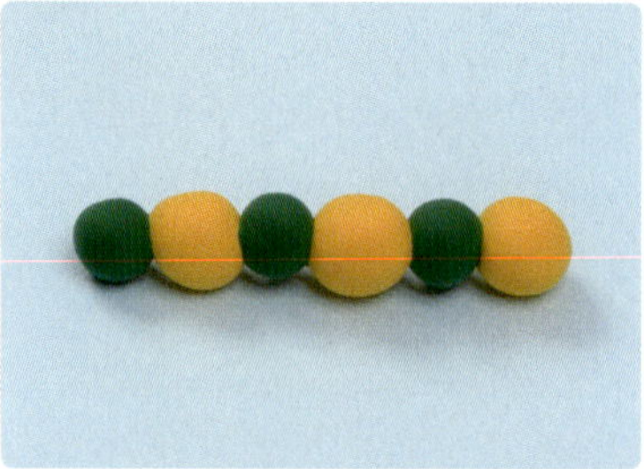

13 티셔츠와 같은 방법으로 작은 동그라미를 만들어 나란히 놓아줍니다.

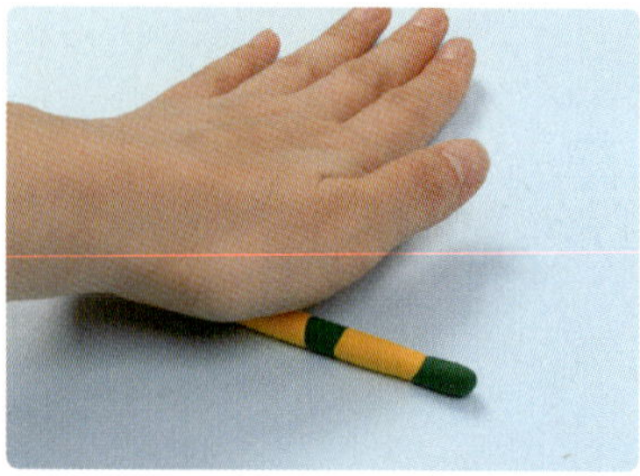

14 나란히 놓은 클레이를 손바닥으로 길게 밀어줍니다.

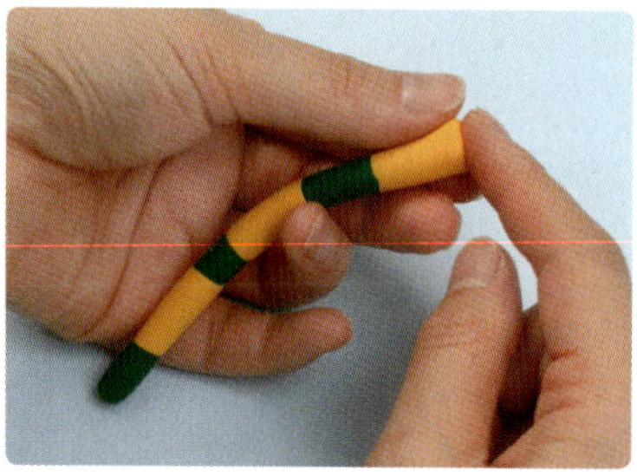

15 길게 민 클레이의 한쪽 끝을 손가락으로 살짝 벌려줍니다.

16 팔의 중앙을 구부려 주고, 티셔츠 위쪽에 붙여줍니다.(같은 모양으로 두 개를 만들어줍니다.)

17 팔의 구부러진 부분을 송곳도구를 이용해 주름을 넣어줍니다.

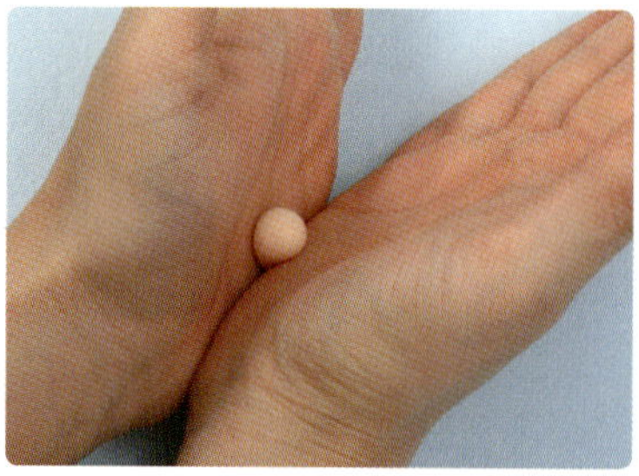

18 손은 살구색을 만들어 작은 물방울을 만들어줍니다.

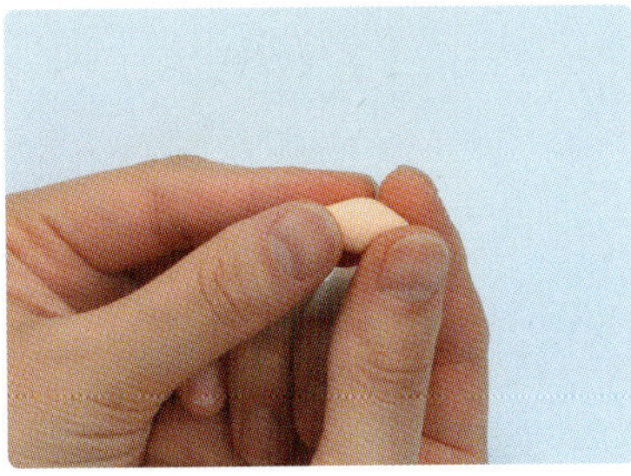

19 물방울의 뚱뚱한 쪽을 손으로 뾰족하게 다듬어줍니다.

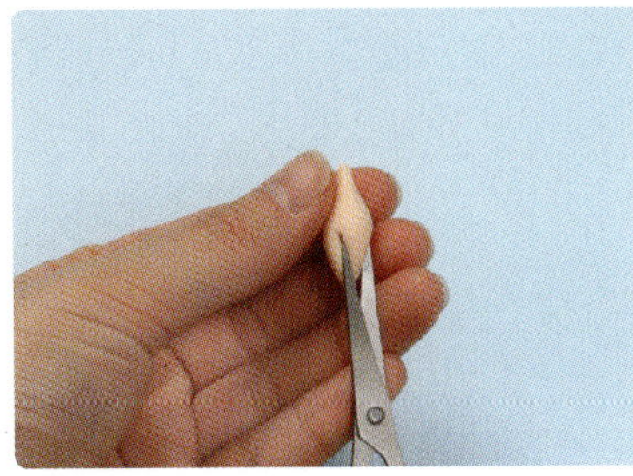

20 가위를 이용해 뾰족하게 다듬은 쪽의 1/3 지점을 잘라줍니다.

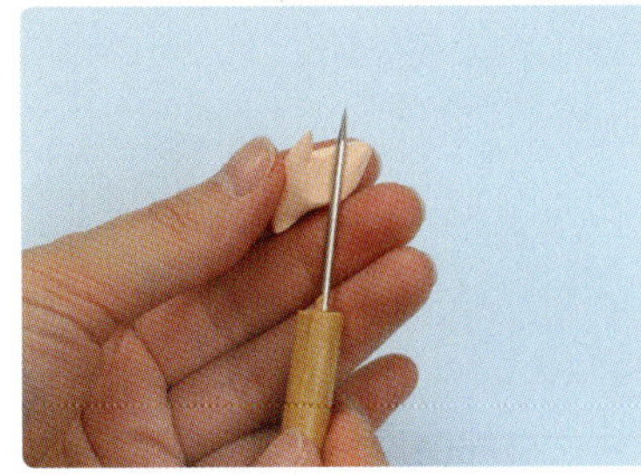

21 가위로 자른 나머지 부분을 송곳 도구를 이용해 사선으로 누른 후 밀어줍니다.

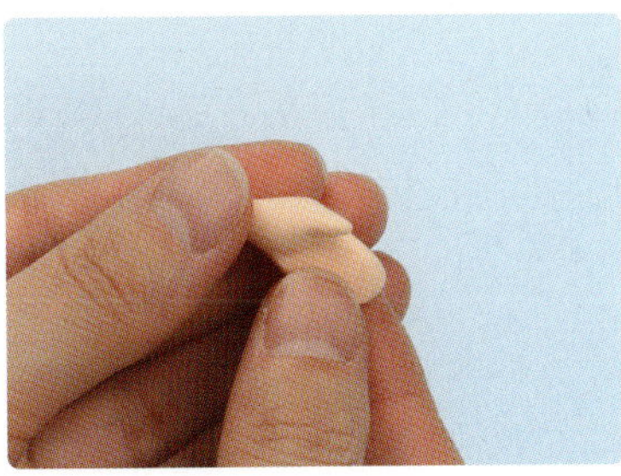

22 송곳도구를 밀어준 부분을 손으로 다듬어줍니다.

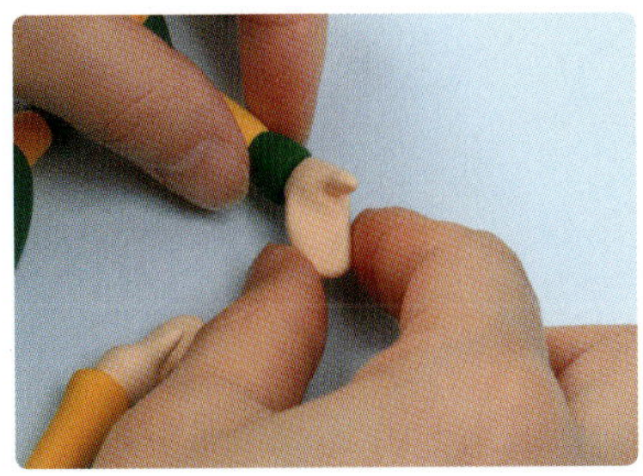

23 팔의 소매 끝에 붙여줍니다.

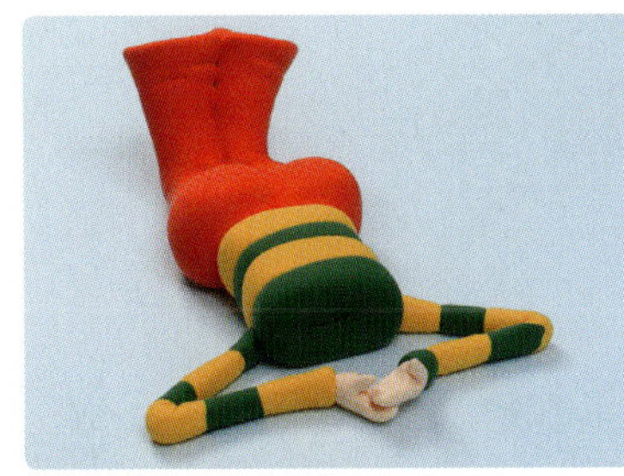

24 양쪽을 다 붙여 손을 모으고 있는 모습을 만들어줍니다.

발 만들기

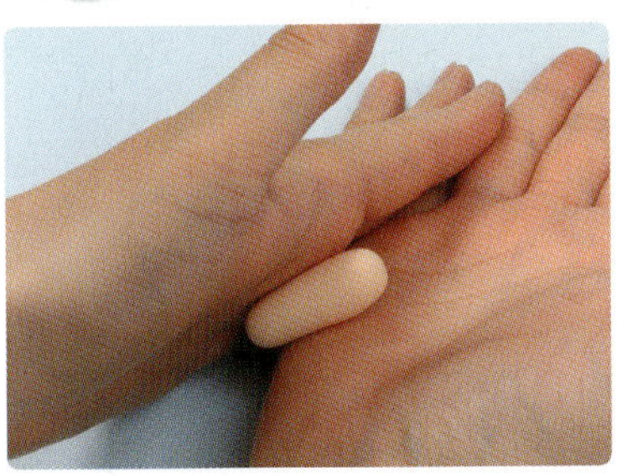

25 손과 같은 살구색을 만들어 원기둥을 만들어줍니다.

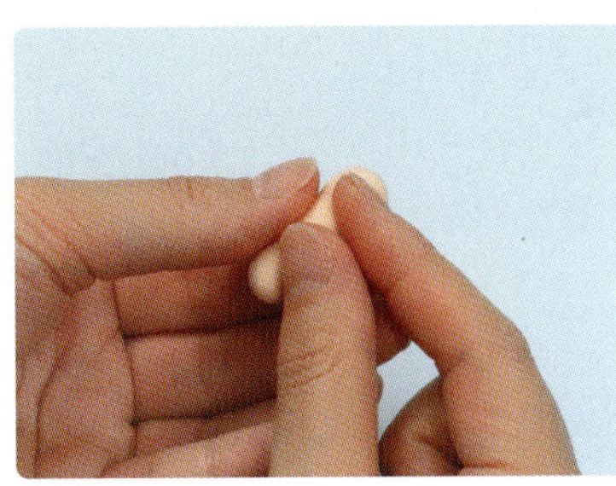

26 원기둥의 중앙 부분이 볼록하게 올라오도록 손가락으로 중앙의 양쪽을 눌러줍니다.

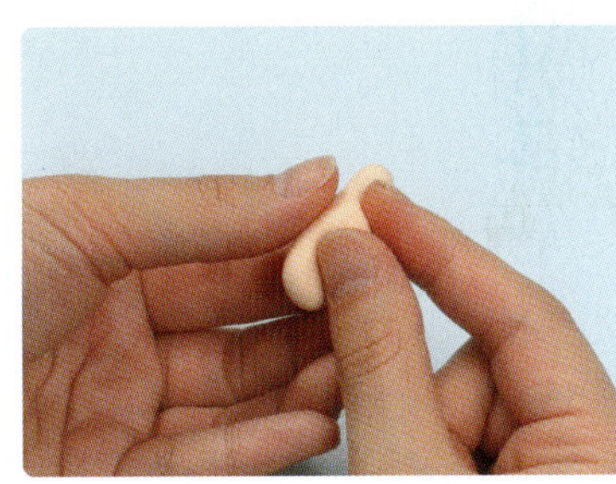

27 볼록 올라온 중앙 부분을 다듬어줍니다.

28 발이 되는 아래쪽을 발바닥이 살짝 들어가도록 만져줍니다.

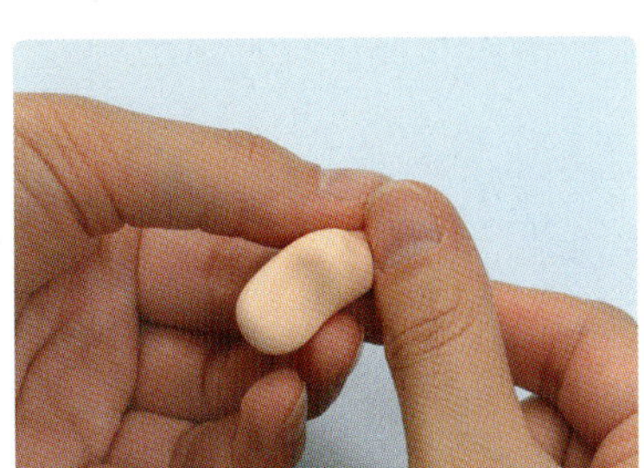

29 발목이 되는 위쪽을 살짝 구부려 발보다 가늘어지도록 만들어줍니다.

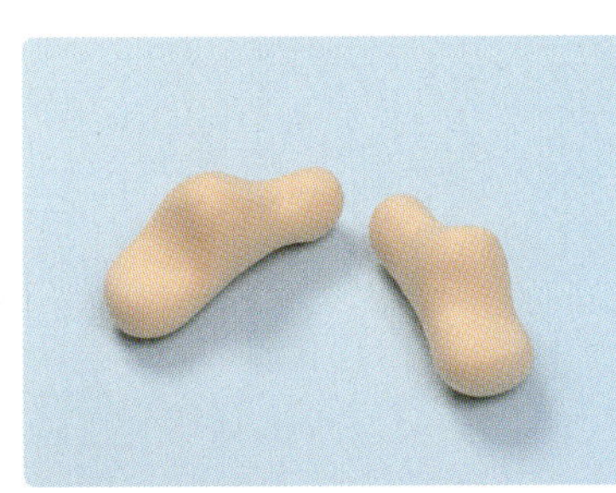

30 같은 모양으로 두 개를 만들어줍니다.

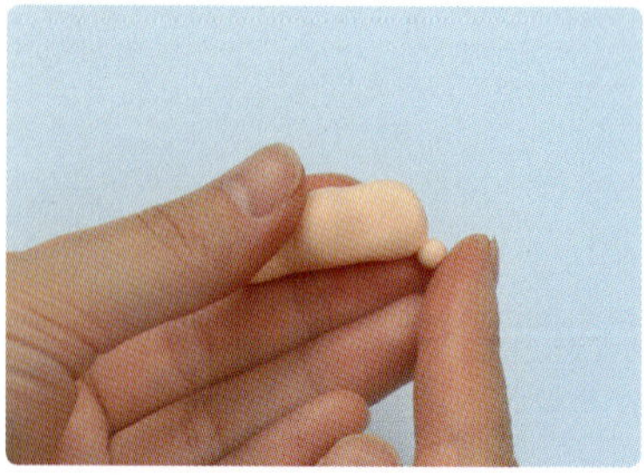

31 작은 동그라미를 발끝에 붙여 발가락을 만들어줍니다.

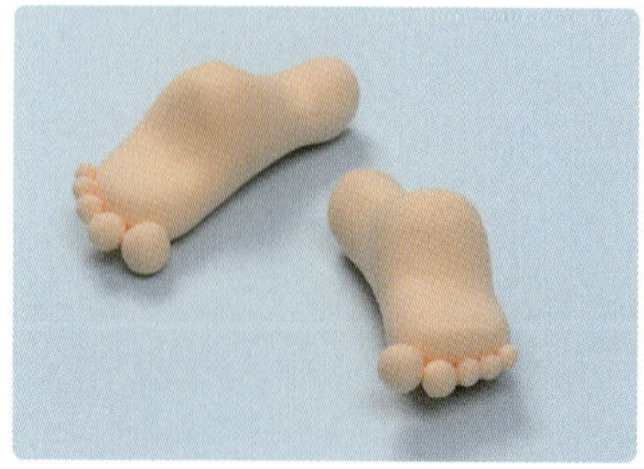

32 두 쪽 모두 발가락을 붙여줍니다.

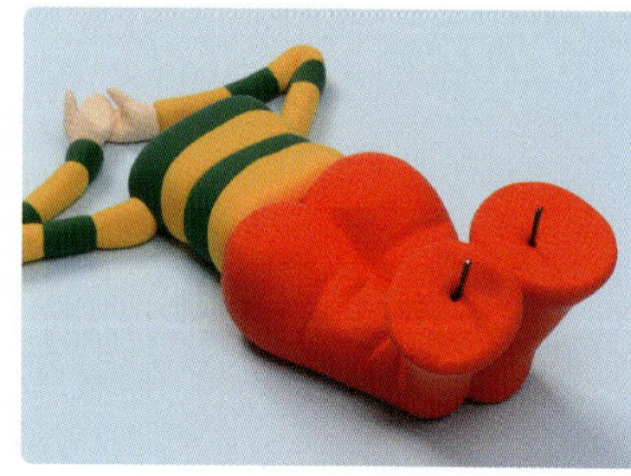

33 바지 끝에 철심을 꽂아줍니다.

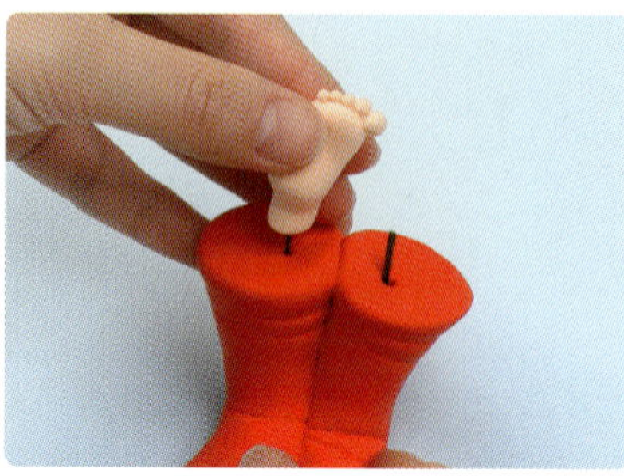

34 철심에 발을 꽂아줍니다.

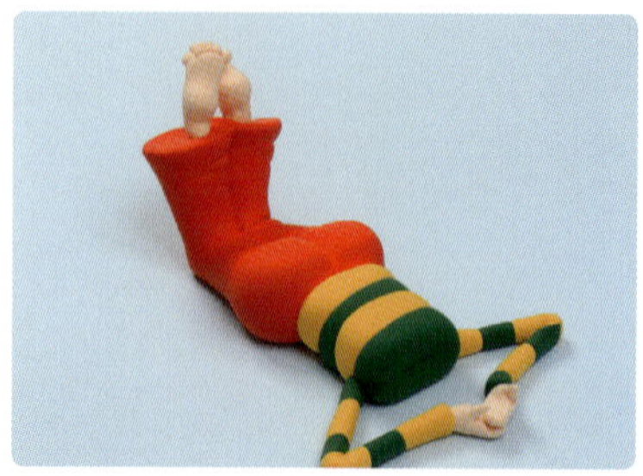

35 발을 살짝 모아 붙여줍니다.

36 발바닥이 몸쪽을 향하도록 합니다.

핸드폰 만들기

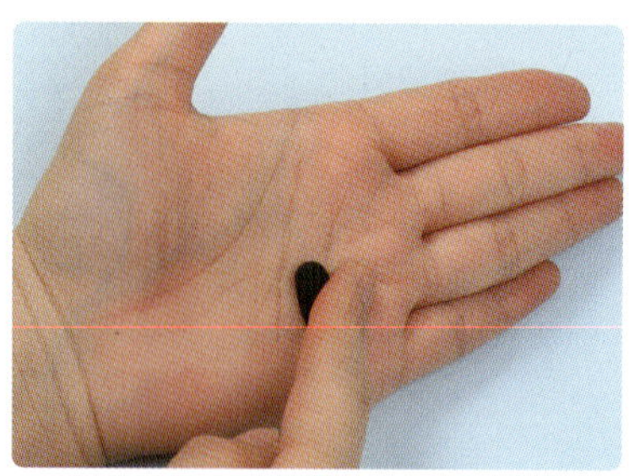

37 핸드폰을 만들기 위해 검은색 클레이로 작은 원기둥을 만들어줍니다.

38 원기둥을 손가락으로 납작하게 눌러줍니다.

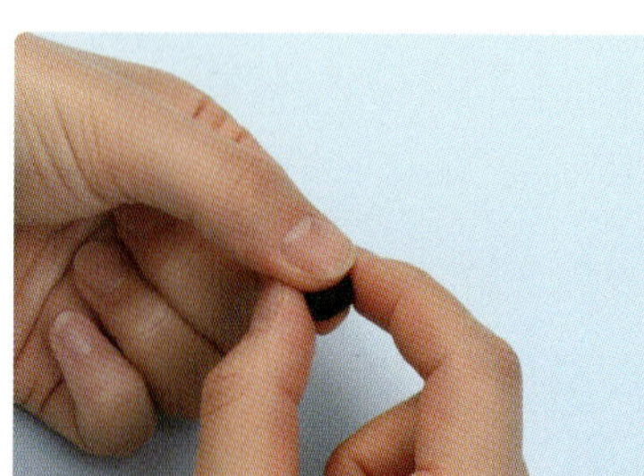

39 손가락으로 사방을 각이 지도록 만져줍니다.

40 네모 모양의 핸드폰을 만들어줍니다.

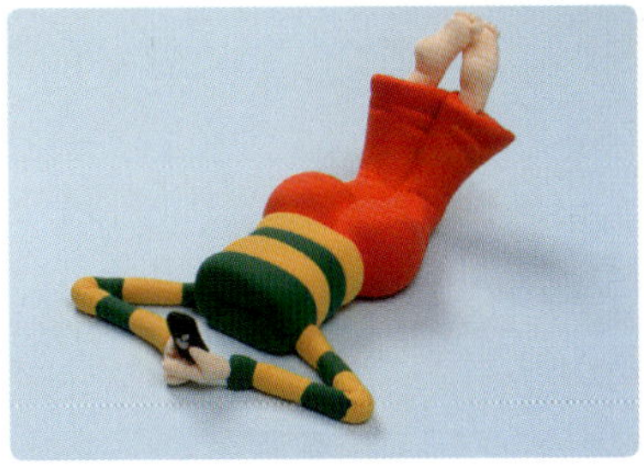

41 손에 핸드폰을 붙여줍니다.

42 핸드폰에 그림을 그리거나 문양을 만들어줍니다.

얼굴 만들기

43 머리는 검정과 빨간 클레이를 섞어 갈색을 만든 후, 납작한 동그라미로 만들어줍니다.

44 납작하게 눌러준 머리의 가운데를 움푹 들어가도록 눌러줍니다.

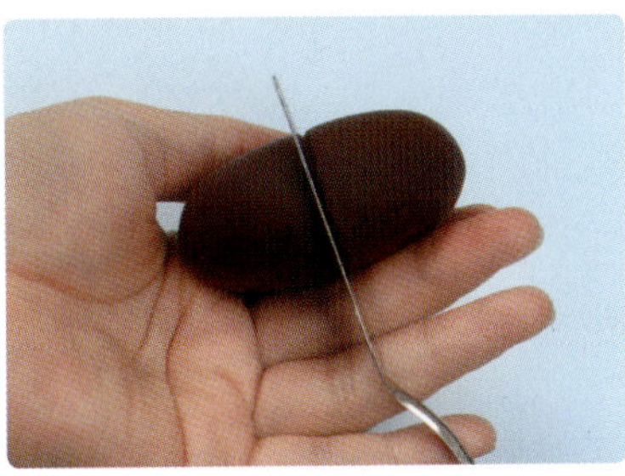

45 나이프를 이용해 무늬를 넣어줍니다.

46 머리 전체에 무늬를 넣어 머리카락을 표현해줍니다.

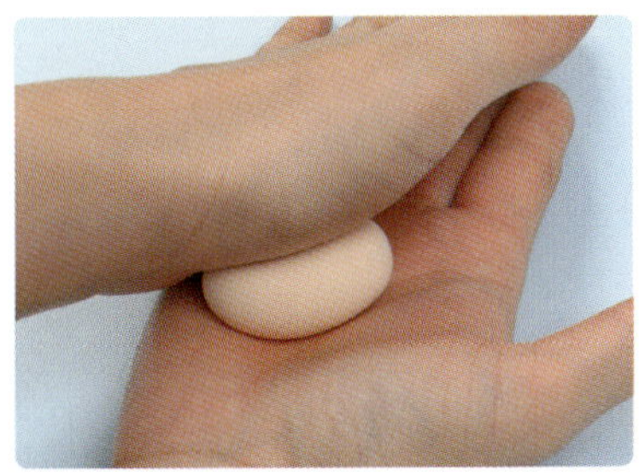

47 얼굴은 살구색으로 타원형을 만들어 살짝 납작하게 눌러줍니다.

48 머리의 움푹 넣어놓은 부분에 붙여줍니다.

49 흰색 클레이로 눈을 만들어줍니다.

50 눈의 눈동자 부분을 송곳도구로 찍어줍니다.

51 송곳도구로 찍어준 곳에 검정 클레이로 눈동자를 만들어 붙여줍니다.

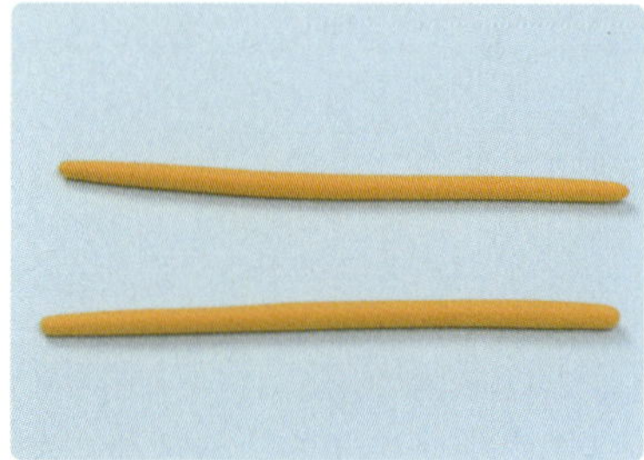

52 안경은 노란색 클레이를 얇고 가늘게 밀어줍니다.

53 눈의 모양을 따라 길게 민 클레이를 붙여줍니다.

54 눈의 안쪽에서부터 붙여주어 남는 클레이는 가위로 잘라줍니다.

55 안경의 가운데를 붙여줍니다.

56 빨간색 클레이로 작은 동그라미를 만들어 입 부분에 붙여주고, 송곳도구로 가운데를 꾹 찍어줍니다.

57 송곳도구로 입의 양끝을 찍어줍니다.

58 몸에 얼굴을 붙여주고, 갈색으로 작은 동그라미를 만들어 머리 위쪽에 붙여 올림머리를 표현해줍니다.

59 리본은 작은 물방울을 만들어 올림머리 앞쪽에 붙여줍니다.

60 같은 모양으로 한쪽을 더 만들어 줍니다.

61 작은 동그라미를 리본 가운데 붙이고 송곳도구로 찍어줍니다.

62 잘 말린 후 스마트폰을 올려놓고 영화나 DMB를 볼 때 스마트폰을 세워놓고 보면 편해요.

24 메리 크리스마스

행복을 나눠요! 산타 장식

산타 장식 만들기

준비물

- **도구** : 송곳도구, 도트도구, 흰 철사 가위, 칼도구, 반짝이 가루, 종
- **클레이** : ○ ● ● ● ●
- **볼클레이** : ○
- **예상 재료비**: 7,000원
- **예상 제작 시간** : 1시간 30분
- **난이도** : ★★★★
- **완성품 예상가** : 30,000원

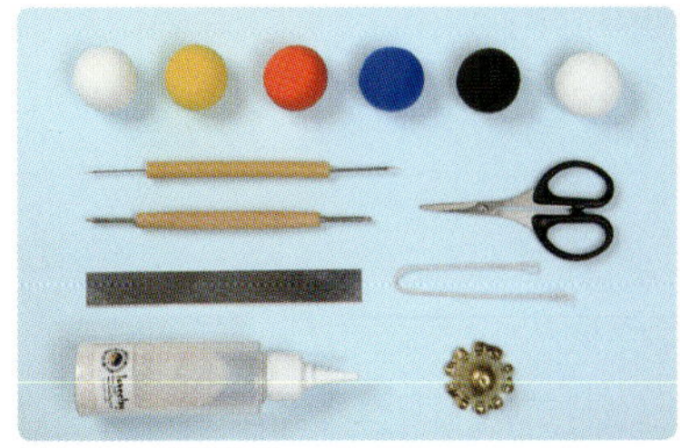

산타 얼굴 만들기

1 흰색 클레이에 노란색과 빨간색 클레이를 아주 조금씩 섞어 살구색을 만들어줍니다.

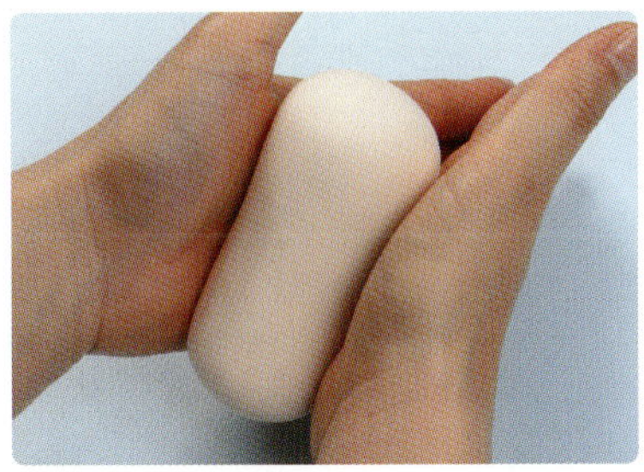

2 살구색 클레이를 원기둥 모양으로 만들고 중앙을 살짝 눌러줍니다.

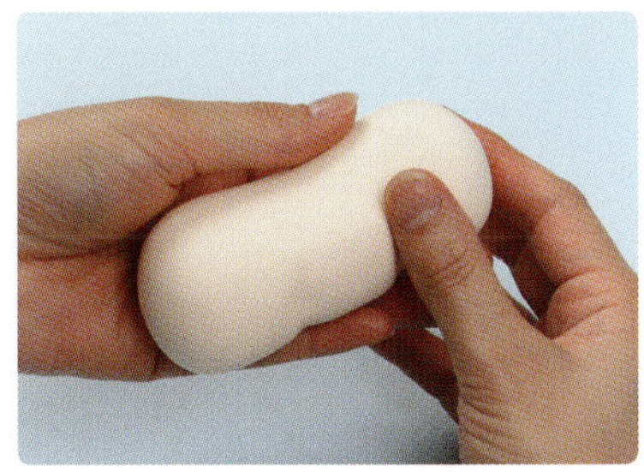

3 원기둥을 3등분한 지점을 손가락을 눌러 넣어줍니다.

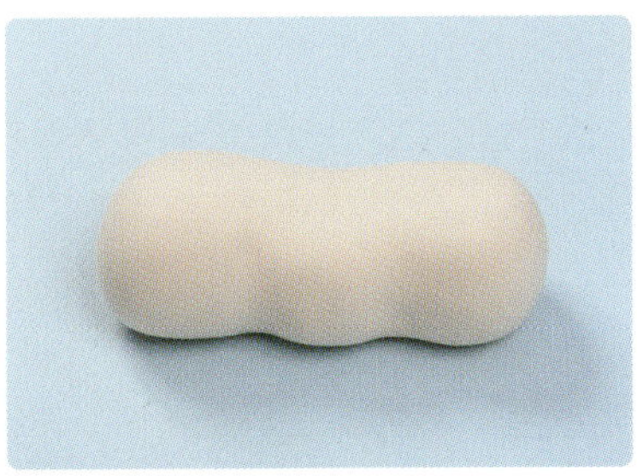

4 원기둥의 양끝과 중앙이 볼록 나오도록 만들어줍니다.

5 흰색 클레이를 양쪽 물방울로 만들어 납작하게 누른 후, 위쪽이 일자가 되도록 다듬어줍니다.

6 양쪽의 뾰족한 반달 모양이 되도록 구부려줍니다.

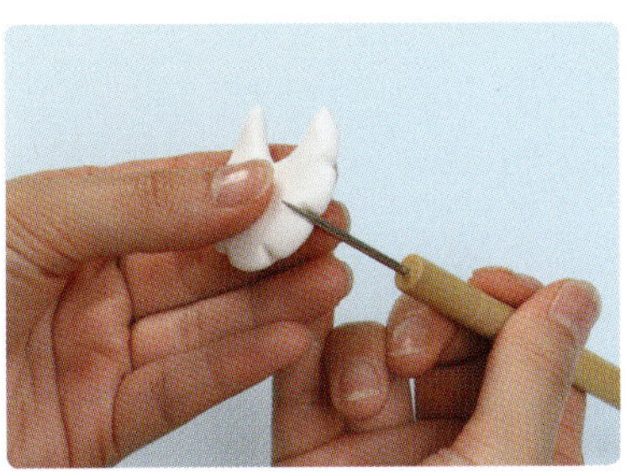

7 송곳도구를 이용해 수염 무늬를 넣어줍니다.

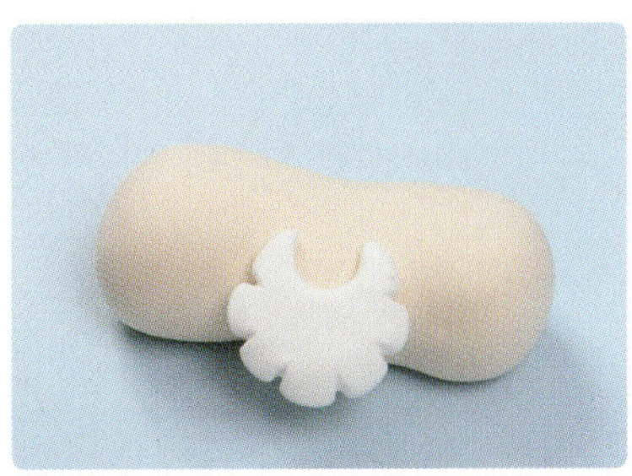

8 수염을 얼굴 아래쪽에 붙여 콧수염을 완성합니다.

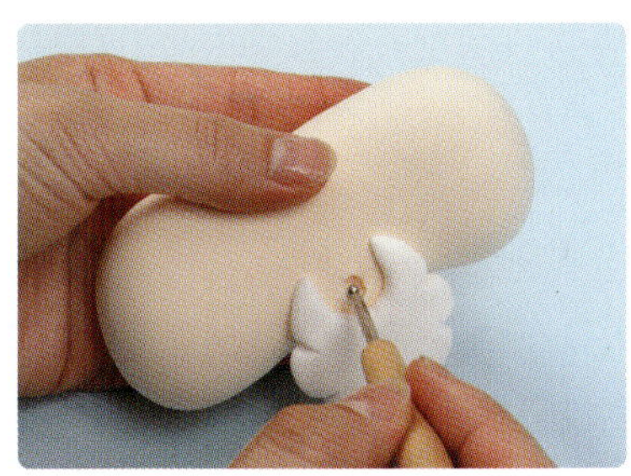

9 수염 위쪽의 얼굴에 도트도구로 눌러주고 아래, 위로 움직여 입을 만들어줍니다.

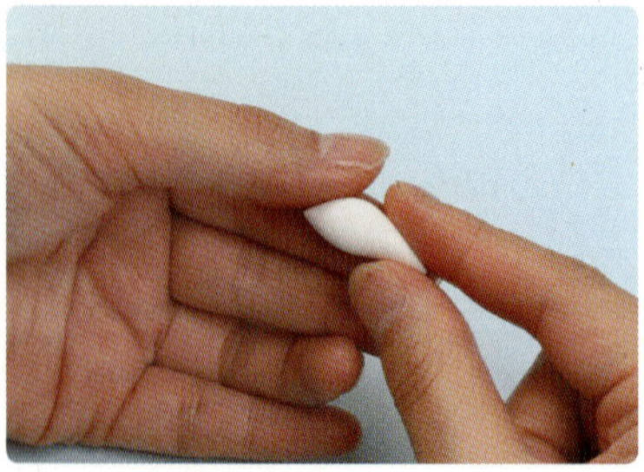

10 흰색으로 양쪽 물방울을 만들어 한쪽이 조금 길도록 다듬어줍니다.(두 개를 만들어줍니다.)

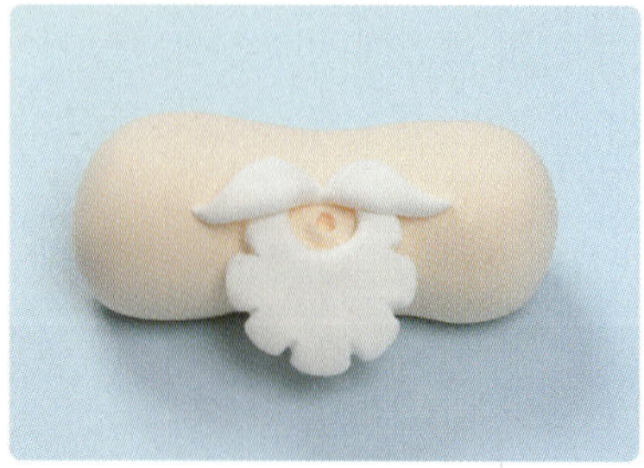

11 입의 위쪽에 앞에서 만든 양쪽 물방울을 붙여줍니다.

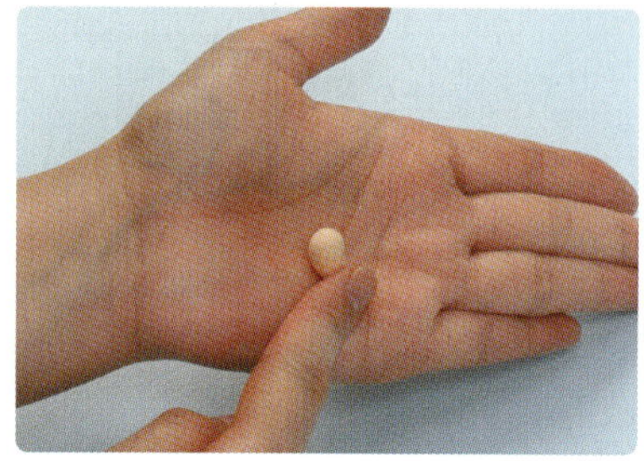

12 살구색으로 작은 물방울을 만들어줍니다.

13 수염 위에 붙여 코를 만들어줍니다.

14 코의 양 옆에 작은 동그라미를 붙여 코볼을 만들어줍니다.

산타 눈 만들기

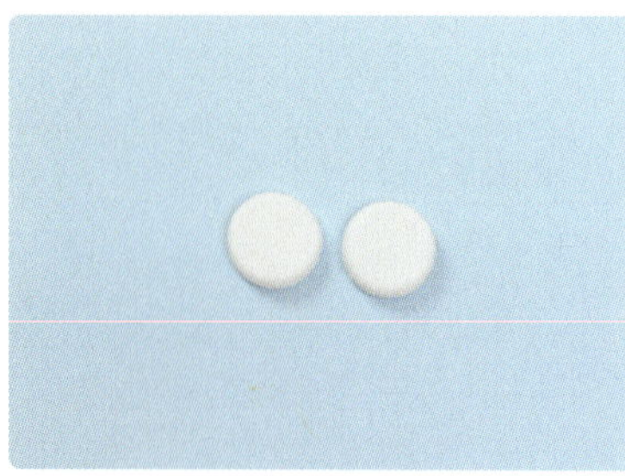

15 흰색으로 동그라미 두 개를 만들어 납작하게 눌러줍니다.

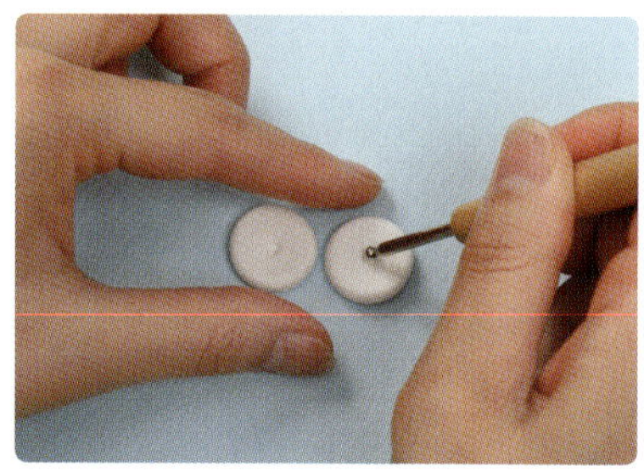

16 동그라미의 가운데를 도트도구로 눌러줍니다.

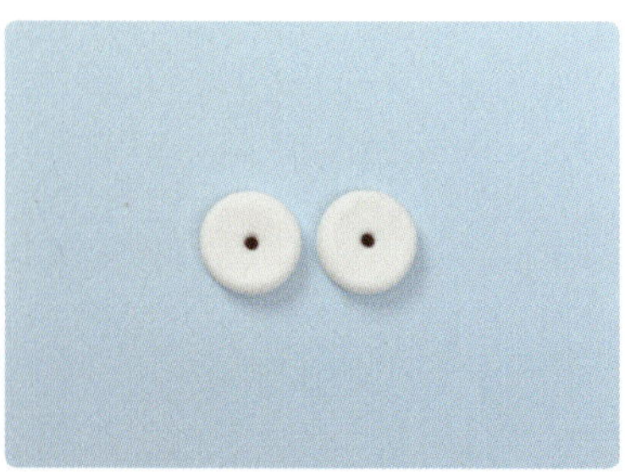

17 도트도구로 누른 구멍에 검은색으로 눈동자를 넣어줍니다.

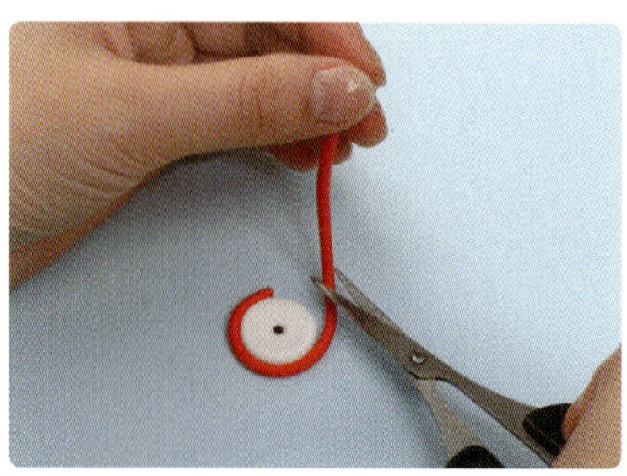

18 빨간색 클레이를 길게 늘려 눈에 테두리를 둘러줍니다.

19 양쪽 눈에 모두 테두리를 둘러 얼굴에 붙여줍니다.

산타 모자 만들기

20 흰색 클레이와 파란색 클레이, 노란색 클레이 아주 조금(약 5:4:1 비율)로 섞어 하늘색을 만들어줍니다.

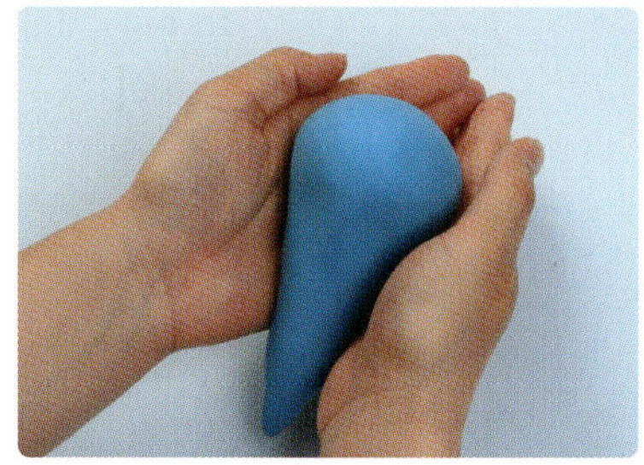

21 섞은 클레이를 긴 물방울 모양으로 만들어줍니다.

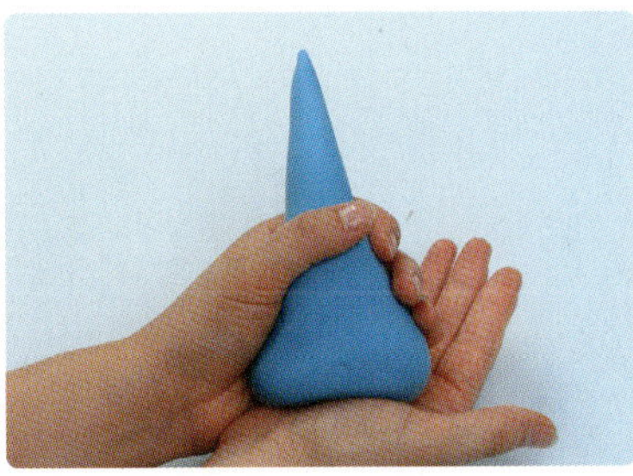

22 물방울의 둥근 부분을 평평하게 눌러 모자 모양을 잡아줍니다.

23 모자가 얼굴에 씌워지도록 아래쪽을 벌려 붙여줍니다.

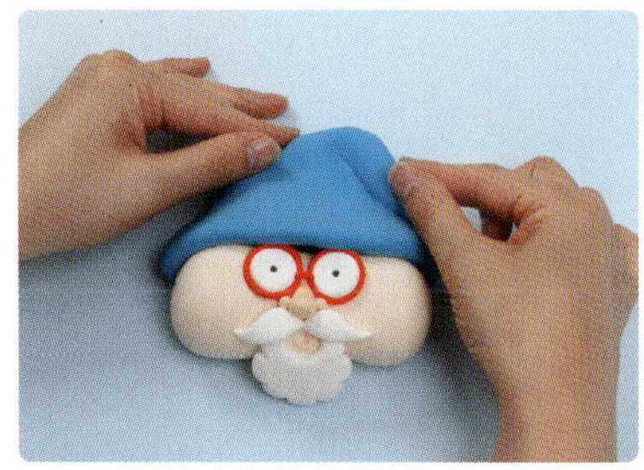

24 모자의 뾰족한 부분은 구부려줍니다.

25 모자를 손으로 만져주어 자연스러운 모자 모양을 표현합니다.

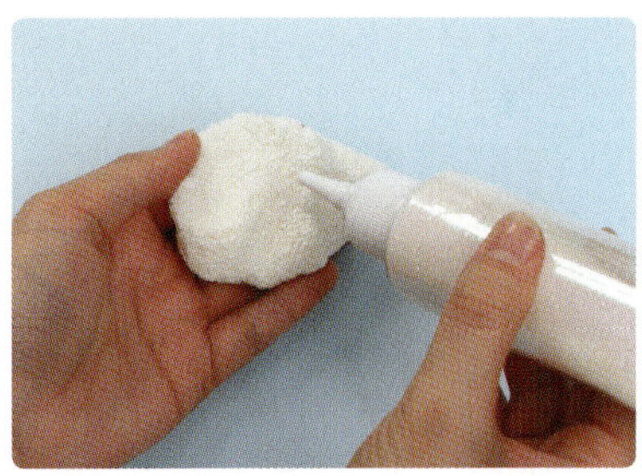

26 흰색 볼클레이에 반짝이 가루를 넣어 섞어줍니다.

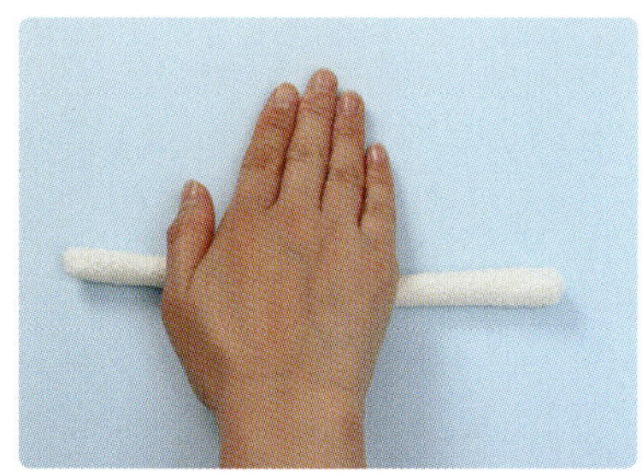

27 반짝이를 넣은 볼클레이를 길게 밀어줍니다.

28 모자의 아래쪽에 둘러 붙여줍니다.

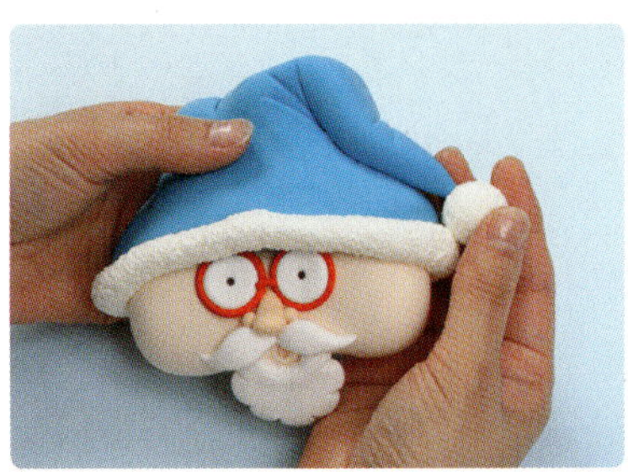

29 볼클레이로 동그라미를 만들어 모자 끝에 붙여줍니다.

장식 고리 만들기

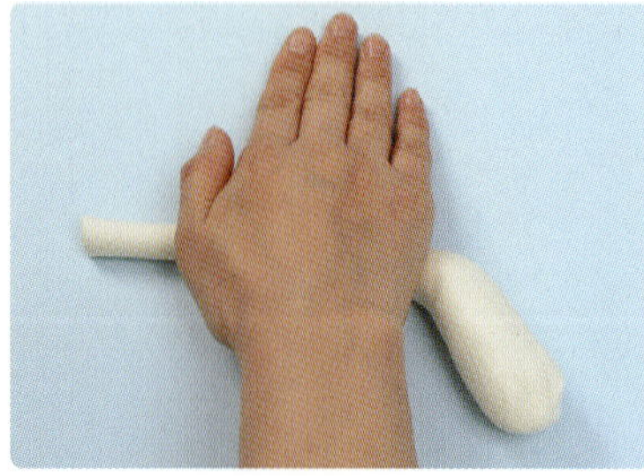

30 흰색에 노란색을 조금(약 9:1) 넣어 연노랑 색을 만들어 길게 밀어줍니다.

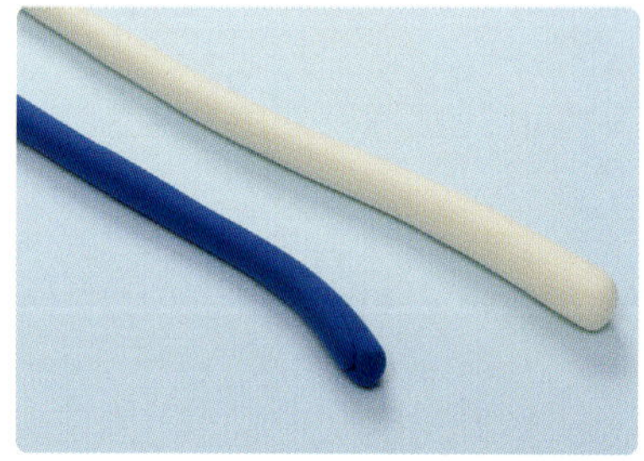

31 같은 두께로 파란색 클레이도 길게 밀어줍니다.

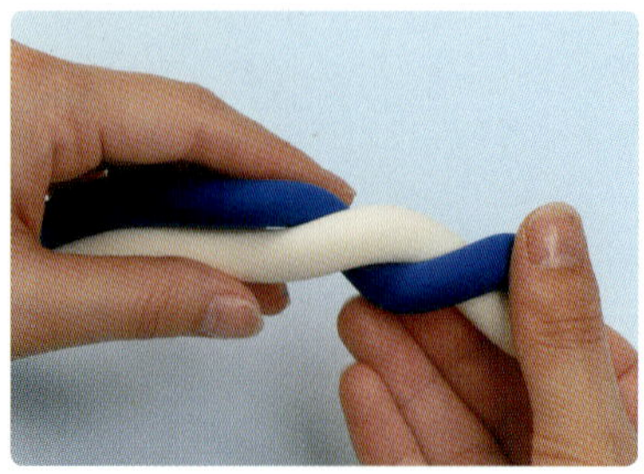

32 길게 민 두 가지 색의 클레이를 꼬아줍니다.

33 코일링 기법으로 길게 꼬아준 모습입니다.

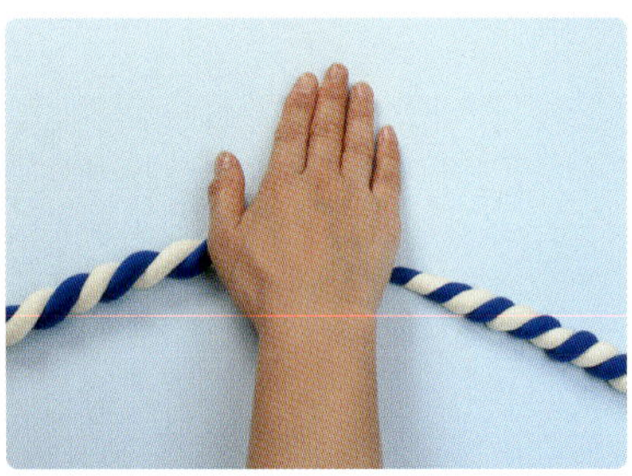

34 꼬아놓은 클레이의 중앙을 얇게 밀어 늘려줍니다.

35 얇은 쪽이 고리가 되도록 구부려 줍니다.

36 산타 얼굴 뒤쪽에 붙여줍니다.

포인세티아 나뭇잎 만들어 완성하기

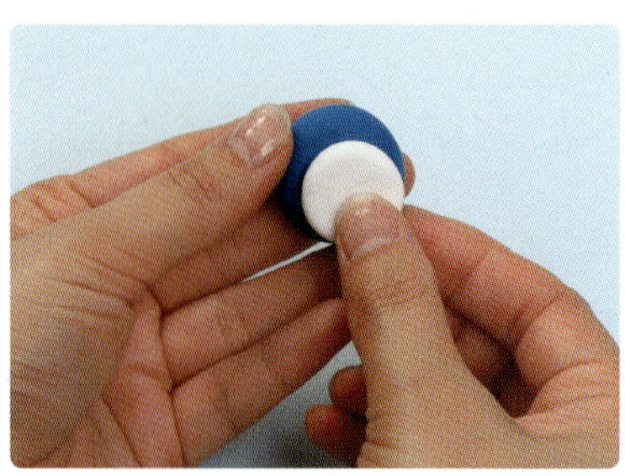

37 파란색 점토에 흰색 클레이를 조금 올려 놓아줍니다.

38 자연스럽게 2단 펴기를 해줍니다.

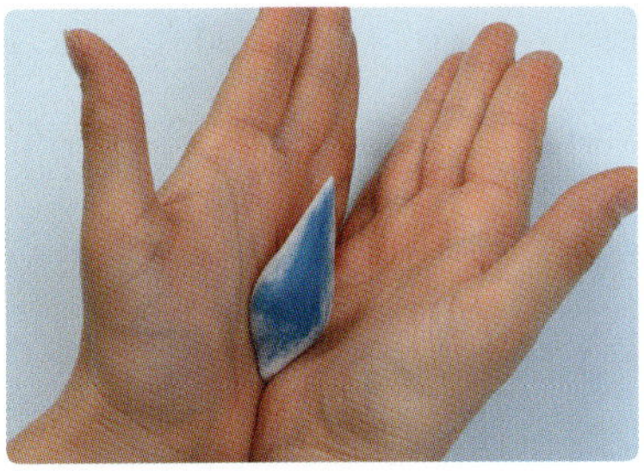

39 2단 펴기한 점토를 양쪽 물방울 모양으로 만들어줍니다.

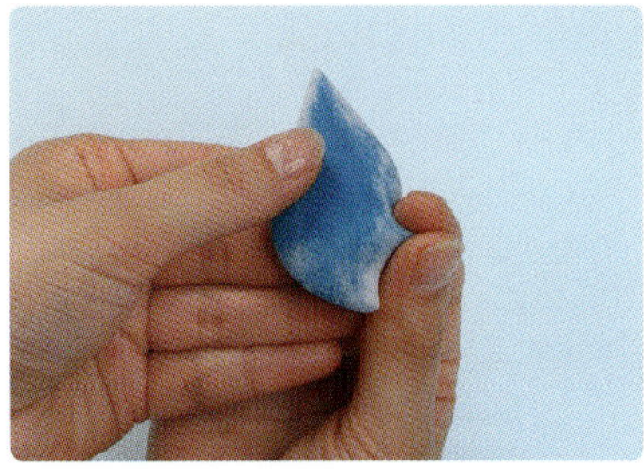

40 양쪽 물방울을 납작하게 누르고, 나뭇잎 모양으로 꼬집어줍니다.

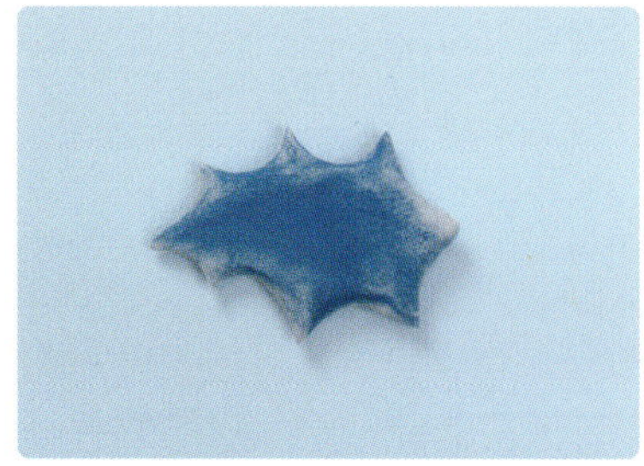

41 포인세티아 나뭇잎을 완성합니다.

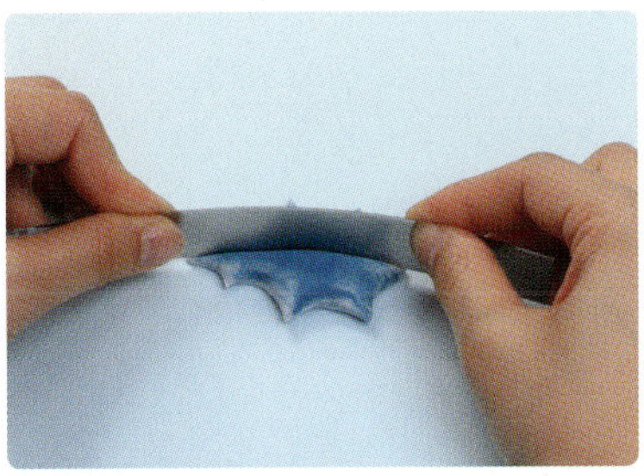

42 나뭇잎의 중앙에 칼도구로 무늬를 넣어줍니다.

43 다양한 색과 크기로 잎을 만들어 꼬아 놓은 장식 아래 붙여줍니다.

44 종을 나뭇잎 밑에 붙여줍니다.

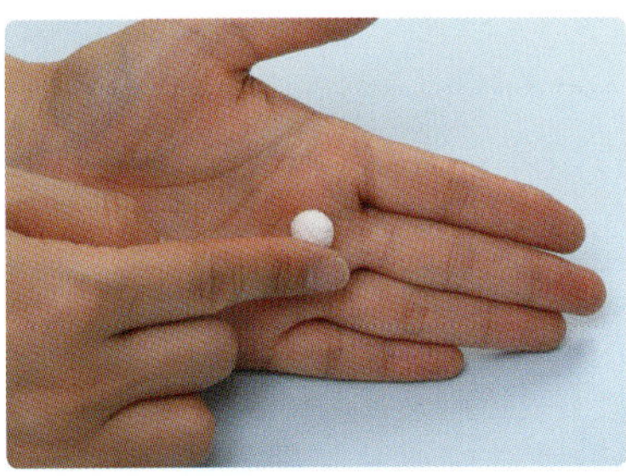

45 흰색 볼클레이로 작은 동그라미를 만들어줍니다.

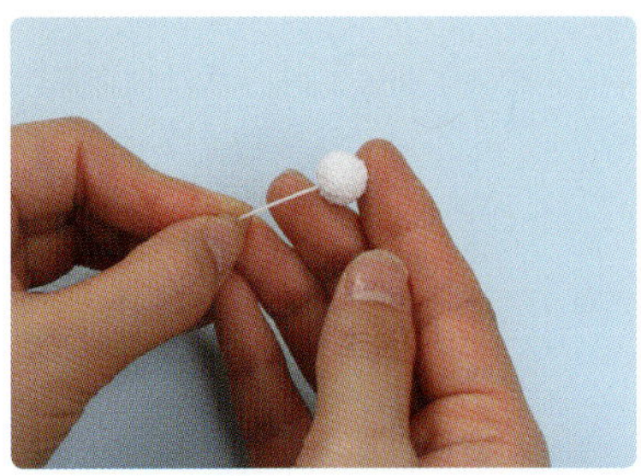

46 동그라미에 흰색 철사를 끼워줍니다.

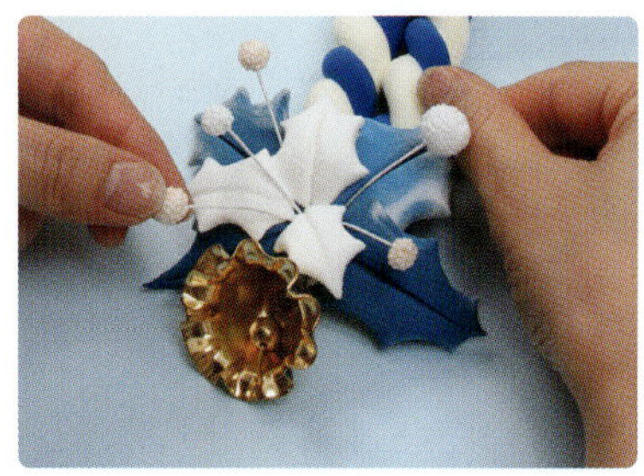

47 나뭇잎 사이사이에 볼클레이를 끼운 다음 철사를 꽂아줍니다.

48 나뭇잎 중앙에 도장 장식을 해줍니다.

49 산타 장식을 완성합니다.

25

메리 크리스마스!

크리스마스 자석 산타걸

크리스마스 자석 산타걸 만들기

준비물

- **도구** : 큐빅, 오공본드, 리본, 자석, 세무끈 빵끈, 볼 터치, 글루건 총, 글루건 심
- **클레이** : ○ ● ● ●
- **예상 재료비**: 5,000원
- **예상 제작 시간** : 60분
- **난이도** : ★★★★★
- **완성품 예상가** : 25,000

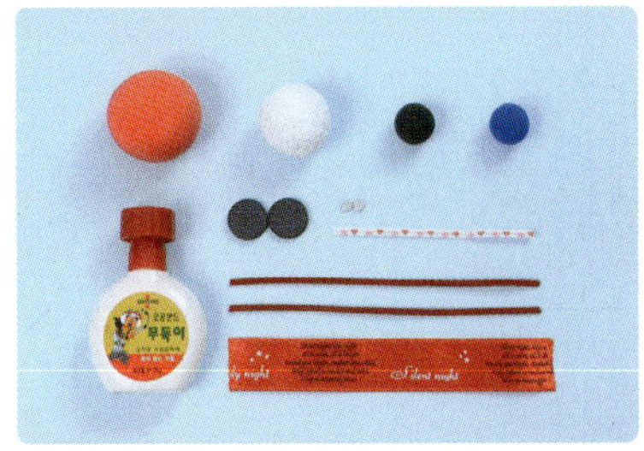

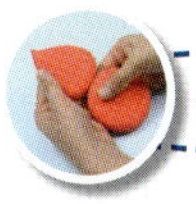

산타걸 몸, 모자 만들기

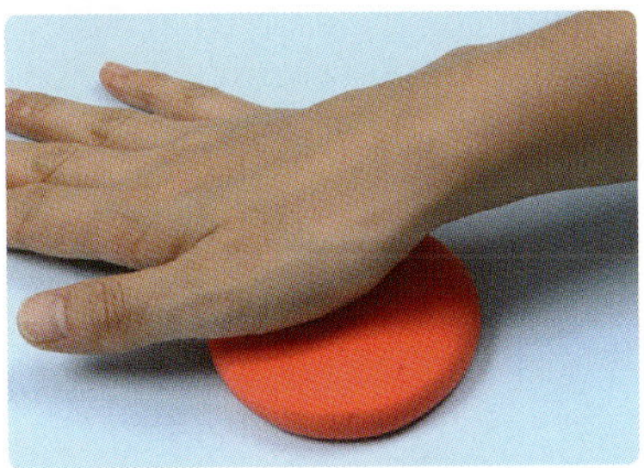

1 산타걸의 몸을 만들기 위하여 빨간색 클레이를 원 모양으로 만든 후 손바닥으로 눌러 납작하게 만듭니다.

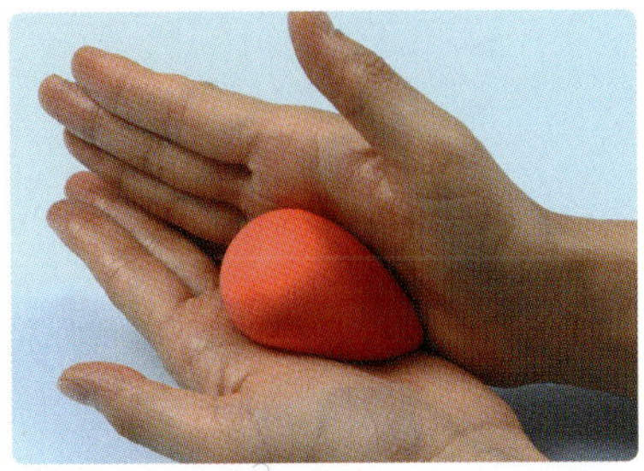

2 산타걸 모자를 만들기 위하여 빨간색 클레이를 물방울 모양으로 만듭니다.

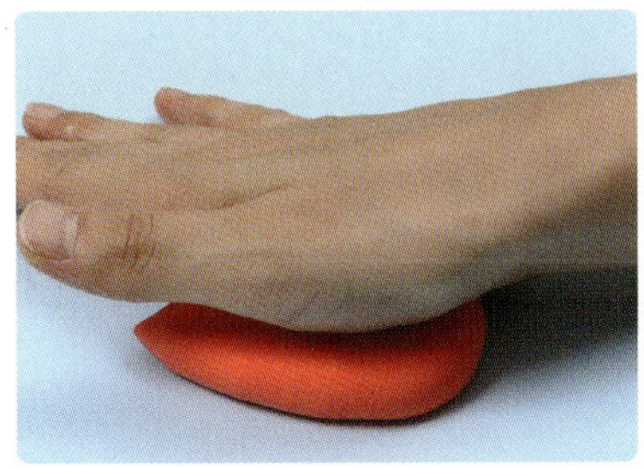

3 물방울 모양을 손바닥으로 납작하게 만듭니다.

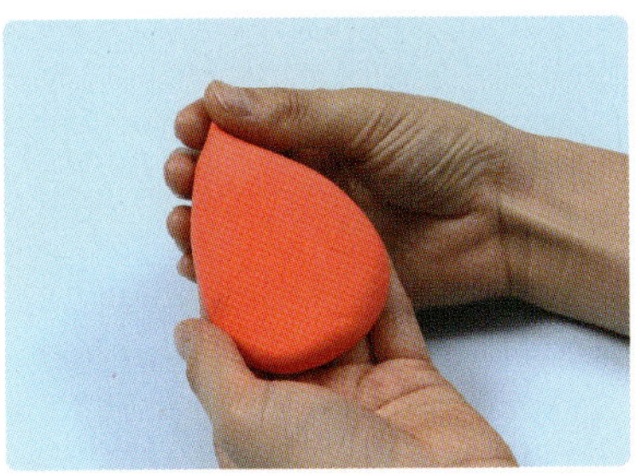

4 물방울 모양의 끝을 살짝 휘어 모자를 완성합니다.

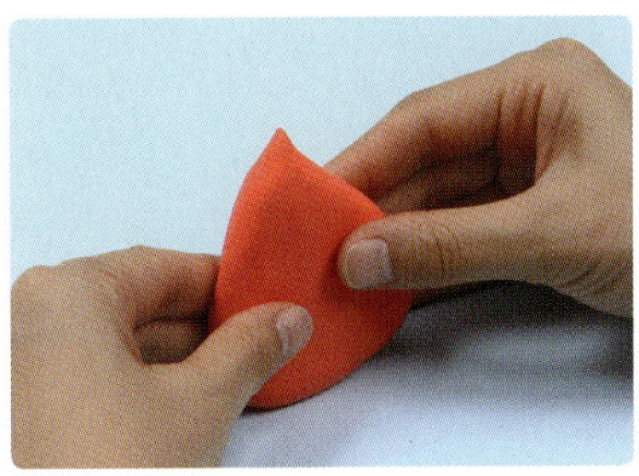

5 모자의 둥근 아래 부분을 바닥에 놓고 납작하게 만들어 줍니다.

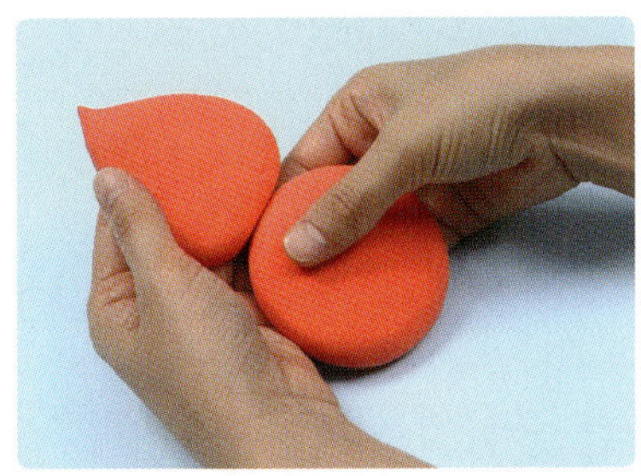

6 모자 부분과 몸 부분을 비교해보면서 얼굴과 몸의 비율이 맞는지 살펴봅니다.

얼굴 만들기

7 얼굴을 만들기 위하여 흰색, 노랑, 빨강 클레이를 섞어 살색을 만듭니다.

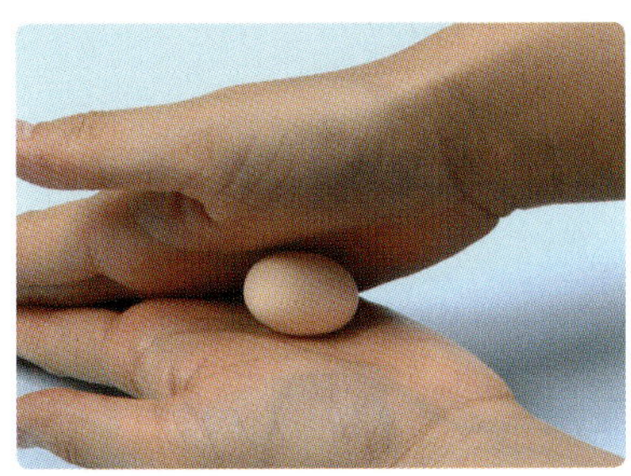

8 살색 클레이를 원기둥 모양으로 만듭니다.

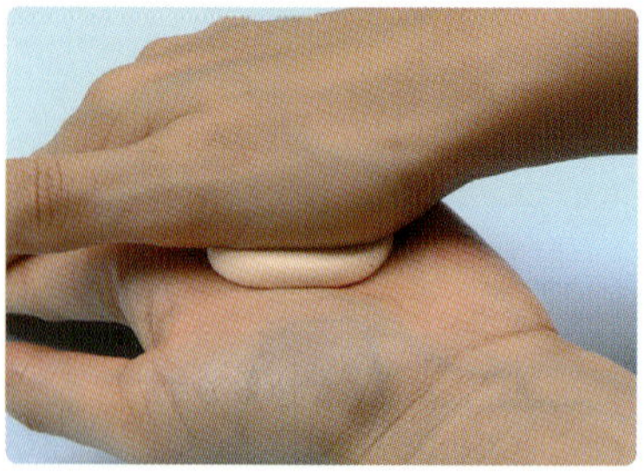

9 손바닥으로 납작하게 누릅니다.

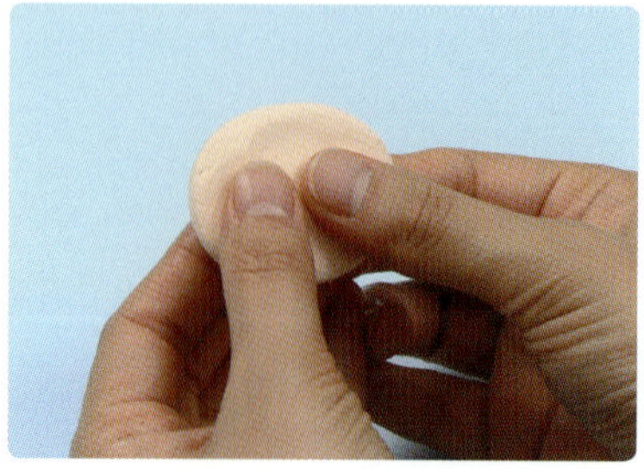

10 손가락으로 다듬어 얼굴 모양을 완성합니다.

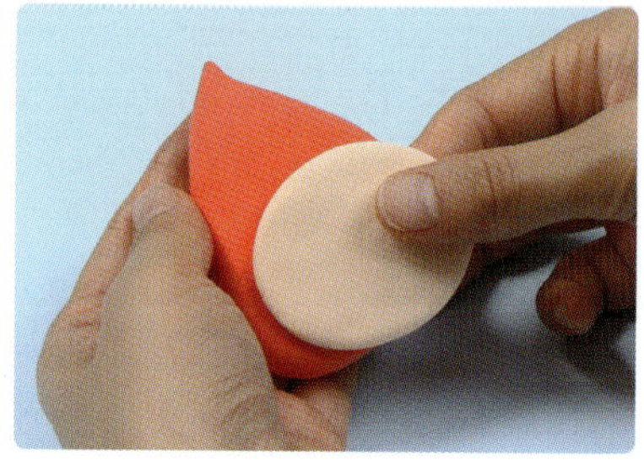

11 얼굴을 모자 위에 붙여줍니다.

앞머리, 실핀 만들기

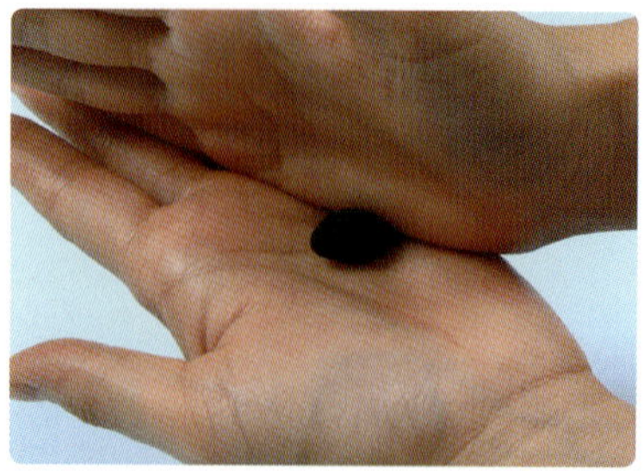

12 앞머리를 만들기 위하여 검은색 클레이를 양쪽 물방울 모양으로 만듭니다.

13 검은색 앞머리를 손가락으로 납작하게 눌러줍니다.

14 얼굴 위에 앞머리를 붙여줍니다.

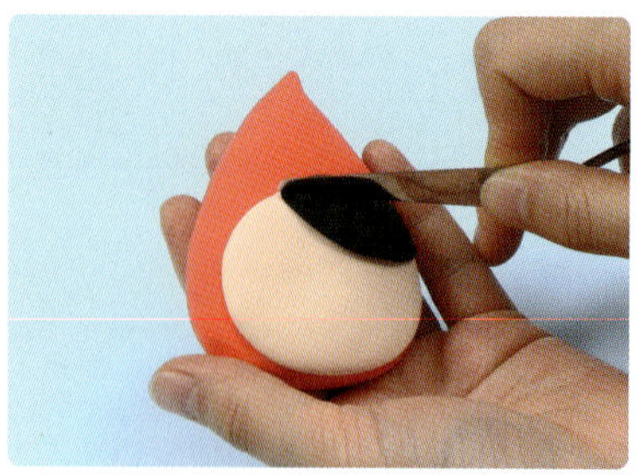

15 나이프를 이용하여 앞머리 위에 무늬를 찍어줍니다.

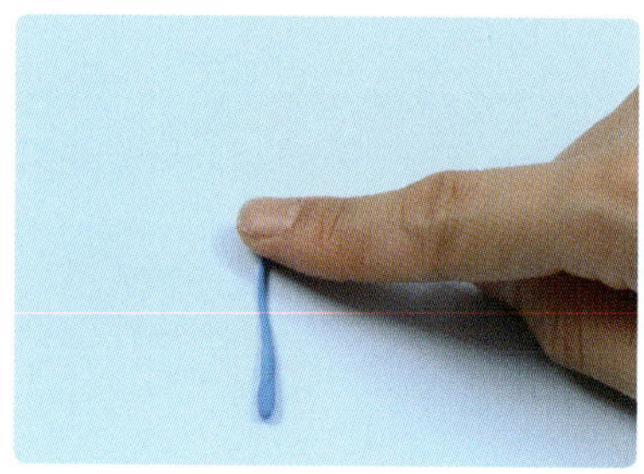

16 실핀을 만들기 위하여 하늘색 클레이를 실 기법으로 얇게 만듭니다.

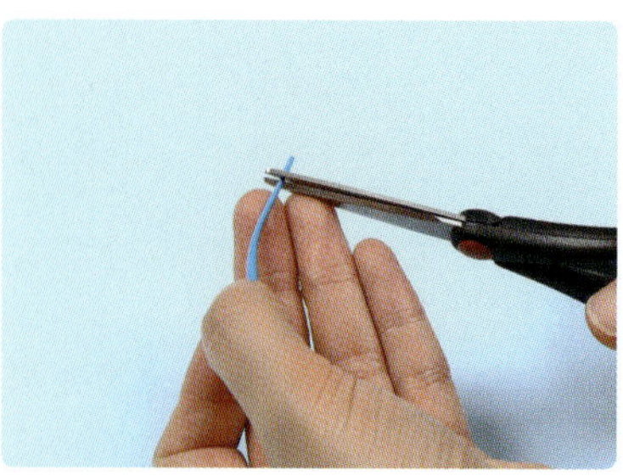

17 원하는 실핀의 길이만큼 두 개를 잘라줍니다.

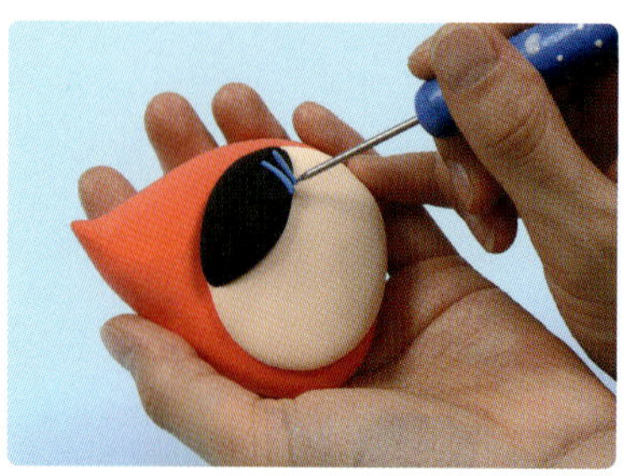

18 머리 위에 붙여 실핀을 꽂은 것처럼 만듭니다.

Love Clay's tip

늘이기 기법 활용 방법

클레이를 원하는 넓이와 두께로 늘이기 하려면 여러 차례 반복 연습을 하는 것이 좋아요. 만약 늘이기 기법이 익숙하지 않다면 클레이는 밀대로 밀어 칼로 잘라주어도 좋습니다.

눈, 코, 입 만들기

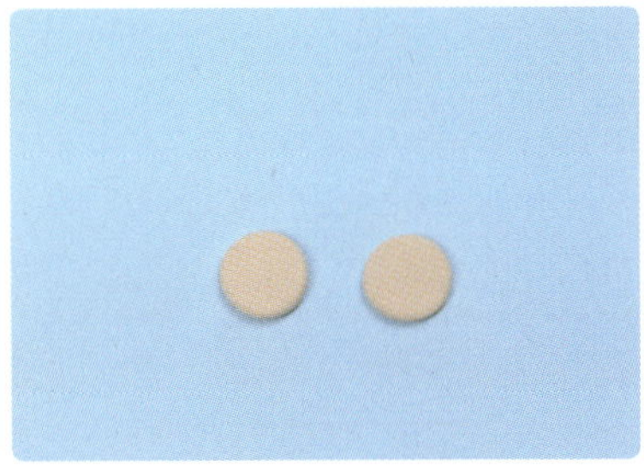

19 감은 눈을 만들기 위하여 살색 클레이를 원 모양으로 만든 후 납작하게 만들어줍니다.

20 원 모양으로 만들 삭색 클레이를 얼굴 위에 붙여줍니다.

21 작은 원 모양을 만들어 코를 붙여줍니다.

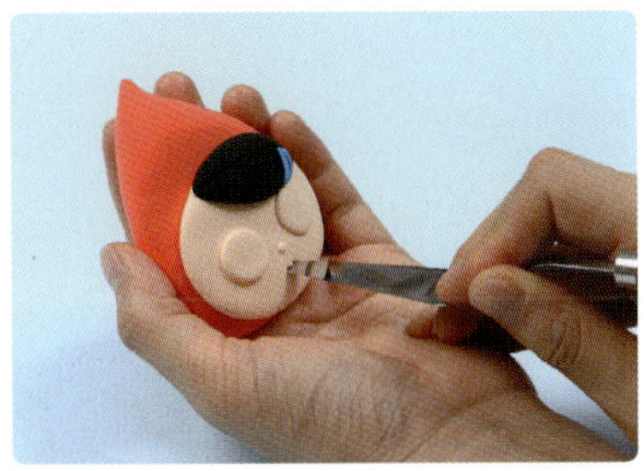

22 입을 만들기 위하여 연한 분홍색 클레이를 작은 원 모양으로 만든 후 얼굴에 붙이고 나이프를 이용하여 원을 가운데 부분을 눌러 입을 완성합니다.

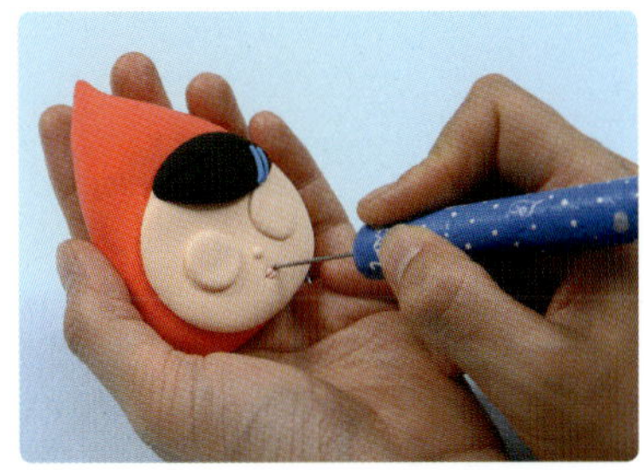

23 입의 양쪽 끝을 송곳도구로 눌러줍니다.

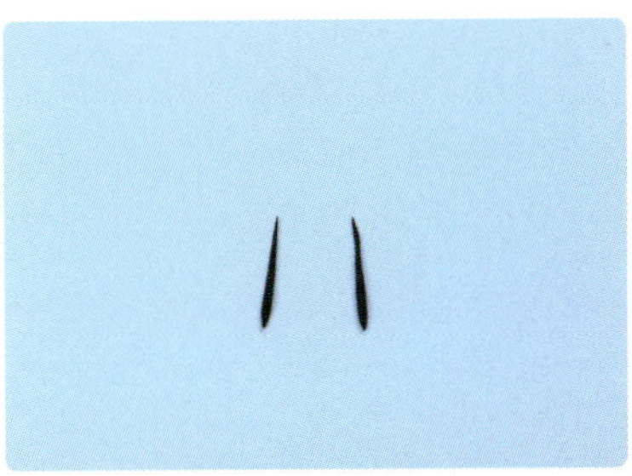

24 눈썹을 만들기 위하여 검은색 클레이를 가는 물방울 모양으로 만듭니다.

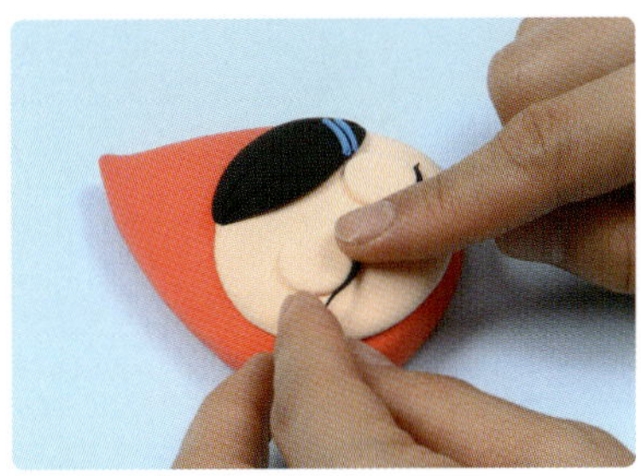

25 눈 아랫 부분에 준비한 물방울 모양을 붙여줍니다.

26 눈썹을 붙여 얼굴을 완성한 모습입니다.

27 아이새도를 이용하여 볼 터치를 해줍니다.

28 볼 터치한 것을 손가락으로 펴줍니다.

모자 털 만들기

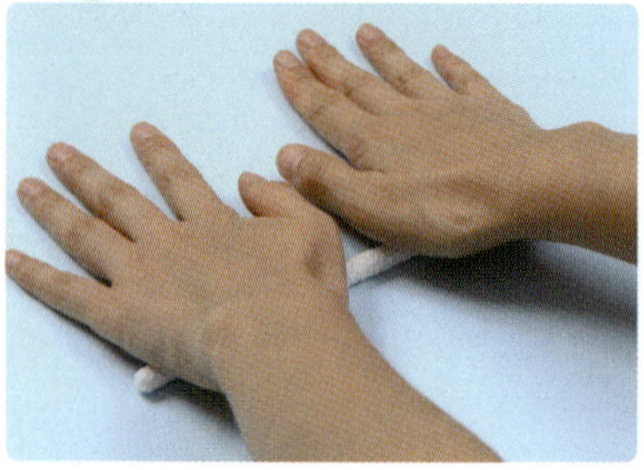

29 흰색 폼클레이를 긴 원기둥 모양으로 만들어 모자 털을 만듭니다.

30 흰색 긴 원기둥 모양을 얼굴 위쪽에 붙여줍니다.

31 끝을 가위로 잘라 붙여줍니다.

32 흰색 폼클레이를 긴 원기둥 모양으로 만들어 옷의 털을 만듭니다.

33 원기둥 모양을 붙여줍니다.

34 옷의 털을 붙이고 남은 부분은 끝을 가위로 잘라줍니다.

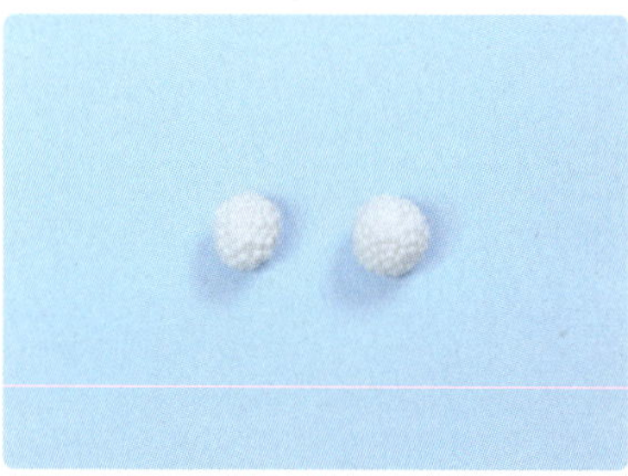

35 방울을 달기 위하여 흰색 폼클레이를 원 모양으로 두 개 만듭니다.

36 두 개의 원 모양을 옷에 붙여줍니다.

37 모자 끝에도 흰색 폼클레이 원 모양을 붙여줍니다.

장갑 만들기

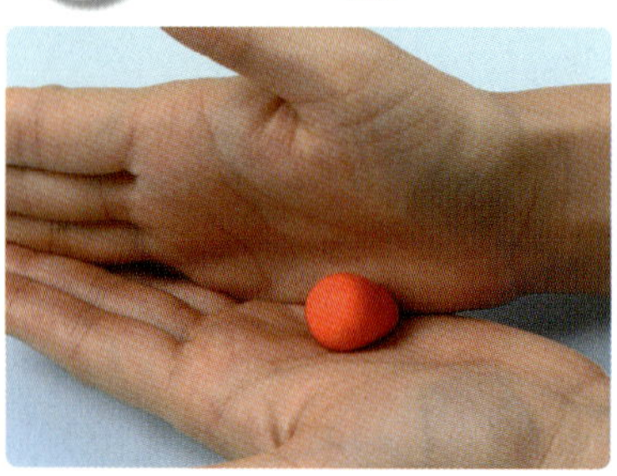

38 장갑을 만들기 위하여 빨간색 클레이를 물방울 모양으로 만듭니다.

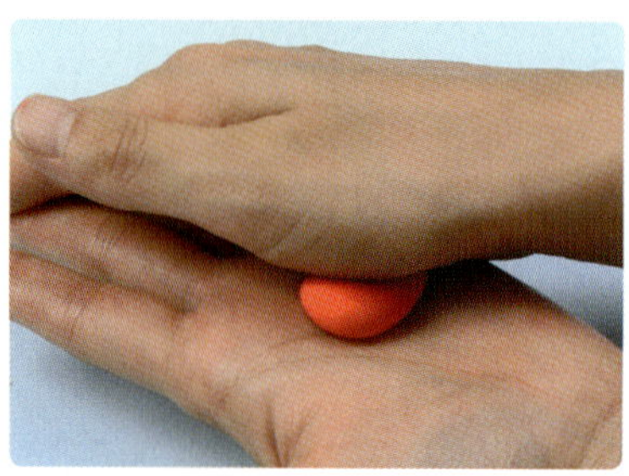

39 물방울 모양을 납작하게 만들어 줍니다.

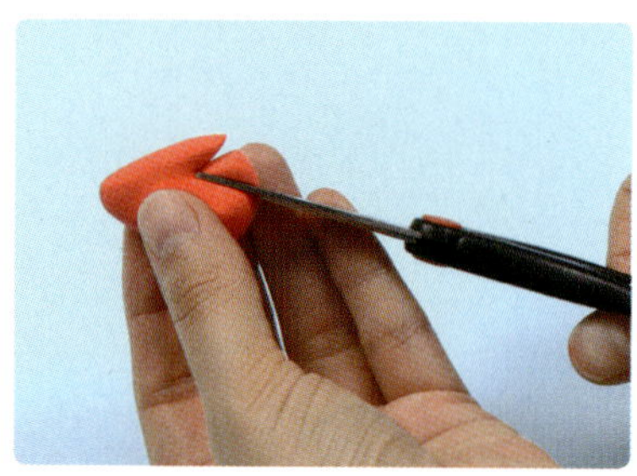

40 가위를 이용하여 물방울 모양의 둥근 부분을 V자 모양으로 잘라 벙어리장갑처럼 만듭니다.

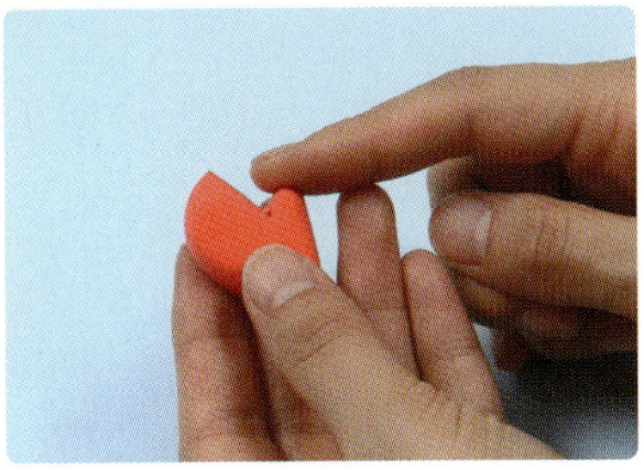

41 자른 부분을 손가락으로 다듬어 벙어리장갑을 완성합니다.

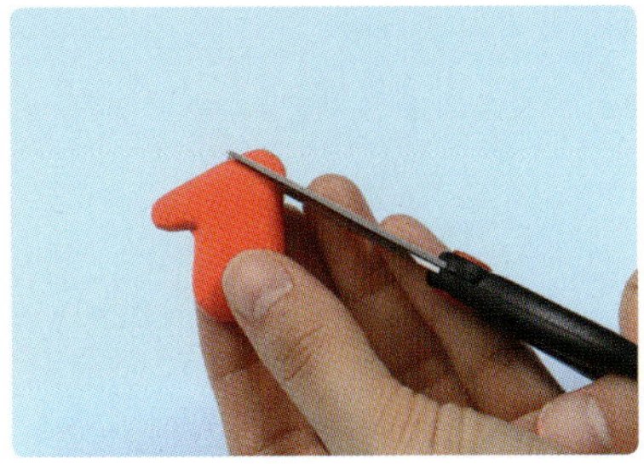

42 벙어리장갑의 아랫 부분을 가위로 잘라줍니다.

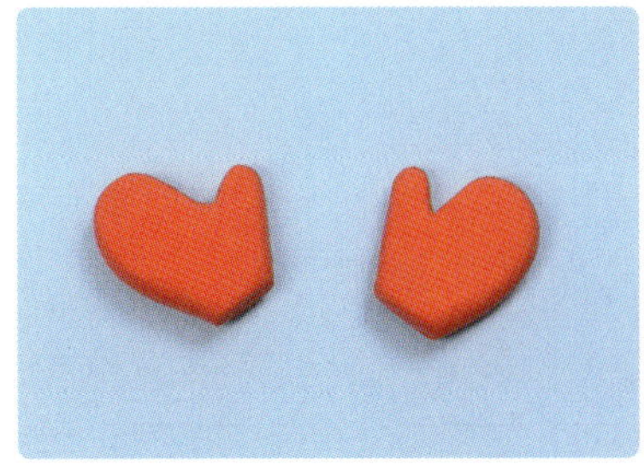

43 모양을 다듬어 장갑을 완성한 모습입니다.

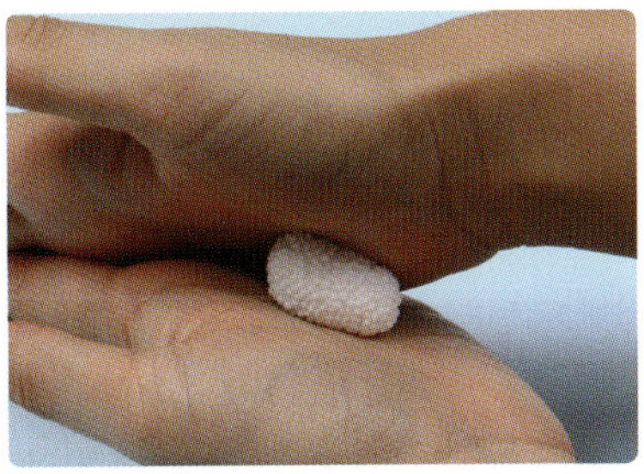

44 장갑에 털을 만들기 위하여 흰색 폼클레이를 작은 원기둥 모양으로 만듭니다.

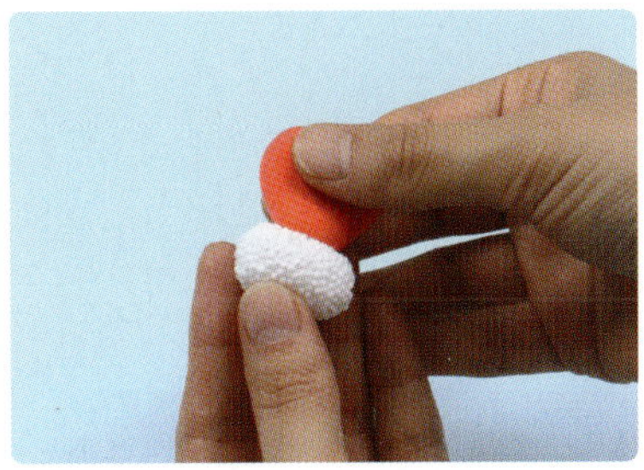

45 원기둥 모양을 장갑에 붙여줍니다.

46 붙여놓은 흰색 폼클레이 아래쪽을 도트도구로 구멍을 만들어둡니다.

47 산타걸의 몸에도 도트도구로 구멍을 만들어둡니다. 만들어 놓은 구멍으로 끈을 붙여 넣을 것입니다.

48 아크릴 물감을 이용하여 문구를 적어줍니다.

49 큐빅을 붙이기 위해 오공본드를 이쑤시개에 묻혀 산타걸 몸에 찍어줍니다.

50 큐빅을 붙여줍니다.

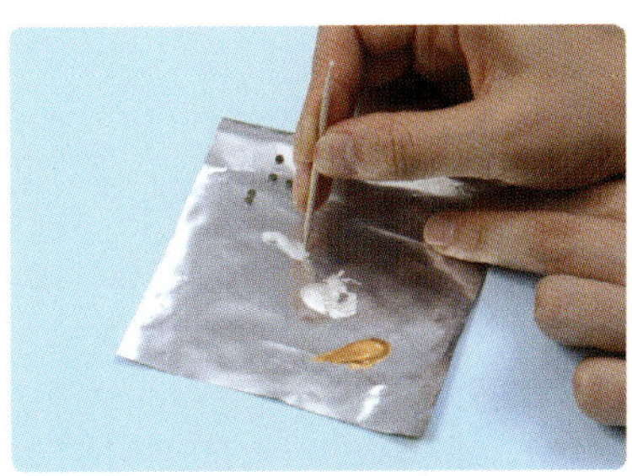

51 본드를 이수시개에 묻혀줍니다.

Love Clay's tip

큐빅 쉽게 붙이는 방법

큐빅은 이쑤시개와 오공본드를 이용하면 좀 더 쉽고 편하게 붙일 수 있어요.

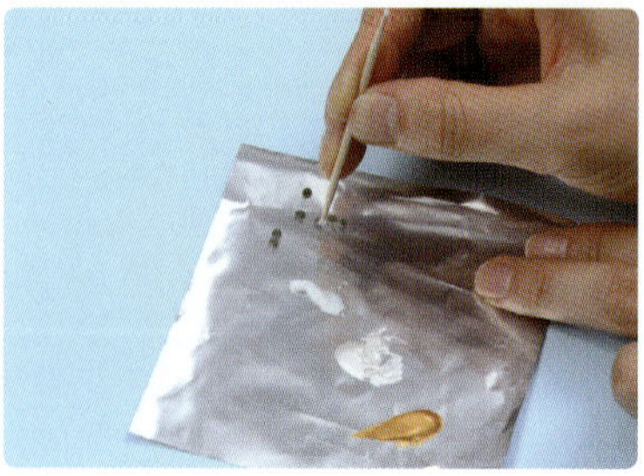

52 본드가 묻어 있는 이쑤시개로 큐빅을 찍으면 쉽게 붙일 수 있습니다.

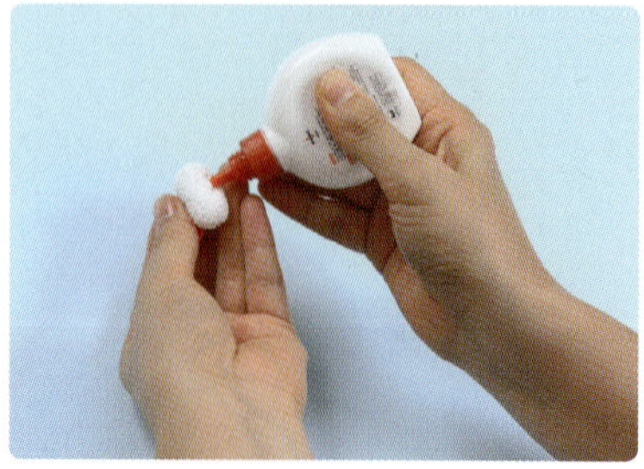

53 만들어 놓은 장갑에 본드를 묻혀주세요.

54 세무 끈을 붙일 자리에 본드를 묻혀주세요.

55 세무 끈을 붙여주세요.

56 장갑을 연결한 모습입니다.

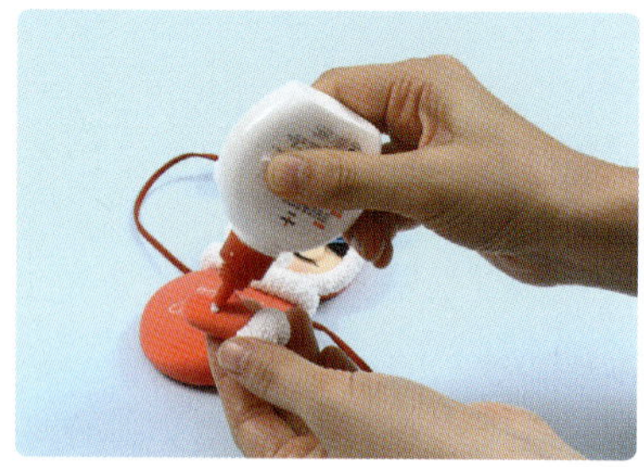

57 오공본드를 이용하여 장갑에 자석을 붙이기 위하여 본드를 묻혀줍니다.

58 자석을 장갑에 붙여줍니다.

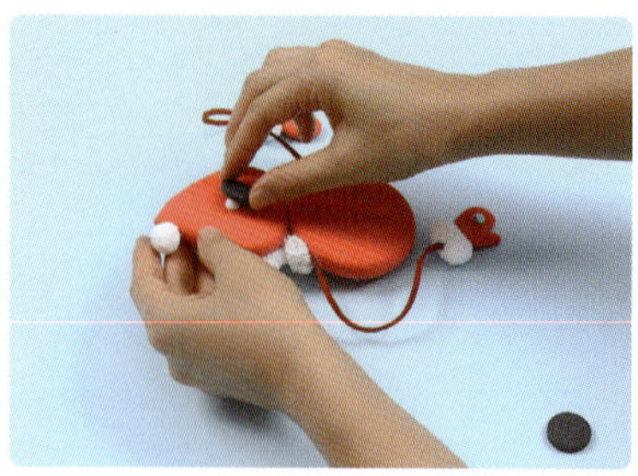

59 머리 뒷부분에도 자석을 붙여주세요.

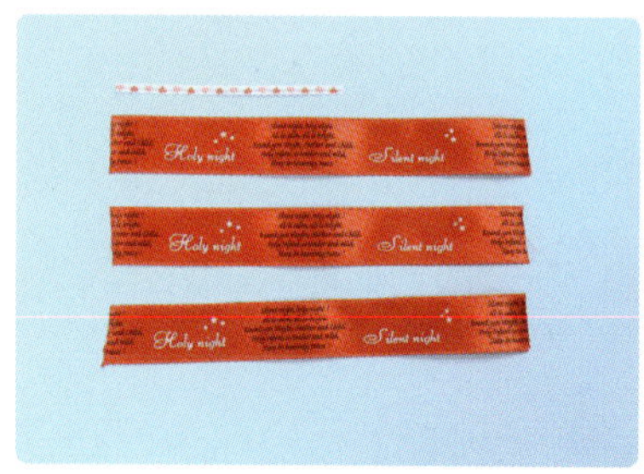

60 리본을 만들기 위하여 사진과 같이 준비합니다.

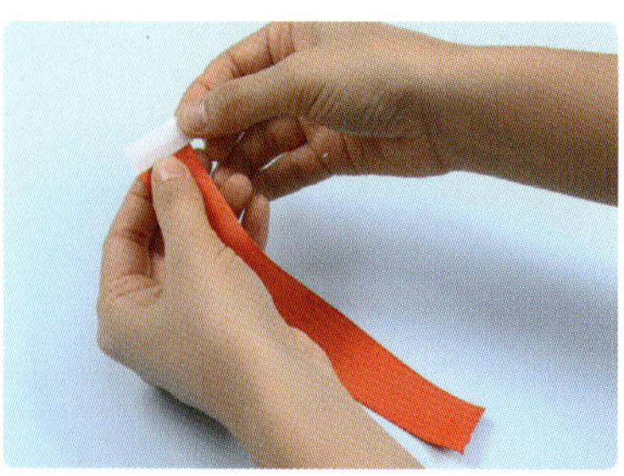

61 리본 끝에 양면테이프를 붙여줍니다.

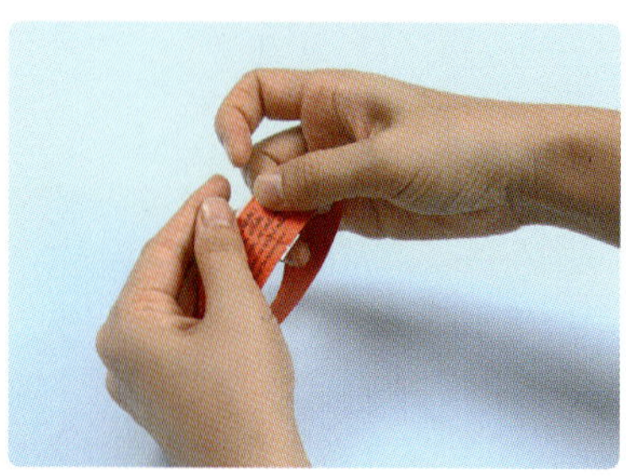

62 리본의 양끝을 붙여주세요.

63 양면테이프의 반대편을 제거해주세요.

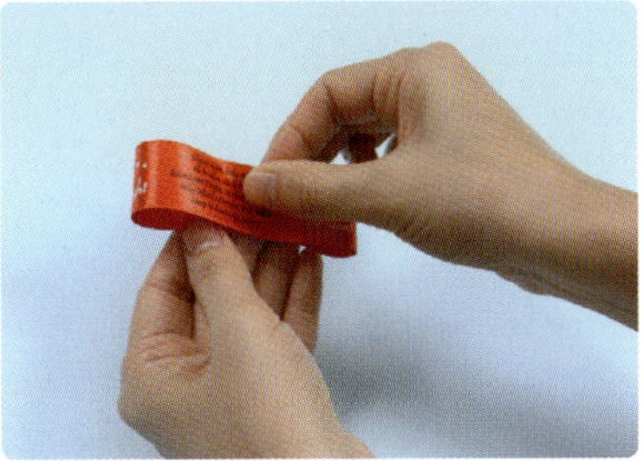

64 사진과 같이 붙여주세요.

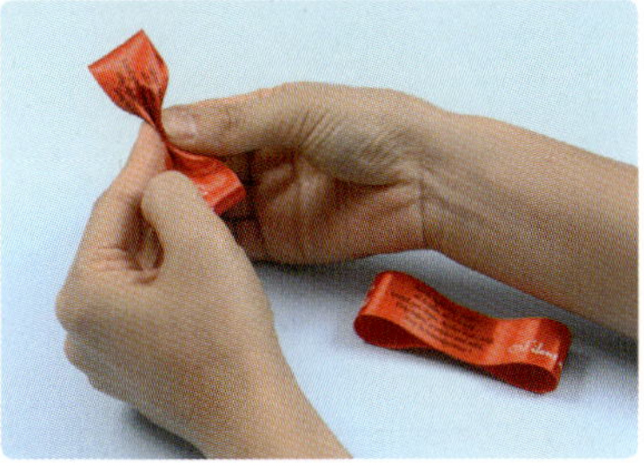

65 양손을 이용하여 리본의 가운데 부분을 주름을 잡아줍니다.

66 두 개의 리본을 주름을 잡아 겹쳐 주세요.

67 가운데 부분을 빵끈을 이용하여 묶어줍니다.

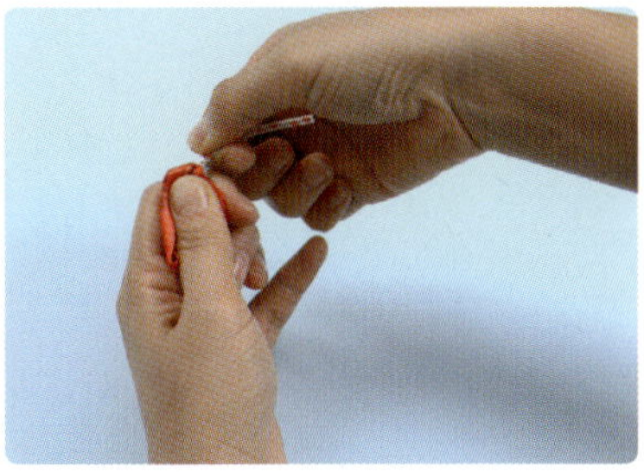

68 빵끈을 꼬아 묶어주세요.

69 리본을 만든 모습입니다.

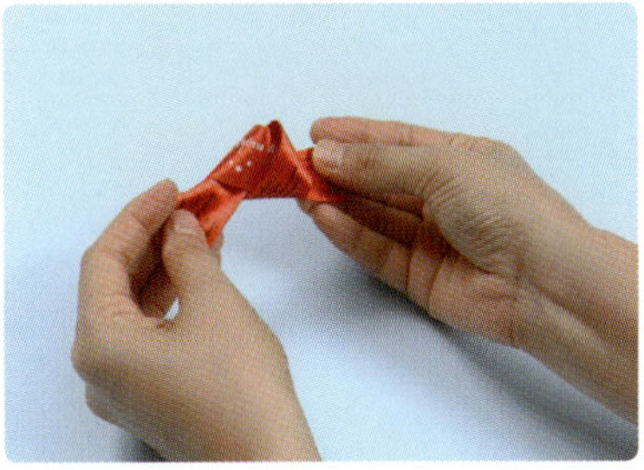

70 리본의 가운데 부분을 만들기 위하여 리본 끈을 가볍게 묶어줍니다.

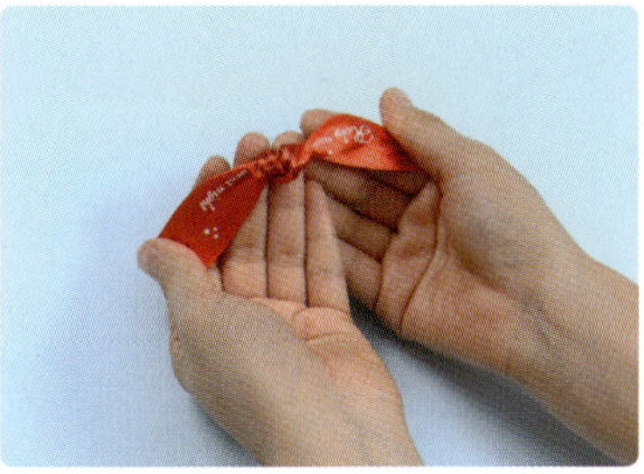

71 살짝 잡아 당겨주세요.

72 리본의 가운데 부분에 들어가는 모습입니다.

73 끝 부분이 살짝 겹치도록 잘라주세요.

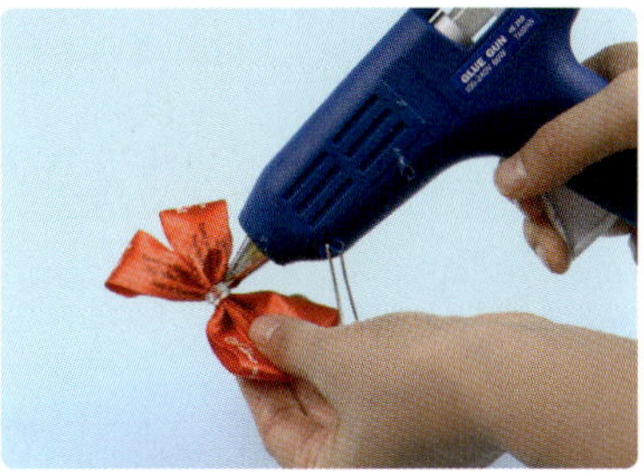

74 고정하기 위하여 글루건을 붙여 주세요.

75 만들어 놓은 리본 가운데 부분을 글루건이 묻어 있는 곳에 붙여주세요.

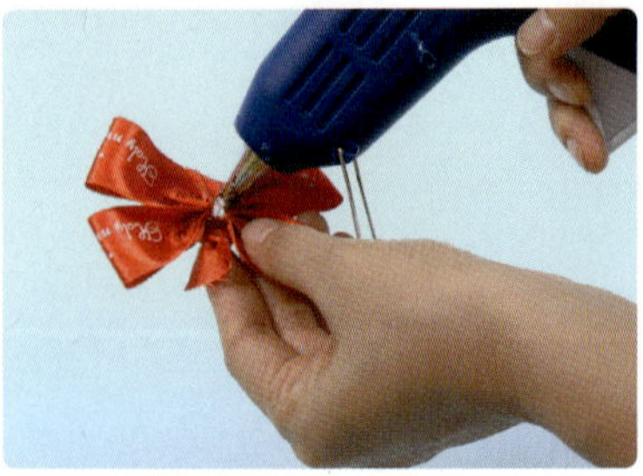

76 뒷부분도 글루건을 쏘아 고정해 주세요.

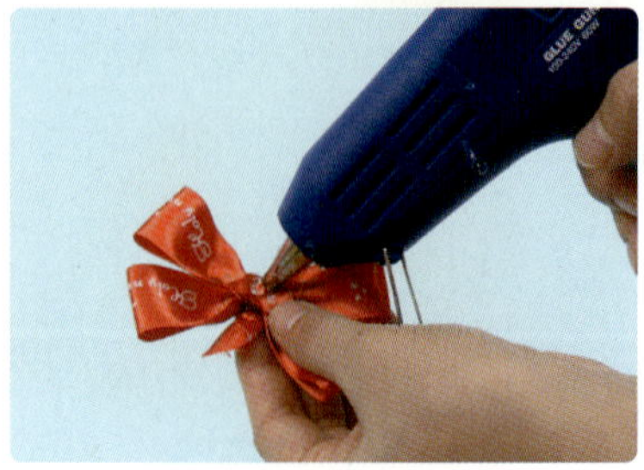

77 마무리하는 모습입니다.

78 리본이 완성된 모습입니다.

79 리본이 붙을 자리에 글루건을 쏘아주세요.

80 만들어 놓은 리본을 붙여주세요.

81 크리스마스 자석 산타걸이 완성된 모습입니다.

Love Clay's Advice!

자석이 붙을 수 있는 곳이라면 어느 곳이든 장식할 수 있습니다. 조화를 이용하여 가장 자리를 장식해주면 멋진 인테리어 소품을 제작할 수 있습니다.

Merry
Christmas

PART 6

클레이로 만드는 유아용품, 장난감 DIY

26 플라잉

지구를 지켜줘 꿀벌 모빌

꿀벌 모빌 만들기

준비물

- 도구 : 철사, 송곳, 본드, 가위, 낚싯줄
- 클레이 : ○ (흰색, 노란색, 빨간색, 파란색, 검은색)
- 예상 재료비: 10,000원
- 예상 제작 시간 : 2시간
- 난이도 : ★★★★
- 완성품 예상가 : 50,000원

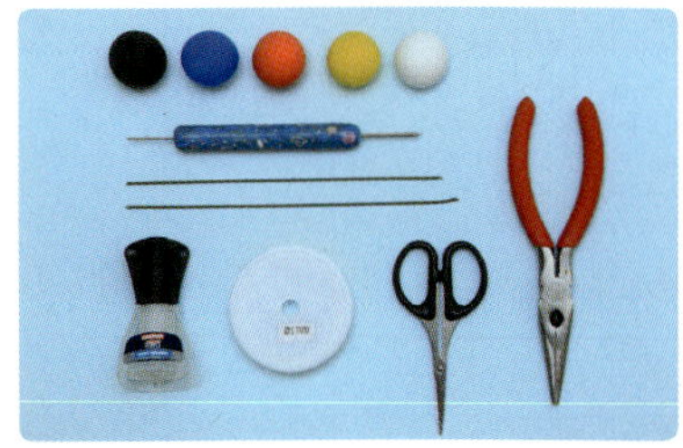

꿀벌 몸 만들기

1 꿀벌의 몸을 만들기 위하여 검은색과 노란색, 빨간색 클레이를 섞어 황토색으로 만듭니다.

2 황토색 클레이를 물방울 모양으로 굴려 꿀벌 몸을 만듭니다.

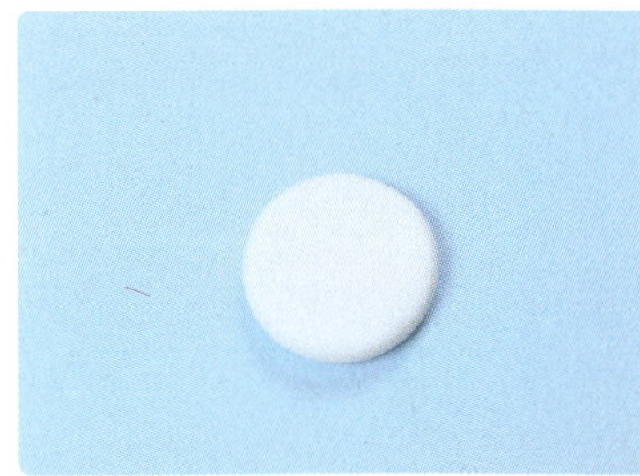

3 레이스를 만들기 위하여 흰색 클레이를 원 모양으로 만든 후 납작하게 만듭니다.

4 송곳도구를 이용하여 가장자리를 눌러줍니다.

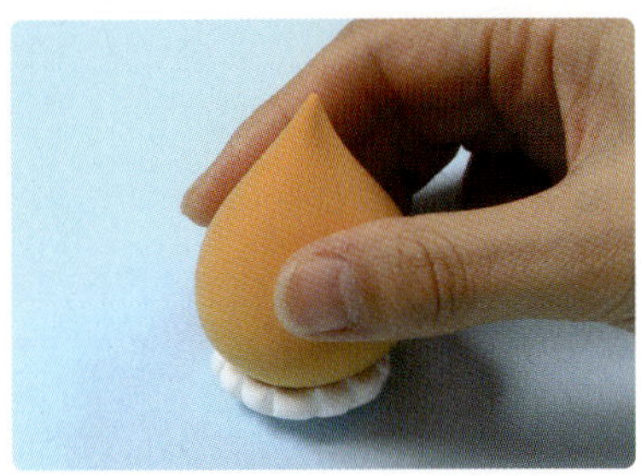

5 물방울 모양의 둥근 부분을 만들어 놓은 레이스에 붙여줍니다.

6 몸에 넣을 연두색 줄무늬를 위해 노란색과 파란색 클레이를 섞어 연두색을 만들어줍니다.

7 연두색 클레이를 잡아당기기 기법으로 길게 늘인 다음 가위로 늘어난 부분만 잘라줍니다.

8 잘라 놓은 연두색 선을 꿀벌의 몸에 감아 줄무늬로 만듭니다.

Love Clay's tip

잡아당기기 기법이 어려울 경우

잡아당기기 기법이 어려운 분은 밀대로 밀어 칼로 잘라내도 됩니다. 길이는 몸을 한 바퀴 정도 돌아갈 정도면 충분합니다.

9 몸에 감고 남은 연두색 줄무늬는 끝을 가위로 잘라 정리합니다.

10 꿀벌의 몸에 줄무늬를 붙여준 모습입니다.

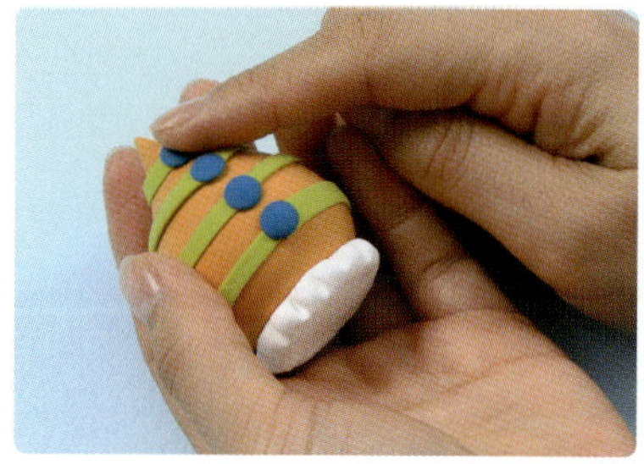

11 가위로 잘라 붙인 줄무늬 위에 파란색 클레이를 도톰한(납작한) 원 모양으로 만들어 붙여줍니다.

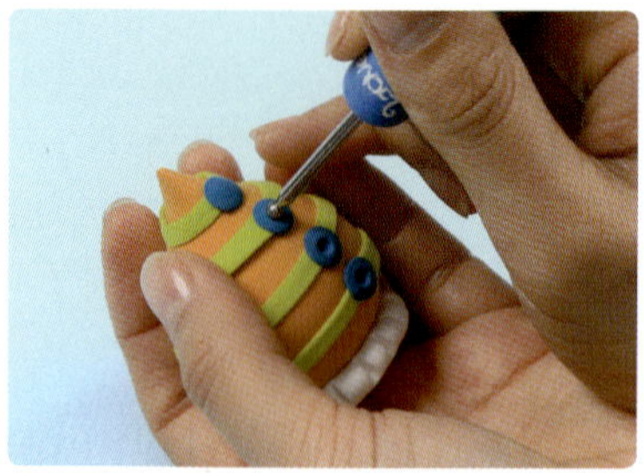

12 파란색 원 모양 가운데를 송곳도구로 찍어줍니다. 단추 모양이 되었습니다.

Love Clay's tip

줄무늬를 예쁘게 표현하려면?

줄무늬들은 시작하고 끝나는 지점을 가운데로 잘 맞춰줍니다. 그래야 선이 끊어진 부분이 보이지 않도록 장식을 달아줄 수 있습니다.

꿀벌 얼굴 만들기

13 머리를 만들기 위하여 노란색 클레이를 타원 모양으로 만듭니다.

14 얼굴을 만들기 위하여 흰색, 빨간색, 노란색 클레이를 섞어 살구색으로 만듭니다.

15 살구색 클레이를 타원 모양으로 만든 후 납작하게 눌러줍니다.

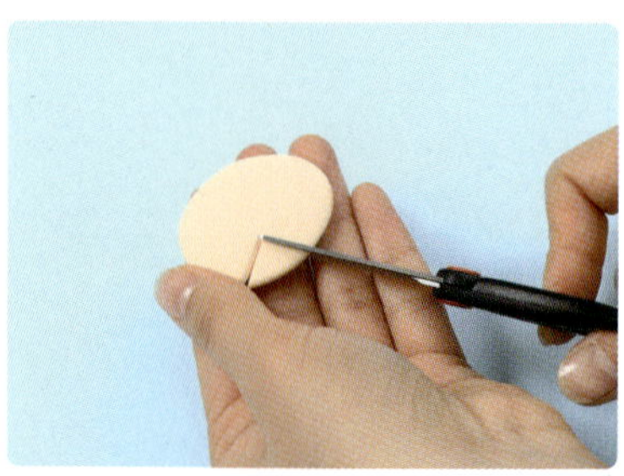

16 가위로 납작한 타원의 한쪽을 V자 모양으로 잘라줍니다.

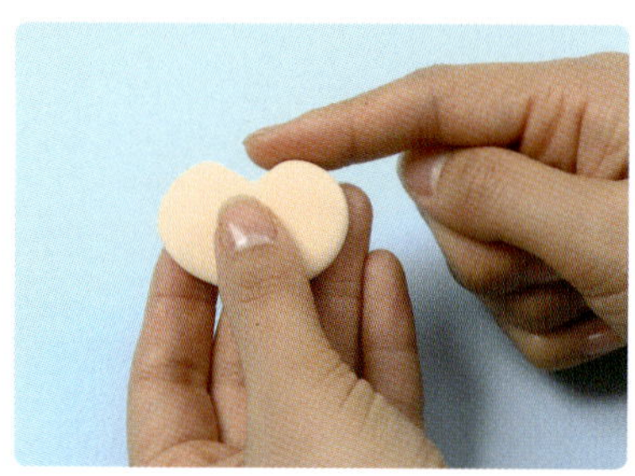

17 잘려나간 부분을 손으로 다듬어 날카롭지 않게 만들어줍니다.

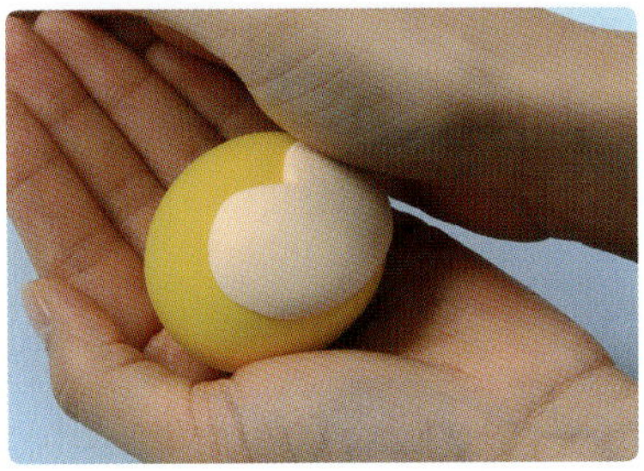

18 노란색 머리 위에 얼굴을 붙여줍니다.

19 연두색 클레이를 작은 원으로 굴려 노란색 머리 위에 붙여줍니다. 점박이 무늬가 만들어졌습니다.

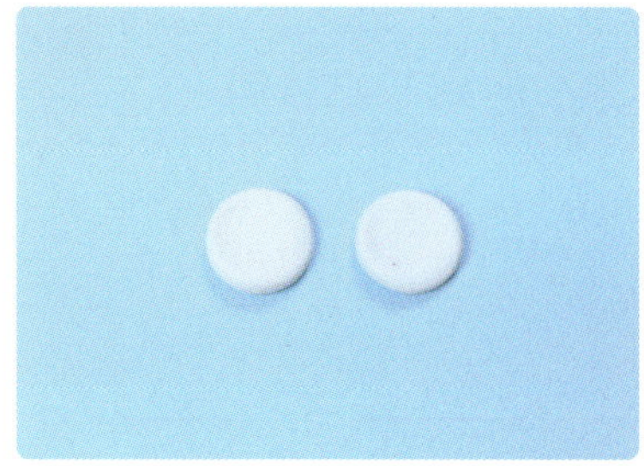

20 눈을 만들 흰색 클레이를 원 모양으로 만든 후 납작하게 눌러줍니다.

21 눈을 꿀벌의 얼굴의 V자 모양에 맞추어 붙여줍니다.

22 마음에 드는 색으로 눈동자를 만들어 흰색 클레이 위에 붙여줍니다.

23 검은색 클레이를 실 기법으로 얇게 뽑은 후 가위로 눈썹과 입의 크기만큼 잘라 휘어줍니다.

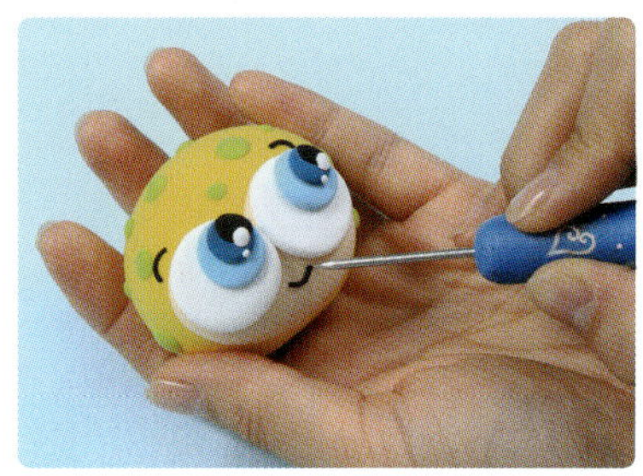

24 준비한 눈썹과 입을 얼굴 위에 붙여줍니다.

더듬이 만들기

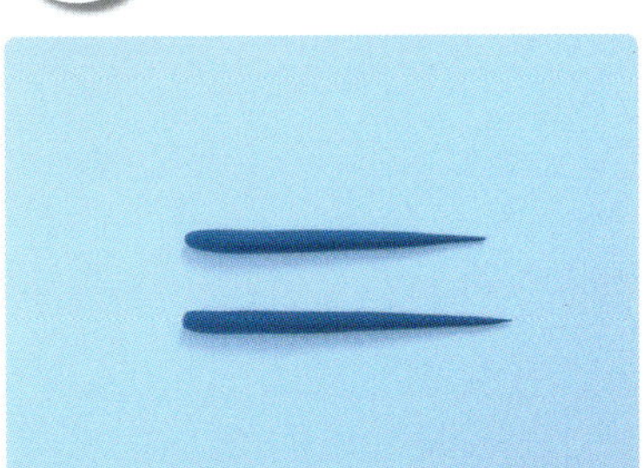

25 더듬이를 만들기 위해 파란색 클레이를 긴 물방울 모양으로 굴려줍니다.

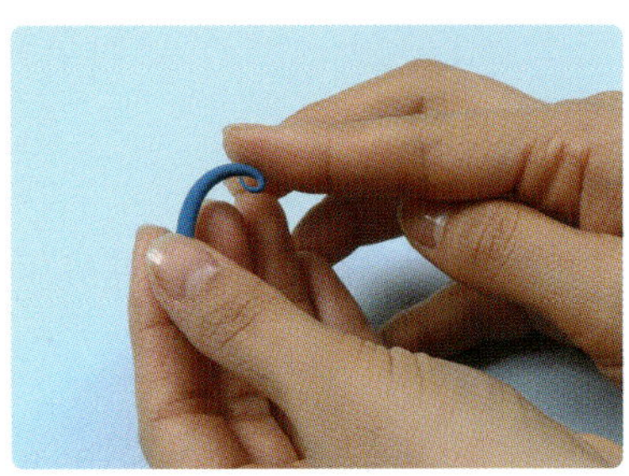

26 물방울 모양의 날카로운 쪽 끝을 구부려줍니다.

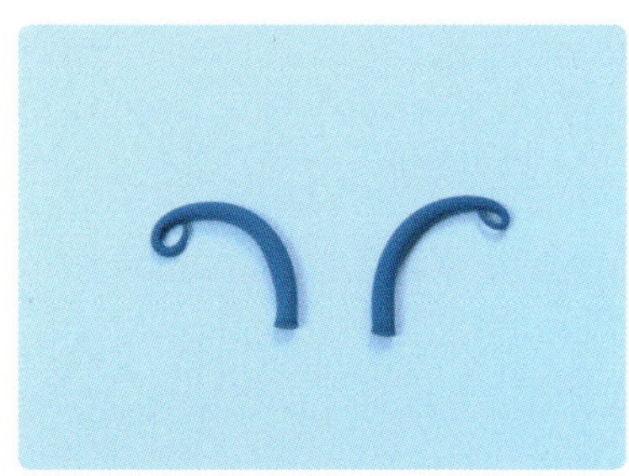

27 더듬이가 완성되었습니다. 다 마를 때까지 놔둔 후 마지막에 마무리 작업을 할 것입니다.

날개 만들기

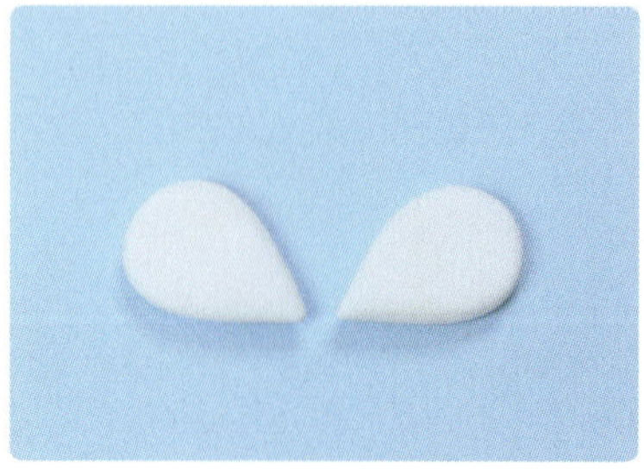

28 날개를 만들기 위해 흰색 클레이를 물방울 모양으로 만든 후 납작하게 눌러줍니다.

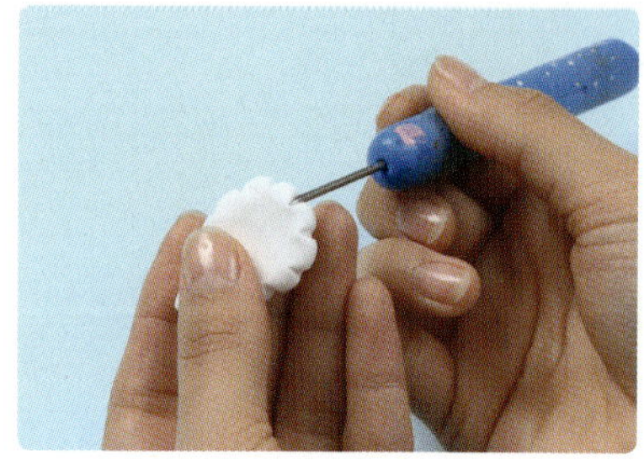

29 물방울 모양의 가장자리를 송곳 도구를 이용하여 눌러 날개를 만들어줍니다.

30 만들어진 날개를 몸에 붙여줍니다.

31 앞에서 만든 머리를 몸에 붙여줍니다.

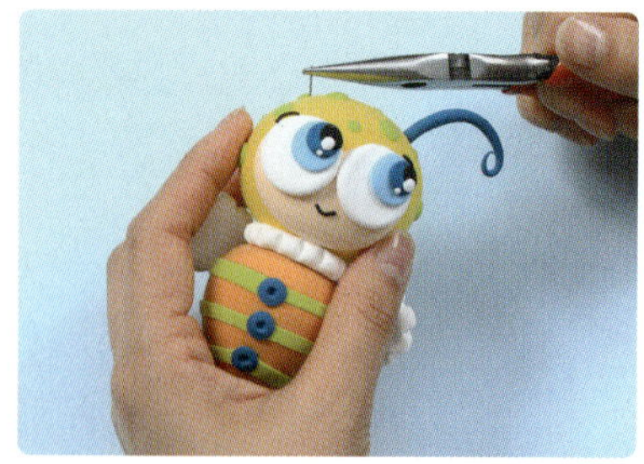

32 더듬이가 다 마르면 꿀벌의 머리에 더듬이가 들어갈 각도로 철사를 꽂아줍니다.

33 철사에 순간접착제를 바릅니다.(오공본드를 사용해도 됩니다.)

34 접착제를 바른 철사에 더듬이를 꽂아 고정시킵니다.

35 플라잉 꿀벌 모빌을 완성하였습니다.

27

넘어져도 슬퍼도 나는 안 울어

삐에로 오뚝이

삐에로 오뚝이 만들기

준비물

- **도구** : 송곳, 칼, 도트도구 대(大),
  도트도구 소(小), 오뚝이, 나이프.
- **클레이** : ○ ● ● ● ●
- **볼클레이** : ○ ● ●
- **예상 재료비**: 10,000원
- **예상 제작 시간** : 1시간
- **난이도** : ★★★★
- **완성품 예상가** : 40,000원

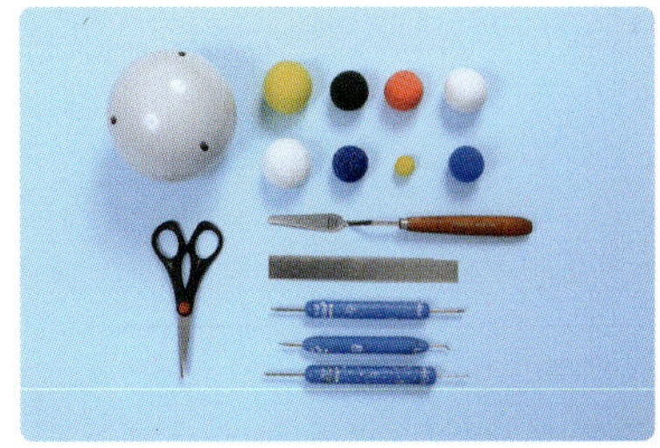

오뚜기 틀 만들기

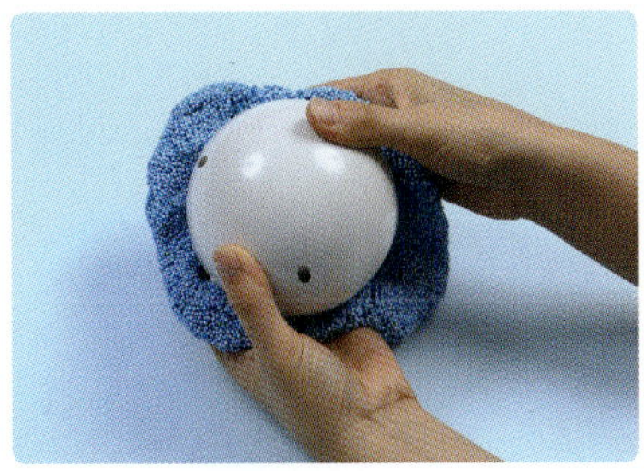

1 흰색과 파란색 폼클레이를 섞어 옅은 파란색을 만든 뒤 오뚝이를 감싸줍니다.

2 폼클레이로 감싼 오뚝이를 바닥에 놓고 굴려 면이 균일하게 되도록 합니다.

목 레이스 만들기

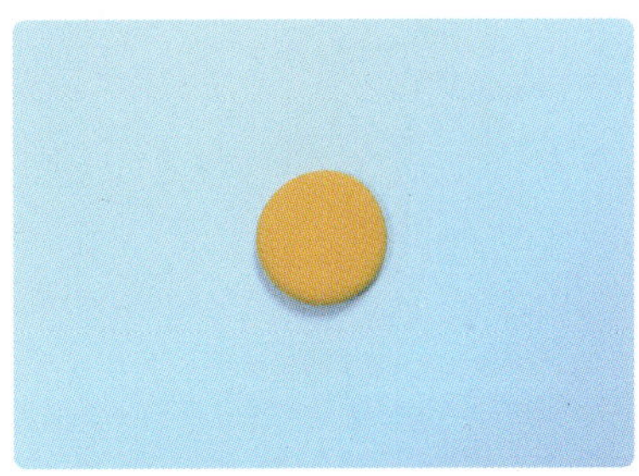

3 목 레이스를 만들기 위하여 진노랑색 클레이를 원 모양으로 만든 후 납작하게 눌러줍니다.

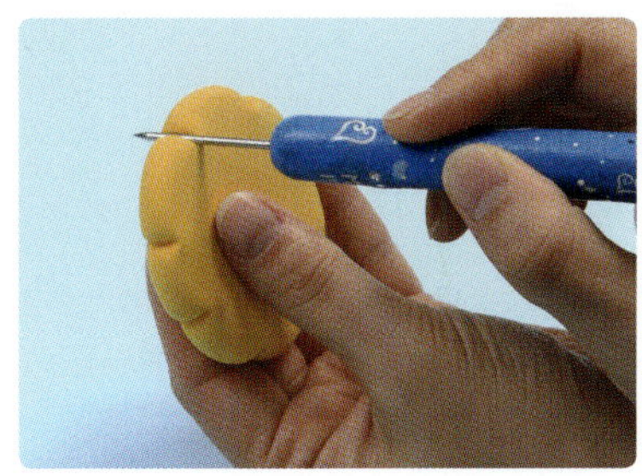

4 납작한 원 모양의 가장자리를 송곳 옆면으로 눌러 구름 모양으로 만들어 줍니다.

5 오뚜기 몸 위에 모양 낸 진노랑색 클레이를 붙여줍니다.

6 오뚜기의 몸에 목 레이스를 붙여준 모습입니다.

얼굴 만들기

7 얼굴을 만들기 위해 살구색 클레이를 물방울 모양으로 굴려줍니다.

8 물방울 모양의 둥근 부분을 손가락으로 꾹 눌러줍니다.

9 양쪽 볼이 통통한 얼굴 모양이 되도록 다듬어줍니다.

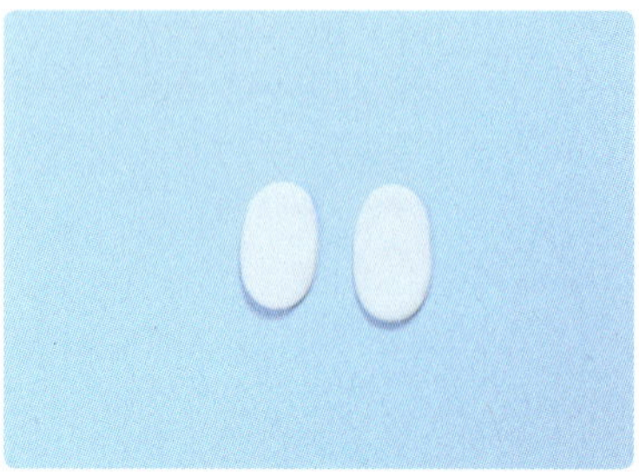

10 눈을 만들기 위해 흰색 클레이를 타원 모양으로 만든 뒤 납작하게 눌러줍니다.

11 흰 눈을 얼굴에 붙여줍니다.

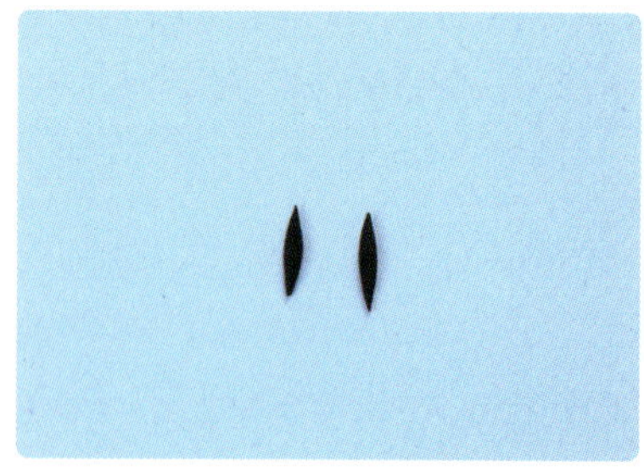

12 검은색 클레이 가늘고 긴 양쪽 물방울 모양으로 2개 밀어줍니다.

13 흰색 눈동자 위에 검은색 클레이를 구부려 붙여줍니다. 아이라인이 만들어졌습니다.

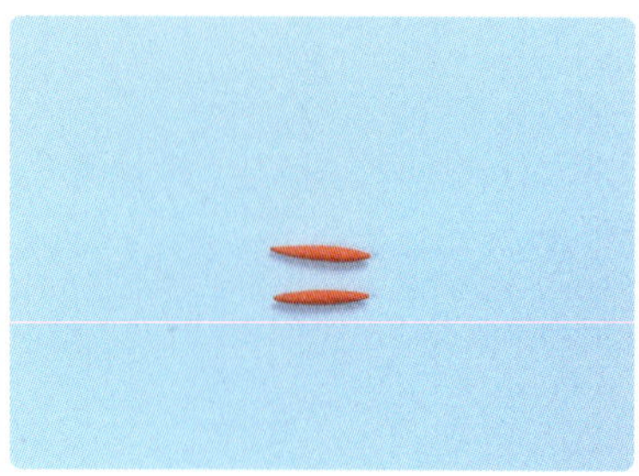

14 +자 모양의 눈을 만들기 위해 빨간색 클레이를 가늘고 긴 양쪽 물방울 모양으로 2개 만듭니다.

15 왼쪽 눈에 +자 모양이 되도록 교차해서 붙여줍니다.

16 왼쪽 눈과 같은 방법으로 오른쪽 눈에는 파란색 +자 모양을 만들어 붙여줍니다.

17 연두색 클레이를 타원 모양으로 만든 뒤 코 부분에 붙여줍니다.

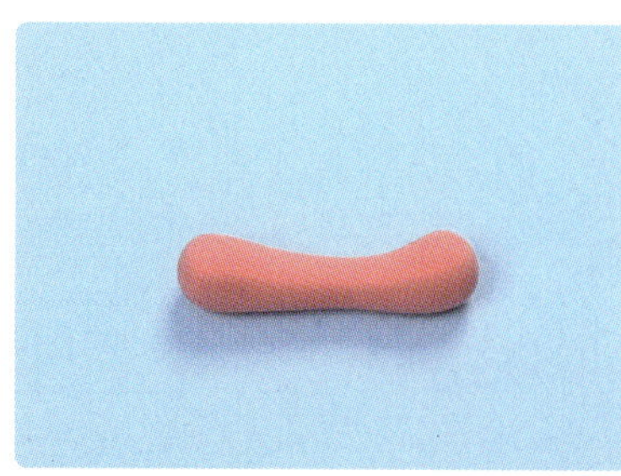

18 입을 만들기 위해 분홍색 클레이를 원기둥으로 만든 뒤 가운데 부분을 살짝 굴려 땅콩 모양으로 만듭니다.

19 땅콩 모양을 피에로의 코 아랫부분에 눌러 붙여줍니다.

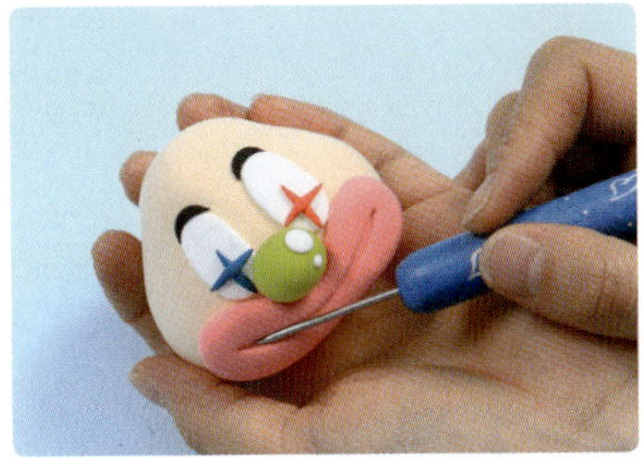

20 송곳으로 붙여준 입의 가운데에 홈을 그어줍니다. 입술이 만들어졌습니다.

21 입술의 홈 양쪽 끝부분을 도트도구로 눌러줍니다.

머리카락 만들기

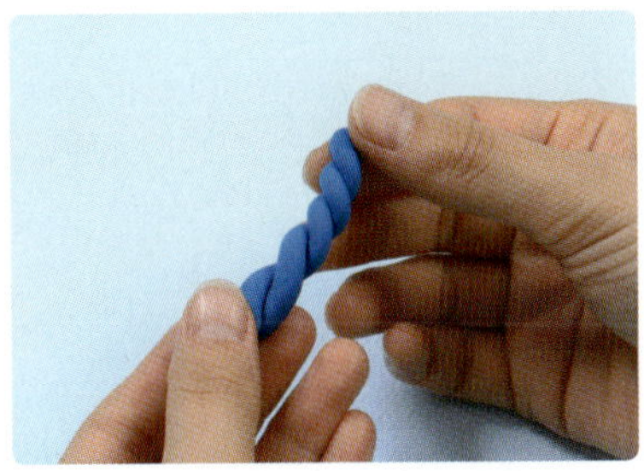

22 머리카락을 만들기 위해 파란색 클레이를 원기둥 모양으로 만들어줍니다. 원기둥을 반으로 접어 트위스트 기법으로 꼬아줍니다.

23 하늘색 트위스트 머리카락과 파란색 트위스트 머리카락을 만들어 머리에 번갈아 붙여줍니다.

24 뒤에서 본 머리카락의 모습입니다.

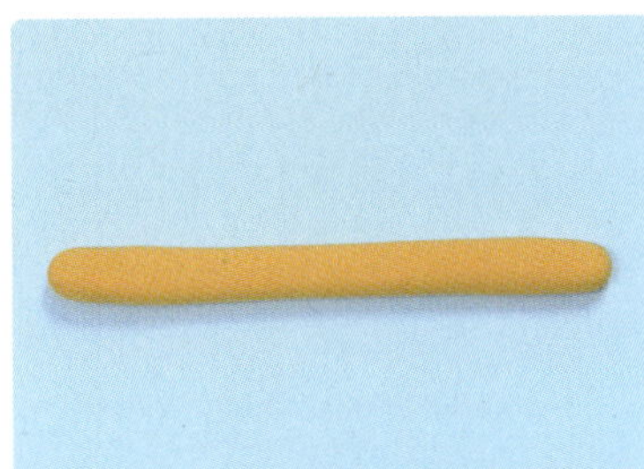

25 모자를 만들기 위해 노란색 클레이를 원기둥으로 굴려줍니다.

26 밀대로 원기둥을 납작하게 눌러줍니다.

27 칼로 납작해진 원기둥을 0.7cm 넓이로 잘라줍니다.

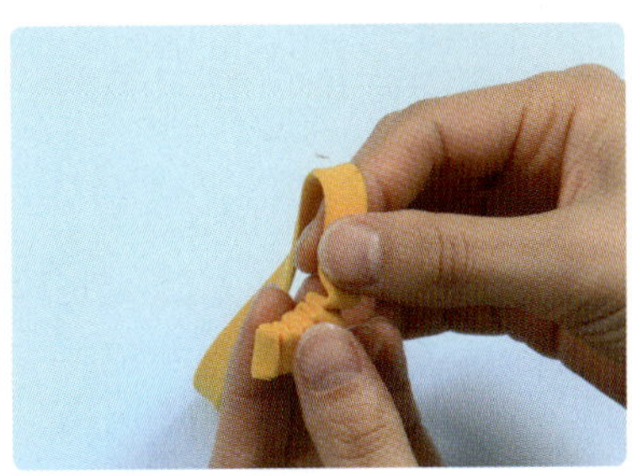

28 노란색 클레이를 손가락으로 접어가며 웨이브를 만들어 줍니다.

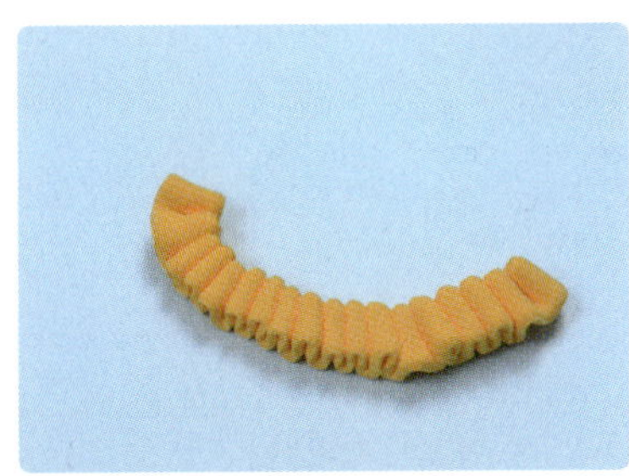

29 웨이브를 넣어 레이스 모양을 만들어줍니다.

30 만들어진 레이스를 머리 위에 붙여줍니다.

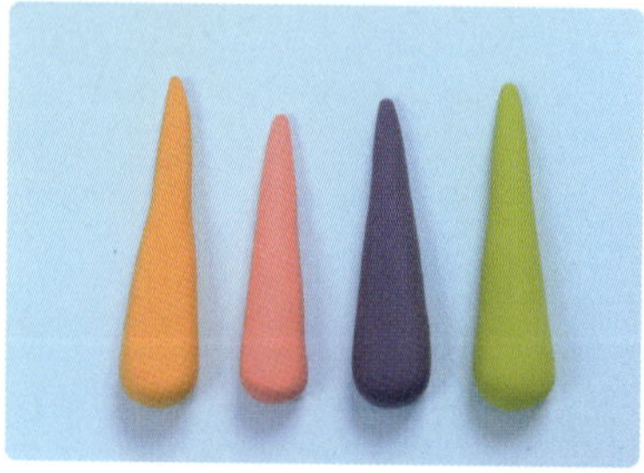

31 사진과 같이 4가지 색의 물방울 모양을 굴려줍니다.

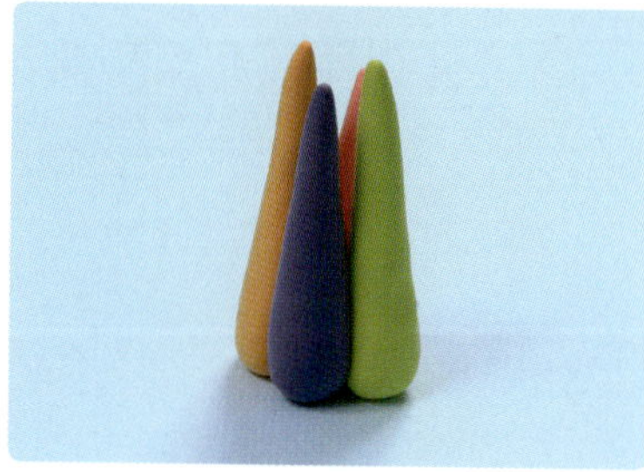

32 4개의 물방울 모양을 모아서 원 모양으로 붙여줍니다. 이때 뾰족한 끝 부분은 붙이지 않습니다.

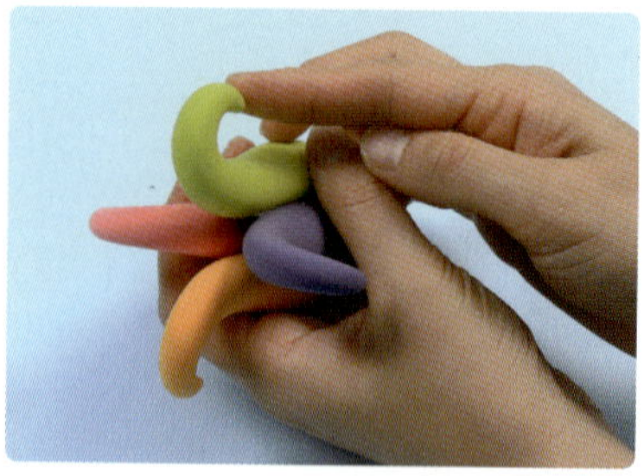

33 모아 붙인 물방울들의 뾰족한 끝부분을 바깥쪽으로 구부려 줍니다.

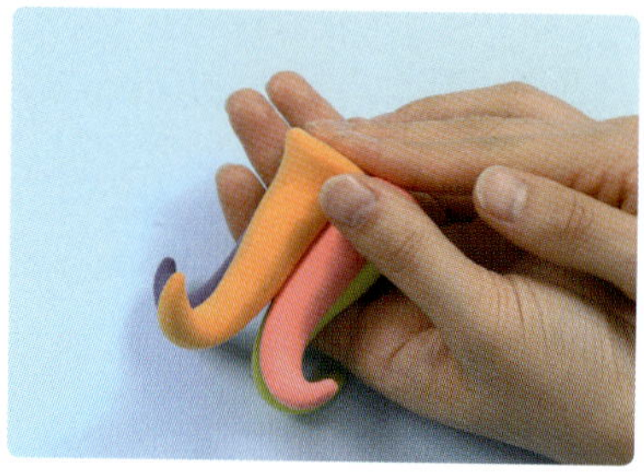

34 물방울들의 밑바닥이 납작해지도록 평평하게 눌러줍니다.

35 레이스 위에 물방울들을 붙여주면 모자가 완성됩니다.

36 삐에로 몸에 얼굴을 붙여줍니다.

단추 만들기

37 단추를 만들기 위해 분홍색 클레이를 원 모양으로 만든 뒤 납작하게 눌러 점토봉으로 눌러줍니다.

38 여러 가지 색의 단추를 몸에 붙여준 뒤 도트도구로 단추 구멍을 찍어줍니다.

39 단추를 붙여준 모습입니다.

팔 만들어 완성하기

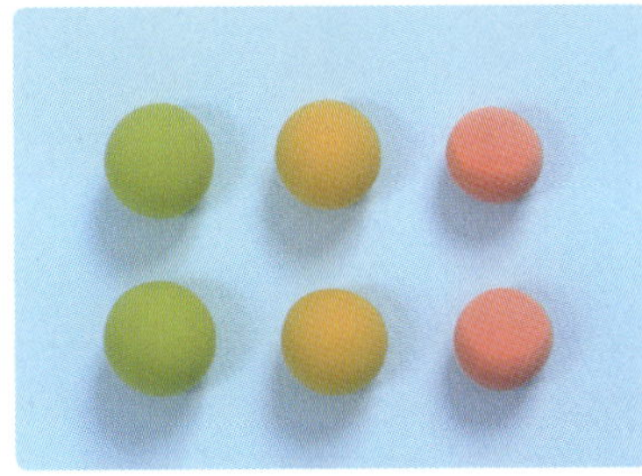

40 팔을 만들기 위해 연두색, 진노랑색, 분홍색 클레이를 각각 2개씩 원 모양으로 굴려줍니다.

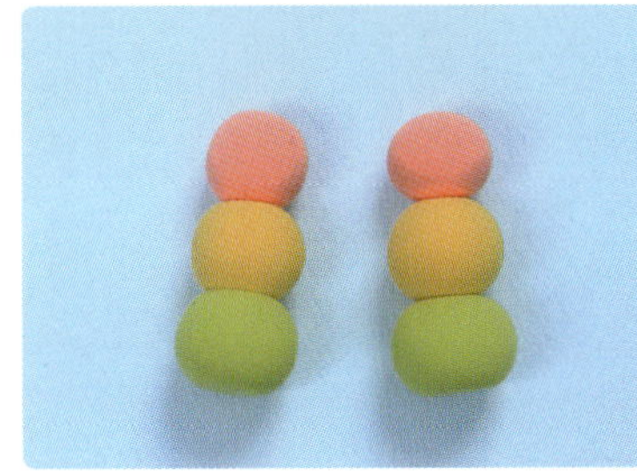

41 연두색, 진노랑색, 분홍색 원 모양을 일렬로 붙여주면 삐에로의 팔이 됩니다.

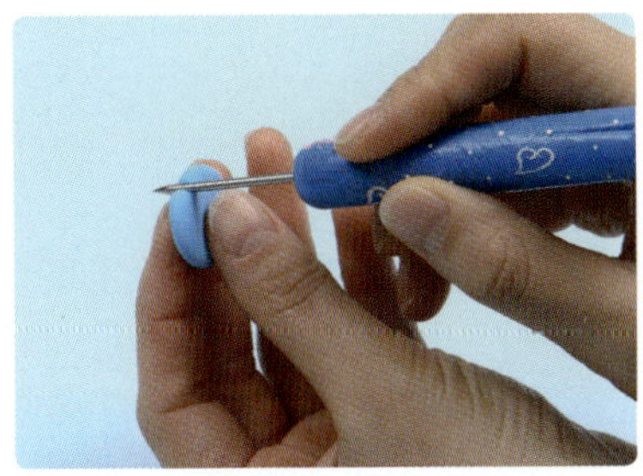

42 소매 끝의 레이스를 만들기 위해 하늘색 클레이를 원 모양으로 만든 뒤 납작하게 눌러줍니다. 송곳 옆면으로 가장자리를 눌러 무늬를 만들어줍니다.

43 완성된 레이스를 팔 위에 붙여줍니다.

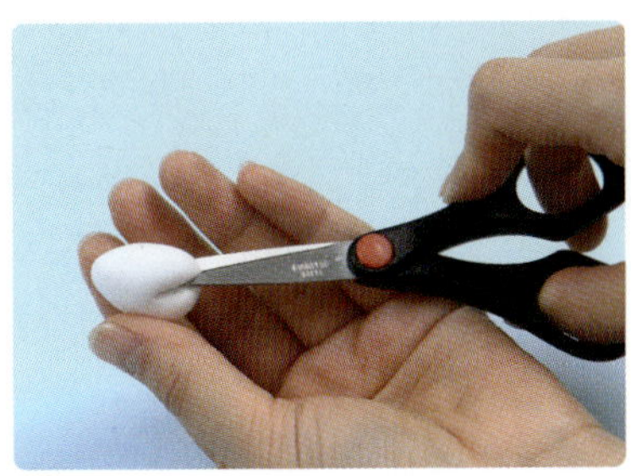

44 손을 만들기 위해 흰색 클레이를 물방울 모양으로 굴린 뒤 둥근 부분을 사진과 같이 잘라 엄지를 만들어줍니다.

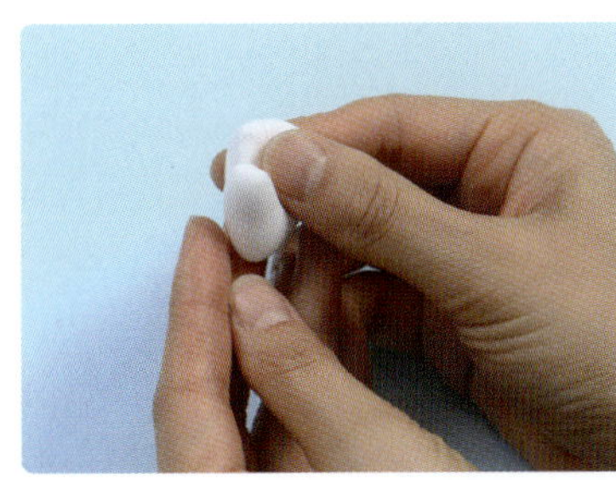

45 자른 부분을 손가락으로 다듬어 손 모양으로 만들어줍니다.

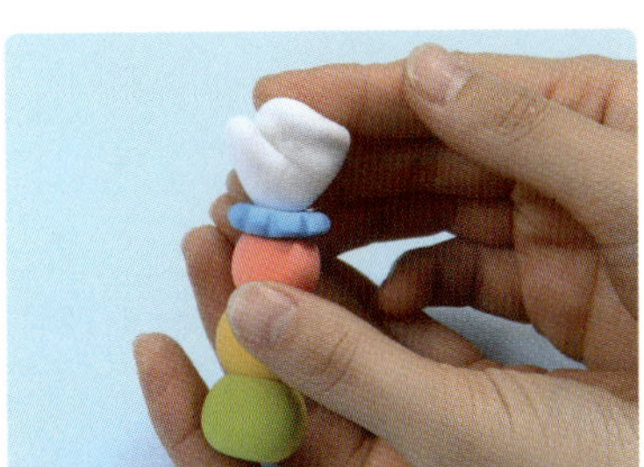

46 팔에 손을 붙여줍니다.

47 완성된 팔을 몸에 붙여줍니다.

48 예쁜 글씨를 몸통에 넣어주면 삐에로 오뚜기가 완성됩니다.

28 백설공주와 난쟁이

백설공주 이야기를 들려줄게! 손가락 인형

난쟁이 만들기

준비물

- **도구** : 송곳도구, 칼, 밀대, 도트도구 가위
- **클레이** : ○ ● ● ● ●
- **예상 재료비** : 4,000원
- **예상 제작 시간** : 2시간
- **난이도** : ★★★★
- **완성품 예상가** : 30,000원

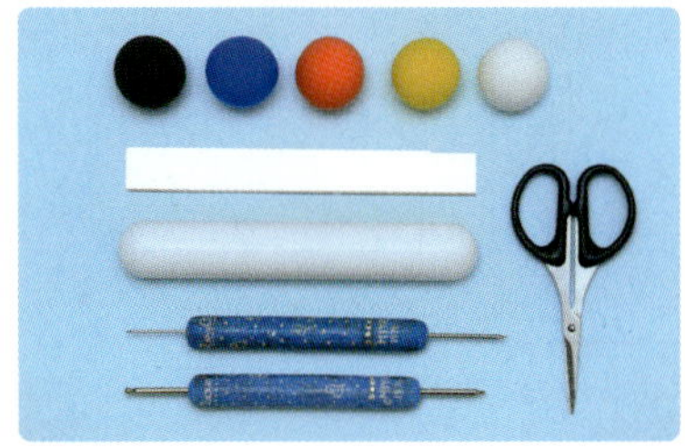

손가락 틀 만들기

1 손가락 틀을 만들기 위해 노란색 클레이를 밀대로 밀어 얇게 펴 줍니다.

2 얇게 편 노란색 클레이를 칼로 잘라 직사각형으로 만들어줍니다.

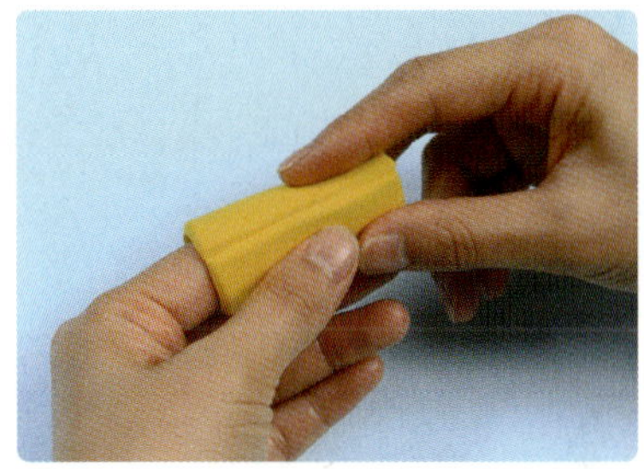

3 직사각형으로 자른 클레이를 손가락에 감아줍니다. 만나는 끝과 끝을 붙여 둥글게 만듭니다.

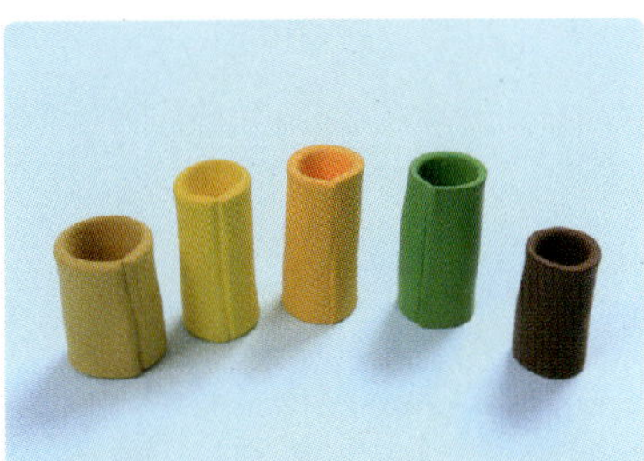

4 같은 방법으로 5개의 손가락에 맞게 틀을 모두 만들어줍니다. 원하는 색상으로 만들어줍니다.

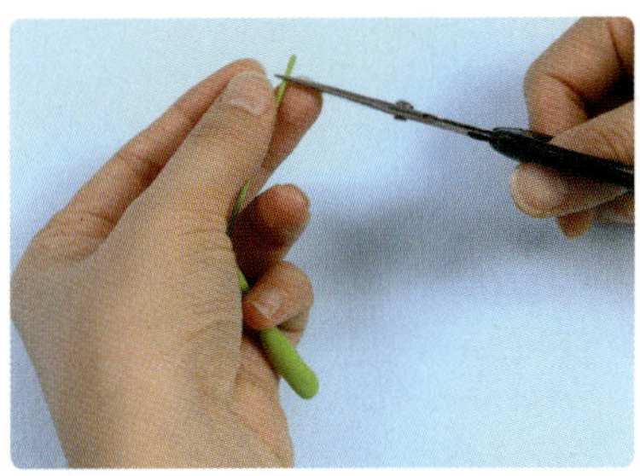

5 틀을 꾸며주기 위해 연두색 클레이를 실 기법으로 뽑아 0.2cm 간격으로 잘라줍니다.

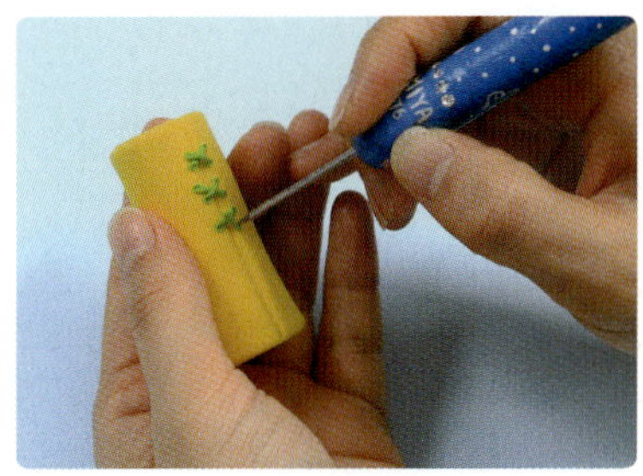

6 잘라 준 연두색 클레이를 손가락 틀의 접속 면에 X자 모양으로 붙여 옷을 꿰맨 것과 같이 표현합니다.

난쟁이 얼굴 만들기

7 얼굴을 만들기 위해 흰색과 빨간색, 노란색 클레이를 섞어 살구색을 만들어줍니다.

8 살구색 클레이를 타원 모양으로 굴려 줍니다.

9 타원 모양 클레이의 가운데 부분을 손가락으로 살짝 눌러줍니다.

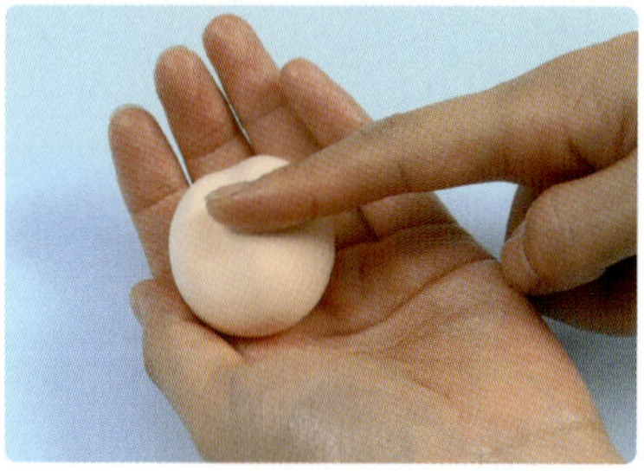

10 손가락으로 눌러준 부분에서 다시 T자 모양으로 손가락을 눌러줍니다.

11 얼굴에서 눈이 들어갈 자리와 코가 들어갈 자리를 T자 모양으로 눌러준 모습입니다.

12 흰색을 원 모양으로 만든 후 납작하게 눌러 얼굴에 붙이고 검은색 클레이를 실 기법으로 뽑아 가위로 자른 뒤 흰색 클레이 위에 붙여 눈을 만듭니다.

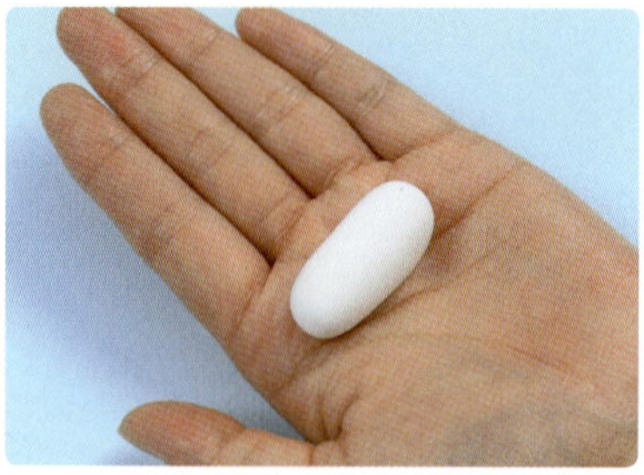

13 수염을 만들기 위해 흰색 클레이를 원기둥 모양으로 굴려줍니다.

14 원기둥 모양을 왼손 바닥에 놓고 오른손을 세워 가운데 부분을 굴려줍니다.

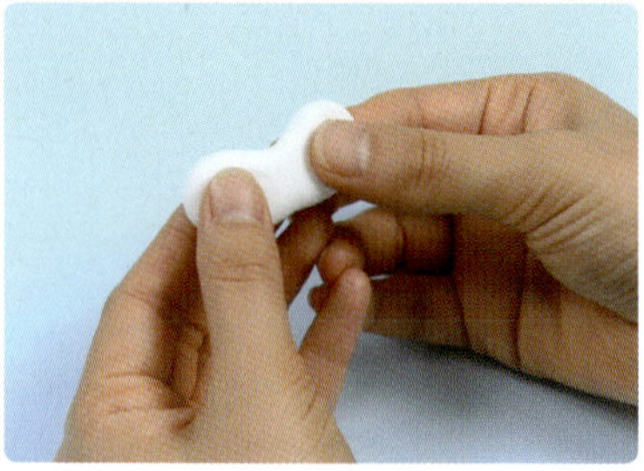

15 가운데 부분을 굴려준 원기둥을 손끝으로 눌러 얇게 펴줍니다.

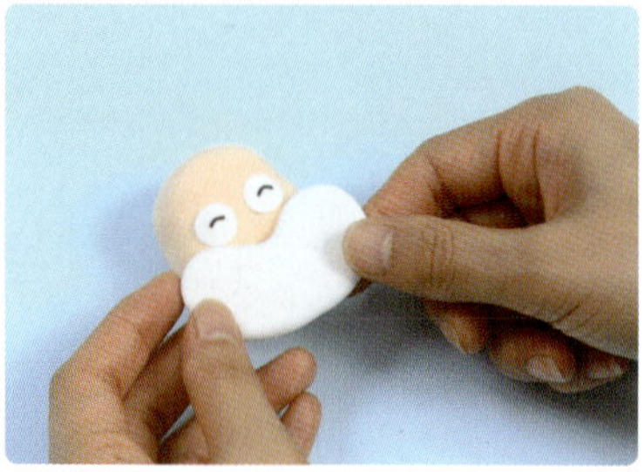

16 만들어진 수염을 얼굴에 올려 크기를 확인합니다.

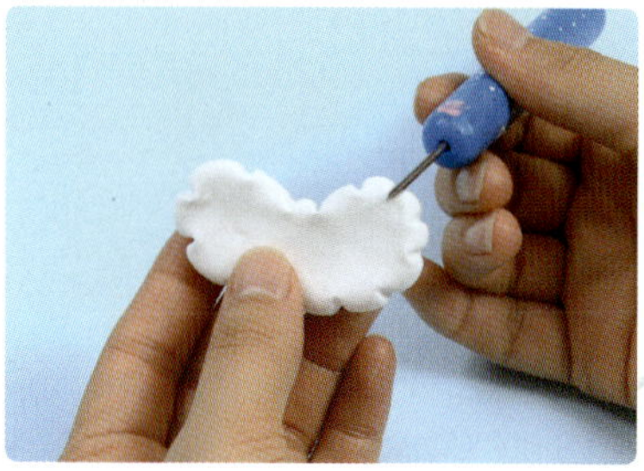

17 송곳의 옆면으로 턱수염의 가장자리를 눌러 모양을 내줍니다.

18 모양을 내준 턱수염을 얼굴에 붙여줍니다.

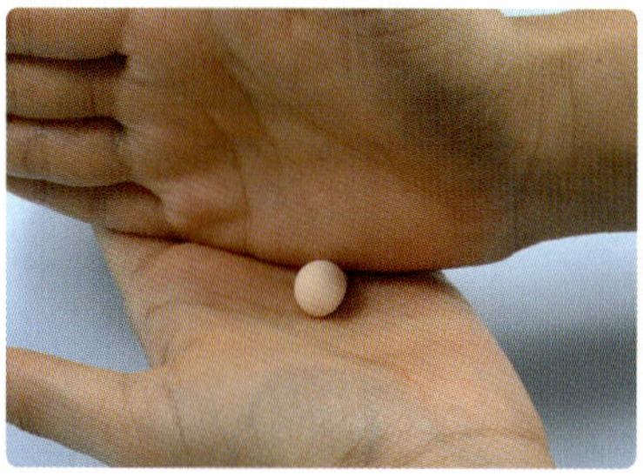

19 코를 만들기 위해 살구색 클레이를 작은 물방울 모양으로 굴려주고

20 턱수염 위의 중앙에 작은 물방울 모양을 붙여주면 코가 완성됩니다.

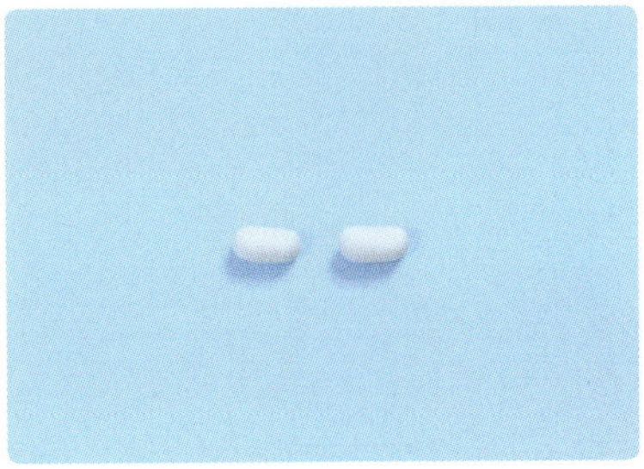

21 흰색 클레이를 작은 원기둥으로 2개 굴려줍니다.

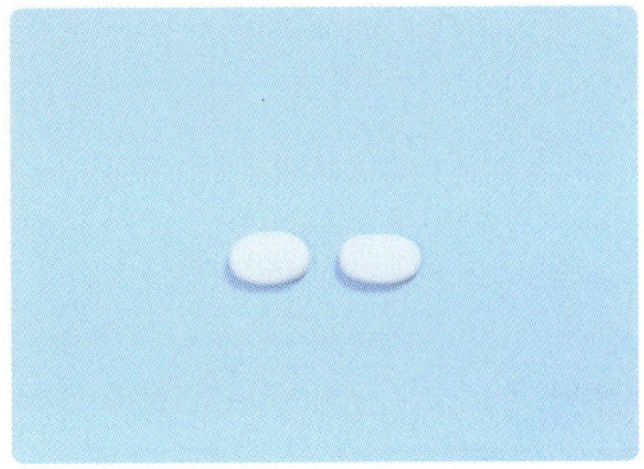

22 원기둥을 살짝 눌러줍니다.

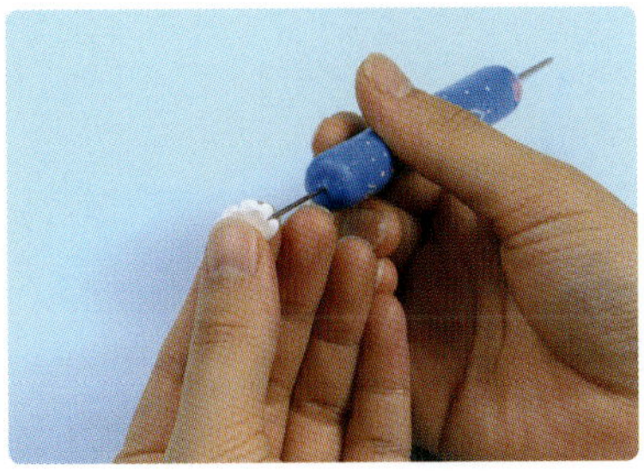

23 원기둥의 가장자리를 송곳의 옆면으로 눌러 모양을 내줍니다.

24 만들어진 눈썹을 난쟁이 얼굴에 붙여줍니다.

난쟁이 모자 만들기

25 모자를 만들기 위해 노란색 클레이를 납작하게 밀어준 뒤 칼로 잘라 사다리꼴 모양을 만듭니다.

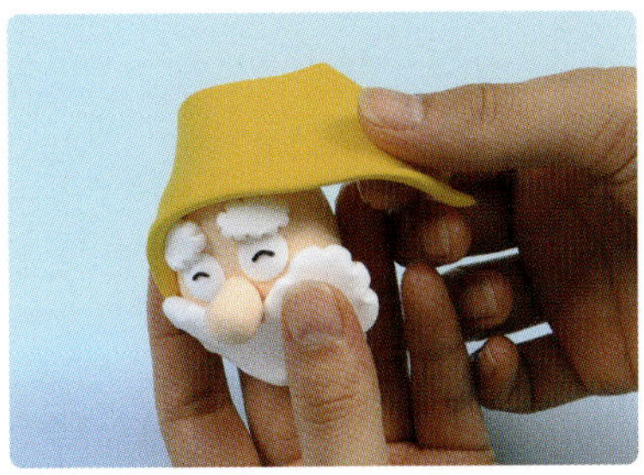

26 사다리꼴 모양을 만들어준 모습입니다. 얼굴의 가운데 부분을 중심으로 사다리꼴의 넓은 쪽을 둘러 붙여줍니다.

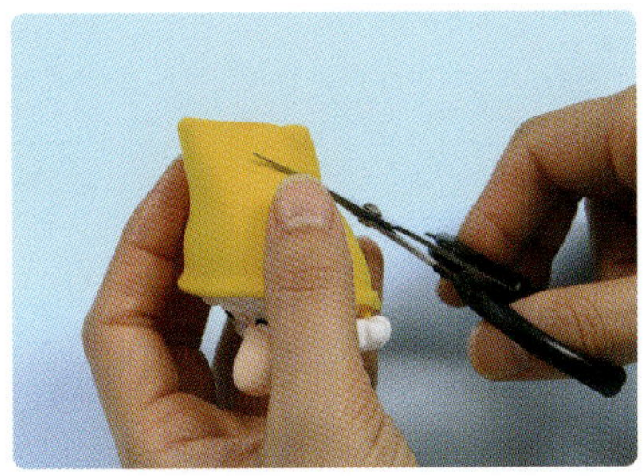

27 모자가 세모꼴이 되도록 머리를 감고 남은 클레이를 가위로 잘라줍니다.

28 모자 끝을 눌러 뒤로 구부려줍니다.

29 난쟁이에게 모자를 씌워준 모습입니다.

30 모자를 붙인 뒤 살구색 클레이를 동글납작하게 만들어 난쟁이의 귀 부분에 붙여줍니다.

난쟁이 허리띠 만들기

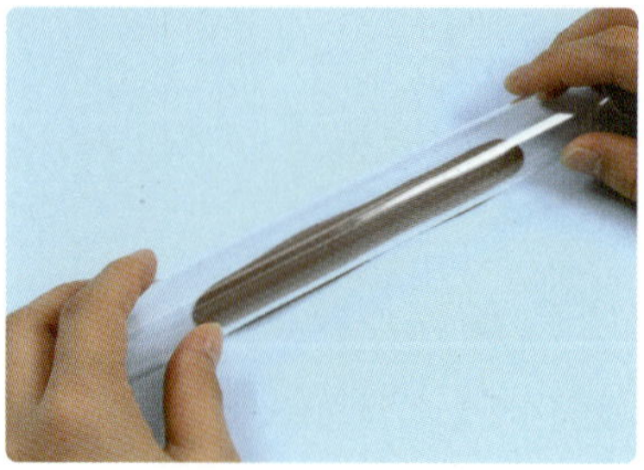

31 허리띠를 만들기 위해 갈색 클레이를 얇게 밀어주세요.

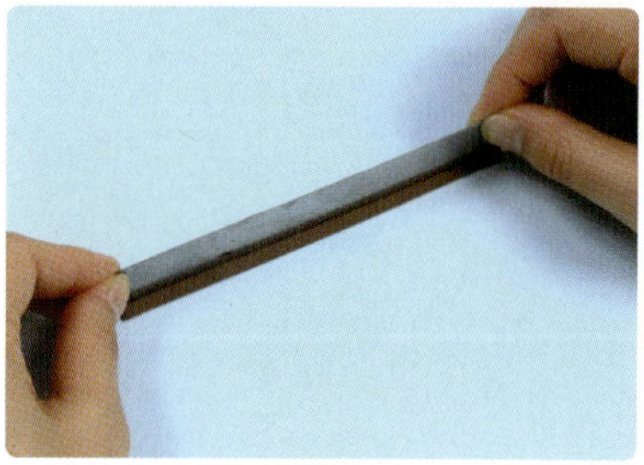

32 얇게 민 갈색 클레이를 2mm 폭으로 잘라줍니다.

33 손가락 틀의 허리 부근에 잘라 놓은 갈색 클레이를 빙 둘러 붙여줍니다.

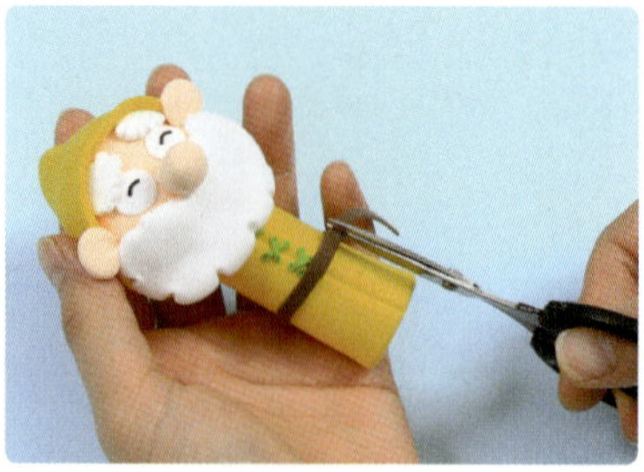

34 허리띠가 겹쳐지는 부분은 가위로 잘라 정리해줍니다.

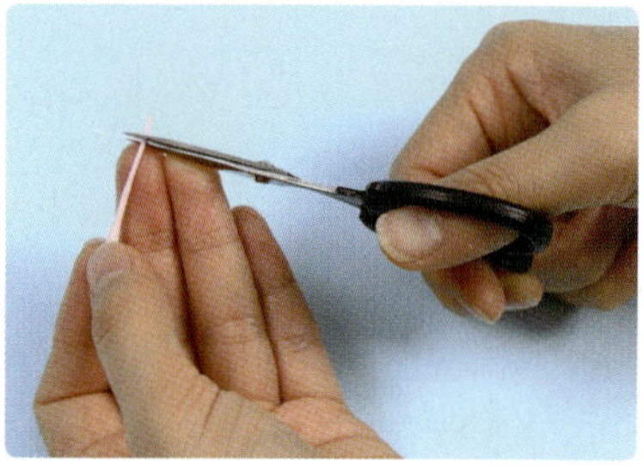

35 분홍색 클레이를 실 기법으로 뽑아준 뒤 0.2cm 간격으로 1개 잘라줍니다.

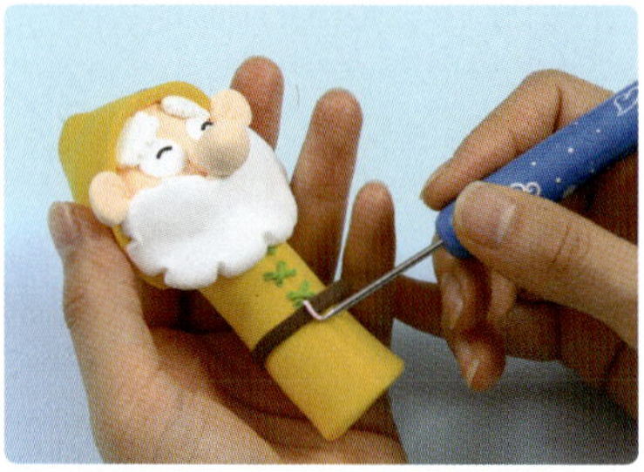

36 분홍색 실을 허리띠 위에 십자 모양으로 붙여줍니다. 허리띠 버클이 만들어졌습니다.

37 송곳으로 허리띠를 찍어 버클 구멍을 만들어줍니다.

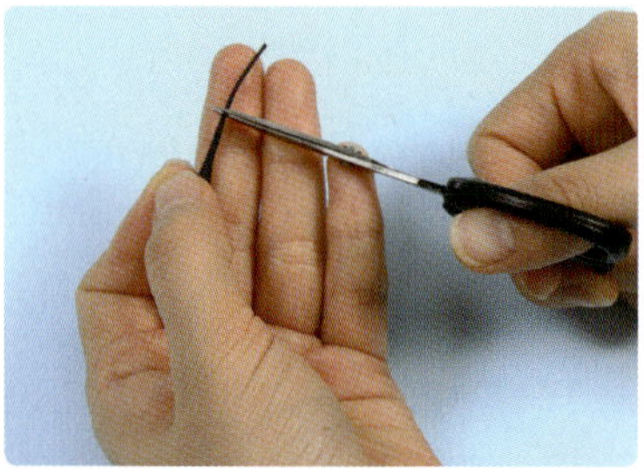

38 입을 만들기 위해 갈색 클레이를 실 기법으로 뽑은 뒤 0.3cm로 잘라줍니다.

39 수염 위에 입을 붙여주면 난쟁이 손가락 인형이 완성됩니다.

백설공주 만들기

준비물

- 도구 : 나이프, 송곳, 칼, 아이섀도, 밀대, 도트도구, 가위
- 클레이 : ○ ● ● ● ●
- 예상 재료비: 4,000원
- 예상 제작 시간 : 2시간
- 난이도 : ★★★
- 완성품 예상가 : 30,000원

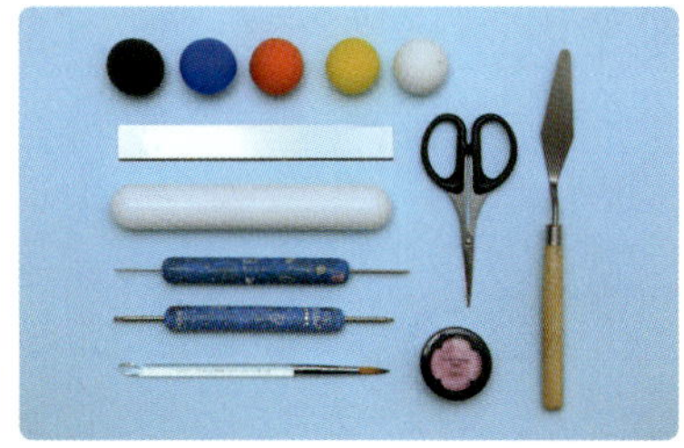

백설공주 상의와 치마 만들기

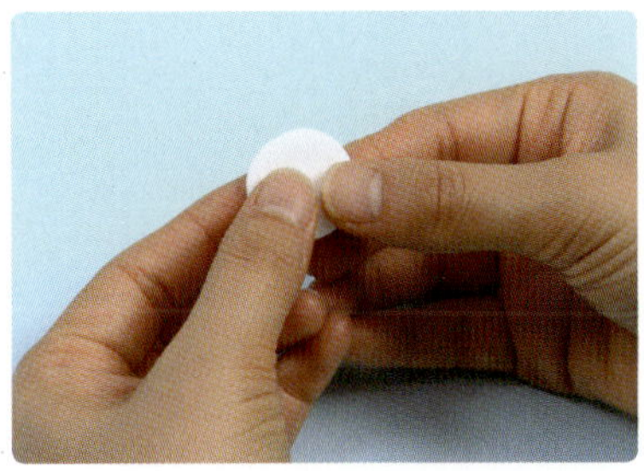

1 흰색 클레이로 블라우스를 표현해보겠습니다. 원 모양으로 만든 뒤 손끝으로 납작하게 펴 주세요.

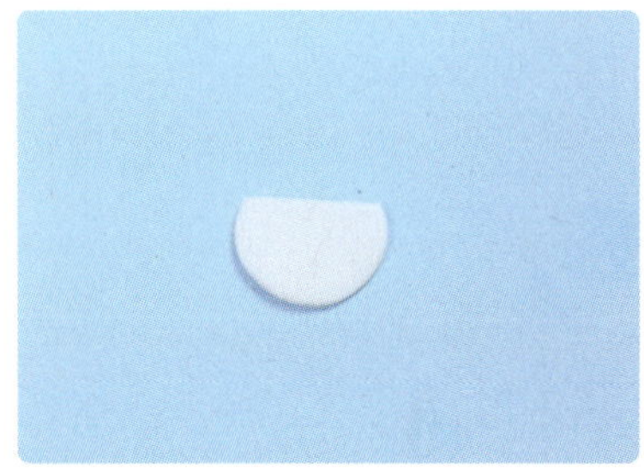

2 펴준 원 모양의 3/2지점을 가위로 잘라줍니다.

3 도트도구로 원 모양의 가장자리를 눌러 도트 무늬를 찍어줍니다.

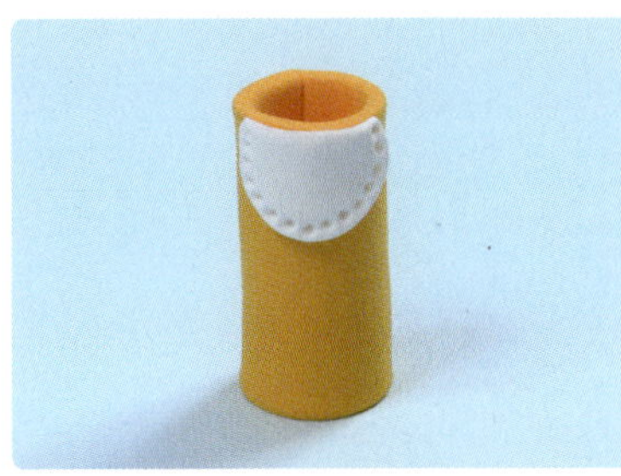

4 흰색 도트 무늬 원 모양을 손가락 틀에 붙여준 모습입니다.

5 파랑색 클레이를 밀대로 얇게 밀어준 뒤 긴 직사각형 모양으로 잘라줍니다.

6 치마의 주름을 잡기 위해 1cm 간격으로 다트를 넣어 줍니다.

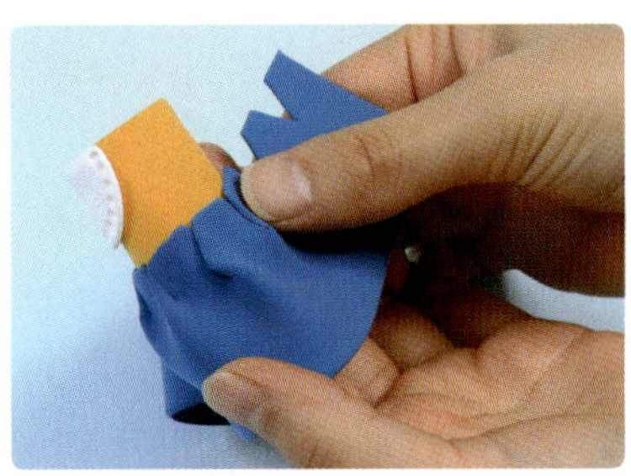

7 다트를 넣어준 직사각형을 손가락 틀 주위에 주름지게 붙여줍니다.

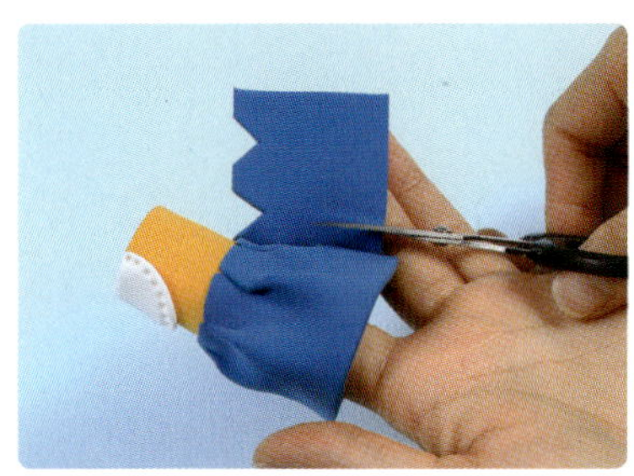

8 직사각형이 마주치는 끝 부분은 가위로 잘라줍니다.

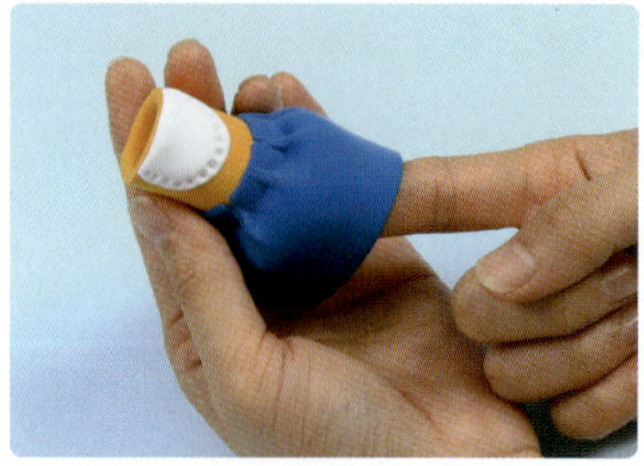

9 치마 안쪽으로 손가락을 넣어 치마를 넓혀줍니다.

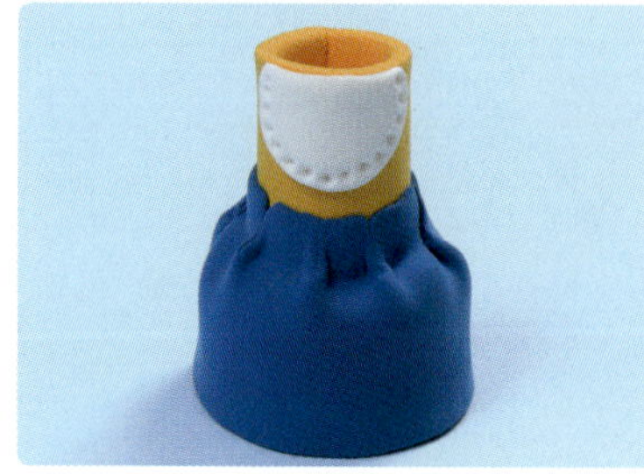

10 손가락 틀에 치마를 붙여준 모습입니다.

허리띠와 허리 리본 만들기

11 허리띠를 만들기 위해 밀대로 연두색 클레이를 얇게 밀어준 뒤 0.2cm 폭으로 잘라줍니다.

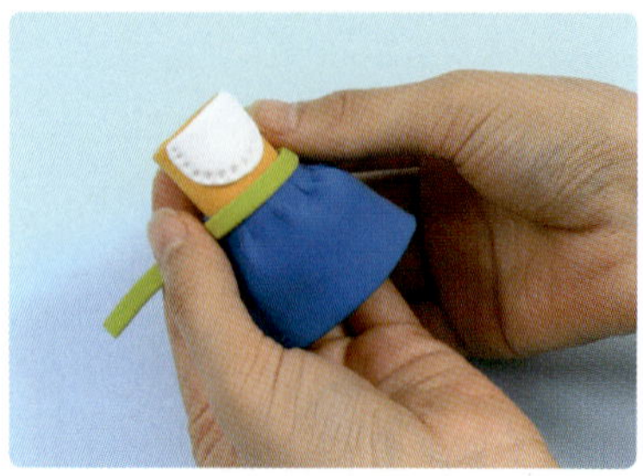

12 잘라낸 연두색 클레이를 손가락 틀의 허리 부분에 붙여줍니다.

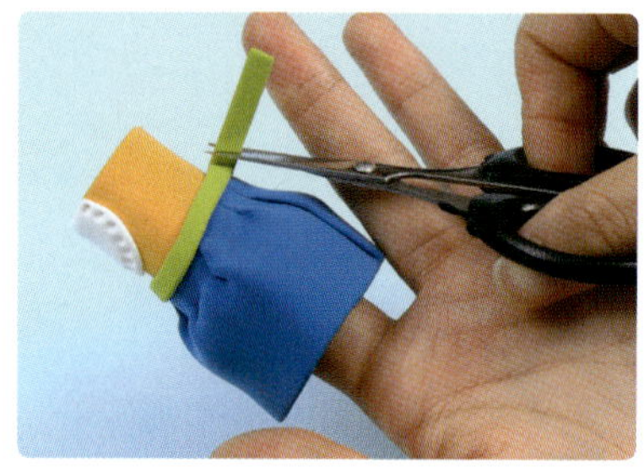

13 허리띠가 마주치는 부분을 가위로 잘라 정리합니다.

14 연두색 클레이를 밀대로 얇게 민 뒤 1cm 간격으로 2개 잘라줍니다.

15 잘라 놓은 연두색 클레이를 반으로 접어 사진과 같이 만들어줍니다.

16 반을 접어 끝과 끝이 만나는 면을 가위로 V자 모양이 되게 잘라줍니다.

17 V자로 자른 곳을 오므려 붙여줍니다. 리본 한쪽이 각각 2개 만들어졌습니다.

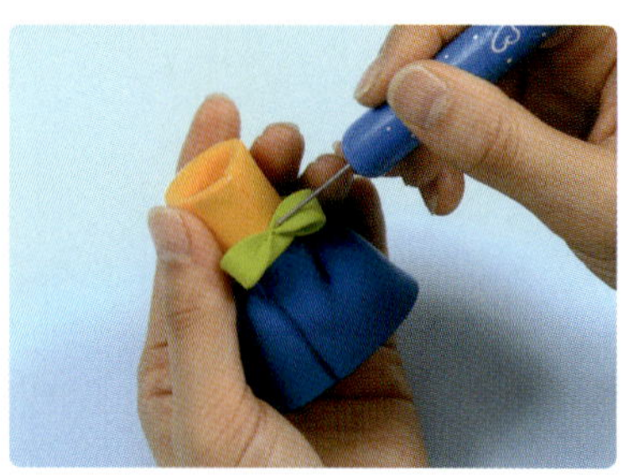

18 허리 뒤쪽에 리본을 붙여줍니다.

19 연두색 클레이를 원 모양으로 굴린 뒤 송곳으로 찍어 리본 중앙에 붙여줍니다. 리본이 완성되었습니다.

20 붉은색과 연두색 클레이로 사과를 만들어 치마 위에 붙여줍니다.

21 몸을 위에서 전체적으로 눌러 치마가 퍼진 모양이 되게 합니다.

Love Clay's tip

사과 만드는 방법

빨강색 클레이로 작은 원 모양을 만든 후 철사를 0.5cm로 잘라 사과 꼭지를 꽂아줍니다. 연두색 클레이를 양쪽 물방울로 만들어 손으로 납작하게 누른 후 송곳도구로 가운데 부분을 찍어 나뭇잎을 표현하고 사과 꼭지 옆에 붙여줍니다.

얼굴 만들기

22 얼굴을 만들기 위해 흰색과 빨간색, 노란색 클레이를 섞어 살색으로 만듭니다.

23 살구색 클레이를 타원 모양으로 굴려줍니다.

24 T자 모양의 얼굴 라인을 만들기 위해 손가락으로 타원의 중앙을 가로로 눌러줍니다.

25 T자 모양이 되도록 타원 모양을 세로로 한 번 더 눌러주면 얼굴 라인이 완성됩니다.

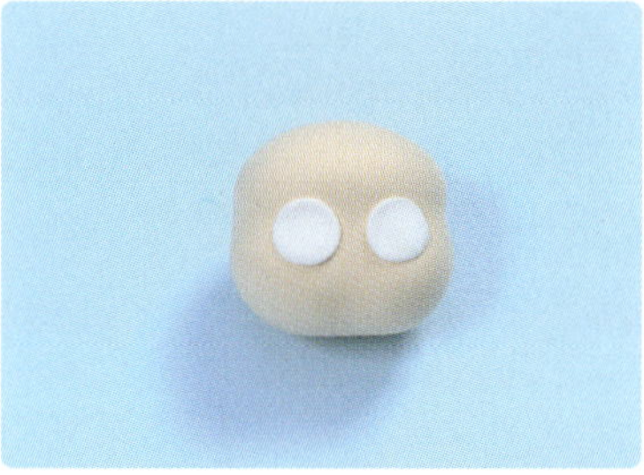

26 눈을 만들기 위해 흰색 클레이를 원 모양으로 만든 뒤 살구색 클레의 눈 부위에 납작하게 눌러줍니다.

27 검은색 클레이를 원 모양으로 만든 뒤 흰색 눈 위에 붙여주면 눈이 완성됩니다.

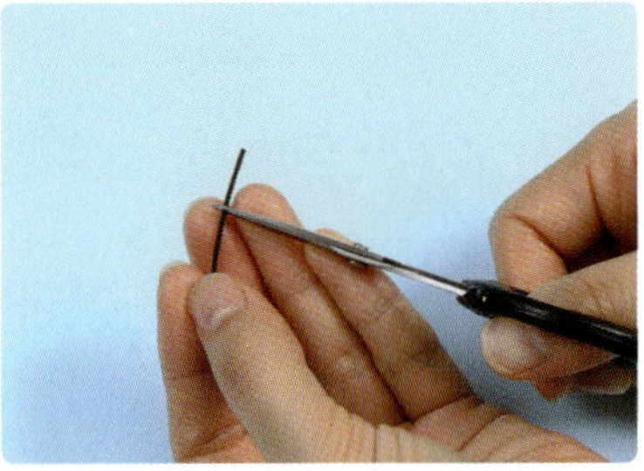

28 아이라인을 만들기 위해 검은색 클레이를 실 기법으로 뽑아 0.5cm 간격으로 잘라줍니다.

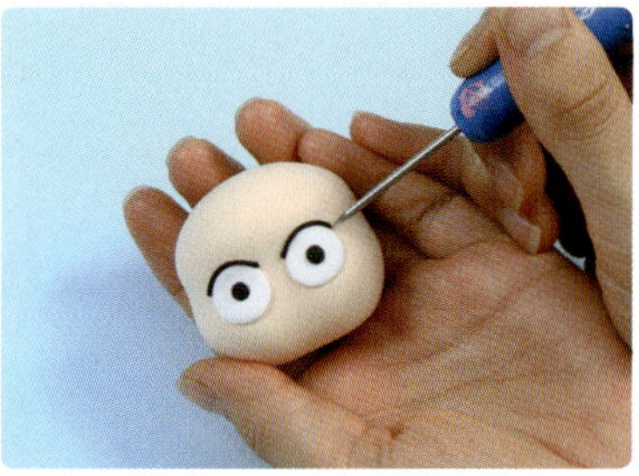

29 잘라낸 눈썹을 흰색 눈 위의 라인에 붙여줍니다.

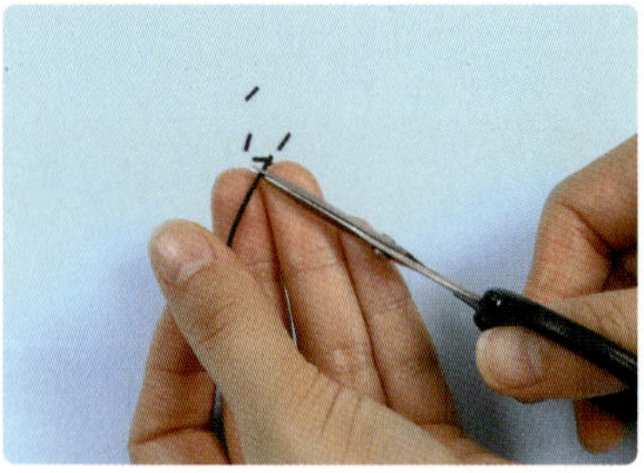

30 속눈썹을 만들기 위해 검은색 클레이를 가는 실로 밀어 0.2cm 간격으로 잘라줍니다.

31 속눈썹을 아이라인에 맞춰 붙여줍니다.

32 눈이 완성된 모습입니다. 살구색 클레이를 원 모양으로 굴려 코에 붙여줍니다.

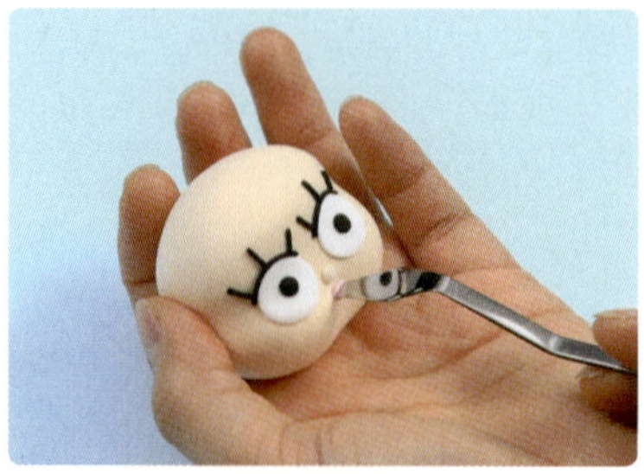

33 분홍색 클레이를 원 모양으로 만든 뒤 입술에 붙여줍니다. 나이프로 입술의 가운데를 가로로 눌러 찍어주면 입술이 완성됩니다.

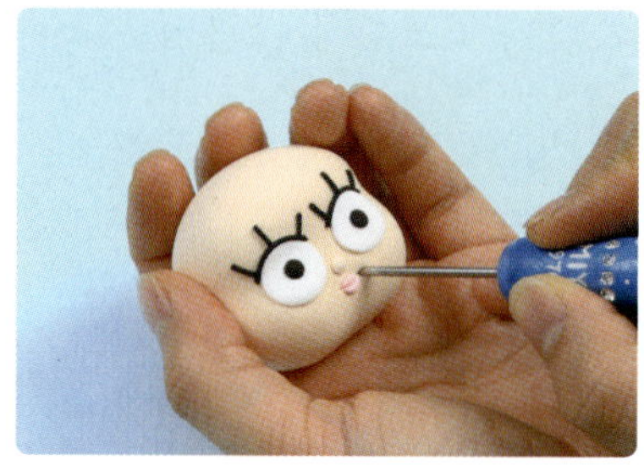

34 입술의 양끝을 송곳으로 찍어 입술에 생동감이 있도록 해주세요.

머리, 머리띠 만들어 완성하기

35 머리를 만들기 위하여 검은색 클레이를 양쪽 물방울 모양으로 굴려줍니다.

36 송편을 빚듯이 양손으로 양쪽 물방울의 안쪽을 눌러 펴줍니다.

37 손가락으로 검은색 클레이를 다듬어가며 눌러 펴줍니다.

38 머리카락을 눌러 펴준 모습입니다.

39 완성된 머리카락을 백설공주의 얼굴에 붙여줍니다.

40 앞머리를 만들기 위하여 검은색 클레이를 양쪽 물방울 모양으로 굴려줍니다.

41 양쪽 물방울을 눌러 펴줍니다.

42 눌러 펴준 양쪽 물방울의 가운데를 칼로 잘라줍니다.

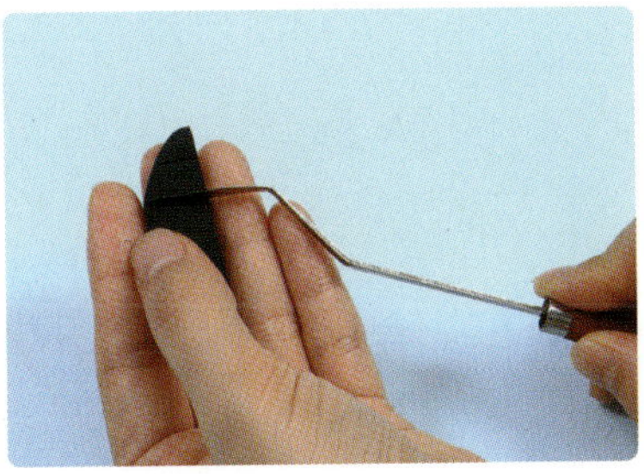

43 나이프로 머리카락 무늬를 찍어 앞머리처럼 만들어줍니다.

44 만들어진 앞머리를 얼굴에 붙여 줍니다.

45 머리띠를 만들기 위해 노란색 클레이를 양쪽 물방울 모양으로 굴려줍니다.

46 백설공주의 앞머리와 뒷머리 사이에 노란색 양쪽 물방울을 붙여 줍니다.

47 아이섀도로 백설공주의 양쪽 볼을 터치해 줍니다. 홍조가 만들어졌습니다.

48 백설공주가 완성되었습니다.

29 바다 생물

나는 세계 최고의 낚시꾼! 낚시놀이 세트

바다 생물 낚시놀이 세트 만들기

준비물

- **도구** : 송곳, 가위, 나이프, 니퍼, 자석, 나무젓가락, 클립, 오공본드.
- **클레이** :
- **볼클레이** :
- **예상 재료비**: 5,000원
- **예상 제작 시간** : 2시간
- **난이도** : ★★★★
- **완성품 예상가** : 40,000원

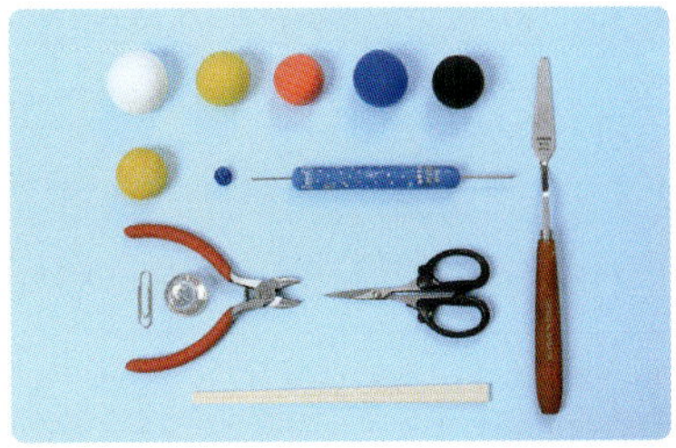

상어 만들기

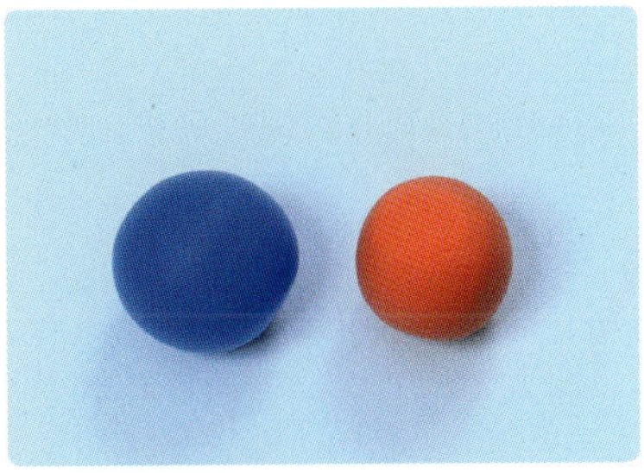

1 상어를 만들기 위해 빨간색과 파란색 클레이를 섞어 보라색으로 만듭니다.

2 보라색 클레이를 물방울 모양으로 굴려줍니다.

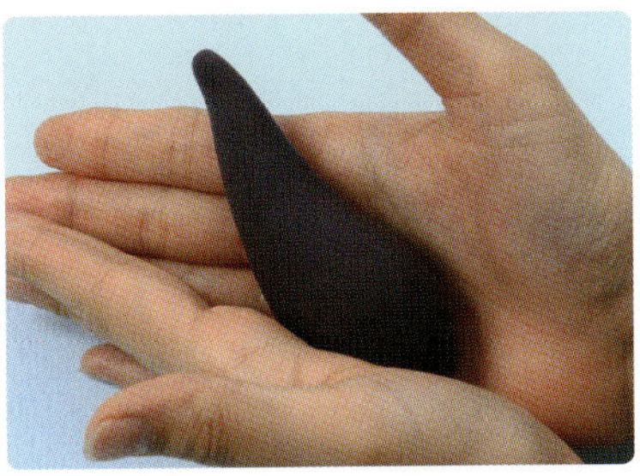

3 물방울 모양의 둥근 쪽은 짧은 물방울 모양을 만들듯 살짝 굴려 날을 만들어줍니다.

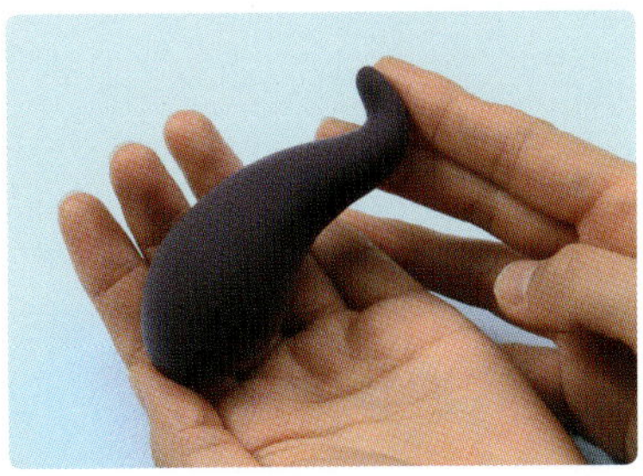

4 상어의 꼬리를 만들기 위해 물방울 모양의 뾰족한 끝을 살짝 휘어줍니다.

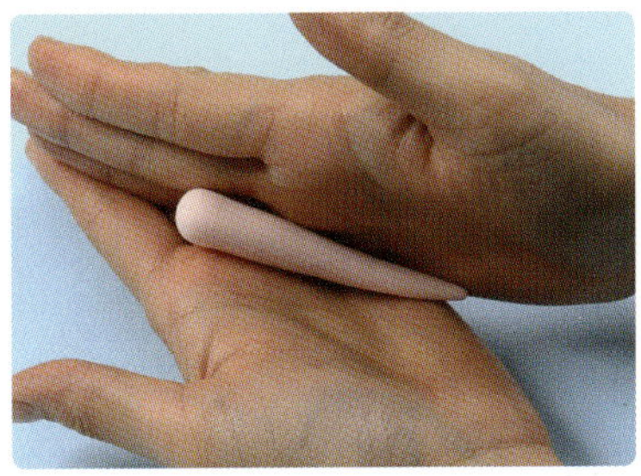

5 상어의 배를 만들기 위해 분홍색 클레이를 물방울 모양으로 굴려줍니다.

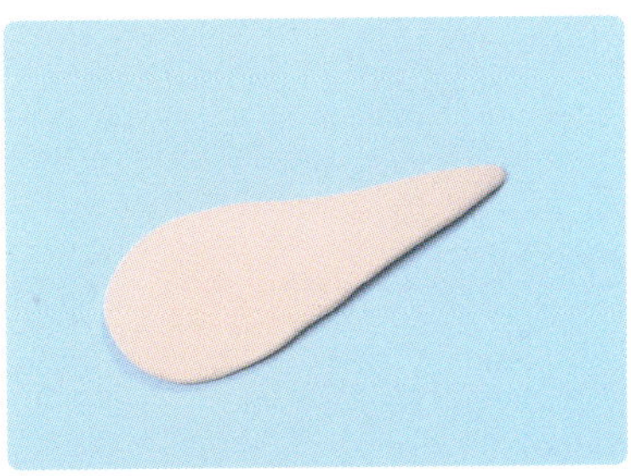

6 분홍색 물방울 모양을 납작하게 눌러줍니다.

7 납작하게 물방울 모양의 분홍색 클레이를 상어의 배가 될 부분에 붙여줍니다.

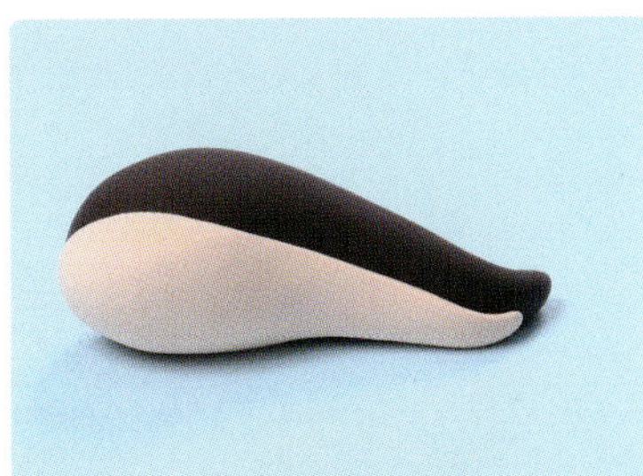

8 상어의 몸에 분홍색 배를 붙인 모양입니다.

9 꼬리 지느러미를 만들기 위해 연보라색 클레이를 양쪽 물방울 모양으로 만들어줍니다.

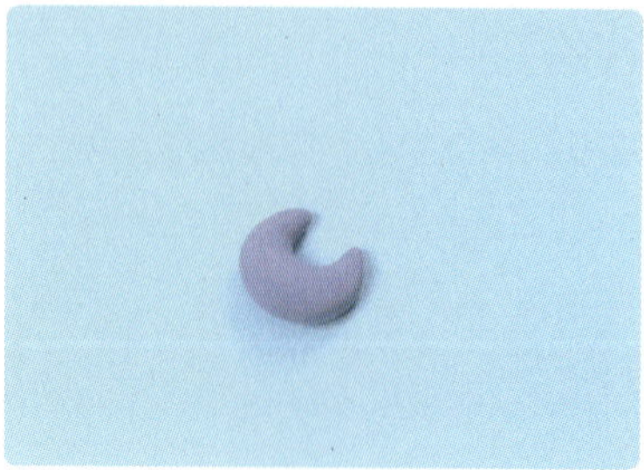

10 양쪽 물방울 모양을 납작하게 누른 뒤 동그랗게 휘어줍니다.

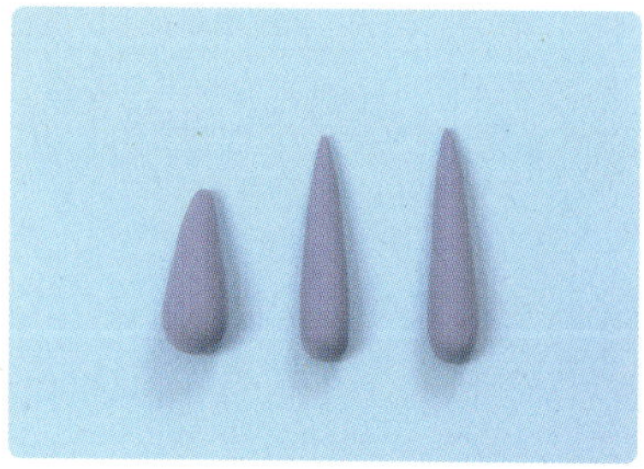

11 지느러미를 만들기 위해 연보라색 클레이를 물방울 모양으로 3개 만듭니다. 3단계로 점점 커지는 크기로 만들어줍니다.

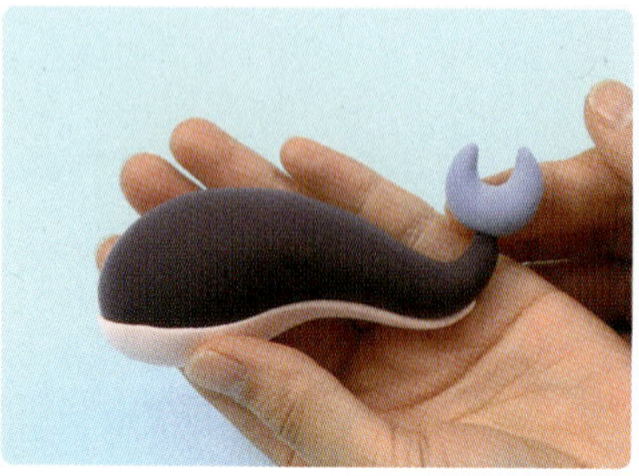

12 꼬리 지느러미를 휘어놓은 꼬리 끝에 붙여줍니다.

13 물방울로 만들어 놓은 지느러미의 끝을 한쪽으로 구부려줍니다.

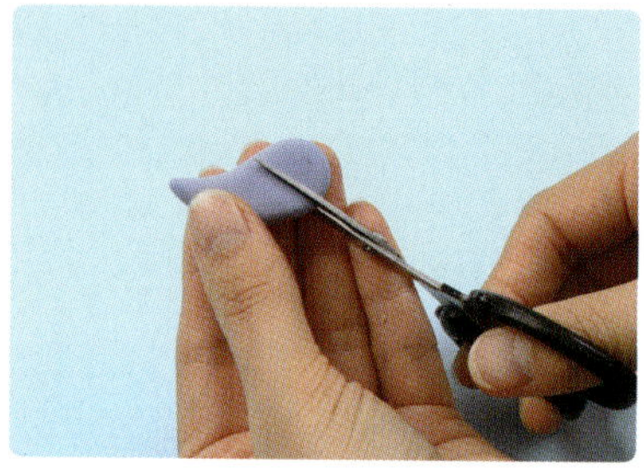

14 구부리고 남은 물방울 모양의 둥근 부분을 가위로 잘라줍니다.

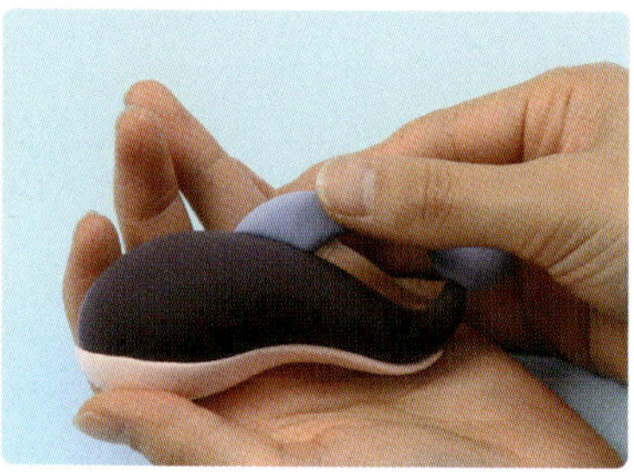

15 완성된 지느러미를 상어의 등에 붙여줍니다.

16 배 지느러미도 납작하게 눌러준 후 둥근 부분을 가위로 잘라줍니다.

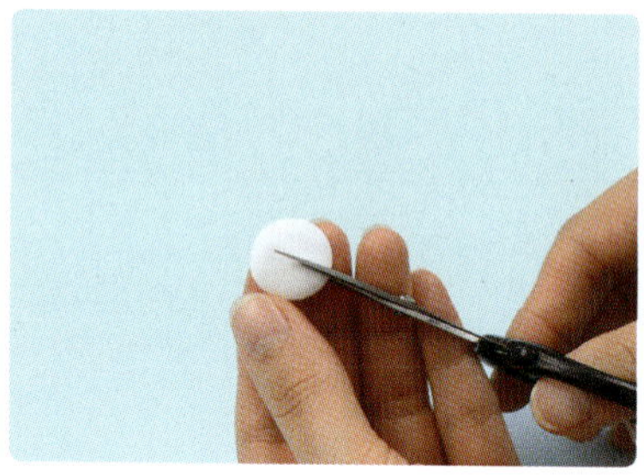

17 눈을 만들기 위해 흰색 클레이를 원 모양으로 만든 후 납작하게 눌러 가운데 부분을 가위로 잘라줍니다.

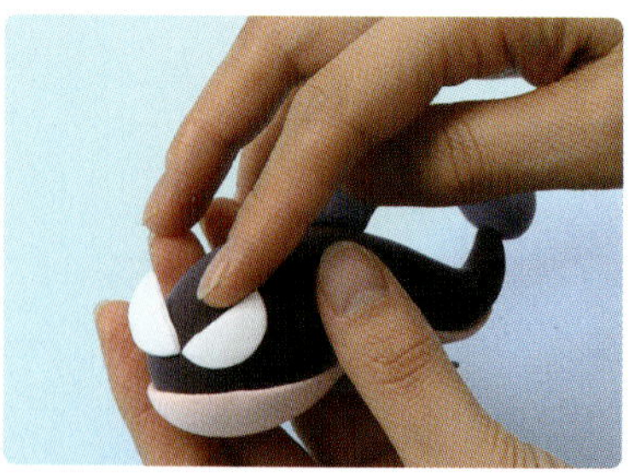

18 흰색 반원 모양 클레이를 눈 부분에 둥근 쪽을 아래로 해서 붙여줍니다.

19 눈동자를 만들기 위해 검은색 클레이를 작은 원 모양으로 만든 후 흰색 클레이 위에 붙여줍니다.

20 입을 만들기 위해 검은색 클레이를 실 기법으로 뽑은 후 가위로 잘라 입 부분에 붙여줍니다.

21 가슴 지느러미를 붙여 상어를 완성합니다

22 모자챙을 만들기 위해 연두색 클레이를 타원 모양으로 굴린 후 손끝으로 납작하게 눌러줍니다.

23 연두색 클레이를 물방울 모양으로 하나 더 만듭니다.

24 황토색 클레이를 납작하게 밀어준 뒤 0.5cm 간격으로 자릅니다. 모자의 테두리 장식을 만들 것입니다.

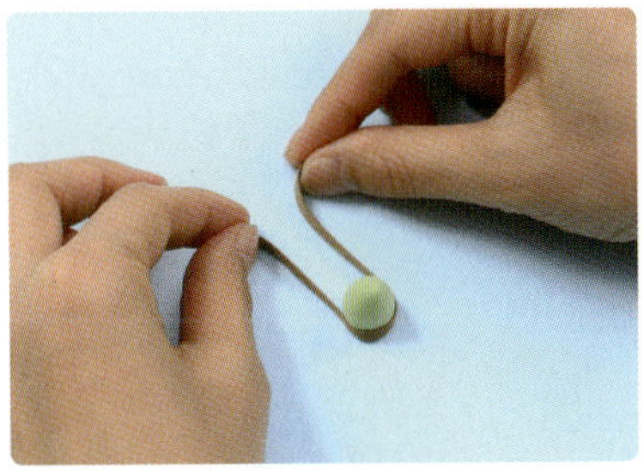

25 물방울 모양 아래쪽을 잘라놓은 황토색 클레이로 감싸줍니다.

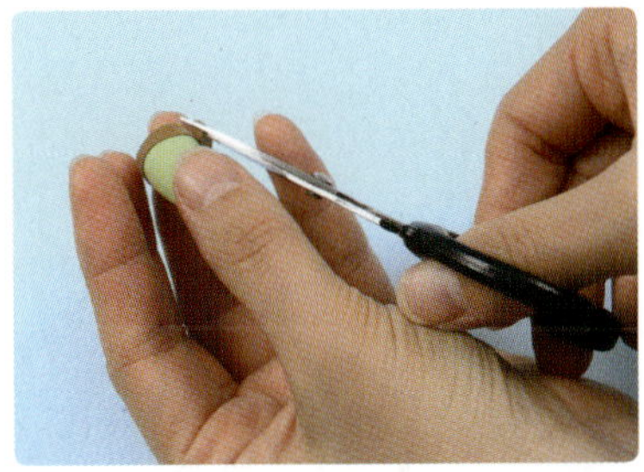

26 황토색 클레이를 감싸고 남은 부분은 가위로 잘라 마무리합니다.

27 연두색 물방울 모양의 뾰족한 쪽을 송곳의 옆면으로 눌러줍니다.

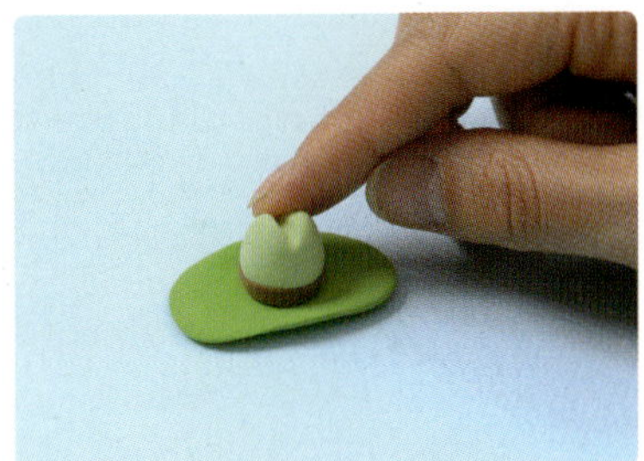

28 모자챙 위에 모자 통을 붙여 중절모를 완성합니다.

29 완성된 중절모를 상어 머리에 붙여줍니다.

30 상어가 완성되었습니다.

복어 만들기

1 복어를 만들기 위하여 연두색 클레이를 원 모양으로 굴려줍니다.

2 복어의 배를 만들기 위해 연노랑색 클레이를 원 모양으로 만든 후 납작하게 눌러줍니다.

3 연두색 원 모양 위에 납작한 연 노란색 클레이를 붙입니다.

4 연노랑 색이 연두색을 반 정도 덮고 있는 모습입니다.

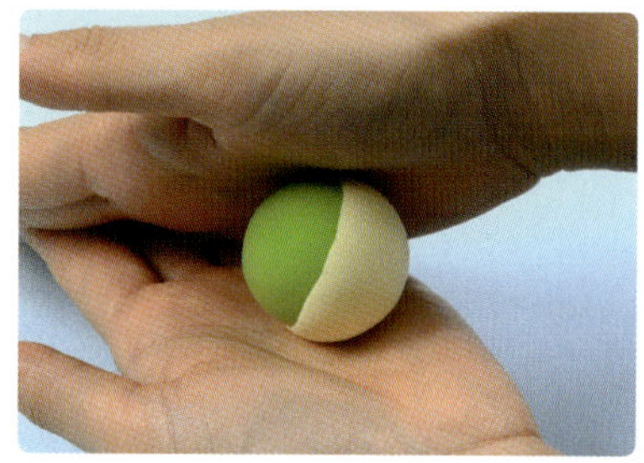

5 만들어진 복어의 몸통을 손바닥에 올려 표면이 고르게 되도록 굴려줍니다.

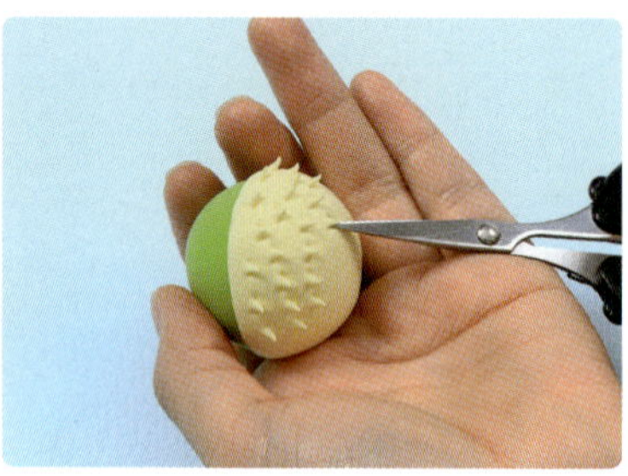

6 복어의 가시를 표현해주기 위해 연노랑색 배 부분에 가위집을 줍니다.

7 복어의 몸이 완성되었습니다.

8 눈을 만들기 위해 연두색 클레이를 원 모양으로 2개 굴려줍니다.

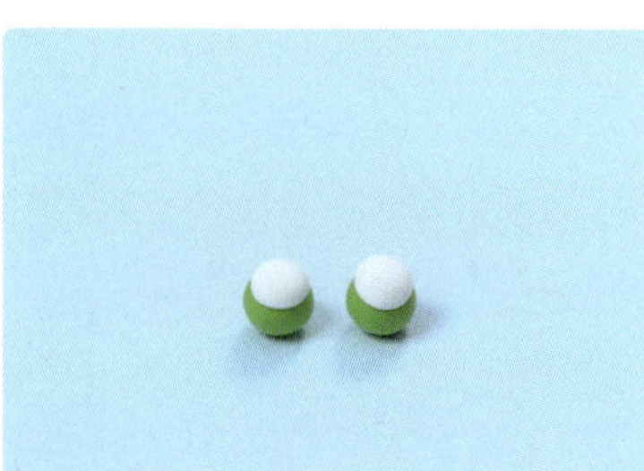

9 흰색 클레이를 원 모양으로 만들어 납작하게 누른 뒤 연두색 원 위에 붙여줍니다.

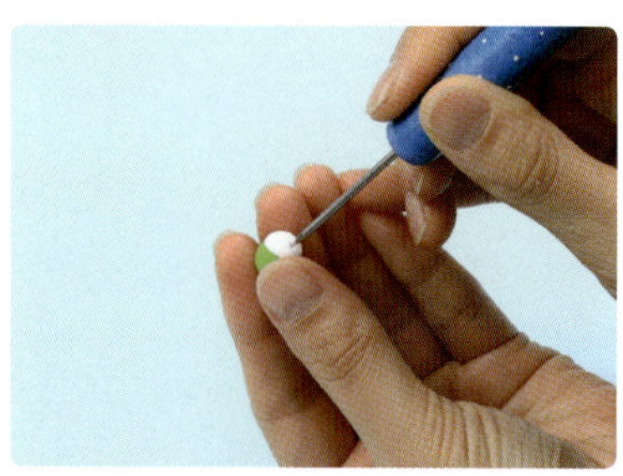

10 송곳으로 흰색 눈 위에 구멍을 찍어줍니다.

11 검은색 클레이를 원 모양으로 만든 후 송곳으로 찍어놓은 구멍에 붙여줍니다. 눈이 완성되었습니다.

12 완성된 눈을 복어의 몸에 붙여줍니다.

13 입을 만들기 위해 분홍색 클레이를 원 모양으로 만든 후 입 부분에 붙여줍니다.

14 송곳으로 분홍색 원 모양의 가운데 부분을 찍어줍니다.

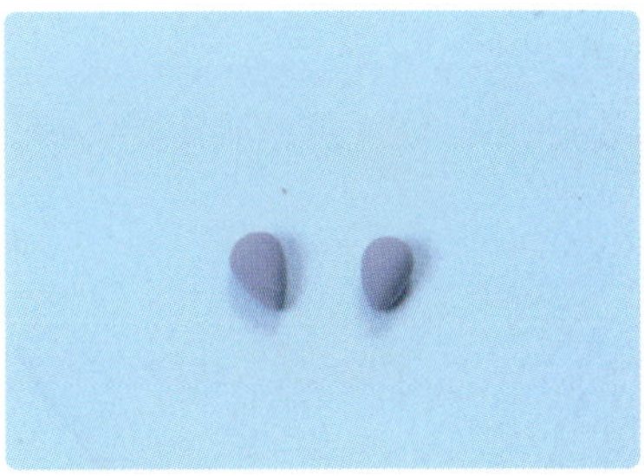

15 지느러미를 만들기 위하여 연보라색 클레이 2개를 물방울 모양으로 굴려줍니다.

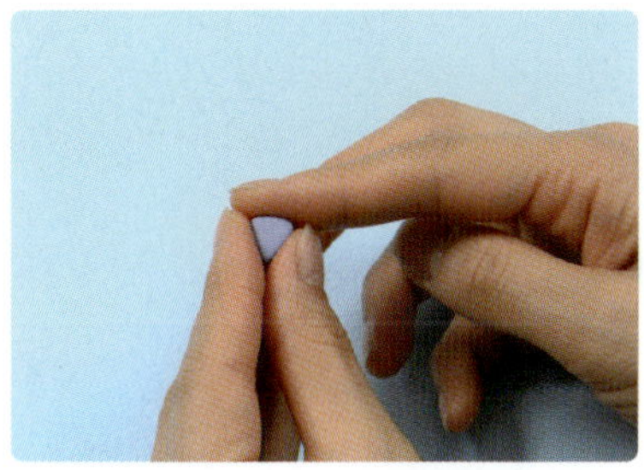

16 물방울 모양의 둥근 쪽을 납작하게 눌러 삼각형으로 만듭니다.

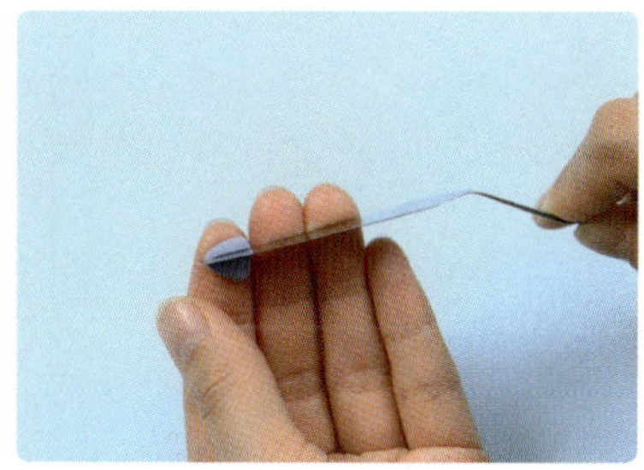

17 삼각형 모양에 나이프로 지느러미 무늬를 찍어줍니다.

18 복어의 양쪽 몸에 지느러미를 붙여줍니다.

19 복어를 완성한 모습입니다.

Love Clay's tip

가시 표현을 위한 가위 선택 방법은?

가시와 같이 짧고 뾰족한 표현을 하기 위해서는 끝이 뾰족하고 가위 날이 얇은 가위를 사용하는 것이 좋습니다.

열대어 만들기

1 열대어를 만들기 위하여 파란색 클레이를 물방울 모양으로 굴려줍니다.

2 물방울 모양을 손바닥 사이에 넣고 살짝 눌러줍니다.

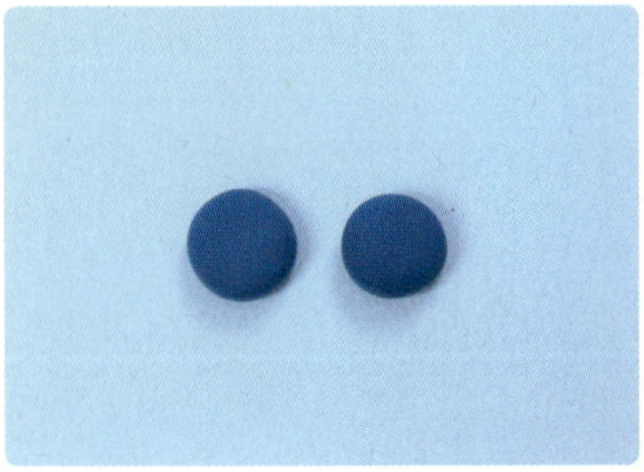

3 파란색 클레이를 원 모양으로 만든 후 납작하게 눌러 눈을 만듭니다.

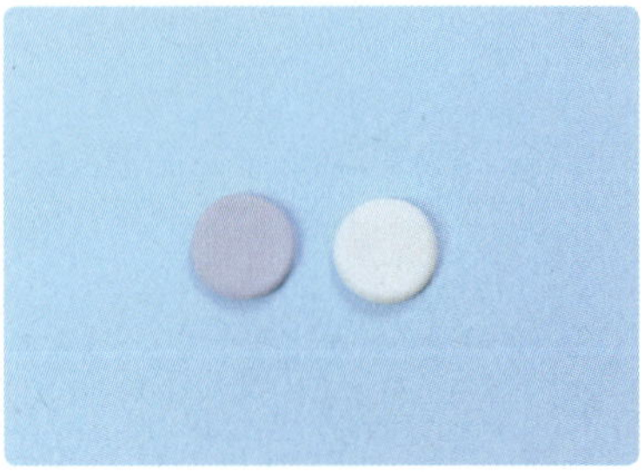

4 흰색과 연보라색 클레이를 원 모양으로 만든 후 납작하게 누릅니다. 두 색깔의 크기가 같되 파란색 보다는 약간 작아야 합니다.

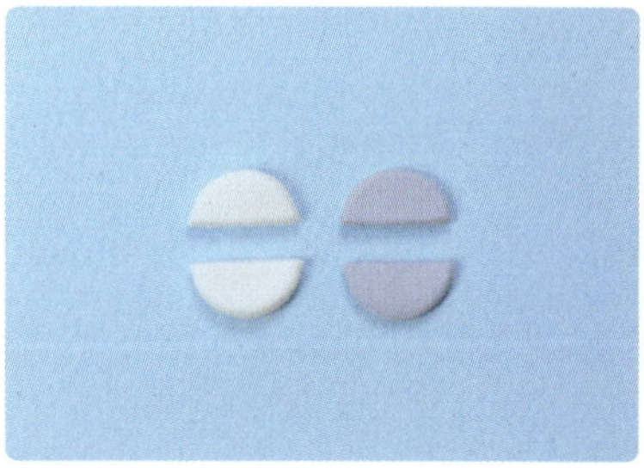

5 흰색과 연보라색 클레이를 가위로 잘라 반달 모양을 만듭니다.

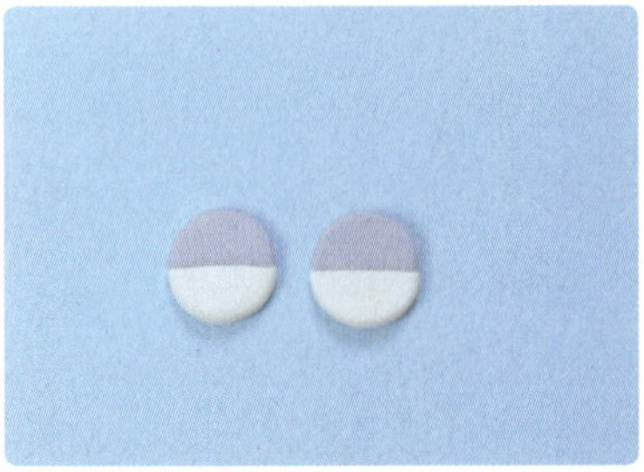

6 흰색 반달과 연보라색 반달을 합쳐 하나의 원으로 만듭니다.

7 만들어둔 파란색 클레이 위에 흰색과 연보라색 원을 붙인 후 검은색 클레이로 눈동자를 만들어 흰색 위에 붙입니다.

8 열대어 몸 위의 둥근 쪽에 눈을 붙여 줍니다.

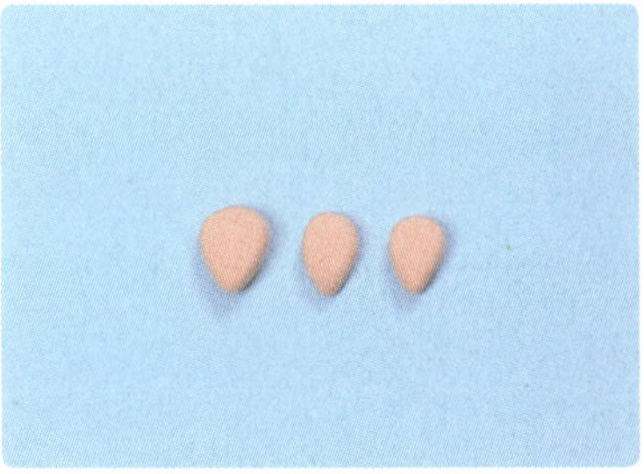

9 분홍색 클레이를 물방울 모양으로 3개 만들어 지느러미를 만듭니다.

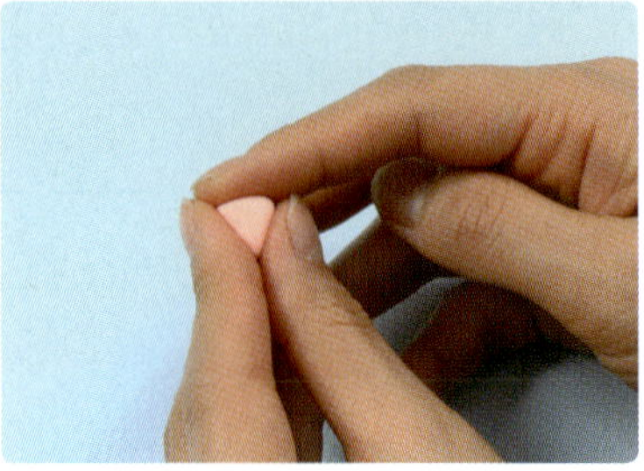

10 물방울 모양을 삼각형 모양으로 만듭니다.

11 나이프를 이용하여 지느러미 무늬를 찍어줍니다.

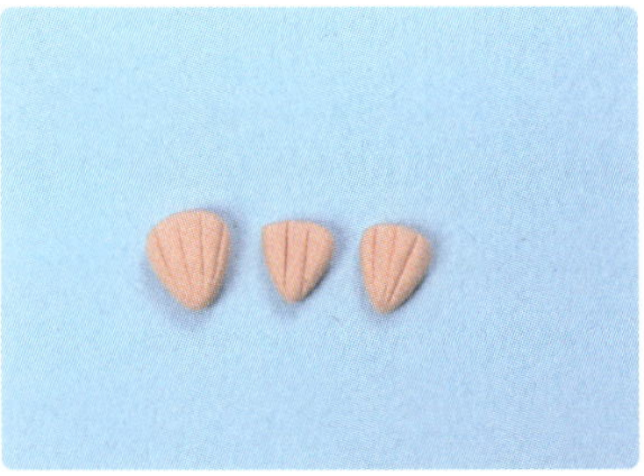

12 3개의 지느러미를 만들었습니다.

13 열대어의 몸에 연노랑 색 클레이로 원 모양을 붙여 무늬를 만듭니다.

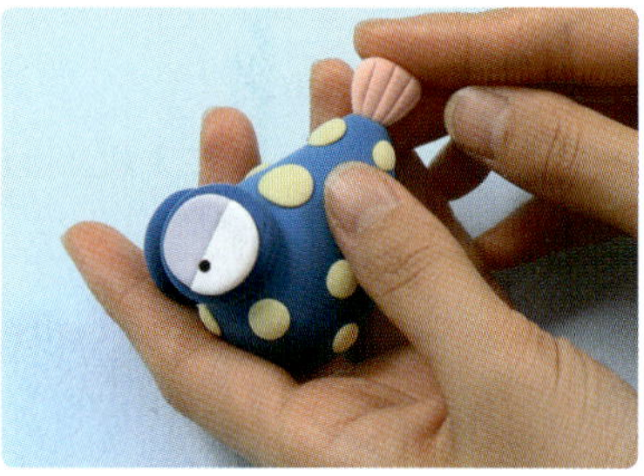

14 만들어 놓은 꼬리 지느러미를 붙입니다.

15 등 지느러미를 붙입니다.

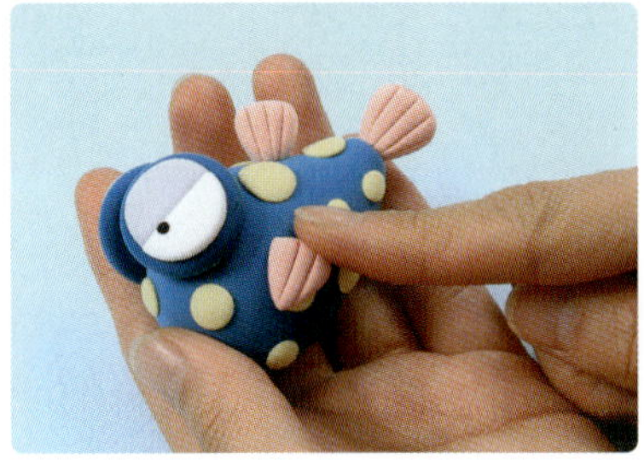

16 배 지느러미를 붙입니다.

17 지느러미를 붙인 모습입니다.

18 입을 만들기 위하여 분홍색 클레이를 타원 모양으로 만듭니다.

19 타원 모양을 눈 밑에 붙여줍니다. 가로로 길게 붙입니다.

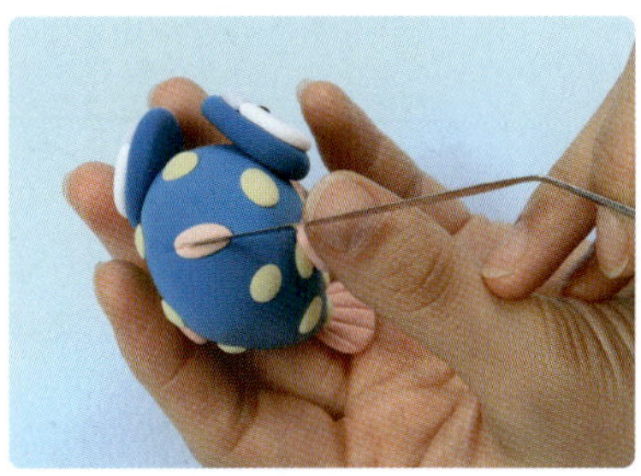

20 나이프로 타원 모양의 입 중앙을 가로로 찍어 입술을 만듭니다.

21 열대어를 완성한 모습입니다.

낚싯대 만들기

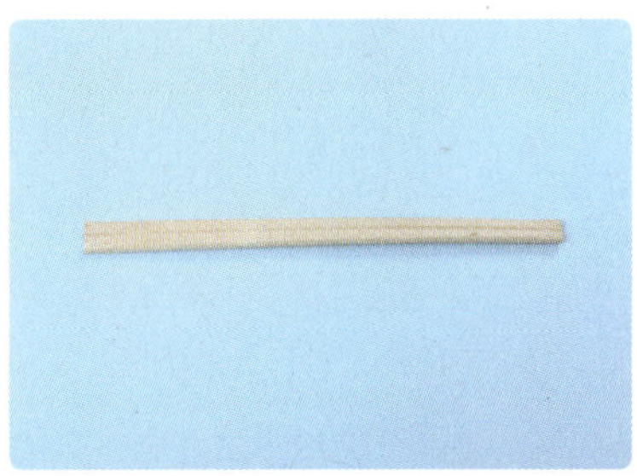

1 낚싯대를 만들기 위해 나무젓가락을 준비합니다.

2 연두색 폼클레이를 사진과 같이 긴 물방울 모양으로 밀어줍니다.

3 긴 물방울 모양을 나무젓가락에 둘둘 감아줍니다.

4 낚싯대가 만들어진 모습입니다.

5 연두색 폼클레이를 원 모양으로 만든 후 그 위에 자석을 올려 눌러줍니다.

6 손가락으로 모양을 부드럽게 다듬어 줍니다.

7 종이끈을 자석이 붙은 폼클레이 뒤쪽에 붙여줍니다.

8 종이끈이 움직이지 않도록 폼클레이로 종이끈을 한 번 감싸줍니다.

9 종이끈을 감싼 클레이 위에 오공본드를 떨어뜨려 다시 한 번 고정합니다.

10 본드가 보이지 않도록 폼클레이로 다시 한 번 감싸줍니다.

11 종이끈의 반대편을 낚싯대 끝에 묶어줍니다.

12 낚싯대에 묶고 남은 종이끈의 끝은 가위로 잘라줍니다.

13 낚싯대에 감은 종이끈이 보이지 않도록 폼클레이로 감싸줍니다.

14 낚싯대 세트가 완성되었습니다.

15 물고기가 모두 건조되면 클립을 반으로 잘라 등에 꽂아줍니다.

16 바다 생물 낚싯대 놀이 세트가 완성되었습니다.

Love Clay's tip

클립을 자르는 방법

클립을 자를때는 한쪽 부분을 그림과 같이 살짝 꺾어준 후 니퍼를 이용하여 잘라주면 됩니다. 어린이들은 니퍼를 사용할 때 다치지 않도록 주의하세요.

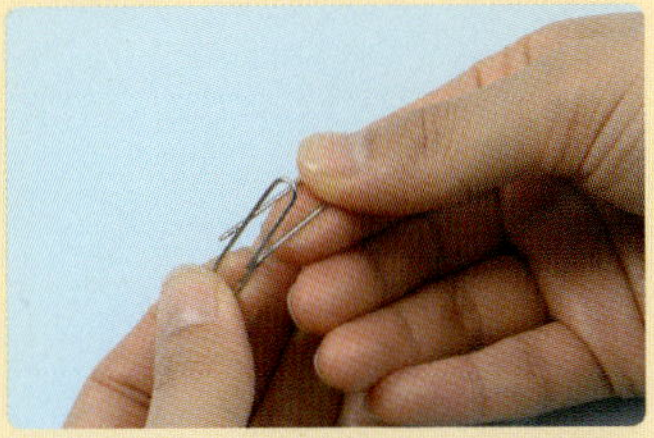

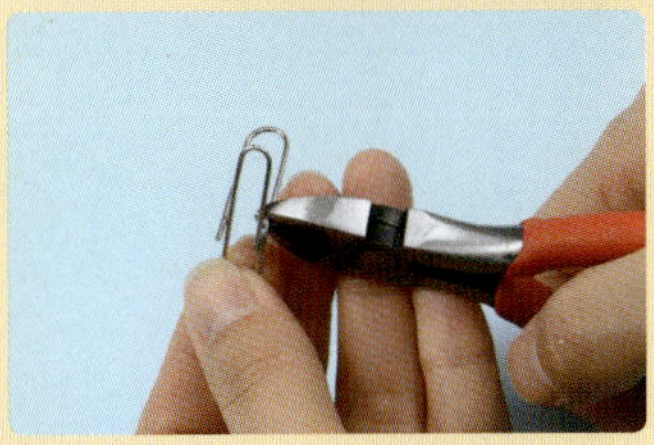

30 동물 모양 링 던지기

멋지게 넣어줘!

동물 모양 링 던지기 만들기

준비물

- 도구 : 가위, 도트도구, 송곳, 볼펜
- 클레이 :
- 볼클레이 :
- 예상 재료비: 1만원
- 예상 제작 시간 : 1시간
- 난이도 : ★★★
- 완성품 예상가 : 5만원

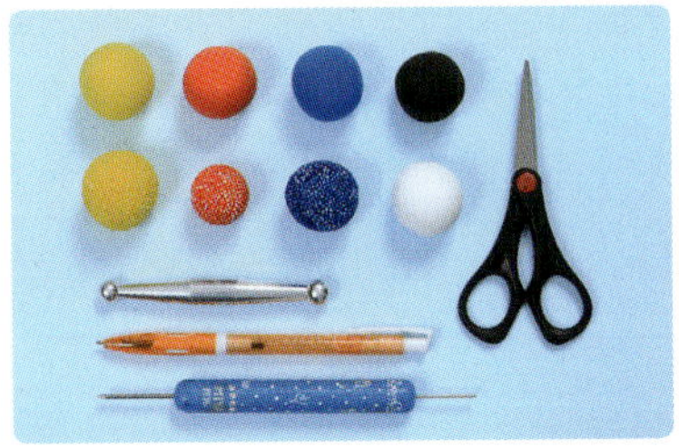

별 모양 밑판 만들기

1 밑판을 만들기 위해 진노랑색 폼클레이를 원 모양으로 만든 뒤 납작하게 눌러줍니다.

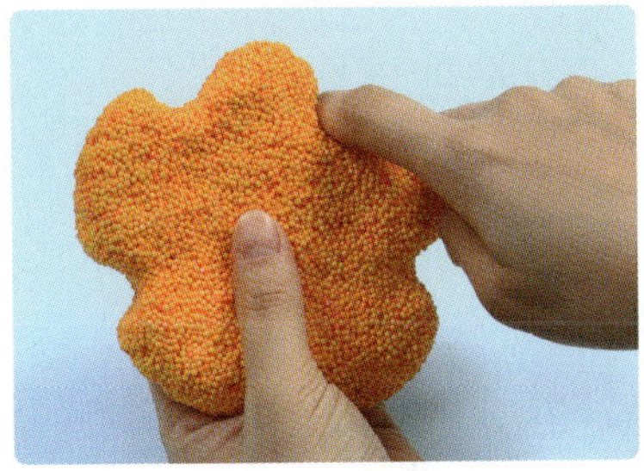

2 손가락으로 5개의 지점을 눌러 꽃모양을 만들어줍니다.

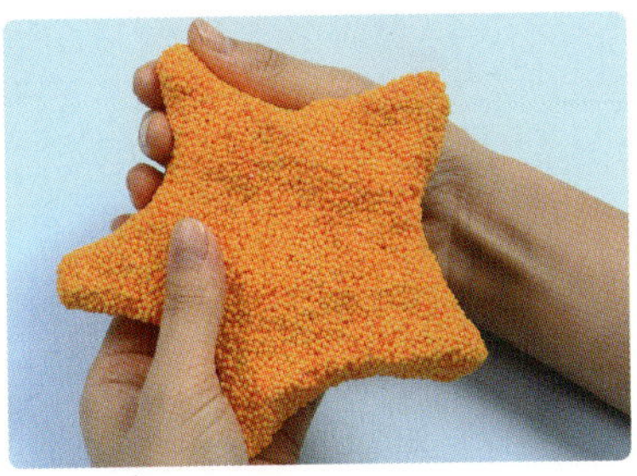

3 눌러준 부분을 다듬어 별 모양을 만들어줍니다.

4 별 모양의 밑판이 완성되었습니다.

5 링을 걸 수 있는 봉을 만들기 위해 파란색 클레이를 넓게 펴줍니다. 사용하지 않는 볼펜을 폼클레이 가운데에 넣고 감싸줍니다.

6 볼펜을 감싼 폼클레이의 끝을 붙여준 뒤 남는 부분은 가위로 잘라냅니다.

7 바닥에 놓고 파란색 폼클레이를 굴려주면 면이 고르게 됩니다.

8 만들어 놓은 별 모양 밑판의 중앙을 도트도구로 눌러 구멍을 내줍니다.

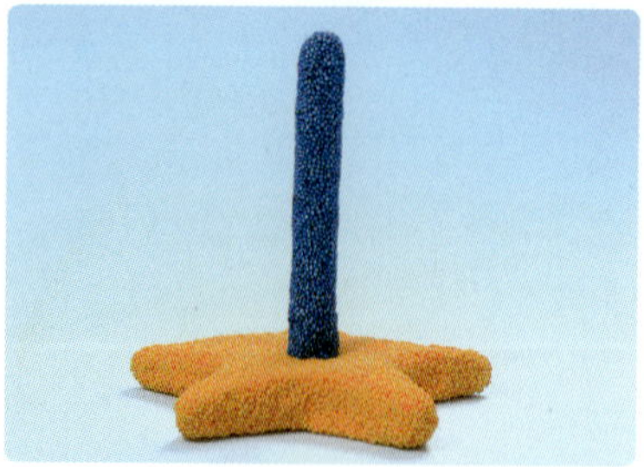

9 별 모양 밑판에 만든 구멍에 파란색 봉을 끼워 붙여줍니다.

10 밑판이 완성되었습니다.

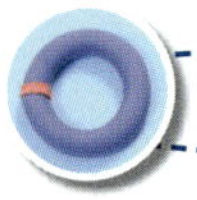

링 만들기

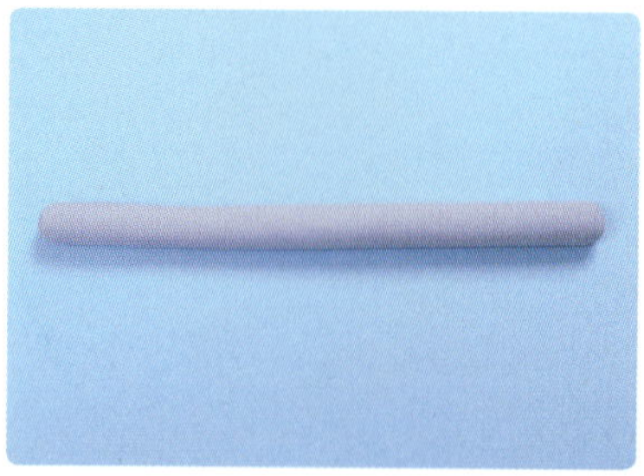

11 연보라색 클레이를 원기둥 모양으로 길게 굴려줍니다.

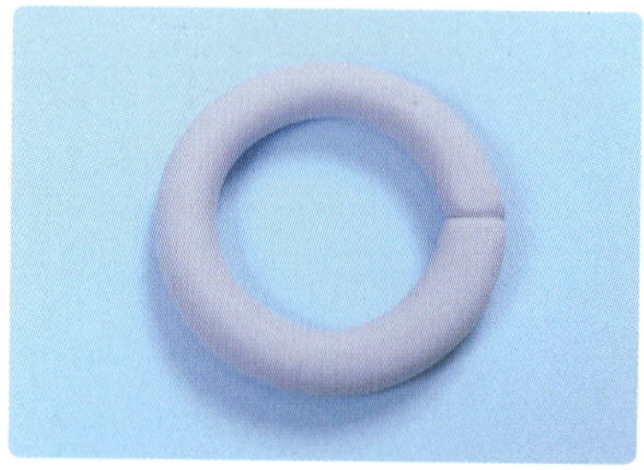

12 원기둥의 끝과 끝을 붙여 둥글게 만들어줍니다.

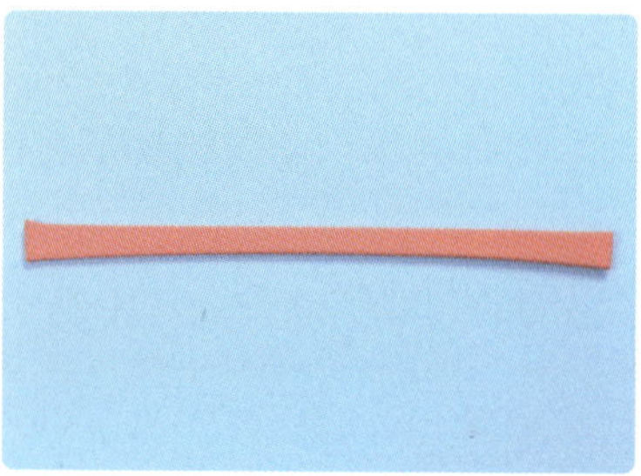

13 원기둥의 끝이 만난 부분을 감추기 위해 분홍색 클레이를 0.3cm 두께의 직선으로 늘이거나 칼로 잘라줍니다.

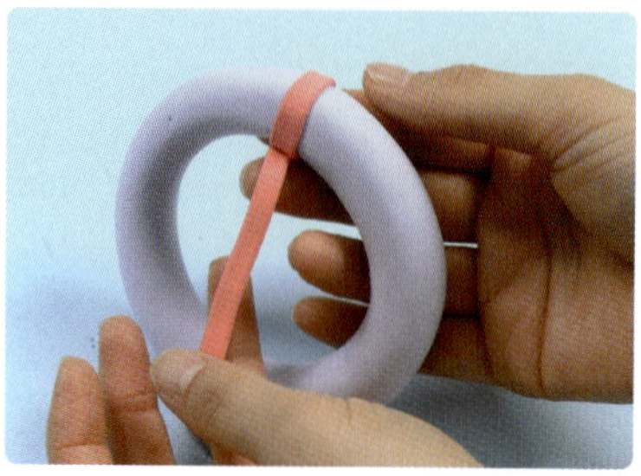

14 분홍색 클레이로 이어진 부분을 감싸줍니다.

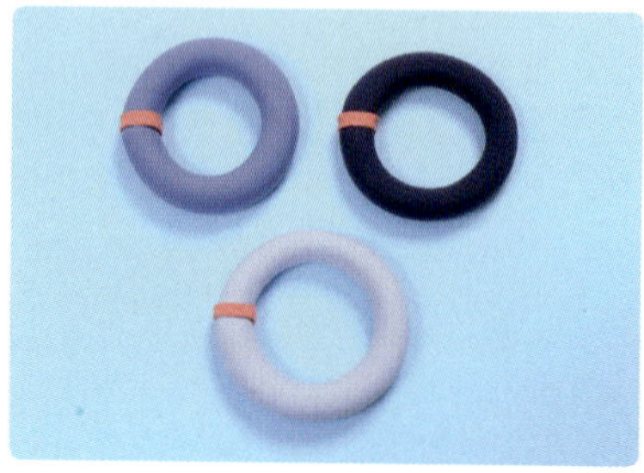

15 다른 색의 링을 여러 개 만들어줍니다.

고양이 만들기

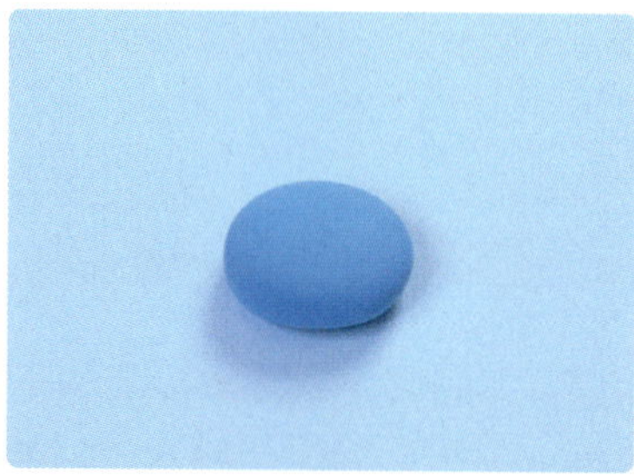

16 고양이를 만들기 위해 하늘색 클레이를 타원 모양으로 굴려줍니다.

17 귀를 만들기 위해 하늘색 클레이를 물방울 모양으로 만든 뒤 삼각형 모양으로 다듬어줍니다.

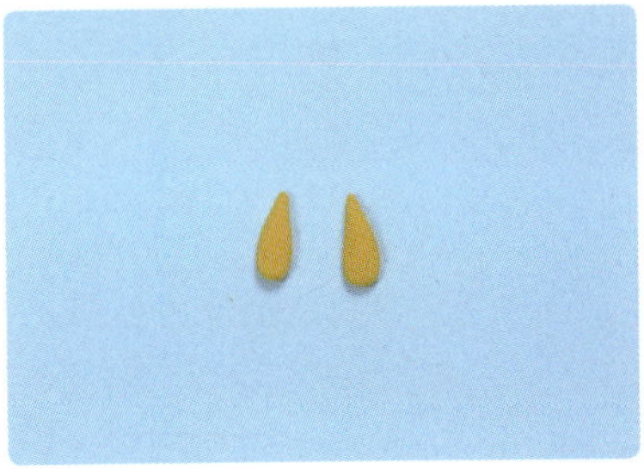

18 진노랑 색 클레이를 물방울 모양으로 굴려줍니다.

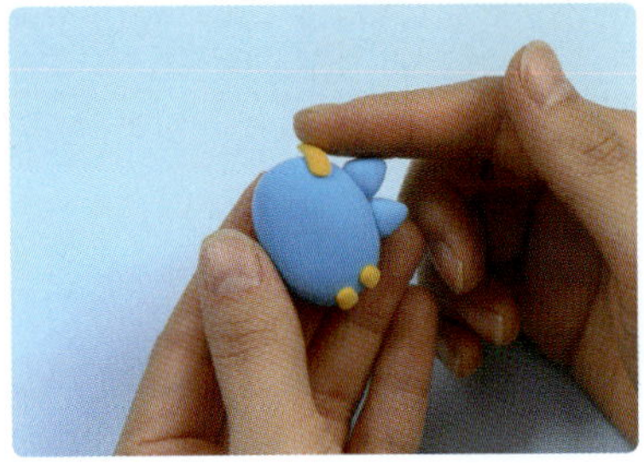

19 하늘색 타원에 귀를 붙여준 뒤 진노랑 색 물방울 모양을 양쪽 볼에 붙여줍니다.

20 검은색 클레이를 실 기법으로 뽑아 잘라준 뒤 고양이의 얼굴에 붙여 눈과 입을 만들어줍니다.

강아지 만들기

21 강아지를 만들기 위해 연두색 클레이를 물방울 모양으로 굴린 뒤 뾰족한 부분을 눌러 사진과 같은 모양으로 만듭니다.

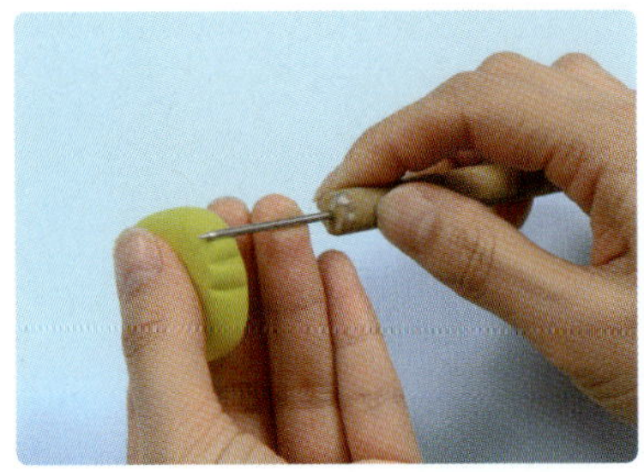

22 양쪽 볼 부분을 송곳으로 3번 눌러줍니다.

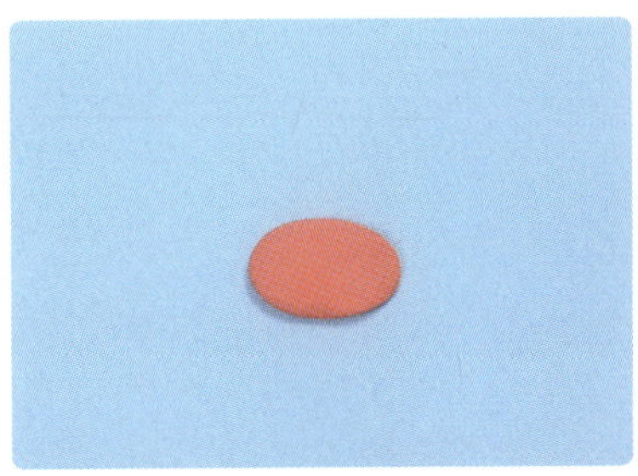

23 반점 무늬를 만들기 위해 분홍색 클레이를 타원 모양으로 만든 뒤 납작하게 눌러줍니다.

24 분홍색 반점을 연두색 강아지 얼굴에 붙여줍니다.

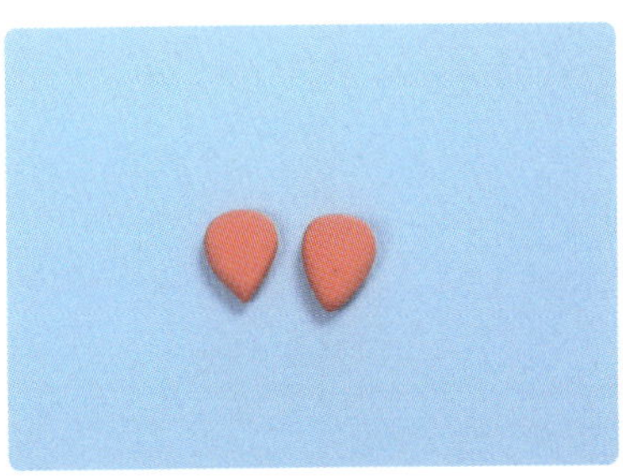

25 귀를 만들기 위해 분홍색 클레이를 물방울 모양으로 굴린 뒤 납작하게 눌러줍니다.

26 강아지의 얼굴에 귀를 붙여줍니다.

27 검은색 클레이로 눈, 코, 입을 만들어 붙여줍니다.

너구리 만들어 완성하기

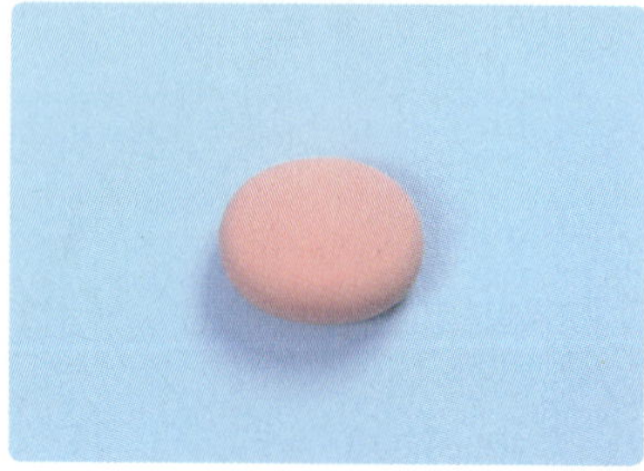

28 너구리를 만들기 위해 분홍색 클레이를 타원 모양으로 굴려줍니다.

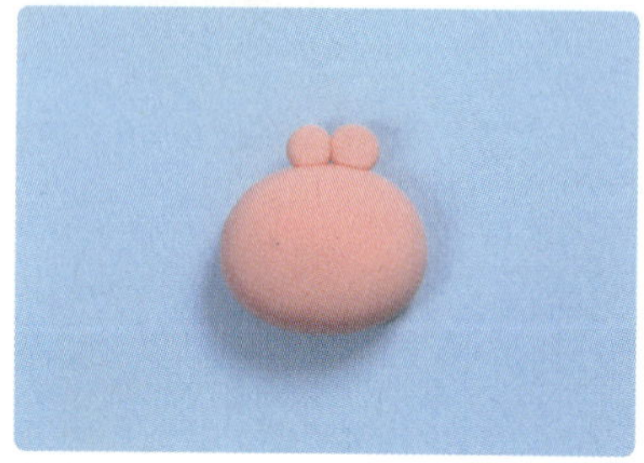

29 분홍색 클레이를 원 모양으로 만든 뒤 납작하게 눌러 타원 모양 얼굴에 붙여 귀를 만듭니다.

30 눈을 만들기 위해 하늘색 클레이를 원 모양으로 만든 뒤 납작하게 눌러 눈 부위에 붙여줍니다.

31 흰색 클레이를 원 모양으로 만든 뒤 납작하게 눌러 하늘색 클레이 위에 붙여줍니다.

32 검은색 클레이를 웃는 눈 모양으로 만들어 흰색 클레이 위에 붙여줍니다.

33 연두색 클레이를 원 모양으로 만든 뒤 코 부분에 붙여줍니다.

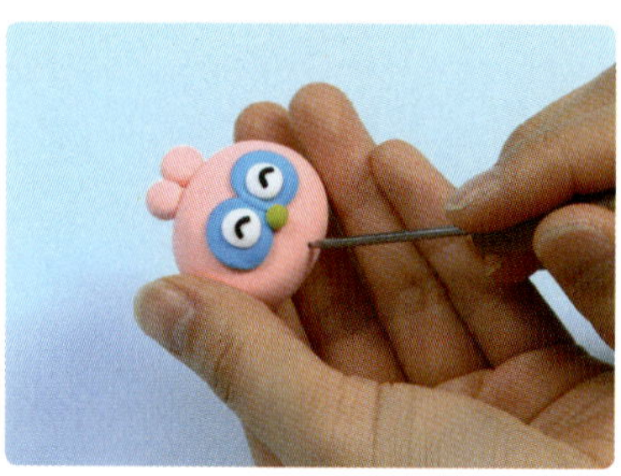

34 송곳으로 입을 콕 찍어줍니다.

35 만들어 놓은 링에 완성된 동물 얼굴들을 붙여줍니다.

36 동물 얼굴 모양 링 던지기 놀이를 완성하였습니다.

국내 최대 디오라마 전시장

스위스마을 에델바이스 디오라마 전시장 오픈

스위스마을 에델바이스 디오라마 전시장 내 모든 벽화 및 디오라마 조형물은 러브클레이 디자인팀에서 제작했습니다.

뮤지엄 러브 프로포즈관 / 스위스관 / 치즈관 / 초콜릿관 / 산타관 / 베어관

총제작 (주)러브클레이 양영미 대표, 러브클레이 디자인팀

러브클레이 본사 홈페이지
www.loveclay.com

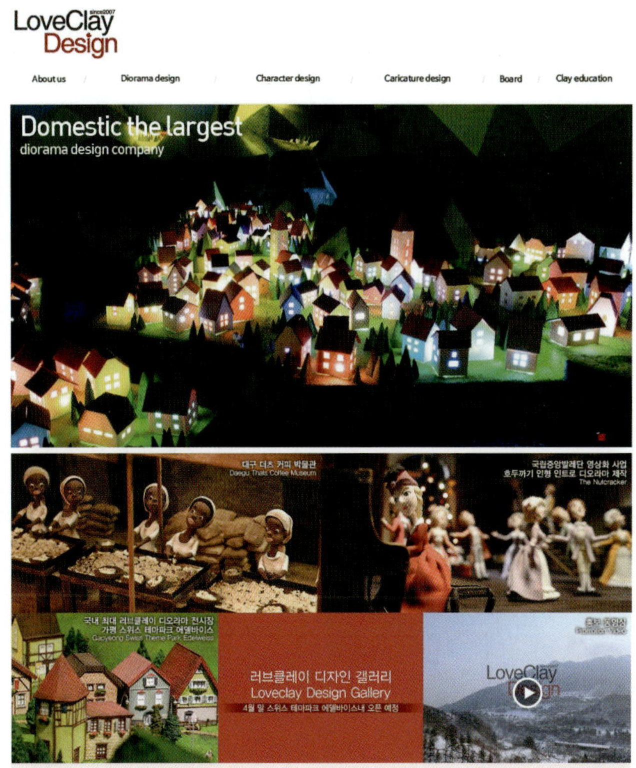

작품제작 사이트
www.loveclaydesign.com

러브클레이 디자인 갤러리에 전시된
호두까기 인형의 한장면

러브클레이 디자인 갤러리 주 소 경기도 가평군 설악면 이천리 304번지 전 화 1599-7035

검색창에 러브클레이 ▼ 를 쳐보세요

디자인과 함께 클레이를 배울 수 있는 러브클레이 지정교육처

서울 본사	(주)러브클레이	서울시 노원구 공릉동 434-2 청교프라자 6, 7층 (주)러브클레이	T.1599-7035 / F.02-974-7066
중국 청도 지사	손서화	중국 청도시 성양구 흑룡강 중로국제공예품성 A2-142	86-532-5897-0888
호남 전주 제1지사	고경아	전북 전주시 완산구 효자동 3가 1463-3번지 3층	070-4251-0231 / 010-7326-0231
경기 인천 제1지사	박은자	경기도 부천시 소사구 범박동 155-2 리치모아상가 4층 410호	032-344-5085 / 010-3760-6464
중국 광저우 체험센터	양세옥	중국 광동성 광주시 관위구 남국 올림픽가트 소자천당 4좌 12호	86-020-26033
서울 서초 체험센터	최준희	서울시 서초구 서초동 1429-4 영일빌딩 1층	070-4400-5501 / 010-2890-0100
경기 의정부 제1체험센터	이수애	경기도 의정부시 호원2동 한승미메이드 아파트 상가 1층	031-879-3454 / 010-9073-3454
경기 김포 제1체험센터	김윤수	경기도 김포시 풍무로 25 센트럴메디 프라자 1층	031-985-6741 / 010-9277-6741
경기 시흥 제1체험센터	권미옥	경기도 시흥시 장곡동 802-1 금강프라자 117호	031-435-1474 / 010-8441-5615
경기 화성 제1체험센터	박지혜	경기도 화성시 병점동 431-3 두산탑프라자 206호	010-5415-3712
경기 부천 제1체험센터	강은희	경기도 부천시 원미구 중1동 1145-2 네이버씨티빌딩 3층 308-1호	032-325-5581 / 010-4517-6620
인천 남동구 체험센터	채안숙	인천광역시 남동구 만수3동 1114 벽산정문상가 1층 109호	032-471-4541 / 010-3039-5310
인천 서구 체험센터	김미정	인천광역시 서구 당하동 1029-9 명진프라자 103호	032-567-8837 / 010-8995-5672
인천 청라 체험센터	김효진	인천광역시 서구 경서동 976-86 105호	032-889-1244 / 010-8525-3421
인천 연수구 체험센터	이선미	인천광역시 연수구 옥련동 현대2차아파트 상가 202호	032-819-1098 / 010-4313-1098
인천 계양구 체험센터	김영림	인천광역시 계양구 효성1동 25-11 커피에 반하다 2층	070-7504-3531 / 010-4176-3533
충남 서천 제1체험센터	구기의	충남 서천군 장항읍 성화로 196번지 금강아파트 상가	041-956-6253 / 010-8176-6253
전북 전주 덕진구 체험센터	오정선	전북 전주시 덕진구 송천동 2가 176-28 해성빌딩(전주오송중 후문)	063-274-7391 / 010-2763-7264
전남 광주 북구 체험센터	조영희	광주광역시 북구 양산동 275-2번지 1층(양산초 후문)	070-4233-3989 / 010-6243-3989
전남 광주 광산구 체험센터	박 선	광주광역시 광산구 월곡동 590-11번지 러브클레이	062-953-3970 / 010-5022-9976
전남 여수 제1체험센터	정경자	전남 여수시 여서동 금호아파트상가 207호	061-686-5461 / 010-4148-5461
경북 안동 제1체험센터	이정아	경북 안동시 배움길 25	054-852-1355 / 010-3366-1355
경북 경주 제1체험센터	이미영	경북 경주시 탈해로 26	010-6594-8788 / 010-9772-8788
경북 울산 남구 체험센터	이윤정	울산광역시 남구 달동 1331-15번지 1층	052-227-8865 / 010-3881-8864
경남 울진 제1체험센터(월변점)	김선희	경북 울진군 울진읍 월변2길 56-12 휴먼시아 주공아파트 상가	054-781-1052 / 010-4105-5085
경남 김해 제1체험센터	김은영	경남 김해시 삼계동 푸르지오1차 상가 2층 203호	055-332-8137 / 010-3573-2137
제주 제1체험센터	오용선	제주도 서귀포시 동홍동 410-2번지 러브클레이	070-4130-3416 / 010-5755-3416

서울 제1체험존(발산점)	감규나	서울시 강서구 내발산동 657 우장산 힐스테이트 상가 1층 공예교습소	070-4143-4233 / 010-9913-0425
서울 제2체험존(신내점)	최윤정	서울시 중랑구 신내동 786번지 동성타워 프라자 210호	010-4191-9442
의정부 제1체험존(신곡점)	조은영	경기도 의정부시 신곡1동 삼익아파트 106동 506호	031-825-7620 / 010-9323-7620
춘천 제1체험존(퇴계점)	김순희	강원도 춘천시 퇴계동 현대1차 아파트 106동 703호	033-252-4985 / 010-8929-4985
수원 제1체험존(당수점)	나윤영	경기도 수원시 권선구 당수동 쌍용아파트 상가 104호	031-418-9731 / 010-8729-2893
대전 제1체험존(선화점)	나윤정	대전광역시 중구 용두동 161-11 주택	042-255-1731 / 011-407-9801
전주 제1체험존(경원점)	신유경	전북 전주시 완산구 교동 45-8번지 라임토리 공방	063-231-9694 / 010-9204-0826
전주 제2체험존(평화점)	최수경	전북 전주시 완산구 평화동2가 872-4번지	063-226-2074 / 010-3468-4555
광주 제1체험존(신가점)	강민희	광주광역시 광산구 신가동 수완1단지 중흥S클래스 아파트 101동 805호	062-575-1441 / 010-4117-0900
부산 제1체험존(정관점)	이영주	부산광역시 기장군 정관면 모전리 현진에버빌 107동 601호	051-912-6634 / 010-5040-6634
광주 북일곡교실(구)	박용옥	광주광역시 북구 일곡동 887-6번지	062-471-3800 / 010-8731-3800
부천 제1체험존(팰리스점)	김훈하	경기도 부천시 원미구 중동 1289 팰리스카운티 아이파크상가 204호	010-4405-5017

삶에 긍정적 변화를 일으키는
터닝포인트의 책들!

친절한 DIY 교과서 No 001
친절한 점토공예&미니어처
이정희 · 안복희 · 이은이 지음
325쪽/ 26,800원(동영상 강의 DVD 포함)

친절한 DIY 교과서 No 002
친절한 패션핸드페인팅 DIY
윤소영 지음
279쪽/ 22,000원
(동영상 강의 DVD, 도안 포함)

친절한 DIY 교과서 No 003
친절한 리넨 DIY
김고운 지음
288쪽/ 23,000원
(동영상 강의 DVD, 실물본 포함)

친절한 DIY 교과서 No 004
친절한 펠트소품 DIY
최연주 지음
264쪽/ 19,800원
(동영상 강의 DVD, 실물본 포함)

친절한 DIY 교과서 No 005
친절한 퀼트 DIY
김윤경 · 송희경 · 안세란 · 이정실 · 정민자 지음
224쪽/ 19,800원
(동영상 강의 DVD, 실물본 포함)

친절한 DIY 교과서 No 006
친절한 오가닉코튼
친환경 아기용품 DIY
김복희 지음
223쪽/ 19,800원
(동영상 강의 DVD, 실물본 포함)

친절한 DIY 교과서 No 007
홈패션&리넨 DIY
이영란 지음
248쪽/ 19,800원
(동영상 강의 DVD, 실물본 포함)

친절한 DIY 교과서 No 008
친절한 리본&선물포장 DIY
김선영 지음
278쪽/ 19,800원(동영상 강의 DVD 포함)

친절한 DIY 교과서 No 009
친절한 니들펠트 DIY
펠트하우스 지음
282쪽/ 19,800원
(동영상 강의 DVD, 실물본 포함)

친절한 DIY 교과서 No 010
친절한 천연비누 DIY
이인수 지음
253쪽/ 18,800원
(동영상 강의 DVD, 상품권 포함)

친절한 DIY 교과서 No 011
친절한 가죽공예 DIY
국영주, 안우석 지음
395쪽/ 35,000원
(동영상 강의 DVD 2장, 실물본 포함)

친절한 DIY 교과서 No 012
처음부터 다시 배우는 친절한 퀼트 교과서
린다 클레멘츠 지음/ 조진경 옮김/ 최은령 감수
260쪽/ 25,000원

친절한 DIY 교과서 No 013
선물하고 싶은 친절한
퀼트 가방&소품
김윤경·송희경·안세란·이정실·정민자 지음
186쪽/ 18,000원(실물본, 퀼트 가방 동영상 강의 무료 다운로드 포함)

친절한 DIY 교과서 No 014
시리우스 클레이의
행복한 클레이아트 DIY
김주연 지음
203쪽/ 13,800원

친절한 DIY 교과서 No 015
친절한 머신퀼트 DIY
최은령 지음
367쪽/ 35,000원
(동영상 강의 DVD, 실물본 포함)

친절한 DIY 교과서 No 201
친절한 DSLR
30일 완성 DIY
김현진 지음
291쪽/ 16,800원

친절한 DIY 교과서 No 202
친절한 페이스북
7일 완성 DIY
이영희 지음
211쪽/ 12,800원

친절한 DIY 교과서 No 203
친절한 DSLR Canon EOS
600D 30일 완성
김현진 지음
265쪽/ 18,000원

친절한 DIY 교과서 No 401
친절한 가베놀이 DIY
최성혜 지음
238쪽/17,800원
(동영상 DVD 동영상 강의 포함)

친절한 DIY 교과서 No 601
300kcal 살 빠지는 도시락
박정아 지음
223쪽/ 13,800원

친절한 World DIY 교과서 001
까또나주 종이상자 DIY
사에키 마키 지음/ 김선영 옮김
96쪽/ 12,000원

친절한 World DIY 교과서 No 002
친절한 재봉틀&바느질
입문 DIY
미소노 아키코 지음/ 고정아 옮김/ 이영란 감수
139쪽(실물본 포함)/ 15,000원

(상위 1%가 즐기는)
똑똑한 두뇌퍼즐
이반 모스코비치 지음/ 이현정 옮김/ 박범익 감수
444쪽/ 15,000원

상위 1%가 즐기는
창의수학 퍼즐 1000
이반 모스코비치 지음/ 이현정 옮김/ 박범익 감수
432쪽/ 25,000원